RESPONSABILIDADE CIVIL PRÉ-CONTRATUAL PELA RUPTURA INJUSTIFICADA DAS NEGOCIAÇÕES PRELIMINARES

GABRIEL MACHADO MARINELLI

RESPONSABILIDADE CIVIL PRÉ-CONTRATUAL PELA RUPTURA INJUSTIFICADA DAS NEGOCIAÇÕES PRELIMINARES

São Paulo

2017

Copyright © EDITORA CONTRACORRENTE
Rua Dr. Cândido Espinheira, 560 | 3º andar
São Paulo – SP – Brasil | CEP 05004 000
www.editoracontracorrente.com.br
contato@editoracontracorrente.com.br

Editores
Camila Almeida Janela Valim
Gustavo Marinho de Carvalho
Rafael Valim

Conselho Editorial

Alysson Leandro Mascaro
(*Universidade de São Paulo – SP*).

Augusto Neves Dal Pozzo
(*Pontifícia Universidade Católica de São Paulo – PUC/SP*)

Daniel Wunder Hachem
(*Universidade Federal do Paraná – UFPR*)

Emerson Gabardo
(*Universidade Federal do Paraná – UFPR*)

Gilberto Bercovici
(*Universidade de São Paulo – USP*)

Heleno Taveira Torres
(*Universidade de São Paulo – USP*)

Jaime Rodríguez-Arana Muñoz
(*Universidade de La Coruña – Espanha*)

Pablo Ángel Gutiérrez Colantuono
(*Universidade Nacional de Comahue – Argentina*)

Pedro Serrano
(*Pontifícia Universidade Católica de São Paulo – PUC/SP*)

Silvio Luís Ferreira da Rocha
(*Pontifícia Universidade Católica de São Paulo – PUC/SP*)

Equipe editorial
Carolina Ressurreição (revisão)
Denise Dearo (design gráfico)
Mariela Santos Valim (capa)

Dados Internacionais de Catalogação na Publicação (CIP)
(Ficha Catalográfica elaborada pela Editora Contracorrente)

M338   MARINELLI, Gabriel Machado.
    Responsabilidade civil pré-contratual pela ruptura injustificada das negociações preliminares | Gabriel Machado Marinelli – São Paulo: Editora Contracorrente, 2017.

    ISBN: 978-85-69220-27-5

    Inclui bibliografia

    1. Direito Civil. 2. Responsabilidade Civil. 3. Boa-fé objetiva. I. Título.

    CDU – 347.4

Impresso no Brasil
Printed in Brazil

À *minha família*, alicerce sobre o qual me assentei, por cuidar tão bem de mim nas horas certas e nas incertas.
À *Raquel*, amor e moto-contínuo da minha vida, por me mostrar que os sonhos são sempre realizáveis quando se está ao lado da pessoa certa.

SUMÁRIO

AGRADECIMENTOS 11

PREFÁCIO – Profa. Maria Helena Diniz 13

APRESENTAÇÃO – Profa. Odete Novais Carneiro Queiroz 15

INTRODUÇÃO 17

CAPÍTULO 1 – A EVOLUÇÃO DO DIREITO CIVIL BRASILEIRO CODIFICADO E A SOCIEDADE PÓS-MODERNA 23

1.1 Noções gerais sobre a era pós-moderna 26

1.2 O direito pós-moderno 30

1.3 O Direito Civil na pós-modernidade 35

CAPÍTULO 2 – O DIREITO OBRIGACIONAL: RELAÇÕES INTERSUBJETIVAS 77

2.1 As obrigações, ontem e hoje 79

2.2 A relação obrigacional 86

2.3 A relação obrigacional como processo 93

CAPÍTULO 3 – A FORMAÇÃO DOS CONTRATOS, A AUTONOMIA PRIVADA, A BOA-FÉ OBJETIVA E O PAPEL DOS DEVERES ANEXOS 99

3.1 A formação dos contratos 100

    3.1.1 As negociações preliminares e o processo de formação do contrato 103

        3.1.1.1 Proposta/oferta 114

        3.1.1.2 Contrato preliminar 120

        3.1.1.3 Minutas 125

        3.1.1.4 Cartas de intenções, acordos de não divulgação e confidencialidade, termos capitais de acordo, memorandos de entendimentos, contratos-tipo e figuras afins 126

        3.1.1.5 Opção de compra e pacto de preferência 135

        3.1.1.6 Notas complementares sobre as negociações preliminares 136

3.2 A autonomia privada na formação dos contratos 138

    3.2.1 Autonomia privada e abuso do direito 154

3.3 A boa-fé objetiva, a cláusula geral contida no art. 422 do Código Civil e os deveres de conduta na formação dos contratos 161

    3.3.1 Considerações sobre as cláusulas gerais 161

    3.3.2 A boa-fé objetiva 175

        3.3.2.1 A boa-fé objetiva e o princípio da confiança 189

            3.3.2.1.1 A *exceptio doli* 194

            3.3.2.1.2 O *venire contra factum proprium* 195

            3.3.2.1.3 A *suppressio* e a *surrectio* 197

            3.3.2.1.4 O *tu quoque* 199

        3.3.2.2 A boa-fé objetiva e os deveres anexos 200

CAPÍTULO 4 – RESPONSABILIDADE CIVIL NA PÓS-MODERNIDADE E A NECESSIDADE DE REPARAÇÃO DOS DANOS... 213

CAPÍTULO 5 – A RESPONSABILIDADE CIVIL PELA RUPTURA INJUSTIFICADA DE NEGOCIAÇÕES E O DEVER DE REPARAR... 225

5.1 A *culpa in contrahendo* e a natureza jurídica da responsabilidade civil pré-contratual.. 225

5.2 A responsabilidade civil pela ruptura injustificada das negociações. 238

5.3 O ressarcimento do dano na responsabilidade pela ruptura injustificada de negociações.. 255

CAPÍTULO 6 – CASUÍSTICA A RESPEITO DA NECESSIDADE DE OBSERVÂNCIA DOS DEVERES DE CONDUTA NA RELAÇÃO OBRIGACIONAL E, EM ESPECIAL, NAS NEGOCIAÇÕES PRELIMINARES...................................... 269

CONCLUSÕES 285

REFERÊNCIAS BIBLIOGRÁFICAS.................................. 297

AGRADECIMENTOS

A conclusão deste trabalho só foi possível pela ajuda, compreensão, presença e incentivo de pessoas por quem nutro um grande carinho e sentimento de gratidão. Em especial, agradeço:

À Professora Doutora Odete Novais Carneiro Queiroz, minha "tutora" desde os tempos de graduação, pelo grande exemplo de retidão na vida acadêmica;

A todos do escritório, por respeitarem meus humores nos momentos mais corridos e por serem tão compreensivos durante o período de conclusão deste trabalho;

Aos meus pais, por compreenderem, com mansidão de coração, meus momentos de ausência;

À minha irmã e aos meus demais familiares, pelo estímulo e força sem-fim;

À Raquel, fortaleza sem igual e exemplo único de dedicação, por traçar com tanta perfeição meu caminho para a felicidade.

PREFÁCIO

É com enorme satisfação que apresentamos ao grande público a obra de Gabriel Machado Marinelli intitulada "Responsabilidade civil pré-contratual pela ruptura injustificada das negociações preliminares", com a qual o autor obteve o título de mestre em direito civil na PUC/SP.

O autor, baseado em sólidos argumentos e revelando maturidade científico-jurídica, faz um estudo completo do comportamento das partes no momento da formação do contrato, salientando a possibilidade de ocorrência de responsabilidade civil pelos danos advindos do rompimento injustificado das negociações preliminares, apesar de não haver vinculação entre os interessados.

Para tanto, traçou com ideias devidamente articuladas, seriedade, clareza e rigor científico essa difícil questão, tendo acurado cuidado ao examinar: o direito civil brasileiro codificado na pós-modernidade; o direito obrigacional como processo; a formação dos contratos; as negociações preliminares; a autonomia privada; a boa-fé objetiva e o princípio da confiança; a responsabilidade civil e a necessidade de reparação de danos pela ruptura, sem justa causa, de negociações preliminares, fundada no art. 422 do Código Civil, sem olvidar da casuística relativa à necessidade de observância de deveres de conduta na relação obrigacional e nas negociações preliminares.

Nada escapou ao autor, que demonstrou, neste roteiro, firme conhecimento da temática, profundas reflexões e conclusões bastante pertinentes.

O autor dá um singular realce, sob um enfoque realista, a esse fascinante tema, que ganha, sob sua pena, contornos abrangentes.

Em boa hora vem a lume esta obra que, somada à força da inteligência de seu autor, à riqueza de seu conteúdo e à visão moderna do tema, trará enorme contribuição ao direito civil brasileiro pela sua utilidade inquestionável, constituindo um precioso instrumento de trabalho para todos os que militam na área, marcará a presença do seu autor no mercado editorial do Brasil e merecerá o reconhecimento da comunidade jurídica.

Maria Helena Diniz

Professora Titular de Direito Civil da Faculdade de Direito da Pontifícia Universidade Católica de São Paulo – PUC/SP

APRESENTAÇÃO

Com enorme satisfação fazemos a apresentação do autor, *Gabriel Machado Marinelli*, a quem dedicamos uma profunda admiração pelo seu senso de responsabilidade, pela sua capacidade e enorme dedicação às suas metas, o que nos revela seu sério comprometimento.

Acreditamos que o amor, a dedicação à profissão escolhida e a determinação aliada ao trabalho complementam os pressupostos para o alcance das metas aspiradas, sendo pressupostos para o sucesso. Todas essas qualidades permearam a vida desse jovem jurista desde o início de sua vida acadêmica, o que se revelou no êxito que tem alcançado.

Tivemos o privilégio de tê-lo como nosso aluno, em Direito Civil, na Faculdade de Direito da Pontifícia Universidade Católica de São Paulo desde o primeiro ano da graduação quando se fazia destacar entre seus pares, respondendo a todos os desafios que lhe eram propostos.

Sua avidez pelo aprendizado, sua curiosidade própria de pesquisador, seu desvelo no trato das atividades propostas, o respeito e a educação ímpar fizeram com que se destacasse. Sua responsabilidade e sua entrega incondicional na busca de seus objetivos fizeram desse jovem um vencedor.

Tamanho apreço que lhe dedicávamos e confiança que nele depositávamos trouxeram como um efeito natural o convite para que fosse nosso auxiliar de ensino voluntário na disciplina que lecionávamos na PUC/SP. Durante essa convivência acadêmica sua generosidade se fez mostrar e em momento algum nos falhou ou frustrou nossa expectativa.

E não demorou muito lá estava ele de volta ao estudo sistematizado na pós-graduação *stricto sensu*, na área de Direito Civil, a pretender além do aprendizado o título de mestre o que obteve, brilhantemente, com a presente obra.

Nesse míster da docência revelou-se exímio professor, carreira que teve sequência nas aulas práticas da pós-graduação *latu sensu*, permanecendo no COGEAE até os dias atuais.

No mestrado, fomos honrados com a sua orientação que sempre foi muito gratificante, prazerosa já que resultante de uma convivência profícua com uma pessoa de fibra e de extrema delicadeza, pesquisador e estudioso incansável.

Escolhendo um tema da maior relevância no direito, qual seja, a Responsabilidade Pré-contratual, apresenta-nos uma obra de inarredável interesse jurídico. Parte de uma perspectiva atual, contemporânea, fiel aos novos princípios contratuais da boa-fé objetiva em qualquer de suas vertentes, da função social do contrato, do equilíbrio das relações contratuais, da vedação do locupletamento sem causa, segundo a prescrição do legislador civilista de 2002.

Assim, é com grande orgulho e extrema alegria que apresentamos o autor, nosso querido ex-aluno e também sua obra de importância ímpar, dada a relevância desse tema de grande desenvolvimento nos dias atuais, convictos que será uma referência a nortear novos trabalhos, novas pesquisas, esclarecendo os embates advocatícios e sendo uma contribuição inquestionável à literatura jurídica de nosso país.

Odete Novais Carneiro Queiroz
Mestre e Doutora em Direito Civil pela Pontifícia Universidade
Católica de São Paulo – PUC/SP.
Professora assistente-doutora na Graduação e
Pós-Graduação da Faculdade de Direito
dessa universidade, onde leciona Direito Civil.

INTRODUÇÃO

A responsabilidade civil tornou-se, nos últimos tempos, um dos campos de maior evolução do Direito Civil, porquanto, com o desenvolvimento social, da tecnologia, e, por consequência, das relações intersubjetivas, novas problemáticas surgem para serem solucionadas pelos magistrados, notadamente no tocante à reparação de prejuízos delas advindos.

Além da importância do estudo da responsabilidade civil, a ordem jurídica moderna tem dado especial relevo aos valores advindos do Código Civil hodierno, em especial aqueles atinentes à sociabilidade, à eticidade, à humanização e às bases estatuídas pelo princípio da boa-fé objetiva.

O estudo da responsabilidade civil alcançou uma importância que, hoje, ultrapassa o âmbito estritamente jurídico, pois, apesar de tratar-se de instituto jurídico, ela lida, para fora do Direito, com uma questão da maior relevância, qual seja, a vida em sociedade. A responsabilidade civil não só absorve todos os ramos do Direito, como também a própria realidade social.

A ideia de reparação do dano e responsabilização decorrente das relações sociais desde há muito está presente na história da humanidade, ainda que, inicialmente, tenha sido tratada como uma espécie de vingança privada, sem se levar em consideração o fator *culpa* do causador do dano.

Superado esse estágio da "justiça pelas próprias mãos", o dever de reparar passou a ser encarado de uma perspectiva econômica, transferindo-se, em seguida, ao Estado a apuração dos critérios para a responsabilização – civil e criminal – e, consequentemente, para a reparação dos prejuízos causados no âmbito das relações humanas.

Com a *Lex Aquilia* romana, incorporou-se a noção de culpa como pressuposto da reparação. Relembre-se a assertiva de Ulpiano, segundo o qual *in lege Aquilia et culpa levissima venit*, isto é, a culpa, ainda que levíssima, obriga a indenizar.

Verifica-se, já de acordo com essa visão, a presença dos requisitos tidos como essenciais para caracterização da responsabilidade civil: (i) a conduta antijurídica; (ii) o dano; e (iii) o nexo de causalidade.

Após esse momento do desenvolvimento da problemática em torno da responsabilidade civil, em que figurava como seu pressuposto a perquirição do elemento subjetivo da ação – ou omissão – danosa, o meio social passou a considerar a responsabilidade civil fundada na culpa como insuficiente para solucionar todos os seus conflitos.

Surge, assim, a responsabilidade civil objetiva, cujo fundamento ético é a solidariedade social.

No que tange ainda à evolução do instituto, observa-se hoje um verdadeiro processo de intensificação de valores ligados à solidariedade social e humanização para fins de caracterização da responsabilidade civil, influenciando, por consequência, na ampliação do conceito de dano reparável. Reconhece-se, diante dessa nova realidade, a necessidade de reparação de danos causados por situações menos tangíveis, como a quebra de deveres anexos existentes em uma relação negocial.

Nesse cenário se encontra, pois, a *responsabilidade civil pré-contratual pela ruptura das negociações preliminares*, isto é, a responsabilidade civil pelos atos – comissivos ou omissivos – praticados no momento imediatamente anterior à formação da relação contratual. Embora a responsabilidade civil pré-contratual pela ruptura de negociações preliminares não seja decorrência do Código Civil vigente, é preciso reconhecer que, após sua entrada em vigor, acentuou-se a necessidade de encarar as relações sociais de uma perspectiva em que o comportamento leal, a confiança e a eticidade das relações intersubjetivas assumem um papel de especial relevo.

Apesar de o Código Civil de 2002 considerar, de início, concepções da responsabilidade civil que também estavam presentes no Código Civil de 1916, foi com o advento desse novo Código que o intérprete passou a contar com normas estruturalmente diferentes das normas rígidas típicas do liberalismo oitocentista, em que o juiz era considerado a *boca da lei*. Assim, em contraposição a essa rigidez, o Código Civil em vigor inseriu em seu sistema as chamadas *cláusulas gerais*, cujos conceitos vagos nelas contidas conferem ao aplicador do direito um campo de atuação mais compatível com as necessidades de uma sociedade em constante e veloz transformação social e tecnológica.

Dentre as cláusulas gerais aludidas, ganha relevo para o presente trabalho, conforme será observado adiante, aquela contida no art. 422 do Código Civil[1], especificamente por conta da relação existente entre a boa-fé objetiva e os deveres anexos que conduzem uma dada relação intersubjetiva.

Em razão disso, mostra-se da maior relevância que a boa-fé objetiva e os deveres anexos dela decorrentes sejam analisados também no momento pré-contratual, isto é, no momento imediatamente anterior ao *consenso*, a fim de se apurar em que medida as relações travadas durante esse momento vinculam as partes envolvidas, bem como qual será a eventual consequência na hipótese de rompimento das chamadas negociações preliminares.

O ingresso da humanidade em uma nova Era, marcada pelo forte avanço da tecnologia, da comunicação, da cultura do consumo e da produção, bem como pelo encurtamento das distâncias e a consequente globalização, apenas reforçou a necessidade de reconhecimento do valor

---

[1] O dispositivo em questão reza que "Os contratantes são obrigados a guardar, assim na conclusão do contrato, como em sua execução, os princípios de probidade e boa-fé".

da *dignidade* da pessoa humana como vetor interpretativo das repercussões jurídicas decorrentes das relações intersubjetivas.

Nesse cenário, a responsabilidade civil assume um novo papel.

Com base nesse plano contextual, analisar-se-á, a seguir, como a Ciência do Direito e, em especial, o estudo do Direito Civil têm se comportado diante das preocupações da sociedade pós-moderna nas circunstâncias em que a relação entre sujeitos, apesar de não ser ainda "contratual", já se encontra além do mero ato ilícito extracontratual clássico, e como encarar essas circunstâncias na apuração dos danos e da respectiva necessidade de reparação.

Para tanto, o presente trabalho está estruturada em seis capítulos, além desta Introdução e das Conclusões.

O Capítulo 1 estudará a evolução do Direito Civil brasileiro codificado e a sociedade pós-moderna. Aqui, o propósito deste trabalho será contextualizar o tema em exame no momento histórico-jurídico por que passa a sociedade. A análise tangenciará a mudança dos paradigmas assumidos pelo aplicador do direito, em especial no que diz respeito ao processo de interpretação, integração e aplicação da norma jurídica.

Além disso, serão abordadas as mudanças dos valores e direcionamentos em torno do Direito Privado, mediante a análise de alguns aspectos modernos do estudo do Direito Civil.

O Capítulo 2 tratará da questão do Direito Obrigacional e as relações intersubjetivas. O assunto nele examinado será de fundamental importância para fixação de certas premissas sobre a complexidade, a dinâmica e o conteúdo da relação obrigacional. Essas premissas são necessárias para a compreensão do fenômeno obrigacional e de toda a dinâmica dos deveres que compõem o aludido fenômeno, deveres esses que servirão de fundamento para a responsabilidade civil objeto de estudo neste trabalho.

O capítulo, portanto, partirá do exame do Direito das Obrigações no decorrer da história ocidental até a investigação da relação obrigacional vista atualmente como processo.

O Capítulo 3 abordará a formação dos contratos, a autonomia privada, a boa-fé objetiva e o papel dos deveres anexos. Trata-se, sem dúvida, de tema essencial para identificação das bases da responsabilidade civil pré-contratual pela ruptura injustificada de negociações preliminares. Em primeiro lugar, o capítulo estudará o complexo processo de formação dos contratos com a finalidade precípua de situar a fase de tratativas. Além disso, seu propósito será identificar o conteúdo das negociações preliminares, relacionando-as com os principais instrumentos vistos durante esse momento relacional.

Ainda no Capítulo 3, será averiguado o princípio da autonomia privada, pensando, sobretudo, na relação desse princípio com a fase de formação dos contratos. O ponto central a ser enfrentado será a contraposição entre a liberdade da parte de contratar e de estabelecer o conteúdo desse contrato, com a impossibilidade de, em certas circunstâncias, a parte se desligar das negociações preliminares sem que isso importe na violação do direito de terceiro envolvido nas tratativas. Por fim, outro ponto enfrentado no capítulo é o da boa-fé objetiva e o princípio da confiança, ambos caros para caracterização da responsabilidade *in contrahendo*.

O Capítulo 4 analisará a responsabilidade civil na pós-modernidade e a necessidade de reparação dos danos. Seu objetivo será apenas situar a responsabilidade civil de acordo com uma perspectiva mais atual, deslocando-se o olhar do instituto para o dever de indenizar e para a necessidade de criação de instrumentos, com base na responsabilidade civil, mais eficazes para supressão e prevenção atinentes aos danos suportados pela vítima.

O Capítulo 5 abordará a responsabilidade civil pela ruptura injustificada de negociações e o dever de reparar. Nele, será examinada a natureza jurídica da responsabilidade civil pré-contratual, sempre se voltando, de modo especial, para a situação da ruptura injustificada das negociações preliminares. Além disso, será objeto de exame a extensão dos danos indenizáveis na responsabilidade *in contrahendo* decorrente da ruptura das tratativas.

O Capítulo 6 tratará da casuística sobre a necessidade de observância dos deveres de conduta na relação obrigacional e, em especial, nas negociações preliminares.

Por fim, nas Conclusões, serão retomados os principais pontos do estudo para refletir sobre eles e reiterar ou refutar ideias tratadas ao longo da pesquisa.

Capítulo 1

A EVOLUÇÃO DO DIREITO CIVIL BRASILEIRO CODIFICADO E A SOCIEDADE PÓS-MODERNA

Para a compreensão dos estágios do desenvolvimento do Direito Positivo desde os idos do liberalismo consagrado pelo Código Napoleônico até a sociedade contemporânea, é importante assumir que o Direito, como fenômeno cultural, está diretamente relacionado com a vida em sociedade. O Direito só faz sentido se encarado da perspectiva do indivíduo *em relação* ao outro. O Direito não existe, por assim dizer, onde não há sociedade.

A codificação oitocentista foi marcada pela forte tendência em se conferir uma unidade harmônica ao Direito Civil, unidade essa que compreendesse o estudo do Direito da perspectiva do sujeito e seu objeto nas múltiplas relações privadas. É característica do movimento de codificação, portanto, a clara necessidade de fazer do Código Civil um sistema normativo para regular essas relações. Outra característica desse momento histórico, decorrência direta do liberalismo da época, é a consagração da igualdade, em termos formais, entre os sujeitos de direito.

No Brasil, o movimento de codificação da legislação civil tinha como interesse primário a ordenação e classificação dos diversos institutos do Direito Civil previstos em diversas legislações extravagantes, em busca de uma unidade sistêmica do Direito Privado. A primeira tentativa nesse sentido foi de Teixeira de Freitas, em 1860, com o *Esboço*. Sob o ponto de vista formal, havia a preocupação de se conformar os institutos do Direito Civil dentro de um mesmo sistema jurídico. Essa mesma noção de sistema foi, depois, aproveitada em parte pelo Código Civil brasileiro de Clóvis Beviláqua.[2]

O Código Civil de 1916 tinha nítida inspiração oitocentista. Clóvis Beviláqua o concebeu com a preocupação de incorporar a totalidade normativa do Brasil, abrangendo preceitos que iam além do próprio Direito Privado. Havia, também, a evidente intenção – resultado do pensamento do Direito Civil no período pós-Revolução Francesa – de se alcançar, com esse Código, a plenitude legislativa para solução de controvérsias. Essa plenitude legislativa era tida como estandarte da segurança jurídica almejada por aqueles que detinham o poder político e econômico à época do advento do Código de 1916. Sob o ponto de vista do conteúdo normativo, esse ordenamento jurídico evidenciava duas preocupações centrais, também presentes no Código Napoleônico: a igualdade *jurídico-formal*, isto é, igualdade perante a lei e a proteção à livre iniciativa e à autonomia privada. Para Beviláqua, a solução a ambas as preocupações estaria relacionada com a capacidade de previsão de normas claras e precisas, em que o papel do intérprete seria basicamente de subsunção da norma de direito ao caso concreto.[3]

O Código Civil de Beviláqua, contudo, ao contrário do Código Napoleônico, não significava um movimento de ruptura com a estrutura social de uma época. O Código Civil de 1916 reforçou algumas noções liberais defendidas pelas classes conservadoras então detentoras do poder político na sociedade brasileira. A presença dessa dualidade – liberalismo e conservadorismo – era clara no conteúdo desse ordenamento.[4]

---

[2] A respeito desse movimento de codificação no Brasil, vejam-se as observações de MARTINS-COSTA, Judith H. *A boa-fé no direito privado*: sistema e tópica no processo obrigacional. São Paulo: Revista dos Tribunais, 1999, pp. 237-259.

[3] MARTINS-COSTA, Judith H. *A boa-fé no direito privado*: sistema e tópica no processo obrigacional. São Paulo: Revista dos Tribunais, 1999, pp. 259-261.

[4] Martins-Costa identifica esse conteúdo, ao asseverar que o Código Civil de 1916 era

CAPÍTULO 1 - A EVOLUÇÃO DO DIREITO CIVIL BRASILEIRO...

O *estilo* do Código Civil de 1916 atendia aos postulados positivistas da escola da exegese. Segurança jurídica era sinônimo de subsunção mecânica, pelo aplicador do direito, da lei, *abstrata*, ao caso concreto. O Poder Judiciário, como intérprete da lei, deveria atender à "vontade do legislador" e priorizar a interpretação histórica e gramatical dos dispositivos legais. Esses dispositivos, de modo intencional, quase não possuíam vagueza semântica alguma. O Código Civil era, portanto, "hermeticamente" fechado no tocante à forma de se regular as matérias nele tratadas. O resultado dessa sistematização sem antinomias aparentes, sem "aberturas" para aplicação da lei, foi a concepção de um diploma legal sem cláusulas gerais, sem conceitos vagos, que restringia o papel do jurista ao processo de subsunção.[5]

Essa relação estabelecida entre a *forma* e o *conteúdo* do movimento de codificação e o *papel do jurista* é sintetizada por Judith H. Martins-Costa[6]:

> A relação entre a forma e o conteúdo dos códigos conduziu a um particular tipo de paradigma metodológico que desenhará, por sua vez, o paradigma do jurista como um técnico e completará o tipo de compreensão do direito como um sistema fechado. O raciocínio jurídico e, por extensão, a interpretação das normas jurídicas amarram-se fortemente ao contido no texto da lei, ponto de referência exclusivo do jurista, o qual entende ter por missão

---

"liberal no que diz respeito às manifestações de autonomia individuais" e "conservador no que concerne à questão social e às relações de família" (MARTINS-COSTA, Judith H. *A boa-fé no direito privado*: sistema e tópica no processo obrigacional. São Paulo: Revista dos Tribunais, 1999, p. 266).

[5] Ramos define de modo bastante objetivo o que vem a ser o processo de subsunção: "A subsunção, em si, constitui uma operação lógica inerente a todo e qualquer procedimento de aplicação de normas jurídicas, com a nota de que pressupõe a fixação inicial de um sentido provisório para a proposição prescritiva que serve como premissa maior, já tendo em vista as aplicações concretas que a partir dela se anteveem, bem como um manejar subsequente dos dados fáticos (premissa menor), tanto em termos de comprovação de sua existência, quanto em termos de seu enquadramento preliminar na classe de fatos descrita em abstrato no tipo legal" (RAMOS, Elival da Silva. *Ativismo judicial*: parâmetros dogmáticos. São Paulo: Saraiva, 2010, pp. 65/66).

[6] *A boa-fé no direito privado*: sistema e tópica no processo obrigacional. São Paulo: Revista dos Tribunais, 1999, p. 268.

deduzir passivamente os dados que lhe são transmitidos pela vontade da lei ou pela vontade do legislador, realizando a operação de subsumir um determinado ato, fato ou relação jurídica em uma ou outra determinada qualificação normativa também já previamente delimitada.

No decorrer do século XX, em especial após as Grandes Guerras Mundiais, o mundo civilizado assistiu a uma série de transformações que atingiu de maneira direta a forma de se experimentar as relações jurídicas, em particular a obrigacional. Dentre essas transformações, dá-se destaque às transformações nos meios de produção, com o desenvolvimento de novas tecnologias, a mecanização e, posteriormente, a robotização da indústria; a produção de bens de consumo em larga escala; a proliferação da cultura do consumo; o reconhecimento de direitos coletivos, em especial das minorias; a "eliminação" das fronteiras; e o desenvolvimento dos meios de comunicação.

O Direito não poderia passar alheio a essas transformações. Aquela concepção de sistema jurídico típica do século XIX, a restrição do papel do aplicador do direito a um raciocínio lógico subsuntivo restrito, não mais se adequava a essa nova realidade social. A velocidade e a natureza das mudanças promovidas na sociedade durante o século XX – mudanças essas que ainda continuam a ocorrer neste início de século XXI – começam a exigir do Direito formas mais dinâmicas para a solução de controvérsias. Diante desse cenário, o sistema fechado foi, gradualmente, sendo substituído por um sistema dotado de comandos legais com margem interpretativa mais larga, com a identificação de conceitos vagos que conferem ao intérprete uma função *criadora* do direito. O processo de subsunção, paulatino, cedeu lugar ao processo de concreção.

1.1 NOÇÕES GERAIS SOBRE A ERA PÓS-MODERNA

O primeiro registro estimado da palavra *moderno* na língua portuguesa data do século XV[7], ao passo que na língua inglesa seu aparecimento se deu

---

[7] Conforme indicação contida no fichário completo do Índice de Vocabulário Português Medieval. Setor de Filologia da Casa de Rui Barbosa, Rio de Janeiro.

CAPÍTULO 1 - A EVOLUÇÃO DO DIREITO CIVIL BRASILEIRO...

por volta de 1580.[8] O termo provinha, em ambos os casos, do latim *modernus*, que designa *aquilo que é de hoje, algo atual*. Ao final do século XVII, tanto na língua inglesa como em outras línguas da Europa continental ocidental, o vocábulo *moderno* passou a ser utilizado para designar também um momento da história da humanidade: a *Era Moderna*. Característica essencial desse período histórico é o crescente valor dado à *razão*, em contraposição ao primado da *fé*, presente de maneira acentuada na Era Antiga e na Era Medieval.[9] Em um raciocínio simplista e linear, poderia se identificar a Era Moderna como o período que compreende desde a "época dos descobrimentos" até a Revolução Industrial e suas decorrências imediatas, inclusive.

O termo *moderno* também foi utilizado para designar, mais recentemente, os movimentos artísticos surgidos no final do século XIX e no século XX – a arte moderna ou o modernismo –, cujo traço característico

---

[8] LUKACS, John. *O fim de uma era*. Tradução de Vera Ribeiro. Rio de Janeiro: Jorge Zahar, 2005, p. 13. Título original: *At the end of an age*.

[9] LUKACS, John. *O fim de uma era*. Rio de Janeiro: Jorge Zahar, 2005, pp. 13-16. A propósito da compreensão da Era Moderna, John Lukacs, na referida obra, faz interessante abordagem. Para o historiador, a Era Moderna teria sido, acima de tudo, uma Era *europeia*. Diversas teriam sido as razões para isso. Em primeiro lugar, por razões geográficas. A história do Homem, que, na Era Medieval, era basicamente centrada no Mediterrâneo, sofre uma reviravolta com a "época dos descobrimentos", passando a compreender o globo como um todo, embora ainda da perspectiva europeia. A própria noção do termo *europeu*, nesse momento, passa por alterações substantivas. Nesse ponto, identificam-se razões também de ordem etimológicas para a afirmação de Lukacs. Segundo o autor, "Fazia muito tempo que existia o substantivo 'Europa', embora não fosse usado com frequência. Mas 'europeu', designando o habitante de um certo continente, era novo. (Ao que parece, um dos primeiros a inventá-lo e usá-lo foi Pio II, Enea Silvio Piccolomini, um papa renascentista, por volta de 1470). Seja como for, até uns quinhentos anos atrás, 'cristão', 'europeu' e 'branco' eram quase sinônimos, quase coextensivos. Poucos eram os habitantes do continente que negavam ser cristãos. (As exceções eram os turcos dos Bálcãs e uma pequena parcela dispersa de judeus). Fora da Europa havia pouquíssimos cristãos e poucos povos de raça branca, ao mesmo tempo que raros eram os habitantes não-brancos do continente" (LUKACS, John. *O fim de uma era*. Rio de Janeiro: Jorge Zahar, 2005, p. 17). Por fim, a afirmação de que a Era Moderna teria sido uma Era *europeia* encontra amparo também em razões de ordem histórica. Isso porque, a expansão do "mundo europeu" acarretou, por consequência, a propagação da cultura europeia ("instituições, costumes, indústrias, leis, invenções e construções") (LUKACS, John. *O fim de uma era*. Rio de Janeiro: Jorge Zahar, 2005, pp. 17/18).

estava na tentativa de rompimento dos padrões estéticos das artes tidas como "tradicionais". Perry Anderson identifica o nascimento da expressão *pós-modernismo* inicialmente nesse contexto. Para esse autor, a nomenclatura *pós-modernismo*, assim como o vocábulo *modernismo*[10], teria surgido fora dos centros de cultura da Europa e dos Estados Unidos, na década de 1930. A expressão *pós-modernismo* teria sido empregada inicialmente por Federico de Onís (América espanhola), com o objetivo de "descrever um refluxo conservador dentro do próprio modernismo".[11] Na década de 1950, verifica-se uma mudança no sentido da expressão. O *pós-modernismo* é, então, utilizado com o fim de marcar uma época[12], em contraposição à época modernista, caracterizada pela existência de uma classe burguesa predominante na sociedade. A sociedade pós-moderna encontra seu enquadramento social delineado em um contexto de ascensão de uma classe operária industrial, de realce de culturas não ocidentais, disseminação progressiva da democracia[13] e grande desenvolvimento tecnológico. Esse novo momento da história da humanidade tem como decorrências históricas, de um lado, a queda tanto da burguesia quanto da esquerda, ao menos no formato conhecido até meados do século XX, e, de outro, o desenvolvimento tecnológico dos meios de comunicação e da mídia, o consequente encurtamento das distâncias entre os povos, a consagração do conhecimento como principal força econômica de produção, a massificação das estruturas de produção e consumo e a flexibilização das relações sociais.[14]

---

[10] Cunhado por Rubén Darío, poeta nicaraguense.

[11] ANDERSON, Perry. *As origens da pós-modernidade*. Tradução de Marcus Penchel. Rio de Janeiro: Jorge Zahar, 1999, pp. 9/10.

[12] Não sendo mais encarado, portanto, meramente como uma estética cultural.

[13] A esse respeito, Lukacs ressalta que "Estamos atravessando uma das maiores mudanças em toda a história da humanidade, pois, até época relativamente recente, a história era basicamente (embora nunca exclusivamente) 'feita' por minorias, ao passo que agora vem sendo mais 'feita' por maiorias. (Na realidade, não é propriamente feita pelas maiorias, mas *em nome* delas). Como quer que seja, esta se tornou a era da soberania popular (ao menos durante algum tempo)" (LUKACS, John. *O fim de uma era*. Rio de Janeiro: Jorge Zahar, 2005, p. 19).

[14] ANDERSON, Perry. *As origens da pós-modernidade*. Rio de Janeiro: Jorge Zahar, 2005, pp. 12-31. Ainda na tentativa de contextualização da sociedade pós-moderna, Anderson faz uma abordagem filosófica tomando como base a obra de Jean-François

CAPÍTULO 1 - A EVOLUÇÃO DO DIREITO CIVIL BRASILEIRO...

Lyotard, *La condition postmoderne*: "Para Lyotard, a chegada da pós-modernidade ligava-se ao surgimento de uma sociedade pós-industrial – teorizada por Daniel Bell e Alain Touraine – na qual o *conhecimento* tornara-se a principal força econômica de produção numa corrente desviada dos Estados nacionais, embora ao mesmo tempo tendo perdido suas legitimações tradicionais. Porque, se a sociedade era agora melhor concebida, não como um todo orgânico nem como um campo de conflito dualista (Parsons ou Marx) mas como uma *rede de comunicações lingüísticas*, a própria linguagem – 'todo o vínculo social' – compunha-se de uma multiplicidade de jogos diferentes, cujas regras não se podem medir, e inter-relações agonísticas. *Nessas condições, a ciência virou apenas um jogo de linguagem dentre outros*: já não podia reivindicar o privilégio imperial sobre outras formas de conhecimento, que pretendera nos tempos modernos. Na verdade, sua pretensão à superioridade como verdade denotativa em relação aos estilos narrativos do conhecimento comum escondia a base de sua própria legitimação, que classicamente residiu em duas formas grandiosas de narrativa. A primeira, derivada da Revolução Francesa, colocava a humanidade como agente heróico de sua própria libertação através do avanço do conhecimento; a segunda, descendente do idealismo alemão, via o espírito como progressiva relação da verdade. Estes foram os grandes mitos justificadores da modernidade. / O traço definidor da condição pós-moderna, ao contrário, é a perda da credibilidade dessas metanarrativas. Para Lyotard, elas foram desfeitas pela evolução imanente das próprias ciências: por um lado, através de uma pluralização de argumentos, com a proliferação do paradoxo e do paralogismo – antecipados na filosofia por Nietzsche, Wittgenstein e Levinas; e, por outro lado, por uma tecnificação da prova, na qual aparatos dispendiosos comandados pelo capital ou pelo Estado *reduzem a 'verdade' ao desempenho. A ciência a serviço do poder encontra uma nova legitimação na eficiência.* Mas o autêntico pragmatismo da ciência pós-moderna está não na busca do performático, mas na produção do paralogístico – na microfísica, os fractais, as descobertas do caos, 'teorizando sua própria evolução como descontínua, catastrófica, incorrigível e paradoxal. Se o sonho do consenso é uma relíquia da nostalgia da emancipação, as narrativas como tais não desaparecem mas se tornam miniaturas e competitivas: 'a pequena narrativa continua sendo a quintessência da invenção imaginativa'. *Seu análogo social, onde termina a condição pós-moderna, é a tendência para o contrato temporário em todas as áreas da existência humana: a ocupacional, a emocional, a sexual, a política – laços mais econômicos, flexíveis e criativos que os da modernidade.* Se essa forma é favorecida pelo 'sistema', não está inteiramente submetida a ele. Deveria nos alegrar que seja modesta e mista, conclui Lyotard, porque qualquer alternativa pura ao sistema fatalmente acabaria por parecer aquilo a que procurasse se opor" (ANDERSON, Perry. *As origens da pós-modernidade*. Rio de Janeiro: Jorge Zahar. pp. 32/33) (sem grifo sublinhado no original). Outra interessante caracterização do pós-modernismo no contexto social é dada por Fredric Jameson – teórico pioneiro do pós-modernismo –, em referência também feita por Perry Anderson. Jameson faz a aludida caracterização identificando esse momento histórico em "cinco lances" (ANDERSON, Perry. *As origens da pós-modernidade*. Rio de Janeiro: Jorge Zahar, pp. 65-78): (i) Ancoragem do pós-modernismo em alterações objetivas da ordem econômica do próprio capital. "Não mais uma mera ruptura estética

Alguns aspectos dessa atual realidade econômico-social passaram a demandar uma nova ordem de proteção jurídica; dentre eles, merecem destaque o crescente avanço da tecnologia, a intensificação da competição internacional, a massificação das relações jurídicas com novas formas de comércio global e a consequente releitura no discurso da soberania, da lei, do contrato e da obrigação[15], circunstâncias estas que repercutem diretamente na forma de se enxergar o Direito.

1.2 O DIREITO PÓS-MODERNO

Durante o desenrolar do século XX, viu-se uma série de debates em torno do estudo da ciência jurídica nesse novo contexto econômico-social. O modelo jurídico consagrado pelo liberalismo, o primado da subsunção da norma abstrata ao caso concreto, já não se mostrava capaz de atender às necessidades sociais – muito embora ainda se encontrem nos Tribunais, em pleno século XXI, fortes vestígios dessa antiga maneira de se *pensar* o Direito.

O Direito pós-moderno tem alterado a forma de pensar do jurista, ao deslocar a análise da certeza e segurança jurídica das relações do campo da "aparência/realidade" para um ambiente mais pragmático, ou seja, para

---

ou mudança epistemológica, a pós-modernidade torna-se o sinal cultural de um novo estágio na história do modo de produção reinante" (ANDERSON, Perry. *As origens da pós-modernidade*. Rio de Janeiro: Jorge Zahar, p. 66). Trata-se de um novo momento do capitalismo multinacional – sociedade de consumo. Em um cenário como este a cultura necessariamente expandiu-se ao ponto de se tornar praticamente coextensiva à própria economia (ANDERSON, Perry. *As origens da pós-modernidade*. Rio de Janeiro: Jorge Zahar, p. 67). / (ii) Exame das alterações do sujeito (perda do senso ativo da história e predominância do senso espacial). / (iii) Inovação tópica no terreno das artes (Jameson analisa a expansão do pós-modernismo sobre todas as formas de arte). / (iv) Bases sociais e padrão geopolítico do pós-modernismo caracterizado por novos padrões de consumo e produção: verifica-se um alargamento horizontal do sistema, "com a integração pela primeira vez de praticamente todo o planeta no mercado mundial, significando a entrada de novos povos no palco global, cujo peso humano aumenta rapidamente" (ANDERSON, Perry. *As origens da pós-modernidade*. Rio de Janeiro: Jorge Zahar, p. 75). Alcance de um novo estágio do capitalismo e de uma nova lógica de mercado.

[15] ANDERSON, Perry. *As origens da pós-modernidade*. Rio de Janeiro: Jorge Zahar, p. 133.

CAPÍTULO 1 - A EVOLUÇÃO DO DIREITO CIVIL BRASILEIRO...

o campo da "utilidade/inutilidade". O paradigma interpretativo da lei, antes exclusivamente limitado à subsunção, passa a conviver com a ideia de concreção.[16]

---

[16] O Anteprojeto do atual Código Civil já atendia aos reclamos em questão. Miguel Reale deixa esse ponto bem evidenciado na Exposição de Motivos do Código (item 13), ao afirmar: "Não procede a alegação de que uma Parte Geral, como a do Código Civil alemão, ou do nosso, de 1916, não representa mais que uma experiência acadêmica de distínguos conceituais, como fruto tardio da pandectística do século passado. Quando a Parte Geral, além de fixar as linhas ordenadoras do sistema, firma os princípios ético-jurídicos essenciais, ela se torna instrumento indispensável e sobremaneira fecundo na tela da hermenêutica e da aplicação do Direito. Essa função positiva ainda mais se confirma quando a orientação legislativa obedece a imperativos de *socialidade* e *concreção*, tal como se dá no presente Anteprojeto. / Não é sem motivos que reitero esses dois princípios, essencialmente complementares, pois o grande risco de tão reclamada *socialização do Direito* consiste na perda dos valores particulares dos indivíduos e dos grupos; e o risco não menor da *concretude jurídica* reside na abstração e olvido de características transpessoais ou comuns aos atos humanos, sendo indispensável, ao contrário, que o *individual ou o concreto* se balance e se dinamize com o *serial ou coletivo*, numa unidade superior de sentido ético. / Tal compreensão dinâmica do que se deva ser um Código implica uma atitude de natureza obrigacional, sem quebra do rigor conceitual, no sentido de se preferir sempre configurar os modelos jurídicos com amplitude de repertório, de modo a possibilitar a sua adaptação às esperadas mudanças sociais, graças ao trabalho criador da Hermenêutica, que nenhum jurista bem informado há de considerar tarefa passiva e subordinada. Daí o cuidado em salvaguardar, nas distintas partes do Código, o sentido plástico e operacional das normas, conforme inicialmente assente como pressuposto metodológico comum, fazendo-se, para tal fim, as modificações e acréscimos que o confronto dos textos revela. / O que se tem em vista é, em suma, uma estrutura normativa concreta, isto é, destituída de qualquer apego a meros valores formais e abstratos. Esse objetivo de concretude impõe soluções que deixam margem ao juiz e à doutrina, com frequente apelo a conceitos integradores da compreensão ética, tal como os de boa-fé, equidade, probidade, finalidade social do direito, equivalência de prestações etc., o que talvez não seja do agrado dos partidários de uma concepção mecânica ou naturalística do Direito, mas este é incompatível com leis rígidas de tipo físico-matemático. A 'exigência de concreção' surge exatamente da contingência insuperável de permanente adequação dos modelos jurídicos aos fatos sociais 'in fieri'". / Ao tratar da noção de concreção, Miguel Reale a identifica na Exposição de Motivos como um "princípio". Não obstante esse fato, entende-se, na presente Dissertação, que seria mais adequada a noção de "concreção" enquanto *método ou processo de interpretação*, tal como o é a subsunção. Karl Larenz, na obra de sua autoria, *Metodologia da Ciência do Direito* – referido por MENKE, Fabiano. "A interpretação das cláusulas gerais: a subsunção e a concreção dos conceitos". *Revista da AJURIS*, Porto Alegre, vol. 33, n. 103, pp. 69-74, set. 2006, p. 79 –, descrevia a concreção como um processo em que, "Na apreciação do caso concreto, o juiz não tem apenas de 'generalizar' o caso; tem também de individualizar até certo ponto o critério; e precisamente por isso, a sua

O Direito pós-moderno, ante a hipercomplexidade do mundo atual, busca a centralidade do caso concreto.[17]

Antonio Junqueira de Azevedo, em artigo específico sobre o Direito pós-moderno, traz elementos de extrema relevância para compreensão do tema. Ao abordar, por exemplo, a característica da *hipercomplexidade* do mundo pós-moderno, o autor[18] salienta que ela

> (...) se revela na multiplicidade das fontes do direito, quer materiais – porque, hoje, são vários os grupos sociais, justapostos uns aos outros, todos dentro da mesma sociedade mas sem valores compartilhados (*shared values*), e cada um, querendo uma norma ou lei especial para si –, quer formais – com um sem-número de leis, decretos, resoluções, códigos deontológicos, avisos etc. etc. – (...) [quebrando] a permanente tendência à unidade do mundo do direito.

Paralelamente a essa multiplicidade das fontes do Direito, ganha relevo, também, nos dias atuais, o constante aumento da positivação de

---

atividade não se esgota na subsunção". Segundo Menke, no mesmo trecho, "este ponto pode ser considerado o mais importante para a compreensão do processo de concreção, qual seja o de que por meio dele se procede à individualização do critério regulador do caso concreto, ocorrendo efetiva criação judicial para a hipótese fática sob exame". Sobre o surgimento do vocábulo *concreção*, Menke salienta: "O termo concreção, ou concretização (*Konkretisierung*), foi introduzido no meio jurídico pela doutrina alemã. Karl Larenz observa que é no contexto do pensamento de seu compatriota e filósofo Walther Schönfeld que a expressão foi primeiramente utilizada. Este autor, nos ensaios *Die logische Struktur der Rechtsordnung* (1927) (A estrutura lógica do ordenamento jurídico) e *Der Traum des positiven Rechts* (1931) (O sonho do direito positivo), tinha a intenção de 'superar o ideário positivista, tanto na teoria como na prática'. / Décadas após, Karl Engisch publicaria uma monografia específica sobre o tema, *Die Idee der Konkretisierung in Recht und Rechtswissenschaft unserer Zeit* (1953) (A idéia da concretização no Direito e na Ciência do Direito de nosso tempo)". (MENKE, Fabiano. "A interpretação das cláusulas gerais: a subsunção e a concreção dos conceitos". *Revista da AJURIS*, Porto Alegre, vol. 33, n. 103, pp. 69-74, set. 2006, p. 79).

[17] Assim o diz, por exemplo, AZEVEDO, Antonio Junqueira de. "O direito pós-moderno e a codificação". *Revista de Direito do Consumidor*, São Paulo, n. 33, pp. 123-129, jan.-mar. 2000, p. 126.

[18] AZEVEDO, Antonio Junqueira de. "O direito pós-moderno e a codificação". *Revista de Direito do Consumidor*, São Paulo, n. 33, pp. 123-129, jan.-mar. 2000, p. 123.

CAPÍTULO 1 - A EVOLUÇÃO DO DIREITO CIVIL BRASILEIRO...

princípios na ordem jurídica, a inclusão de cláusulas gerais e termos jurídicos indeterminados, bem como a própria "negação" à obrigatoriedade do pensamento sistemático, com o uso, por exemplo, da tópica como método de interpretação do Direito.[19] Verifica-se, hoje, uma verdadeira mudança de paradigma: se até meados do século XX o paradigma era a *lei*, na pós-modernidade tem-se o *caso concreto*.[20]

O processo jurídico decisório, antes preponderantemente subsuntivo, passa a dar mais importância à análise do caso concreto. Nesse cenário, diversas alterações se operaram no estudo e na aplicação do Direito.

Os princípios do Direito alcançaram uma posição de destaque a ponto de lhes ser dispensada a existência de regras jurídicas para sua concretização.

---

[19] De modo objetivo, Couto de Brito assim identifica a *tópica*: "Em linhas gerais, a tópica consiste em uma técnica orientada ao problema, um caminho problemático de pensamento que parte dele e em direção a ele. Visa-se com isto evitar as aporias, e sempre encontrar uma solução ao caso concreto. Como acima citado, opera-se no viés alternativo referido por Hartmann, em oposição ao pensamento sistemático em que prevalece a solução dada, e adota-se o pensamento problemático (...). / Como teoria combativa ao método sistemático axiológico-dedutivo calcado em princípios, utiliza-se o rol dos *topoi* para que se pense o Direito partindo-se do problema, do caso concreto apresentado, e se encontre a solução" (BRITO, Alexis Augusto Couto de. "Princípios e topoi: a abordagem do sistema e da tópica na ciência do direito". *In:* LOTUFO, Renan (coord.). *Sistema e tópica na interpretação do ordenamento*. Barueri: Manole, 2006, pp. 192/193).

[20] Essa "mudança de paradigma" é referida por Azevedo, que assim identifica cada situação: "Vindos dos traumas do absolutismo, os juristas de então viam, na lei, o direito. Para dar segurança, a norma devia ser clara, precisa nas suas hipóteses de incidência (*fattispecie*), abstrata, universal. Como garantia da impessoalidade, o papel do juiz, por isso mesmo, era visto como passivo (o juiz era somente a boca da lei, '*la bouche de la loi*' – Montesquieu); a sentença, um mero silogismo, cuja premissa maior era o imperativo hipotético do texto legal ('se A é, segue-se B' – se matar, pena de prisão); a premissa menor, o fato ('A é', ou seja, fulano matou) e a conclusão, a decisão, (logo, 'segue-se B' – fulano deve ser preso). A função do juiz era de um autômato; bastava verificar se havia ocorrido o fato previsto na lei e, se sim, impor a consequência. As preocupações lógico-formais sobre a lei eram, então, tão grandes que, na vida acadêmica, a 'apoteose final' das teses consistia na apresentação de impecável definição de um instituto jurídico (muitas vezes, seguida da sugestão de um projeto de *lei*) (...). / O paradigma jurídico, portanto, que passara da lei ao juiz, está mudando, agora, do juiz, ao caso. A *centralidade do caso* é este o eixo em torno do qual gira o paradigma jurídico pós-moderno" (AZEVEDO, Antonio Junqueira de. "O direito pós-moderno e a codificação". *Revista de Direito do Consumidor*, n. 33, pp. 125-127).

Os princípios adquirem uma função prática. Dotados de conteúdo axiológico, os princípios jurídicos passaram a servir, de maneira mais direta, de fundamento decisório para o aplicador do direito. Além de explicitar "valores", a Ciência do Direito passa a reconhecer no conteúdo dos princípios a existência de "espécies precisas de comportamentos".[21]

A partir de meados do século XX, o ato de *interpretar* o direito passou a considerar a existência de normas com maior vagueza semântica e que demandariam do intérprete do direito um comportamento de construção dos fatos jurídicos que fosse além do clássico processo de subsunção da norma.

O século XXI tem dado sinais concretos de que essas transformações ainda estão em curso. Apesar de a Ciência do Direito, desde Hans Kelsen[22], entender haver na função jurisdicional uma atividade de criação normativa, já que, em rigor, uma decisão judicial é uma norma concreta extraída das normas abstratas criadas pela autoridade competente e não um simples ato de aplicação desta, no século XXI tem-se verificado o adensamento desse fenômeno.

Além do crescente uso da tópica, já mencionado, crescem os adeptos do "ativismo judicial", movimento que chega a colocar de lado os limites normativos materialmente estabelecidos no exercício da função jurisdicional. Pelo "ativismo judicial"[23] vê-se a depreciação do texto infraconstitucional em favor da possibilidade de o aplicador da lei, a pretexto de se encontrar a melhor alternativa ao caso concreto em exame, criar a norma de decisão com base na interpretação direta do texto constitucional.[24]

Por fim, no campo do Direito Privado, há um claro deslocamento de seu *centro de convergência*. Se, antes, tinha-se como centro o *patrimônio*, agora a *pessoa humana* se torna o valor prioritário e fundamental.[25]

---

[21] ÁVILA, Humberto. *Teoria dos princípios*: da definição à aplicação dos princípios jurídicos. 11ª ed. São Paulo: Malheiros, 2010, p. 25.

[22] KELSEN, Hans. *Teoria pura do direito*. 6ª ed. São Paulo: Martins Fontes, 2003, pp. 387-398.

[23] Para o exame de suas vertentes e da sua dogmática, veja-se RAMOS, Elival da Silva. *Ativismo judicial:* parâmetros dogmáticos. São Paulo: Saraiva, 2010, pp. 138-225.

[24] RAMOS, Elival da Silva. *Ativismo judicial:* parâmetros dogmáticos. São Paulo: Saraiva, 2010, pp. 138-140.

[25] AMARAL, Francisco. "O dano à pessoa no direito civil brasileiro". *Revista Brasileira de Direito Comparado*, Rio de Janeiro, n. 1, pp. 13-46, jul. 1982, pp. 14/15.

CAPÍTULO 1 - A EVOLUÇÃO DO DIREITO CIVIL BRASILEIRO...

Diante dessa nova realidade pós-moderna, o Direito Civil, "que, atualmente, por ter como objeto a *vida* e, em especial, a *vida e a dignidade da pessoa humana*", assume o papel fundamental de conferir sentido e conteúdo ao sistema jurídico.[26]

Serão abordados a seguir, ainda que objetivamente, alguns reflexos dessa nova realidade.

1.3 O DIREITO CIVIL NA PÓS-MODERNIDADE

O Código Civil de 1916 teve sua "construção" iniciada a partir de 1899, "coincidindo sua feitura com os últimos reflexos de um ciclo histórico marcado, no plano político e jurídico, por acendrado individualismo".[27] Miguel Reale, já no início das Exposições de Motivos do Código Civil de 2002, salientava a necessidade de atualização da codificação civil então vigente e apontava, como justificativas dessa necessidade, as transformações da sociedade, o franco e contínuo progresso tecnológico e, sobretudo, a existência de uma nova valoração atribuída à solidariedade social. Diverso do momento histórico em que o Código Civil de 1916 fora concebido, hoje o Direito assume um papel cada vez mais *social* "em sua origem e em seu destino, impondo a correlação concreta e dinâmica dos valores coletivos com os individuais, para que a pessoa humana seja preservada sem privilégios e exclusivismos, numa ordem global de comum participação".[28] Nessa linha de raciocínio, Miguel Reale indicou dois princípios que "*fundamentalmente* informam e legitimam" o Código Civil de 2002: a socialidade[29] e a concreção.

---

[26] AZEVEDO, Antonio Junqueira de. "O direito pós-moderno e a codificação". *Revista Brasileira de Direito Comparado*, Rio de Janeiro, n. 1, pp. 13-46, jul. 1982, p. 127.

[27] Miguel Reale, na Exposição de Motivos do Anteprojeto do atual Código Civil (fonte: Subsecretaria de Edições Técnicas do Senado Federal).

[28] Miguel Reale, na Exposição de Motivos do Anteprojeto do atual Código Civil (fonte: Subsecretaria de Edições Técnicas do Senado Federal).

[29] É com a socialidade que o diploma civil passa do modelo liberal do Código Civil de 1916 – cuja proteção centrava os direitos subjetivos individuais e seus titulares – para uma perspectiva marcada pela influência dos valores sociais.

Nesse contexto, figuras jurídicas como os direitos da personalidade, a função social dos contratos, os princípios de probidade e boa-fé nas relações entre os particulares, a possibilidade de revisão contratual – quer pela aplicação do art. 317[30], quer pela aplicação do art. 478 e seguintes[31] ou, ainda, nas hipóteses específicas previstas pelo Código Civil[32] –, a proteção contra o abuso de direito, a responsabilidade civil pelo risco da atividade etc., apenas reforçam a importância dada pelo Direito Civil àquilo que constitui seu objeto, quais sejam, a vida e a dignidade da pessoa humana.[33]

---

[30] De acordo com o dispositivo em questão, "Quando, por motivos imprevisíveis, sobrevier desproporção manifesta entre o valor da prestação devida e o do momento de sua execução, poderá o juiz corrigi-lo, a pedido da parte, de modo que assegure, quanto possível, o valor real da prestação".

[31] Os dispositivos em questão estabelecem: "Art. 478. Nos contratos de execução continuada ou diferida, se a prestação de uma das partes se tornar excessivamente onerosa, com extrema vantagem para a outra, em virtude de acontecimentos extraordinários e imprevisíveis, poderá o devedor pedir a resolução do contrato. Os efeitos da sentença que a decretar retroagirão à data da citação"; "Art. 479. A resolução poderá ser evitada, oferecendo-se o réu a modificar equitativamente as condições do contrato".; "Art. 480. Se no contrato as obrigações couberem a apenas uma das partes, poderá ela pleitear que a sua prestação seja reduzida, ou alterado o modo de executá-la, a fim de evitar a onerosidade excessiva".

[32] É pertinente mencionar que, além dessas hipóteses, o atual Código Civil prevê outras específicas como, por exemplo, no contrato de locação de coisa ("Art. 567. Se, durante a locação, se deteriorar a coisa alugada, sem culpa do locatário, a este caberá pedir redução proporcional do aluguel, ou resolver o contrato, caso já não sirva a coisa para o fim a que se destinava".) e no contrato de empreitada ("Art. 620. Se ocorrer diminuição no preço do material ou da mão-de-obra superior a um décimo do preço global convencionado, poderá este ser revisto, a pedido do dono da obra, para que se lhe assegure a diferença apurada"; "Art. 621. [*caput*] Sem anuência de seu autor, não pode o proprietário da obra introduzir modificações no projeto por ele aprovado, ainda que a execução seja confiada a terceiros, a não ser que, por motivos supervenientes ou razões de ordem técnica, fique comprovada a inconveniência ou a excessiva onerosidade de execução do projeto em sua forma originária"; além do quanto disposto nos arts. 619 e 625).

[33] Alguns indicativos dessas mudanças são apontados por Carlos Alberto Bittar e Carlos Alberto Bittar Filho: "Na tônica da prevalência de valores morais, institutos próprios clássicos, doutrinários ou jurisprudenciais ora comandam a resposta do ordenamento jurídico a lesões havidas nas relações privadas. Figuras como a revisão judicial dos contratos, o desfazimento de contratos em face da lesão e o controle administrativo de atividades ora encontram seu lugar ao sol; outrossim, conceitos como o abuso de direito, a citada lesão e o enriquecimento ilícito ganharam explicitação no novo Código (nos

CAPÍTULO 1 - A EVOLUÇÃO DO DIREITO CIVIL BRASILEIRO...

Diversos são os assuntos apresentados pelos Livros que compõem a Parte Geral e a Parte Especial do Código Civil em vigor que delineiam essa roupagem atual dada pela pós-modernidade.

Parte Geral – Livro I – No Livro I da Parte Geral do Código Civil de 2002, ressaltam-se os direitos da personalidade e, no Livro I da Parte Especial desse mesmo diploma, o Direito das Obrigações.

Os direitos da personalidade – O Código Civil de 2002, no Livro I da sua Parte Geral, trouxe um capítulo específico sobre os direitos da personalidade. Os dispositivos legais do Código que tratam da matéria (arts. 11 a 21) não têm correspondência com quaisquer dos preceitos legais do Código de 1916. A preocupação externada pelo Código Civil sobre a questão confirma o entendimento de Pietro Perlingieri, para quem o sistema jurídico do mundo contemporâneo já não pode ter como centro o mercado, "mas sim a dignidade da pessoa humana, em uma perspectiva tendente à despatrimonialização do direito".[34]

Nos dispositivos apontados, vê-se com clareza o valor dado à tutela dos interesses da pessoa humana relativos à sua própria individualidade – ao nome, à imagem, à liberdade, à integridade física, à vida privada etc. Há, com isso, sensível mudança na forma de se enxergar o Direito Civil que acaba por estender "seu poder de atuação no sentido de realizar a efetivação de valores existenciais e de justiça social".[35]

O Código Civil estabelece, por exemplo, de maneira expressa, que os direitos da personalidade são intransmissíveis e irrenunciáveis[36],

---

arts. 187, 157 e 884 a 886), em defesa de pessoas, de categorias, de consumidores, individual ou coletivamente considerados, dentre inúmeras outras aplicações possíveis" (BITTAR, Carlos Alberto; BITTAR FILHO, Carlos Alberto. *Direito civil constitucional.* 3ª ed. São Paulo: Revista dos Tribunais, 2003, p. 27).

[34] ZANINI, Leonardo Estevam de Assis. *Direitos da personalidade*: aspectos essenciais. São Paulo: Saraiva, 2011, p. 76.

[35] SZANIAWSKI, Elimar. *Direitos de personalidade e sua tutela.* 2ª ed. São Paulo: Revista dos Tribunais, 2005, p. 56.

[36] Além dos elementos caracterizadores expressos no art. 11 do Código Civil – intransmissibilidade e irrenunciabilidade dos direitos da personalidade –, Assis Zanini,

impossibilitando a limitação voluntária de seu exercício.[37] Nessa senda, o legislador demonstra preocupar-se com a proteção ao corpo, ao nome e, também, com a proteção da vida privada da pessoa natural.[38] Além disso, seguindo a lógica instituída pela Constituição Federal de 1988, o Código em questão prevê a necessidade de reparação em face de *ameaça* ou *lesão* a direito de personalidade[39], disposição essa que se enquadra perfeitamente nos anseios da ordem jurídica pós-moderna, a qual, por sua vez, encontra na *possibilidade de responsabilização e imposição do dever de reparar* um mecanismo de fundamental importância para o respeito à dignidade da pessoa humana.

As preocupações externadas pelo Código Civil justificam-se, em grande parte, pela estreita relação existente entre os direitos de personalidade e a dignidade da pessoa humana, vetor interpretativo de fundamental importância na ordem jurídica pós-moderna. Essa relação se evidencia na medida em que os direitos da personalidade têm como objetivo central, em última análise, "a proteção da dignidade do seu titular, 'a sua dignidade enquanto pessoa, não uma pessoa geral, nem um membro da humanidade, mas aquela pessoa única, individual e individuada, irrepetível e infungível'", conforme salienta Pedro Pais de Vasconcelos na obra *Direitos de personalidade*, citado por Leonardo de Estevam Assis Zanini.[40]

Ao estabelecer essa *relação* entre os direitos da personalidade e o princípio da dignidade da pessoa humana, Eduardo Bittar[41] esclarece que o atributo da dignidade traz reflexos à pessoa no que toca à sua situação de

---

fazendo extensa referência doutrinária, aponta as seguintes características: direitos "absolutos, extrapatrimoniais, inatos (ou originários), vitalícios (ou perenes), necessários (ou imprescindíveis), indisponíveis, inalienáveis, (...), impenhoráveis, inexpropriáveis e imprescritíveis" (ZANINI, Leonardo Estevam de Assis. *Direitos da personalidade*: aspectos essenciais. São Paulo: Saraiva, 2011, p. 161).

[37] Art. 11 do Código Civil.
[38] Arts. 13 a. 21 do Código Civil.
[39] Art. 12 do Código Civil.
[40] ZANINI, Leonardo Estevam de Assis. *Direitos da personalidade*: aspectos essenciais. São Paulo: Saraiva, 2011, p. 59.
[41] BITTAR, Eduardo C. B. "A dignidade da pessoa humana: uma questão central para o momento pós-moderno". *Revista do Tribunal Regional Federal da 3ª Região*, n. 77, pp. 9-20, maio/jun. 2006, p. 13.

CAPÍTULO 1 - A EVOLUÇÃO DO DIREITO CIVIL BRASILEIRO...

homem[42] perante a sociedade em que vive e à sua situação de homem perante si mesmo, com a percepção das potencialidades que o torna um *indivíduo*.[43] E é justamente com relação a esse segundo aspecto – o da percepção do homem em suas individualidades – que o autor[44] faz a ligação da dignidade do homem com os direitos da personalidade:

> A inspiração deste conceito de dignidade desde dentro advém do próprio direito da personalidade que dá guarida à dignidade: "Esse direito destaca-se do plano geral da honra, frente ao âmbito mais restrito de seu alcance, colhendo apenas a pessoa em si mesma (e não diante de terceiros). O bem jurídico protegido é o conceito pessoal (complexo valorativo individual), compreendendo, como vimos, a dignidade (sentimento das próprias qualidades morais) e o decoro (consciência da própria respeitabilidade social). A ofensa é endereçada diretamente à pessoa (o ser em seu círculo pessoal), refletindo-se apenas no ofendido, que sofre diminuição pessoal, constrangimento ou depressão (com as consequências próprias)".

A temática envolvendo a noção de *personalidade* é tão importante que Pietro Perlingieri chega a afirmar a sua incidência sobre a "própria organização da vida em comunidade".[45]

---

[42] O termo *homem*, aqui e quando não for especificado o sexo, refere-se tanto ao gênero masculino quanto ao feminino, isto é, tanto ao homem como à mulher.

[43] A propósito, Bittar argumenta que "A dignidade tem a ver com o que se confere ao outro (experiência desde fora), bem como com o que se confere a si mesmo (experiência desde dentro)" (BITTAR, Eduardo C. B. "A dignidade da pessoa humana: uma questão central para o momento pós-moderno". *Revista do Tribunal Regional Federal da 3ª Região*, n. 77, pp. 9-20, maio/jun. 2006, p. 13).

[44] BITTAR, Eduardo C. B. "A dignidade da pessoa humana: uma questão central para o momento pós-moderno". *Revista do Tribunal Regional Federal da 3ª Região*, n. 77, pp. 9-20, maio/jun. 2006, p. 13, n.r.

[45] De acordo com Perlingieri, "A exigência do respeito da personalidade, de seu livre desenvolvimento, incide sobre a noção de ordem pública, sobre os limites e sobre a função da autonomia negocial, sobre a interpretação dos atos através dos quais se manifesta, sobre a individuação das fronteiras do ilícito e de seu fundamento, sobre as configurações

A realidade legal estabelecida pelo Código Civil em vigor apenas reforça a já mencionada necessidade de "fortalecimento geral da consciência ética", cujo resultado está diretamente relacionado com o reconhecimento de uma ordem jurídica preocupada em respeitar a condição humana.[46]

Parte Especial – Livro I: Do direito das obrigações – Conforme assinalado, o Livro I da Parte Especial do Código Civil de 2002 trata do Direito das Obrigações, objeto de exame a seguir.

A relação obrigacional no contexto pós-moderno – A doutrina atribui às *Institutas* de Justiniano o conceito clássico de *obrigação*, segundo o qual "*Obligatio est iuris vinculum quo necessitate adstringimur, alicuius solvendae rei, secundum nostrae civitalis iura*" (*Inst.* 3,13, pr.).[47] Após longa evolução do instituto[48], com o Direito Romano houve a consagração da obrigação como um *vínculo* jurídico existente entre sujeitos de direito, possibilitando que se imponha a um deles um comportamento consistente em um pagamento, consubstanciado em um dar, em um fazer ou em um não fazer.

A ideia de *vínculo* jurídico não é mais suficiente para exprimir a roupagem da obrigação. O Direito das Obrigações, hoje, é um direito, acima de tudo, relacional, que deve situar as partes envolvidas – credor e devedor – em um ambiente de colaboração. "Co-laborar" significa "trabalhar junto" para a satisfação do interesse das partes na relação obrigacional.

Aqui está, segundo se entende no presente trabalho, o cerne do estudo das obrigações na atualidade. As rápidas e constantes transformações por

---

não apenas das relações familiares, mas também daquelas patrimoniais, sobre a concepção e a tutela da relação de trabalho, sobre o juízo de valor do associativismo e de seus possíveis escopos; incide, em suma, sobre toda a organização da vida em 'comunidade'" (PERLINGIERI, Pietro. *O direito civil na legalidade constitucional*. Tradução de Maria Cristina De Cicco. Rio de Janeiro: Renovar, 2008, p. 769).

[46] COMPARATO, Fábio Konder. *A afirmação histórica dos direitos humanos*. São Paulo: Saraiva, 1999, p. 411.

[47] Tradução do original: "Obrigação é o vínculo jurídico ao qual nos submetemos coercitivamente, sujeitando-nos a uma prestação, segundo o direito de nossa cidade".

[48] Sobre o desenvolvimento da noção de *obrigação* na história da humanidade, veja-se LOTUFO, Renan. "Evolução histórica do direito das obrigações". In: LOTUFO, Renan; NANNI, Giovanni Ettore (coord.). *Obrigações*. São Paulo: Atlas, 2011, pp. 1-15; e BEVILAQUA, Clóvis. *Direito das obrigações*. Rio de Janeiro: Officina Dois Mundos, 1896, pp. 6-18.

CAPÍTULO 1 - A EVOLUÇÃO DO DIREITO CIVIL BRASILEIRO...

que passa a sociedade pós-moderna impõem, no estudo do Direito Obrigacional, a necessidade de se atribuir ao sistema jurídico um sentido mais humano e moralizador, direcionado para o *equilíbrio* das relações e para uma política legislativa de limitação da autonomia privada.[49-50] Encarar o Direito das Obrigações dessa perspectiva propicia o desenvolvimento do Direito de acordo com um princípio ético-jurídico.[51] Giorgio Giorgi[52], antes

---

[49] GOMES, Orlando. *Transformações gerais do direito das obrigações*. 2ª ed. São Paulo: Revista dos Tribunais, 1980, pp. 6/7.

[50] Antunes Varela salienta ser essa também uma realidade encontrada na própria doutrina e na jurisprudência: "Sente-se na doutrina e na jurisprudência dos vários países uma forte corrente no sentido de moralizar o regime da relação obrigacional, sacrificando aos ditames da justiça *comutativa* as puras conveniências da segurança do comércio jurídico e, por maioria de razão, a obediência ao puro texto das convenções" (ANTUNES VARELA, João de Matos. *Das obrigações em geral*. 10ª ed. vol. I. Coimbra: Almedina, 2011, p. 27).

[51] A noção de desenvolvimento do Direito de acordo com um princípio ético-jurídico é tratada por Karl Larenz em sua obra *Metodologia da ciência do direito*, em passagem que cuida dos métodos de desenvolvimento judicial do Direito, mais especificamente ao tratar do desenvolvimento do Direito para *além* do plano da lei. De acordo com o jurista, esse método legitimaria o desenvolvimento do Direito com base em convicções existentes em uma realidade social inerente a dado momento histórico de uma sociedade. Esse raciocínio teria contribuído para o desenvolvimento das doutrinas decorrentes do princípio fundamental da boa-fé, por exemplo. Em linhas gerais, Karl Larenz diz: "Os princípios ético-jurídicos são pautas orientadoras da normação jurídica que, em virtude da sua própria força de convicção, podem 'justificar' decisões jurídicas. (...) podem ser entendidos como manifestações e especificações especiais da ideia de Direito, tal como esta se revela na 'consciência jurídica geral', neste estádio de evolução histórica. /(...)/ Trata-se de um desenvolvimento do Direito superador da lei de acordo com um princípio ético-jurídico, sempre que um tal princípio, é conhecido pela primeira vez e expresso de modo convincente. O motivo para isso constitui-o, as mais das vezes, um caso, ou uma série de casos de igual teor, que não pode ser solucionado de um modo que satisfaça a sensibilidade jurídica com os meios da interpretação da lei e de um desenvolvimento do Direito imanente à lei. (...). Ao conhecimento e formulação do princípio vai ligado o seu esclarecimento mediante casos paradigmáticos, a delimitação do seu alcance em relação com outros princípios e com uma regulação positiva, a sua concretização relativamente a grupos de casos e, finalmente, o plasmar-se numa 'doutrina' bem estruturada. Assim, nos últimos decénios desenvolveram-se no Direito civil, as mais das vezes apelando ao princípio fundamental da 'boa-fé': as doutrinas do abuso do direito, da caducidade (*Verwirkung*), da queda da base do negócio, do 'dever de fidelidade' do sócio, do 'dever de assistência' na relação laboral, dos 'deveres de protecção' e da responsabilidade por *culpa in contrahendo*. É certo que para todas estas doutrinas se encontra o ponto de arrimo legal no § 242 do BGB; mas, de fato, elas vão mais além do que pode inferir-se pela via da interpretação e concretização casuística da lei" (LARENZ, Karl. *Metodologia da ciência do direito*. 5ª ed. Tradução de José Lamego. Lisboa: Fundação Calouste Gulbenkian, 2009, pp. 599/600).

[52] *Teoría de las obligaciones*: libro primero. Madrid: Reus, 1928, p. VI ss.

mesmo de existir essa concepção atual de obrigação, já salientava que a análise das obrigações deve obedecer ao exame de um elemento *moral* e de um elemento *jurídico*, fazendo que a teoria obrigacional se ocupe em examinar não somente o aspecto jurídico da obrigação, mas, também, o aspecto *ético* e *social* da relação entre os sujeitos.

Diante do cenário apontado, os deveres acessórios ou de conduta passam a assumir importância de primeira ordem no cenário jurídico obrigacional.

Com isso, não se quer negar o objetivo principal de uma relação intersubjetiva de crédito e débito, qual seja, o dever de prestação consubstanciado no adimplemento da obrigação, mas, sim, reconhecer também o papel fundamental exercido hoje pela boa-fé objetiva e pelos deveres de conduta, verdadeiros *fundamentos* da relação obrigacional, relação essa que deve desenvolver-se em um ambiente de cooperação e colaboração entre os sujeitos envolvidos.

Em resumo, sob o ponto de vista da pós-modernidade, é de suma importância enxergar a obrigação sempre em um ambiente orientado pela confiança e pela boa-fé dos sujeitos envolvidos, em respeito, inclusive, aos preceitos que orientam a atual disciplina relativa ao direito contratual.

Evolução da teoria contratual – As ponderações feitas no item anterior, a respeito da relação obrigacional, são o ponto de partida para o exame da evolução do direito contratual. A ligação existente entre os temas é óbvia, até porque, no que se refere à gênese da obrigação, além da vontade unilateral, dos atos ilícitos e das hipóteses de dano independente de culpa, seu surgimento pode dar-se pelo contrato.[53]

---

[53] Clóvis Bevilaqua reduz a concepção clássica das fontes geradoras das obrigações – contrato, quase contrato, delito e quase delito – a duas categorias: "o ato humano" e "a lei" (*Direito das obrigações*. Rio de Janeiro: Officina Dois Mundos, 1896, p. 11). Rodolfo Sacco, por sua vez, identifica duas formas de surgimento das obrigações: as obrigações *delituais* e as obrigações decorrentes das *trocas* e *convenções*, sobretudo a partir da cultura urbana, decorrência do desenvolvimento da noção de autonomia privada e da possibilidade da prática de atos de disposição (SACCO, Rodolfo. "À la recherche de l'origine de l'obligation". *L'obligation*. tomo. 44. Archives de philosophie du droit. Paris: Dalloz, 2000, pp. 39-41).

CAPÍTULO 1 - A EVOLUÇÃO DO DIREITO CIVIL BRASILEIRO...

Massimo Bianca[54], ao iniciar a disciplina do direito dos contratos, define o contrato como "o acordo de duas ou mais partes para constituir, regular ou extinguir, entre elas, uma relação jurídica patrimonial". Nesse contexto, o jurista italiano insere o contrato no gênero negócio jurídico, caracterizando-o por sua bilateralidade ou pluralidade, já que o contrato somente se aperfeiçoa com o consenso das partes. Outra característica típica da figura contratual, apontada por Bianca, refere-se ao fato de o contrato ser um negócio jurídico patrimonial, isto é, suscetível de valoração econômica. Somam-se às características apontadas os elementos *constitutivos* do contrato, como (i) o acordo ("consenso recíproco das partes envolvidas na relação contratual"); (ii) o objeto ("a realidade material ou jurídica em que se enquadram os efeitos do contrato em si"); (iii) a causa ("função prática do contrato, o interesse que o contrato pretende atender"); e (iv) a forma ("meio através do qual se manifesta a vontade contratual"), sempre que a lei a prever.[55]

Tradicionalmente, partindo-se da definição supra de contrato, é possível verificar duas situações essenciais para compreensão do instituto, uma subjetiva e, outra, objetiva. No que se refere ao aspecto subjetivo, o contrato se verifica com o acordo de vontades. O *acordo* decorre de uma manifestação de vontade.[56] Já no que tange ao aspecto objetivo do contrato, este deve ser visto como uma forma de autorregulação da relação jurídica patrimonial; pelo contrato as partes fixam as regras por meio das quais o acordo deverá ser conduzido. Assim, o contrato pode indicar tanto a ideia de *declaração* das vontades das partes contratantes (aspecto subjetivo) quanto das *regras* que consubstanciam essas vontades (aspecto objetivo).[57]

---

[54] *Diritto civile:* il contratto. Milano: Dott. A. Giuffrè, 1987, pp. 1/2.

[55] BIANCA, C. Massimo. *Diritto civile* il contratto. Milano: Dott. A. Giuffrè, 1987, pp. 2/3.

[56] Bianca assevera que o vício ou a falta de correspondência entre a vontade interna e a vontade manifestada não impede necessariamente o aperfeiçoamento do contrato, sobretudo se o comportamento do sujeito denota, de modo objetivo, a presença de uma manifestação de vontade. Nessas hipóteses, o autor ressalta que o combate à lesão eventualmente sofrida pelo sujeito deve dar-se por meio da *anulação* do negócio e não da sua nulidade (BIANCA, Massimo. *Diritto civile:* il contratto. Milano: Dott. A. Giuffrè, 1987, p. 6).

[57] BIANCA, Massimo. *Diritto civile:* il contratto. Milano: Dott. A. Giuffrè, 1987, pp. 5-7.

A diferenciação feita repercute diretamente no exame da natureza jurídica do contrato e das teorias relativas à formação dos contratos. Isso porque, diz Massimo Bianca[58], pela concepção subjetivista do contrato é possível relacioná-lo mais diretamente à chamada teoria da vontade; já pela concepção objetiva, seria mais adequado enquadrá-lo na teoria da declaração ou na teoria preceptiva.[59]

Por se tratar de uma categoria de negócio jurídico, o contrato deve ser visto como ato da *autonomia privada*, mediante o qual o sujeito pode decidir a respeito de sua própria esfera jurídica de interesses, pessoais ou patrimoniais.[60] Aliás, o próprio Massimo Bianca indica ser o contrato a principal forma de manifestação da autonomia privada. Com efeito, ao se considerar a autonomia privada como a possibilidade do sujeito de se autodeterminar na sua esfera de interesses jurídicos e, ainda, considerando o sujeito um ser *social*, verifica-se uma estreita relação entre o exercício da autonomia privada e o acordo entre sujeitos.[61]

A compreensão do contrato como ato relacional que importa em afirmação da autonomia privada é imprescindível para a análise do instituto da perspectiva da pós-modernidade. Isso porque a sociedade atual tem trazido profundas reflexões sobre a superação do dogma da vontade.[62] Ainda

---

[58] *Diritto civile:* il contratto. Milano: Dott. A. Giuffrè, 1987, pp. 18/19.

[59] Para Bianca, de acordo com a teoria da vontade, uma declaração privada do elemento volitivo faz que inexista o primeiro elemento constitutivo do negócio jurídico. A vontade necessariamente deve ser manifestada para que o negócio tenha valor. Já segundo a teoria da declaração, o que constitui o contrato não é a vontade, mas a declaração, pois é esta que revela o direito e não a vontade psíquica do declarante. Por fim, a doutrina preceptiva ataca o elemento vontade, partindo da premissa de que esta, enquanto fato psicológico – *interno*, portanto –, é algo ilusório e incontrolável, podendo ter relevância jurídica tão somente quando se traduz em um *fato* social. Assim, a noção de contrato deve consistir em um fenômeno social e não no elemento psicológico da vontade (BIANCA, Massimo. *Diritto civile* – il contratto, pp. 18-20).

[60] BIANCA, Massimo. *Diritto civile:* il contratto. Milano: Dott. A. Giuffrè, 1987, p. 8.

[61] *Diritto civile:* il contratto. Milano: Dott. A. Giuffrè, 1987, pp. 10/11.

[62] Ao analisar sob o ponto de vista ideológico o dogma da vontade, Bianca identifica sua origem histórica inserida no contexto da liberdade do mercado de trabalho e a

CAPÍTULO 1 - A EVOLUÇÃO DO DIREITO CIVIL BRASILEIRO...

reportando-se à obra de Bianca, destaca-se que a superação do dogma da vontade, nos sistemas jurídicos ocidentais, tem sido observada no próprio Direito Positivo. O contrato deve ser visto não como um fenômeno psíquico, mas sim como um fenômeno social. Como premissas dessa superação do dogma da vontade, o jurista levanta três premissas, assim expostas: (i) o ato de vontade sem significado objetivo não pode ser considerado um ato negocial; (ii) o ato que contém um significado objetivo vincula seu autor, ainda que sua vontade interna seja diversa daquela manifestada; e (iii) o ato negocial deve ser *imputável* ao sujeito.[63] O sistema de responsabilização condicionado à comprovação, pelo prejudicado, da culpa do infrator, em muitas circunstâncias apresentadas pelas relações contratuais do mundo atual, não se mostra mais compatível com o preceito basilar do Direito contido no *Digesto*: "dar a cada um o que lhe é devido" ("*Suum cuique tribuere*"). Daí a preocupação, hoje, de se delimitar, em dimensão diversa daquela pregada pela ordem jurídica liberal, o *princípio da justiça contratual*.

Fernando Rodrigues Martins, em obra monográfica sobre o tema[64], sustenta que existe um elemento de ordem social presente na pós-modernidade que recai diretamente sobre uma nova ordem contratual e, em especial, sobre a proteção e a valoração das expectativas legítimas. "Esse traço se traduz na análise de que o ponto de partida das regras (especialmente as jurídicas) prende-se a um inevitável feito básico da vida social: a confiança".[65] Essa relação de confiança é ressaltada pelo Código

---

liberdade das trocas em geral, liberdade essa que constituía o pressuposto necessário da revolução industrial. Contra esse dogma da vontade, levantaram-se posições – como aquelas decorrentes da ideologia socialista – defensoras da relativização da figura do contrato enquanto mero elemento de afirmação da autonomia privada, devendo o contrato funcionar também como instrumento de colaboração para o desenvolvimento da sociedade (BIANCA, Massimo. *Diritto civile*: il contratto. Milano: Dott. A. Giuffrè, 1987, pp. 25-27).
[63] BIANCA, Massimo. *Diritto civile*: il contratto. Milano: Dott. A. Giuffrè, 1987, pp. 20/21.
[64] *Princípio da justiça contratual*. São Paulo: Saraiva, 2009, p. 18.
[65] MARTINS, Fernando Rodrigues. *Princípio da justiça contratual*. São Paulo: Saraiva, 2009, p. 18.

Civil de 2002 (art. 422) ao estipular que os contratantes são obrigados a guardar, tanto na conclusão do contrato como em sua execução – e também em sua formação –, os princípios de probidade e boa-fé.[66]

Bianca toma como base justamente a noção de confiança para trazer o princípio da *autorresponsabilidade* do sujeito, por meio do qual se introduz a ideia de sanção ao sujeito cuja declaração é feita de modo negligente. O princípio da autorresponsabilidade atribui uma carga sobre a declaração, fazendo que o declarante assuma um risco pela declaração feita em desconformidade com sua vontade *real*. A justificativa do risco assumido pelo declarante é a *necessidade de proteção do destinatário*. Aquele que emite uma declaração de caráter negocial – por si mesmo ou, ainda, por meio de terceiro – *desperta no destinatário a expectativa de que o ato seja sério e condizente com o conteúdo objetivamente apurado com a declaração*. Nesse sentido, a proteção daquele que recebe a declaração deve sobrepor-se à tutela do declarante porque a deficiência na declaração prejudica a certeza do negócio jurídico ("tutela da confiança"). Haveria, por assim dizer, uma integração entre o princípio da autorresponsabilidade e a autonomia privada. Se é verdade que a autonomia privada é elemento do negócio jurídico – não fazendo sentido, por exemplo, que subsista o negócio pautado em declaração que o declarante tenha dado causa sem saber –, o ato de declaração relevante sob o ponto de vista social, objetivamente valorado, não pode ser simplesmente desprezado em razão da "tutela da confiança".[67]

Outro aspecto de extrema relevância observado pelo Código Civil de 2002 diz respeito ao princípio da função social dos contratos, verdadeiro instrumento autônomo de revisão dos contratos e matriz de validade dos demais

---

[66] Cabe aqui breve nota sobre a necessidade de se observar esse comportamento das partes no contrato durante suas diversas fases. Atualmente se reconhece que a relação jurídica contratual gera diversos deveres para as partes envolvidas, deveres estes que se estendem desde o momento das chamadas negociações preliminares até o momento posterior à extinção da relação, ainda que adimplida a obrigação. A esse respeito, veja-se DONNINI, Rogério. *Responsabilidade civil pós-contratual*: no direito civil, no direito do consumidor, no direito do trabalho e no direito ambiental. 2ª ed. São Paulo: Saraiva, 2007. Passim.

[67] BIANCA, Massimo. *Diritto civile*: il contratto. Milano: Dott. A. Giuffrè, 1987, pp. 22/23.

CAPÍTULO 1 - A EVOLUÇÃO DO DIREITO CIVIL BRASILEIRO...

instrumentos previstos no Código. Embora haja pertinência em se analisar o contrato sob o ponto de vista econômico, a visão pós-moderna afasta a ideia de que o contrato é simplesmente um fenômeno econômico. Com efeito, pode ocorrer de um fator de natureza não econômica influenciar o contrato. Além disso, a própria inserção do contrato no contexto social incute nele a necessidade de observância de princípios como o da solidariedade, havendo, no ordenamento jurídico, elementos para assegurar, por exemplo, o equilíbrio da relação contratual nas circunstâncias em que uma parte resulte mais forte do que outra em dada relação.[68]

O dispositivo do Código Civil que versa sobre a função social dos contratos (art. 421) coloca-a em estreita relação com a *liberdade de contratar* ao estabelecer que "a *liberdade de contratar* será exercida *em razão* e *nos limites* da *função social do contrato*" (sem grifo no original). Volta-se, portanto, ao campo da autonomia privada. A autonomia privada – enquanto poder de o sujeito decidir sobre sua esfera jurídica pessoal e patrimonial – pode ser enxergada como um direito de liberdade – *liberdade não só de contratar, mas também de estabelecer o conteúdo do contrato* – e, portanto, um direito fundamental da pessoa. Trata-se de uma liberdade negocial que permanece como um valor constitucional, devendo sua limitação dar-se apenas na medida em que seu exercício cause lesão ao direito fundamental de outro indivíduo.

Sobre a relativização da liberdade negocial, recorre-se mais uma vez ao escólio de Massimo Bianca. Para o doutrinador italiano, a relativização da liberdade negocial – decorrente do exercício da autonomia privada – mostra-se necessária em razão da incidência do princípio da solidariedade, que afeta, nesse sentido, a própria liberdade de determinar o conteúdo do contrato, tal como ocorre, também, com os chamados contratos de massa. Vê-se, assim, nos tempos atuais, certo declínio da vontade contratual. Massimo Bianca explica que esse declínio está a indicar três fenômenos: (i) a restrição do papel do acordo ante a regulamentação imperativa do contrato; (ii) a restrição do papel do acordo diante do significado objetivo da relação contratual pactuada; e (iii) a restrição do papel do acordo em razão da padronização dos contratos.[69]

---

[68] BIANCA, Massimo. *Diritto civile:* il contratto. Milano: Dott. A. Giuffrè, 1987, pp. 28-30.
[69] *Diritto civile:* il contratto. Milano: Dott. A. Giuffrè, 1987, pp. 31-36.

Cabe ao sistema jurídico, portanto, a tarefa de dar instrumentos ao aplicador do direito – como, por exemplo, as cláusulas gerais (arts. 421 e 422 do Código Civil de 2002) – que o possibilitem manter equilibradas as relações contratuais, conter certos abusos e *reparar eficazmente* o prejuízo causado por lesões decorrentes das mais variadas situações jurídicas observadas na ordem econômica atual.[70]

---

[70] Ao indicar as características que formam a nova ordem contratual, Rodrigues Martins relaciona importantes aspectos da sociedade pós-moderna, dentre os quais se destacam: "Pondere-se, (...), que, antevendo a possibilidade de essa economia-mundo resultar no desrespeito aos valores democráticos, essa reafirmação do contrato, como modo de definição dos caminhos econômicos e sociais globais, somente terá aspecto 'justo' na medida em que fizer atuar uma liberdade responsável, uma normatividade razoável, mas, sobretudo, a prevalência dos direitos fundamentais. / Alerte-se que isso é o mínimo que se espera do contrato como instrumento de justiça, já que atualmente sobre ele recaem incontáveis preleções ideológicas, dentre as quais se destacam aquelas em que, a partir do contrato, possa haver uma causa de opressão e exclusão em face do neoliberalismo ou, também noutro perfil, uma reafirmação da sustentabilidade da sociedade de direito privado, através do pluralismo advindo da liberdade contratual. / (...). / Efetivamente, o contrato está sujeito a essa nova dinâmica de nosso tempo por conta da expansão planetária de organização produtiva. Registre-se que na era da economia industrial a produção tinha uma limitação interna, restando patente como objeto de trânsito internacional entre os mercados apenas as matérias-primas necessárias à produção de determinado país. Hoje já se vai longe e além, muito além, de postarem-se como objetos que ultrapassam as fronteiras apenas as mercadorias e produtos destinados à industrialização (...) / (...). / Ao lado dessa nova ordem contratual, o negócio jurídico também é revitalizado por meio de consensos plurilaterais de âmbito deontológico. É tarefa importante um avançar, mesmo que tímido, sobre essas figuras atuais. / Pelo contrato de adesão, um dos contratantes obriga-se na aceitação de cláusulas em bloco, preestabelecidas pela contraparte, concluindo uma relação jurídica contratual em que a vontade de editor do instrumento prepondera ante a subserviência do aderente (...) / O sistema jurídico, reconhecendo que o contrato de adesão é celebrado dessa maneira, tratou de endereçar métodos de interpretação, de validade e eficácia, capazes de adequá-lo aos critérios de justiça e reciprocidade entre as partes contratantes (...). / Igualmente, as cláusulas gerais de contrato, compondo esse nova ordem contratual padrão, são indicativas da necessidade de acelerar o ritmo das contratações por meio da utilização de um elenco de cláusulas fixadas prévia e unilateralmente em razão do tipo de negócio jurídico levado a efeito, mas que não estão inseridas rigorosamente no contrato quando de sua celebração. / (...) / Os contratos relacionais, identicamente, fazem parte do perfil negocial pós-moderno, tendo por objeto a prestação de serviço das mais variadas modalidades essenciais (saúde, telefonia, telecomunicação, fornecimento de energia elétrica, de água, educação, previdência privada, segurança etc.), contudo num feixe temporal prolongado entre os contratantes (...). / Na consideração de que a longa

CAPÍTULO 1 - A EVOLUÇÃO DO DIREITO CIVIL BRASILEIRO...

Consoante já assinalado, a Exposição de Motivos do professor Miguel Reale, ao tratar do Código Civil de 2002, externou de maneira contundente a necessidade de se criar modelos jurídicos com um repertório de aplicação amplo, para compreender as mais diversas situações presentes no mundo contemporâneo, em franco desenvolvimento tecnológico e social.

Esse desenvolvimento tecnológico e social foi identificado por Arnoldo Wald pela criação, reconhecimento e generalização de uma nova economia, fundada também sob o manto da globalização e da desmaterialização da riqueza. Ressalta Wald que esse cenário é bem retratado com o constante desenvolvimento das telecomunicações e da informática, responsáveis por proporcionar o crescimento da produção industrial e do comércio de maneira geral. A mão de obra operária é substituída por novas técnicas de produção, privilegiando-se o poder inventivo de empregados qualificados, capazes de criar e comandar *máquinas* destinadas exclusivamente para a produção. As regras, antes aplicadas com rigor na atividade empresarial, passam por um processo de flexibilização como meio de incentivar a criatividade daqueles que compõem a base produtiva e comercial da empresa. Some-se aos aspectos da pós-modernidade mencionados a abertura comercial do Brasil, especialmente a partir da década de 1990. Os negócios são

---

duração do contrato é matiz de principal característica, os deveres advindos da cooperação, solidariedade e boa-fé são guindados intensamente na busca da proteção da parte aderente ao contrato, o que autoriza a compreensão de que o objeto contratual seja mais bem investigado ante seguidos procedimentos obrigacionais mais sensíveis às circunstâncias vivenciadas ao largo da plenitude contratual. / (...) / O advento da Internet gerou uma faceta diferente, tornando milhões de usuários reféns de informações diárias, em muitas contas de correio eletrônico. Esse mesmo instrumento possibilitou um novo tipo de comércio, que relaciona as partes a custos quase desprezíveis, rompendo barreiras nacionais e alfândegas de línguas e de moedas, facilitando extremamente o processo de distribuição e intermediação. / (...) / Em continuidade a essa tendência de revitalização do contrato e do negócio jurídico, é possível anotar os códigos de comportamento assimilados como de trato deontológico, pelos quais determinados setores estabelecem regras de prestabilidade e gestão mercadológica reguladora. / (...) / (...) o matiz de eficiência como legitimador do crescimento da riqueza da sociedade há de ser cotejado com os fundamentos da justiça, a fim de evitar o aproveitamento e o abuso, o desequilíbrio manifesto entre as partes, a assimetria das prestações obrigacionais, a subinclusão, enfim, a opressão contratual" (*Princípio da justiça contratual*). São Paulo: Saraiva, 2009, pp. 1-22).

realizados com mais rapidez e em maior quantidade. Surgem novas espécies de negócios. As mudanças constantes, a dinâmica das relações na vida pós-moderna e o encurtamento das distâncias caracterizam o mundo atual.[71]

O sistema normativo *tradicional* do Código Civil de 1916, com dispositivos legais direcionados para a descrição minuciosa dos fatos jurídicos que pretendiam regular, resultado do liberalismo que fazia do magistrado a *boca da lei*, já não é suficiente para regular plenamente a nova sociedade.

No âmbito dos contratos, o Direito contemporâneo passou a se preocupar não só com a existência de critérios de razoabilidade e proporcionalidade em relação às cláusulas contratuais e às prestações convencionadas nas relações obrigacionais, mas também com a previsão de instrumentos capazes de dar maleabilidade aos contratos de acordo com as necessidades do caso concreto.[72]

O Código Civil de 2002, portanto, surgiu como meio de adequação legislativa ao tempo de hoje. Ao compará-lo com o Código Civil de 1916, fica evidente que o Código atual trouxe *mecanismos técnicos* mais eficazes para redução da disparidade verificada entre o arcabouço legislativo originário do liberalismo econômico e a realidade social contemporânea, marcada por notório aumento da complexidade das relações intersubjetivas. Esses novos *mecanismos* partiram de comandos destinados ao atendimento dos princípios de socialidade e concreção[73]; o primeiro, direcionado para a

---

[71] WALD, Arnoldo. "A função social e ética do contrato como instrumento jurídico de parcerias e o novo código civil de 2002". *Revista Forense*, Rio de Janeiro, vol. 364, pp. 21-30, nov.-dez. 2002, pp. 21/22.

[72] WALD, Arnoldo. "O interesse social no direito privado". *Revista Jurídica*, Porto Alegre, vol. 53, n. 338, pp. 9-21, dez. 2005, p. 18.

[73] Embora colocado por Miguel Reale na Exposição de Motivos como "princípio", na visão do presente trabalho, em uma primeira análise, mostra-se mais adequada a noção de "concreção" enquanto *método ou processo de interpretação*, tal como o é a subsunção. Karl Larenz, em sua obra *Metodologia da ciência do direito*, descrevia a concreção como um processo no qual, "Na apreciação do caso concreto, o juiz não tem apenas de 'generalizar' o caso; tem também de individualizar até certo ponto o critério; e precisamente por isso, a sua atividade não se esgota na subsunção" (MENKE, Fabiano. "A interpretação das cláusulas gerais: a subsunção e a concreção dos conceitos". *Revista da AJURIS*, Porto Alegre, vol. 33, n. 103, p. 79). Menke salienta que "este ponto pode

CAPÍTULO 1 - A EVOLUÇÃO DO DIREITO CIVIL BRASILEIRO...

socialização do Direito, dá sinal de que os institutos jurídicos desempenham um papel *social*, equilibrando-se os interesses individuais com os sociais; o segundo, por sua vez, decorrente da também relevante necessidade de se prever regras que, em conjunto com comandos integradores, possibilitem ao aplicador do direito maior margem de interpretação da norma no caso concreto.

As principais causas para as transformações do Direito Civil obrigacional, portanto, estão ligadas não só ao entendimento do contrato enquanto instrumento de circulação de riquezas indispensável ao regramento de condutas intersubjetivas e inspirado, hoje, "por princípios éticos e disciplinado conforme os interesses da sociedade na manutenção da justiça social, na distribuição de riquezas e na promoção do progresso econômico"[74], mas também à necessidade de se disponibilizar, no Direito Positivo, normas contendo uma flexibilidade capaz de "acolher hipóteses que a experiência social ininterruptamente cria e que demandam disciplina".[75] Resultado direto dessas transformações ou adequações da realidade social hodierna é o art. 422 do Código Civil de 2002, reflexo tanto da inspiração por princípios éticos e do interesse na manutenção da justiça social como da flexibilização normativa no sentido de possuir potencial de abranger hipóteses fáticas em escala muito maior que as regras de estrutura tradicional, com descrição mais detalhada do fato jurídico que se propõem disciplinar.[76]

A função social do contrato — A função social dos contratos, segundo entendemos, passou a fazer parte da teoria contratual antes do advento do Código

---

ser considerado o mais importante para a compreensão do processo de concreção, qual seja o de que por meio dele se procede à individualização do critério regulador do caso concreto, ocorrendo efetiva criação judicial para a hipótese fática sob exame" (MENKE, Fabiano. "A interpretação das cláusulas gerais: a subsunção e a concreção dos conceitos". *Revista da AJURIS*, Porto Alegre, vol. 33, n. 103, p. 79).

[74] MELLO, Adriana Mandim Theodoro de. "A função social do contrato e o princípio da boa-fé no novo código civil brasileiro". *Revista Forense*, Rio de Janeiro, vol. 98, n. 364, pp. 83-102, nov.-dez. 2002, p. 18.

[75] WAMBIER, Teresa Arruda Alvim. "Uma reflexão sobre as 'cláusulas gerais' do código civil de 2002: a função social do contrato". *Revista dos Tribunais*, São Paulo, vol. 94, n. 831, jan. 2005, pp. 59/60.

[76] WAMBIER, Teresa Arruda Alvim. "Uma reflexão sobre as 'cláusulas gerais' do código civil de 2002: a função social do contrato". *Revista dos Tribunais*, São Paulo, vol. 94, n. 831, jan. 2005, p. 71.

Civil de 2002.[77] Na realidade, com o atual Código Civil, houve uma grande mudança no enfoque dado à função social dos contratos, alçada à condição de princípio contratual expressamente previsto no ordenamento jurídico.

De todo modo, antes de identificar o conteúdo da *função social dos contratos* é preciso ter em mente que, estando a função social dos contratos atualmente estabelecida em forma de cláusula geral (art. 421 do Código Civil), sua vagueza semântica proposital faz que esse conteúdo possa se alterar de acordo com a realidade social de determinado lugar e período.[78] Pretende-se, com isso, afirmar que a significação da terminologia *função social dos contratos* pode apresentar mudanças resultantes do empenho da doutrina e da jurisprudência no sentido de demonstrar as circunstâncias casuísticas em que a função social dos contratos, enquanto cláusula geral, deve incidir nas relações sociais.[79]

Como assinalado, diante da complexidade da sociedade contemporânea, há uma necessidade de a dogmática jurídica se utilizar de mecanismos para a operabilidade do direito. Nesse contexto, a função social dos contratos aparece a serviço do aplicador do direito como meio de estabilizar o sistema positivo de normas jurídicas; contudo, como assinala Teresa Arruda Alvim Wambier[80]:

---

[77] A esse respeito, veja-se DONNINI, Rogério. "A Constituição Federal e a concepção social do contrato". *In:* VIANNA, Rui Geraldo Camargo; NERY, Rosa Maria de Andrade (coord.). *Temas atuais de direito civil na Constituição Federal.* São Paulo: Revista dos Tribunais, 2000, p. 74; BRANCO, Gerson Luiz Carlos. *Função social dos contratos*: interpretação à luz do código civil. São Paulo: Saraiva, 2009, p. 40.

[78] Nesse sentido, concorda-se com Turczyn Berland ao afirmar que, em face da amplitude e imprecisão do conceito de função social do contrato, "no decorrer do tempo, [o referido conceito] pode alcançar os mais diversos significados, cabendo ao juiz determiná-lo no momento adequado" (BERLAND, Carla Turczyn. *A intervenção do juiz nos contratos.* São Paulo: Quartier Latin, 2009, p. 78).

[79] Sobre esse aspecto, Teresa Wambier destaca o papel da doutrina e da jurisprudência na busca de certo grau de regularidade objetiva – em oposição à arbitrariedade subjetiva –, regularidade objetiva essa gerada com o desenvolvimento de uma consciência em torno da ideia de justiça que, para a autora citada, superando a concepção de justiça absoluta, identifica-se como a noção de existência de uma *norma* e à necessidade de que as decisões sejam *baseadas na correta aplicação desta norma.* Somente com esse grau de regularidade objetiva, conclui Teresa Wambier, é que, socialmente, haverá segurança e previsibilidade (WAMBIER, Teresa Arruda Alvim. "Uma reflexão sobre as 'cláusulas gerais' do código civil de 2002: a função social do contrato". *Revista dos Tribunais*, vol. 94, n. 831, jan. 2005, p. 69).

[80] "Uma reflexão sobre as 'cláusulas gerais' do código civil de 2002: a função social do contrato". *Revista dos Tribunais*, vol. 94, n. 831, jan. 2005, p. 67.

CAPÍTULO 1 - A EVOLUÇÃO DO DIREITO CIVIL BRASILEIRO...

> (...) nunca é demais repetir, que (...) um dos valores que não pode ser desprezado é a segurança, tomada esta expressão no sentido de previsibilidade. Trata-se de um fenômeno que produz tranqüilidade e serenidade no espírito das pessoas, independentemente daquilo que se garanta como provável de ocorrer.

Com relação ao mérito da compreensão do termo, o primeiro ponto de relevo na busca dos lindes da expressão *função social dos contratos* está em identificar o conceito de *função*. A palavra função, do latim *functio, ónis* – que significa trabalho, execução, exercer, desempenhar –, assumiu na língua portuguesa, dentre outras acepções, a de atividade natural ou característica de algo; obrigação a cumprir ou papel/atividade a desempenhar.[81] Para o Direito, o vocábulo *função* normalmente está ligado ao ramo do Direito Público, precisamente ao Direito Administrativo, significando "o *direito* ou *dever de agir*, atribuído ou conferido por lei a uma pessoa, ou a várias, a fim de assegurar a vida da administração pública ou o preenchimento de sua missão, segundo os princípios instituídos pela própria lei".[82] Na mesma linha, o termo função é genericamente utilizado para designar um "poder que deve ser exercido no interesse de outrem".[83] Claudio Luiz Bueno de Godoy[84] ressalta:

> (...) quando se fala em função, tem-se, em geral, a noção de um poder de dar destino determinado a um objeto ou a uma relação jurídica, de vinculá-los a certos objetivos; o que, acrescido do adjetivo "social", significa dizer que esse objetivo

---

[81] HOUAISS, Antonio. *Dicionário eletrônico Houaiss da língua portuguesa (1.0)*. Atualizado para as versões 2000, 2003, XP e Vista do Windows. 1 CD-ROM.

[82] SILVA, De Plácido e. *Vocabulário jurídico*. Atualizado por Nagib Slaibi Filho e Gláucia Carvalho. 27ª ed. Rio de Janeiro: Forense, 2008, pp. 643/644.

[83] AMARAL, Francisco. *Direito civil*: introdução. 3ª ed. Rio de Janeiro: Renovar, 2000, p. 149.

[84] GODOY, Claudio Luiz Bueno de. *Função social do contrato*. 3ª ed. São Paulo: Saraiva, 2009, p. 114.

ultrapassa o interesse do titular do direito – que, assim, passa a ter um poder-dever – para revelar-se como de interesse coletivo.

Essa perspectiva reflete o movimento de funcionalização dos direitos subjetivos, consistente "em prerrogativas que conferem a uma pessoa o poder de exigir da outra, ou outras, uma ação, ou uma omissão, que atende [a] um interesse daquela (titular)".[85]

No caso da função *social*, esta se refere "à atuação do ser humano em benefício da sociedade".[86] Ao se dizer *função social*, dois elementos são intuídos: a funcionalidade – identificada há pouco – e a socialidade de algo, preocupações que, em maior ou menor grau, "sempre estiveram presentes no cenário jurídico na análise dos mais variados modelos".[87]

Sobre a socialidade, é importante relembrar seu destaque na elaboração do atual Código Civil. Ao lado da operabilidade[88] e da eticidade[89], a socialidade constitui princípio cardeal desse diploma legal. Com ela, conforme já se pontuou, o diploma civil passa do modelo liberal do Código de 1916 – cuja proteção centrava os direitos subjetivos individuais e seus titulares – para uma perspectiva marcada pela influência dos valores sociais. De acordo com Claudio Luiz Bueno de Godoy[90], pela socialidade,

---

[85] NORONHA, Fernando. "O direito dos contratos e seus princípios fundamentais (autonomia privada, boa-fé, justiça contratual)". *In:* GODOY, Claudio Luiz Bueno de. *Função social do contrato.* 3ª ed. São Paulo: Saraiva, 2009, p. 114.

[86] BERLAND, Carla Turczyn. *A intervenção do juiz nos contratos.* São Paulo: Quartier Latin, 2009, p. 78.

[87] BRANCO, Gerson Luiz Carlos. *Função social dos contratos*: interpretação à luz do código civil. São Paulo: Saraiva, 2009, p. 40.

[88] Pela operabilidade compreende-se a tentativa de superação de discussões teóricas sobre a aplicação e natureza dos institutos jurídicos, bem como a previsão de mecanismos que permitam ao aplicador do direito dar maior concretude às circunstâncias casuais das discussões jurídicas postas em análise.

[89] Por meio da eticidade, reconhece-se a necessidade de interferência de critérios éticos, como a boa-fé objetiva e a equicidade, como vetores condutores das relações jurídicas.

[90] GODOY, Claudio Luiz Bueno de. *Função social do contrato.* 3ª ed. São Paulo: Saraiva, 2009, p. 122.

CAPÍTULO 1 - A EVOLUÇÃO DO DIREITO CIVIL BRASILEIRO...

> (...) retira-se o contrato da perspectiva individualista que lhe reservava o Código de 1916, modificando-se seu eixo interpretativo, de sorte a garantir que o ato de iniciativa das partes contratantes seja recebido pelo ordenamento, que lhe dará eficácia, desde que, tal qual vem de se asseverar, cumpra um novo papel, de satisfação dos propósitos e valores que o sistema escolheu e protege, no interesse de todos, no interesse comum. Acrescenta-se: propósitos esses escolhidos, antes de tudo, pelo constituinte, dentre os quais, porém, a dignidade humana, a cujo desenvolvimento serve também a manifestação da liberdade contratual e, com ela, o acesso a bens e serviços.

A socialidade, portanto, não afasta o valor individual, mas apenas reconhece que o direito subjetivo individual não é fonte única do valor da pessoa, inserindo-se o indivíduo no âmbito das relações sociais como "artífice da construção de um projeto de sociedade que a todos favoreça".[91] Conforme o contexto apresentado, deve-se tomar cuidado para que, *em nome da socialidade*, não se arruíne a própria essência do contrato na sociedade. A esse respeito, postula Arruda Alvim[92]:

> Fundamentalmente, o mais expressivo significado da função social do contrato é o de que ele se encontra permeado, através de outros textos próprios do Código Civil, dado que julgo que nós não podemos interpretar a função social do contrato que, na verdade, é um valor justificativo da existência do contrato, tal como a sociedade enxerga no contrato um instituto bom para a sociedade; mas, é preciso atentar e não vislumbrar nessa *função social*, lendo-a de tal forma a que viesse a destruir a própria razão de ser do contrato, em si mesma.

Com base nesses elementos, pode-se dizer que a função social dos contratos, princípio que justifica a própria existência do contrato, refere-se

---

[91] GODOY, Claudio Luiz Bueno de. *Função social do contrato*. 3ª ed. São Paulo: Saraiva, 2009, p. 123.
[92] "A função social dos contratos no novo código civil". *Revista dos Tribunais*, São Paulo, vol. 92, n. 815, pp. 11-31, set. 2003, pp. 29/30.

não só à compreensão do contrato como mecanismo de segurança das relações jurídicas que envolvem a circulação de riquezas – afirmando-se, por conseguinte, o princípio da força obrigatória do contrato –, mas também como que meio de equilibrar os interesses dos particulares envolvidos na relação contratual e, conforme o caso, os interesses da própria coletividade.

Sobre o significado da função social dos contratos, Teresa Arruda Alvim Wambier[93] acentua:

> A função social dos contratos significa que estes devem desempenhar *papel na sociedade*, representando um meio de negociação sadia de seus interesses e não uma forma de opressão. Percebe-se no art. 421 do CC nítida influência do art. 5º, XXIII, da CF. Assim como a propriedade perdeu, pelo menos em parte, seu caráter de direito absoluto, já que "a propriedade obriga" (art. 150 da Constituição de Weimar), o mesmo ocorreu com a liberdade de contratar (fundamentalmente, de estabelecer o conteúdo dos contratos). Por trás destas idéias está a vontade de encontrar um equilíbrio entre os interesses dos particulares e os da coletividade.

Ao defender a ideia de que o princípio da função social é uma decorrência da própria realidade social, Calixto Salomão Filho[94] salienta, acerca do desenvolvimento da função social, a presença de estreita relação entre direito subjetivo e *obrigação*, dada a ligação desta última com a noção de *função*. Para demonstrar essa relação, o autor cita a Constituição de Weimar ("a propriedade obriga"). Calixto Salomão Filho também ressalta – e a respeito disso o presente trabalho já se posicionou nessa mesma linha – que a obrigação relativa à função social varia de acordo com as mudanças sociais e com o passar do tempo. A propósito, diz que o incremento da complexidade das relações jurídicas faz surgir a correlata necessidade de

---

[93] "Uma reflexão sobre as 'cláusulas gerais' do código civil de 2002: a função social do contrato". *Revista dos Tribunais*, São Paulo, vol. 94, n. 831, jan. 2005, p. 64.

[94] "Função social do contrato: primeiras anotações". *Revista dos Tribunais*, São Paulo, vol. 93, n. 823, pp. 67-86, maio 2004, p. 70.

CAPÍTULO 1 - A EVOLUÇÃO DO DIREITO CIVIL BRASILEIRO...

"distinguir e destacar as obrigações que geram essas relações". Para explicar essa variação da obrigação relativa à função social, Calixto Salomão Filho[95] utiliza-se de exemplo que parte da função social da propriedade:

> Em um primeiro momento, na relação estática de propriedade, pareceu possível que, (como se procurou demonstrar *retro* ao discorrer sobre a evolução do princípio da função social) o próprio Estado estabelecesse as limitações ao direito de propriedade de maneira casuística. O princípio da função social da propriedade requereria, portanto, tradução legislativa específica. Essa característica da função social está bastante em linha com as características do direito a que se refere. Também o direito de propriedade decorre de uma definição legislativa específica que dá pouco ou nenhuma margem de manobra aos particulares (em relação aos poderes e direitos dela decorrentes).
>
> Na medida em que essa realidade se transforma e a acumulação de capital deixa de ter por base a exploração dos bens de raiz (sociedades agrárias), passando a se fundar em relações comerciais e industriais mais complexas, a essência da obrigação contida no princípio da função social tem de se modificar. Pela boa e simples razão de que também se modifica o direito que esta limita. Do direito de propriedade passa-se a relações jurídicas. Em um primeiro momento aquelas envolvidas pela empresa e, em seguida, pelos contratos em geral.

Além disso, continuando a abordagem feita por Calixto Salomão Filho, no caso da função social *dos contratos*, o interesse na definição das obrigações decorrentes dessa *função* mira os *efeitos sociais* dos contratos, "que nada mais são que a identificação dos interesses de terceiros dignos de tutela e passíveis de serem afetados pelas relações contratuais".[96] Fica então a pergunta: quais seriam esses interesses de terceiros passíveis de proteção em razão do princípio da função social dos contratos? Calixto Salomão Filho

---

[95] SALOMÃO FILHO, Calixto. "Função social do contrato: primeiras anotações". *Revista dos Tribunais*, São Paulo, vol. 93, n. 823, pp. 67-86, maio 2004, p. 70.
[96] SALOMÃO FILHO, Calixto. "Função social do contrato: primeiras anotações". *Revista dos Tribunais*, São Paulo, vol. 93, n. 823, pp. 67-86, maio 2004, p. 71.

responde à indagação fazendo uso da teoria das garantias institucionais.[97] Conforme o doutrinador sustenta, a concretude da função social dos contratos somente é alcançada acaso ligada às garantias institucionais; existindo lesão a interesse institucional – por exemplo, à tutela ambiental –, fere-se a função social do contrato. Em conclusão, Calixto Salomão Filho indica que o sentido da função social dos contratos é eminentemente *ultra partes*, não havendo aplicação na relação intersubjetiva dos contratos, cuja tentativa de se buscar eventuais reequilíbrios seria fundamentada com base em outros princípios, como o da boa-fé objetiva (art. 422 do Código Civil) e a cláusula *rebus sic stantibus*.[98]

---

[97] Trata-se de teoria que leva em conta as normas não somente como extensão dos direitos individuais, mas também como instrumentos que incorporam valores metaindividuais e sociais. Sobre esse caráter institucional das normas, Calixto Salomão Filho explica: "A inspiração e razão imediata para o uso feito do termo institucionalismo está no institucionalismo constitucional dos juristas alemães que construíram a teoria das garantias institucionais a partir da interpretação das cláusulas sociais da Constituição de Weimar. Destaque especial ganha então a obra de Carl Schmitt. Para esse autor, as garantias institucionais aparecem como o grande elemento de reconhecimento dos corpos sociais intermédios, e portanto dos interesses supra-individuais e coletivos, reconhecidos na Constituição. Aí a grande diferença para a outra grande categoria constitucional reconhecida por C. Schmitt – os direitos fundamentais, estes sempre referidos ao indivíduo (cf. Schmitt, Carl. *Verfassungslehre*. 8ª ed. Berl: Duncker & Humblot, 1993, p. 170 et seq.). Note-se que para poder estabelecer essa distinção, Schmitt faz um longo, tortuoso e nem sempre coerente percurso filosófico que precisa ser mencionado. Apesar de grande mentor do institucionalismo constitucional, ele não adere totalmente ao institucionalismo filosófico-sociológico. Em geral adepto do decisionismo (forma encontrada para se opor ao positivismo sem se desvincular do dogma estatal, o que o levará mais tarde para as mãos da doutrina nazista), Schmitt só faz concessões ao institucionalismo filosófico na medida necessária para compatibilizá-lo com seu institucionalismo constitucional. Assim rejeita o sociologismo de Hauriou e aceita apenas em parte o institucionalismo de Santi Romano, rejeitando sobretudo o pluralismo por esse autor reconhecido de fontes do direito – (...). É fundamental notar, no entanto, que é exatamente no pluralismo de Santi Romano que está a justificação lógica mais consistente para o institucionalismo constitucional (...). Não é possível reconhecer garantias a certas instituições (famílias, comunidades locais, sindicatos) sem reconhecer que desses corpos sociais vêm influxos sociais e comportamentais importantes para a formação do direito. O momento em que esses influxos se tornam jurídicos é menos importante para a reflexão presente. O importante é que existem, são socialmente aceitos e acabam por ter reconhecimento jurídico" (SALOMÃO FILHO, Calixto. "Função social do contrato: primeiras anotações". *Revista dos Tribunais*, vol. 93, n. 823, p. 72).

[98] "Função social do contrato: primeiras anotações". *Revista dos Tribunais*, São Paulo, vol. 93, n. 823, pp. 67-86, maio 2004, pp. 84-86.

CAPÍTULO 1 - A EVOLUÇÃO DO DIREITO CIVIL BRASILEIRO...

Humberto Theodoro Junior caminha nessa mesma direção, entendendo a função social apenas em seu âmbito externo, já que a expressão social denotaria somente e necessariamente a sociedade em geral.[99]

A referida posição encontra amparo no próprio debate havido em setembro de 2002, na I Jornada de Direito Civil realizada pelo Superior Tribunal de Justiça (STJ), da qual se ventilou, no Enunciado n. 21, que a função social dos contratos constituiria "cláusula geral que impõe a revisão do princípio da relatividade dos efeitos do contrato, em relação a terceiros, implicando a tutela externa do crédito".[100]

Claudio Luiz Bueno de Godoy, em outro sentido, considera que o contrato tem também "uma função social projetada (...) entre as próprias partes contratantes", atendendo à promoção de valores constitucionais que lhes digam respeito, como a dignidade da pessoa humana e a justiça social.[101] O autor parte das lições de Goulart Ferreira e Giselda Maria Fernandes Novaes Hironaka para afirmar que a função social dos contratos deve buscar um equilíbrio entre os sujeitos envolvidos na relação contratual, igualando-se, assim, a liberdade real de cada qual.[102] A esse sentido *inter partes* – individual, com vistas a garantir o desenvolvimento dos sujeitos envolvidos na relação intersubjetiva –, alia-se a função de integração social, face externa da função social dos contratos, a qual impede que o contrato e seus efeitos sejam analisados da perspectiva das eventuais repercussões na esfera jurídica de terceiros.[103]

Carla Turczyn Berland[104] segue a mesma trilha no desenvolvimento de seu raciocínio:

---

[99] *O contrato e sua função social*. Rio de Janeiro: Forense, 2003, p. 13.

[100] GODOY, Claudio Luiz Bueno de. *Função social do contrato*. 3ª ed. São Paulo: Saraiva, 2009, p. 135.

[101] *Função social do contrato*. 3ª ed. São Paulo: Saraiva, 2009, p. 134.

[102] GODOY, Claudio Luiz Bueno de. *Função social do contrato*. 3ª ed. São Paulo: Saraiva, 2009, pp. 117/118.

[103] GODOY, Claudio Luiz Bueno de. *Função social do contrato*. 3ª ed. São Paulo: Saraiva, 2009, p. 136.

[104] *A intervenção do juiz nos contratos*. São Paulo: Quartier Latin, 2009, p. 85.

Entendemos ser correta a posição de que a função social diz respeito a toda a sociedade. Entretanto, considerando que os *standards* de um contrato podem servir de paradigmas para outros casos, que o desequilíbrio em um contrato pode trazer conseqüências a terceiros e, principalmente, o fato de que o contrato é tido como forma de se alcançar o desenvolvimento social, com o objetivo de constituir uma sociedade "justa e solidária", parece-nos que não há como excluir a paridade das partes do conceito de função social do contrato.

Nessa toada, Rafael Chagas Mancebo, partindo da análise do princípio da justiça social, afirma que "a função social do contrato plasma-se por todas estas expressões de justiça [bem particular, bem comum, viés comutativo e distributivo], tanto entre particular com particular, quanto entre particular com a sociedade ou na expectativa social pela justiça, que zela pelo bem comum".[105]

João Hora Neto não aborda especificamente a questão do âmbito interno e externo da função social dos contratos, porém, ele também demonstra crer que seu conteúdo genérico abarque ambas as situações. Em primeiro lugar, ao mencionar que a função social reflete um limite positivo na liberdade de contratar – relacionando a função social, por assim dizer, com o liame existente entre os sujeitos de uma relação contratual.[106] Em segundo lugar, por concluir que,

> Hodiernamente, o que se busca é a realização de um contrato que detenha a função social, ou seja, de um contrato que, além de desenvolver uma função translativa-circulatória das riquezas, também realize um papel social atinente à dignidade da pessoa humana e à redução das desigualdades culturais e materiais, segundo os valores e princípios constitucionais.[107]

---

[105] *A função social do contrato*. São Paulo: Quartier Latin, 2005, p. 47.

[106] "O princípio da função social do contrato no código civil de 2002". *Revista de Direito Privado*, São Paulo, v. 4, n. 14, pp. 38-48, abr.-jun. 2003, p. 46.

[107] HORA NETO, João. "O princípio da função social do contrato no código civil de 2002". *Revista de Direito Privado*, vol. 4, n. 14, pp. 38-48, abr.-jun. 2003, p. 46.

CAPÍTULO 1 - A EVOLUÇÃO DO DIREITO CIVIL BRASILEIRO...

Para Arnoldo Wald, a função social não faz que o contrato deixe de exercer sua função econômica, devendo-se conciliar *os interesses tanto das partes envolvidas* (âmbito interno) *quanto da sociedade* (âmbito externo).[108] Paulo Nalin também destaca os dois aspectos da função social dos contratos. Para o jurista, a função social dos contratos se subdivide em duas partes: (i) uma *intrínseca*, condizente com a observância, pelos envolvidos na relação contratual, de princípios decorrentes do valor constitucional da solidariedade; e (ii) outra, *extrínseca* que, rompendo com o princípio da relatividade dos efeitos dos contratos, "indica" que o aplicador do direito deve se preocupar com as repercussões do contrato sob o ponto de vista social.[109]

Em reforço ao posicionamento segundo o qual a função social dos contratos possui um conteúdo genérico *inter partes* e outro *ultra partes*, tem-se as conclusões alcançadas pela I Jornada de Direito Civil referenciada há pouco. Apesar do conteúdo do já mencionado Enunciado n. 21, cujo resultado conclusivo a que se poderia chegar ao analisá-lo individualmente é o de que o conceito de função social dos contratos se limita apenas ao seu perfil externo, ao conjugá-lo com os Enunciados subsequentes, fica evidenciada – e a posição do presente estudo se coaduna com esse resultado – a presença do conteúdo *inter partes*. Colaciona-se, a seguir, o teor desses Enunciados[110]:

> Enunciado 22 – A função social do contrato, prevista no art. 421 do novo Código Civil, constitui cláusula geral, que reforça o princípio da conservação do contrato, assegurando trocas úteis e justas.
>
> Enunciado 23 – A função social do contrato, prevista no art. 421 do novo Código Civil, não elimina o princípio da autonomia contratual, mas atenua ou reduz o alcance desse princípio quando presentes interesses metaindividuais ou interesse individual relativo à dignidade da pessoa humana.

---

[108] WALD, Arnoldo. "O interesse social no direito privado". *Revista Jurídica*, Porto Alegre, vol. 53, n. 338, pp. 9-21, dez. 2005, p. 12.

[109] NALIN, Paulo. *Do contrato:* conceito pós-moderno. 2ª ed. Curitiba: Juruá, 2006, pp. 223/224.

[110] Disponível em http://daleth.cjf.jus.br/revista/enunciados/IJornada.pdf. Acesso em 19 jun. 2014.

De todo modo, afora os posicionamentos sobre o conteúdo genérico da função social dos contratos, mostra-se inequívoco que o princípio objetiva proteger valores constitucionais básicos do ordenamento. Claudio Luiz Bueno de Godoy[111] coloca essa circunstância como contorno básico da função social dos contratos:

> Sua relevância está, antes de tudo, na promoção daqueles objetivos do Estado Social, na eficácia dos valores básicos do ordenamento, repita-se, o que, em nossa Constituição, constitui preceito expresso, a colocar a discussão fora de qualquer contexto que não seja jurídico, que seja puramente ideológico e, por isso, necessariamente parcial.

Nessa mesma linha de respeito aos valores básicos da ordem jurídica, Pietro Perlingieri[112], ao comentar questões atinentes à livre iniciativa econômica, pondera:

> (...) a iniciativa econômica privada, bem definida livre pelo parágrafo primeiro do referido artigo (art. 41), *deve se submeter a controles, a programas, a intervenções* por parte do legislador – e não apenas do legislador – que não são mais dirigidos a um regime de autarquia e inspirados por um princípio corporativista, *mas voltados a realizar um sistema diverso que põe no ápice da hierarquia dos valores o respeito da pessoa humana e a realização da igualdade substancial*". (sem grifo no original)

---

[111] GODOY, Claudio Luiz Bueno de. *Função social do contrato*. 3ª ed. São Paulo: Saraiva, 2009, p. 119.

[112] PERLINGIERI, Pietro. *Il diritto civile nella legalità costituzionale*. Nápoles: Scientifiche Italiane, 1984, pp. 142/143. Tradução livre do seguinte original: "l'iniziativa economica privata, benché definita libera dal primo comma dello stesso articolo (art. 41), è sottoposta a controlli, a programmi, ad interventi da parte Del legislatore – e non soltanto del legislatore – i quali sono piú finalizzati ad un regime di autarchia ed inspirati ad un principio corporativistico, ma rivolti a realizzare un sistema diverso che pone all'apice della gerarchia dei valori il rispetto della persona umana e la realizzazione dell'egualianza sostanziale".

CAPÍTULO 1 - A EVOLUÇÃO DO DIREITO CIVIL BRASILEIRO...

Mais especificamente tratando da função social dos contratos na ordem jurídica pátria, Leonardo Mattietto expõe que "a conformação clássica do contrato, individualista e voluntarista, cede lugar a um novo modelo deste instituto jurídico, voltado a obsequiar os valores e princípios constitucionais de dignidade e livre desenvolvimento da personalidade humana".[113]

Em interessante trabalho intitulado *O contrato no código civil e sua função social*, o Ministro José Augusto Delgado faz uma síntese conclusiva resultante de diversos posicionamentos da doutrina a respeito da função social do contrato. Nessa síntese conclusiva, indica, inclusive, determinadas circunstâncias em que a aplicação da função social dos contratos pode ser utilizada pelo juiz. Os pontos levantados pelo Ministro[114] que, em face do até o momento exposto, interessa ao presente trabalho, são os seguintes:

> a) A função social do contrato concretiza-se quando as partes emitem comportamentos estruturados na solidariedade (CF, art. 3º, I), na justiça social (art. 170, *caput*, da CF), na livre iniciativa, no respeito à dignidade da pessoa humana (CF, art. 1º, III) e não ferirem valores ambientais (Código de Defesa do Consumidor, art. 51, XIV), (...).
>
> b) A função social do contrato prevista no art. 421 é uma cláusula geral que, conseqüentemente, exigirá do juiz o cuidado para definir os limites da sua aplicação, diante do caso concreto.
>
> c) O princípio da função social do contrato poderá determinar que a parte seja chamada a indenizar os prejuízos causados a outrem por a ela ter desatendido.
>
> (...)
>
> e) A função social do contrato visa a prestigiar o equilíbrio entre os contratantes.

---

[113] MATTIETTO, Leonardo. "O direito civil constitucional e a nova teoria dos contratos". *In*: TEPEDINO, Gustavo (coord.). *Problemas de direito civil-constitucional*. Rio de Janeiro: Renovar, 2000, p. 179.

[114] DELGADO, José Augusto. "O contrato no código civil e sua função social". *Revista Jurídica*, Porto Alegre, vol. 52, n. 322, pp. 7-28, ago. 2004, pp. 24-28.

(...)

g) A função social do contrato, enfim, garante a humanização dos pactos, submetendo o direito privado a novas transformações e garantindo a estabilidade das relações contratuais, sensível ao ambiente social em que ele foi celebrado e está sendo executado, e não, apenas, a submissão às regras de um mercado perverso, abrumador e prepotente que deve esfumar com o passar do tempo, tal como aconteceu com a decadência do liberalismo econômico.[115]

h) A função social do contrato tem por objetivo evitar que, no negócio jurídico, nenhuma das partes seja lesada. O art. 421 do Código Civil de 2002 determina a incorporação ao direito subjetivo das partes que o contrato seja exercido de forma que busque satisfazer um resultado social.

i) "A função social do contrato acentua a diretriz de sociabilidade do direito, de que nos fala, percucientemente, o eminente Prof. Miguel Reale, como princípio a ser observado pelo intérprete na aplicação dos contratos. Por identidade dialética, guarda intimidade com o princípio da função social da propriedade previsto na Constituição Federal".[116]

(...)

n) De acordo com Sylvio Capanema de Souza[117], Desembargador do Tribunal de Justiça do Rio de Janeiro, "... função social do contrato é fazer com que o contrato se transforme num instrumento da construção da dignidade do homem, da eliminação da miséria, das injustiças sociais, fazer com que os contratos não estejam apenas a serviço dos contratantes, mas também da sociedade, construindo o que se

---

[115] SANTOS, Antônio Jeová. *Função social, lesão e onerosidade excessiva nos contratos*. São Paulo: Método, 2002, p. 146 (nota de rodapé referente ao próprio trecho transcrito).

[116] ALVES, Jones Figueiredo. *Novo código civil comentado*. São Paulo: Saraiva, 2002, p. 372, ao comentar o art. 421 (nota de rodapé referente ao próprio trecho transcrito).

[117] "Dos contratos no novo código civil". *Revista da EMERJ*, vol. 5, n. 20, 2001, p. 91 (nota de rodapé referente ao próprio trecho transcrito).

CAPÍTULO 1 - A EVOLUÇÃO DO DIREITO CIVIL BRASILEIRO...

convencionou chamar o Estado do Bem-Estar. Essa função social dos contratos também está referida no campo dos direitos reais no que tange à posse e à propriedade".

Conforme é possível observar, são diversas as polêmicas em torno da função social, contudo, elas são decorrência natural da compreensão de uma cláusula geral tendo em vista suas próprias características. Não obstante, demonstra haver, no conteúdo da função social dos contratos, um aspecto intrínseco, condizente com a função do contrato na relação entabulada entre as partes contratantes, e outro aspecto, extrínseco, condizente com a preocupação com as repercussões sociais decorrentes da relação contratual.

De toda maneira, tem-se que o direito contratual contemporâneo deixa de lado aquele espectro individualista, e o contrato passa a ser visto "como parte de uma realidade maior e como um dos fatores de alteração da realidade social".[118] É nesse contexto que surgem valores como a função social dos contratos, desafiando a

> (...) concepção clássica de que os contratantes tudo podem fazer, porque estão no exercício da autonomia da vontade. O reconhecimento da inserção do contrato no meio social e da sua função como instrumento de enorme influência na vida das pessoas, possibilita um maior controle da atividade das partes. Em nome do princípio da função social do contrato se pode, v.g., evitar a inserção de cláusulas que venham injustificadamente a prejudicar terceiros ou mesmo proibir a contratação tendo por objeto determinado bem, em razão do interesse maior da coletividade.[119]

Precisamente neste ponto é que se propõe evoluir na compreensão desse princípio contratual moderno. No atual sistema jurídico brasileiro,

---

[118] PEREIRA, Caio Mário da Silva. *Instituições de direito civil*: contratos. 12ª ed. vol. III. Rio de Janeiro: Forense, 2007, p. 13.

[119] PEREIRA, Caio Mário da Silva. *Instituições de direito civil*: contratos. 12ª ed. vol. III. Rio de Janeiro: Forense, 2007, p. 14.

estaria esse princípio (da função social dos contratos) simplesmente justaposto com os princípios clássicos do contrato (autonomia privada, relatividade dos efeitos e da força obrigatória), ou estaria ele colocado no sistema para, em certas circunstâncias, impedir a prevalência desses princípios em benefício de um interesse social maior?

O art. 421 do Código Civil de 2002 – sem previsão correlata no Código de 1916 – preceitua que "*a liberdade de contratar será exercida em razão e nos limites da função social do contrato*" (sem grifo no original). Submete, como se vê, a *liberdade de contratar* (princípio contratual clássico) à *função social do contrato*, terminologia essa cuja definição não se encontra expressamente estabelecida em nenhum dos dispositivos do Código Civil[120], criando-se, assim, uma vagueza semântica que coloca em "segundo plano os dogmas da completude e da logicidade que permeiam a ciência jurídica tradicional".[121] Trata-se de regra que "impõe uma visualização contemporânea a respeito do contrato privado, por exigir que se explicite a sua vinculação aos aspectos axiológicos nela contidos".[122] Traz, em si, um conceito indeterminado, vago, cuja concretude será dada de acordo com as peculiaridades da hipótese fática analisada.

A leitura inicial do art. 421 do Código Civil[123] induz, à primeira vista, à conclusão de que se trata de um dispositivo indicativo da causa e do limite da liberdade de contratar; contudo, ao se debruçar sobre o enunciado contido na mencionada cláusula geral, a doutrina levanta questionamentos polêmicos que se vai procurar abordar aqui com as limitações inerentes ao presente trabalho.

---

[120] A propósito, além do art. 421, a expressão *função social* somente aparece no Código Civil novamente uma única vez, no art. 2.035, parágrafo único ("Nenhuma convenção prevalecerá se contrariar preceitos de ordem pública, tais como os estabelecidos por este Código para assegurar a função social da propriedade e dos contratos").

[121] SANTOS, Eduardo Sens dos. "O novo código civil e as cláusulas gerais: exame da função social do contrato". *Revista Forense*, Rio de Janeiro, vol. 364, pp. 83-102, nov.-dez. 2002, p. 90.

[122] DELGADO, José Augusto. "O contrato no código civil e sua função social". *Revista Jurídica*, Porto Alegre, vol. 52, n. 322, pp. 7-28, ago. 2004, p. 7.

[123] Por uma questão didática, reitera-se o teor do dispositivo em questão: "A liberdade de contratar será exercida em razão e nos limites da função social do contrato".

CAPÍTULO 1 - A EVOLUÇÃO DO DIREITO CIVIL BRASILEIRO...

Inicialmente, é pertinente lembrar que a limitação da liberdade contratual prevista no dispositivo não tem como finalidade afastar o princípio da autonomia da vontade, ameaçando-se a segurança jurídica em razão da possibilidade de intervenção estatal, uma vez que a função social somente "atribui ao juiz maior liberdade para assegurar a socialidade que permeia o novo diploma, sem, entretanto, constituir uma carta branca para que o magistrado decida ao arrepio da lei e de princípios sedimentados".[124]

Para Calixto Salomão Filho, a limitação à liberdade contratual se justifica em face da relação existente entre as garantias institucionais, a que este estudo já se reportou alhures, e a função social dos contratos. O jurista defende que, havendo lesão a essas garantias institucionais, verificar-se-á lesão à função social do contrato, justificando-se, assim, a limitação da liberdade contratual.[125]

Ainda na década de 1980, Giselda Maria Fernandes Novaes Hironaka[126], em artigo sobre a função social, salientava a necessidade de se diferenciar, no estudo da limitação da autonomia privada, a *liberdade de contratar* da *liberdade contratual*. Segundo a civilista, a liberdade de contratar, diverso da liberdade contratual, é o grau de independência do cidadão de realizar contratos "de acordo com a sua exclusiva vontade". Já a *liberdade contratual*, por sua vez, refere-se à possibilidade das partes, no bojo da realização de um negócio jurídico, negociarem os interesses nele envolvidos. Conforme assinala Giselda Hironaka[127], a liberdade contratual "Enfoca o momento em que as partes cuidam de discutir e acomodar o conteúdo do contrato e definem suas cláusulas". No bojo dessa diferenciação, somente faria sentido falar em limitação da liberdade contratual, com vistas ao abrandamento

---

[124] WALD, Arnoldo. "O interesse social no direito privado". *Revista Jurídica*, Porto Alegre, vol. 53, n. 338, pp. 9-21, dez. 2005, p. 12.

[125] SALOMÃO FILHO, Calixto. "Função social do contrato: primeiras anotações". *Revista dos Tribunais*, São Paulo, vol. 93, n. 823, pp. 67-86, maio 2004, pp. 67-86.

[126] HIRONAKA, Giselda Maria Fernandes Novaes. "A função social do contrato". *Revista de Direito Civil, Imobiliário, Agrário e Empresarial*, São Paulo, vol. 12, n. 45, pp. 141-152, jul.-set. 1988, p. 147.

[127] HIRONAKA, Giselda Maria Fernandes Novaes. "A função social do contrato". *Revista de Direito Civil, Imobiliário, Agrário e Empresarial*, São Paulo, vol. 12, n. 45, pp. 141-152, jul.-set. 1988, p. 147.

de eventual situação de desigualdade entre os contratantes. Eis o raciocínio feito pela civilista[128] a propósito do momento em que as partes discutem o conteúdo do contrato:

> (...) é o momento crítico da formação do contrato, porque, aqui, se esta liberdade não resultar similar para ambas as partes da avença, ocorrerá a injustiça social, com a repetição do fenômeno opressivo realizado pelo mais poderoso contra o mais desfavorecido.
> Mas é neste passo que é possível se falar em *limitações*, em *condicionamentos*, em *restrições*. Este é o instante suscetível de uma maior interferência dos mecanismos próprios, no sentido de se obter, como resultado, uma minimização da desigualdade e da opressão.

Esse também é o posicionamento de Álvaro Villaça Azevedo, para quem o art. 421 do Código Civil "não cogita da liberdade de contratar, de realizar, materialmente, o contrato, mas da liberdade contratual, que visa a proteger o entabulamento negocial, a manifestação contratual em seu conteúdo".[129]

Apesar dos fundamentos ora levantados, o referido posicionamento demonstra não comportar na doutrina somente esse raciocínio. Gerson Luiz Carlos Branco[130], embora também se refira à expressão liberdade *contratual*, insere, na compreensão desta, não apenas o elemento de controle do conteúdo do contrato, mas também a possibilidade de escolha do tipo jurídico e a faculdade de decidir entre contratar ou não contratar, situação essa que, segundo Álvaro Villaça Azevedo e Giselda Hironaka, condiz com a noção de liberdade de contratar e não com a de liberdade contratual.

---

[128] HIRONAKA, Giselda Maria Fernandes Novaes. "A função social do contrato". *Revista de Direito Civil, Imobiliário, Agrário e Empresarial*, São Paulo, vol. 12, n. 45, pp. 141-152, jul.-set. 1988, p. 147.
[129] GOGLIANO, Daisy. "A função social do contrato (causa ou motivo)". *Revista Jurídica*, Porto Alegre, vol. 53, n. 334, pp. 9-42, ago. 2005, p. 15.
[130] BRANCO, Gerson Luiz Carlos. *Função social dos contratos*: interpretação à luz do código civil. São Paulo: Saraiva, 2009, p. 202.

CAPÍTULO 1 - A EVOLUÇÃO DO DIREITO CIVIL BRASILEIRO...

De todo modo, ao presente trabalho importa definir que, conforme entendimento adotado, a liberdade de contratar mencionada no art. 421 do Código Civil, independentemente da terminologia utilizada pelo legislador, está relacionada com a liberdade de se estabelecer o conteúdo do contrato, o que, segundo o conteúdo genérico da função social dos contratos, significa dizer que o contrato deve ser positivo para a sociedade[131] e equilibrado entre os sujeitos de direito que dele diretamente participam.

Retoma-se o enunciado do referido art. 421 para salientar que a compreensão da função social do contrato como instrumento autônomo de revisão e como fonte de validade dos instrumentos jurídicos previstos no Código Civil depende do prévio entendimento acerca da ingerência da função social dos contratos na liberdade contratual dos sujeitos contratantes. Isso porque, da leitura do dispositivo legal em foco, verifica-se que a liberdade contratual deve ser exercida nos *limites* da função social e *em razão* da função social.

Por força do quanto já se expôs nas páginas anteriores deste estudo, entende-se lógico considerar que a função social dos contratos *limita* a liberdade contratual. De fato, não é outra a conclusão a que se pode chegar quando se afirma que a função social requer impor aos contratos a observância do interesse social coletivo e a solidariedade entre os contratantes.

O problema – ao menos sob o ponto de vista doutrinário –, no entanto, está em saber se há compatibilidade, com a teoria contratual, considerar a função social do contrato como causa, argumento ou motivo

---

[131] Sobre a utilidade do contrato para a sociedade, recorre-se aos ensinamentos de Teresa Arruda Alvim Wambier: "É interessante observar que a limitação da liberdade de contratar (= de estabelecer o conteúdo dos contratos) não é pura e simplesmente não gerar efeitos indesejáveis no âmbito social. É mais do que isso! A lei fala '*em razão* e nos limites da fração (*sic*) social do contrato'. Isto significa que o contrato deve ser, em si mesmo, positivo para a sociedade, e não, pura e simplesmente, deixar de gerar mal. / É que a cláusula geral do art. 421 do CC é restritiva (contratos não devem gerar influência negativa na sociedade) e regulativa (os contratos devem ser concebidos de modo a gerar bons frutos para a sociedade). Não se trata de mera restrição à liberdade de contratar, mas de uma orientação ao *como* contratar" ("Uma reflexão sobre as 'cláusulas gerais' do código civil de 2002: a função social do contrato". *Revista dos Tribunais*, São Paulo, vol. 94, n. 831, jan. 2005, p. 64).

da liberdade contratual. A questão é controvertida e resvala, dentre outros fatores, na preocupação com o grau de segurança jurídica e previsibilidade das decisões que utilizam a função social como fundamento.

Resultado dessa preocupação, aliás, foi o já mencionado Enunciado n. 23 da I Jornada de Direito Civil promovida pelo Superior Tribunal de Justiça em setembro de 2002, tendo-se concluído que a previsão do art. 421 não elimina o princípio da autonomia contratual, mas atenua ou reduz o alcance desse princípio, quando estiverem presentes interesses metaindividuais ou interesses individuais relativos à dignidade da pessoa humana. Some-se a esse fato o Projeto n. 6.960, de junho de 2002, de relatoria do Deputado Federal Ricardo Fiúza, que sugeria justamente suprimir a expressão *"em razão da"* contida no dispositivo legal ora em exame.

Em crítica a essa expressão, João Baptista Villela[132] acentua:

> Poucas inovações do novo Código Civil terão provocado tanta excitação nos meios jurídicos como a do seu art. 421. Em primeiro lugar por conta de sua infeliz determinação, segundo a qual 'a liberdade de contratar será exercida em razão (...) da função social do contrato'. Trata-se de afirmação que tem forte traço ideológico e que, por isso mesmo, não convive bem com uma estrutura política democrática pluralística. Cada um trate de se perguntar, se quiser, qual é a razão para o exercício da liberdade de contratar. Ao Estado cabe apenas garanti-la *até os limites* (melhor que 'nos limites') em que o seu exercício não lese o direito alheio.

Em contraponto a esse posicionamento, Claudio Luiz Bueno de Godoy[133] traz os seguintes argumentos:

> (...) a função social do contrato não é simplesmente um limite negativo à liberdade contratual, integrando-lhe mesmo o

---

[132] VILLELA, João Baptista. "Apontamentos sobre a cláusula '... ou devia saber'". *Revista Trimestral de Direito Civil*, Rio de Janeiro, vol. 8, n. 32, pp. 161-178, out.-dez. 2007, p. 176.

[133] GODOY, Claudio Luiz Bueno de. *Função social do contrato*. 3ª ed. São Paulo: Saraiva, 2009, pp. 123/124.

conteúdo e cumprindo, ademais, tal qual vem de se asseverar, um papel afirmativo, positivo, de fomento de escolhas valorativas do sistema. Em verdade, quando o art. 421 preceitua que a liberdade de contratar será exercida em razão da função social do contrato, nada mais faz senão refletir a admissão de que a fonte normativa do ajuste não está mais ou especialmente na força jurígena da vontade. De repetir, ainda uma vez, o quanto antes enunciado, que o poder das partes de auto-regulamentar seus interesses econômicos encontra sua proteção jurídica no reconhecimento, pelo ordenamento, de que aquele ato de iniciativa exprime um conteúdo valorativo consonante com as escolhas axiológicas do sistema. Uma forma, portanto, de se promoverem os valores básicos da ordem jurídica e mesmo de o direito objetivo garantir, limitando a liberdade natural, uma efetiva liberdade social. Nada contrário, pois, ao conceito em si de liberdade.

Leonardo Mattietto[134] trilha esse mesmo caminho – com esteio nas posições de Paulo Nalin e Eduardo Sens dos Santos – ao afirmar:

> A função social do contrato, como acertadamente o novo Código dispõe[135], não deve ser apenas um limite, como algo

---

[134] MATTIETTO, Leonardo. "Função social e relatividade do contrato". *Revista Jurídica*, Porto Alegre, vol. 54, n. 342, pp. 29-40, abr. 2006, pp. 33/34.

[135] Deve-se reagir às propostas já existentes de alteração do texto legal, que buscam suprimir a expressão "em razão". Correta, nesse passo, é a opinião de Paulo Nalin, manifestada ainda durante a *vacatio* do Código: "Melhor seria manter a liberdade contratual em razão e nos limites da função social do contrato, conquanto esta se apresente, de fato, como a essência da nova contratualidade. Ora, até a Constituição de 1988, o núcleo do contrato sempre foi a vontade contratual e a sua causa, a circulação atributiva proprietária. Após a atual Carta Constitucional, o núcleo do contrato reside na solidariedade e a sua causa codivide espaço entre os interesses patrimoniais inerentes ao contrato, enquanto instrumento de circulação de riquezas, e os interesses sociais. O raciocínio decorrente da nova redação proposta leva à conclusão de que o voluntarismo e o patrimonialismo ainda se posicionam como núcleo e causa do contrato, sendo meramente periféricos (limite) o interesse social-coletivo e a solidariedade entre os contratantes. A reforma proposta no novo Código Civil não se harmoniza com os valores constitucionais antes aventados e, muito menos, com o espírito do próprio Código, motivo pelo qual dela se discorda, sendo melhor preservar a redação original" ("A função social do contrato no futuro código civil brasileiro". *Revista de Direito Privado*, São Paulo, vol. 12, pp. 50-60, out.-dez. 2002, p. 57) (transcrição da nota de rodapé do trecho citado).

externo, uma barreira ou obstáculo à contratação privada.[136] Mais valiosa que a idéia de limite é a de que a função social que o contrato se presta a desempenhar é uma *razão* (embora obviamente não seja a única)[137] para a admissão do contrato, pelo ordenamento, como fonte de obrigações.

Ruy Rosado de Aguiar Júnior posiciona-se de modo bastante interessante ao comentar o Projeto do atual Código Civil. O autor afirma que esse diploma civil alterou a visão do aplicador do direito sobre a autonomia privada. Todo o arcabouço fático, fornecido no exercício da liberdade contratual pelo sujeito participante de uma relação intersubjetiva, passa a ter como base os fins sociais a que dada relação contratual se destina, pois "o contrato deve ser visto como um instrumento de convívio social e de preservação dos interesses da coletividade, onde encontra a sua razão de ser e de onde extrai a sua força".[138]

---

[136] Em crítica aos defensores de que a função social do contrato, inculpida no art. 421, deva ser apenas "limite" e não "razão", Sens dos Santos responde que "se percebe um resquício de apego ao culto da lei, da noção de texto legal como limite e não como ponto de partida para o dizer-o-direito. Enunciar que a função social do contrato significa isso ou aquilo é considerá-la tão-somente limite ao direito de contratar. Entretanto, de forma diametralmente oposta, a função social é parte do conceito de contrato, é diretriz interpretativa, enfim, é marco inicial em qualquer celebração contratual" (SANTOS, Eduardo Sens dos. *A função social do contrato*. Florianópolis: OAB/SC Editora, 2004, pp. 151/152) (transcrição da nota de rodapé do trecho citado).

[137] Há autores que enxergam incompatibilidade em se indicar a função social do contrato como razão da liberdade de contratar. Assim, por exemplo: "Trata-se, evidentemente, do ponto de vista semântico, de uma imprecisão, assim como do ponto de vista jurídico, de uma contradição insuperável com a noção de liberdade interpretar-se a disposição como se predispondo um único modo de exercício da liberdade de contratar. Esta hipótese não oferece, entretanto, a melhor interpretação, porquanto não se pode admitir a idéia de que o exercício de uma liberdade seja vinculado a um sentido singular de função social, que por sua natureza é termo sujeito a preenchimento de seu significado pelo aplicador do direito. Daí por que nos parece que a melhor interpretação do texto – autorizada do ponto de vista semântico – é de que a expressão 'em razão' seja entendida como determinação para que se considere, sempre, a função social do contrato" (MIRAGEM, Bruno. "Diretrizes interpretativas da função social do contrato". *Revista de Direito do Consumidor*, São Paulo, vol. 14, n. 56, pp. 22-45, out.-dez. 2005, pp. 28/29). Com a merecida vênia, a objeção mostra ser apenas formal ou, se assim se prefere, semântica. A não ser que se parta de um jusnaturalismo convicto, para se encontrar uma noção absoluta de liberdade – que não se mostra apropriada, em se tratando de liberdade de contratar –, não há incongruência alguma na redação do art. 421 do Código Civil (transcrição da nota de rodapé do trecho citado).

[138] AGUIAR JÚNIOR, Ruy Rosado de. "Projeto do código civil: as obrigações e os contratos". *Revista dos Tribunais*, São Paulo, vol. 89, n. 775, pp. 18-31, maio 2000, p. 19.

CAPÍTULO 1 - A EVOLUÇÃO DO DIREITO CIVIL BRASILEIRO...

Assim, se é verdade que o contrato – e, por conseguinte, a liberdade contratual – deve ter como uma de suas diretrizes a função social, não se pode perder de vista que essa não é sua única razão de ser, devendo buscar-se na função social uma medida capaz de conciliar as garantias institucionais, os princípios da dignidade da pessoa humana e o da livre iniciativa, ambos previstos na Constituição Federal[139], compreendendo o contrato como realizador do ideal de Justiça Social, sem, contudo, deixar de respeitá-lo como instrumento de circulação de riquezas.[140]

O Direito Civil Constitucional – Apesar da abordagem feita no item anterior ter como base o diploma civil, o advento da Constituição Federal de 1988 já havia trazido consigo uma série de inovações que repercutiram diretamente sobre a realidade do Direito Privado no Brasil. Embora ainda sob a vigência do Código Civil de 1916, parcela significativa da doutrina vislumbrou, com a atual Constituição, a necessidade de se reavaliar o pensamento da Ciência do Direito e do próprio Direito Positivo. Após dois anos de vigência da Constituição Federal de 1988, Humberto Theodoro Júnior, fazendo referência a Carlos Alberto Bittar[141], ponderava:

> Há na Constituição Federal de 1988 muitas inovações que, de forma direta, atingiram disposições do Direito Privado, especialmente no Direito Civil. Mas, além disso, há um outro fator inovativo importantíssimo a ser considerado: o novo texto Constitucional, no dizer de Carlos Alberto Bittar, (...) "sacramenta, para a regência das relações privadas, *noções éticas sociais, políticas e econômicas que as sociedades* modernas têm firmado nos países de inspiração romano-cristã mais desenvolvidos, como, dentre outros, a França, a Itália, a Alemanha, a Espanha e Portugal". Tudo isso gera a necessidade de reformas legislativas profundas, como a que se ensaia, no

---

[139] Arts. 1º, inc. III, e 170, *caput*, respectivamente.
[140] HORA NETO, João. "O princípio da função social do contrato no código civil de 2002". *Revista de Direito Privado*, vol. 4, n. 14, pp. 38-48, abr.-jun. 2003, p. 47.
[141] "Alguns impactos da nova ordem constitucional sobre o direito civil". *Revista dos Tribunais*, São Paulo, vol. 79, n. 662, pp. 7-17, dez. 1990, p. 7.

momento, em matéria de defesa do consumidor, e, mesmo sem textos normativos novos, impõe uma conduta doutrinária e jurisprudencial de reexame e reinterpretação do Direito Positivo em vigor.

Nesse cenário civil-constitucional, as relações privadas passam a ser geridas por um sistema jurídico demarcado por princípios, valores e cláusulas gerais que propiciam ao aplicador do direito ampliar o campo de interpretação partindo de vetores consagrados já na Constituição Federal.[142] Além disso, a própria Constituição assegura, de maneira direta e imediata, a persecução, pelo cidadão, de uma série de direitos com vistas à concretização do princípio da dignidade da pessoa humana[143], fundamento da República Federativa do Brasil[144]: a inviolabilidade do direito à vida, à liberdade, à igualdade, à

---

[142] No campo do Direito Privado, destacam-se os seguintes "princípios" constitucionais: "a) o da prefixação da interpretação pelo legislador; b) o da orientação naturalista quanto à essência dos direitos da personalidade; c) o da proteção à família como célula-mãe da sociedade; d) o da igualdade entre as partes no relacionamento familiar; e) o da ampliação da dissolubilidade do vínculo conjugal; f) o da indenizabilidade do dano moral; g) o da intervenção reguladora do Estado nos contratos; h) o da ênfase maior à função social da propriedade; i) o da proteção da empresa nacional no âmbito da transferência de tecnologia; j) o da objetivação da teoria da responsabilidade civil, com a assunção específica quanto a atividades perigosas, quanto a responsabilidade do Estado, a responsabilidade em atividades nucleares e a outros pontos dessa temática" (BITTAR, Carlos Alberto; BITTAR FILHO, Carlos Alberto. *Direito civil constitucional*. 3ª ed. São Paulo: Revista dos Tribunais, 2003, p. 28).

[143] Apesar da existência da noção ética do valor "dignidade" da pessoa humana, a expressão "dignidade da pessoa humana" no Direito é de uso recente, conforme afirma Antonio Junqueira de Azevedo. De acordo com esse jurista, "a expressão em causa surgiu pela primeira vez, nesse contexto preceptivo em que hoje está sendo usada, em 1945, no 'Preâmbulo' da Carta das Nações Unidas ('dignidade e valor do ser humano'). A palavra 'dignidade', porém, utilizada em contexto ético, não jurídico, para o ser humano, já está muito precisamente em Kant, que opõe 'preço' – 'Preis', para tudo que serve de meio – à 'dignidade' – 'Wurde', para o que é um fim em si mesmo o valor intrínseco do ser racional (para o citado filósofo, somente o homem está nessa condição)" ("Caracterização jurídica da dignidade da pessoa humana". *Revista dos Tribunais*, São Paulo, vol. 91, n. 797, pp. 11-26, mar. 2002, p. 11).

[144] Conforme art. 1º, inc. III, da Constituição Federal de 1988.

CAPÍTULO 1 - A EVOLUÇÃO DO DIREITO CIVIL BRASILEIRO...

segurança e à propriedade; a consagração material da livre iniciativa e da autonomia privada; a proteção aos direitos sociais; a observância da função social de institutos jurídicos; o direito à indenização (pelos danos materiais, morais e à imagem); etc.

Acrescente-se, ainda, que, no campo do Direito Privado, a Lei Maior trouxe grandes alterações no Direito de Família, com o reconhecimento da união estável como entidade familiar, o reconhecimento da família monoparental, a igualdade dos cônjuges em direitos e obrigações, a igualdade entre os filhos concebidos no casamento e fora dele e a facilitação da dissolução do casamento, especialmente após a Emenda Constitucional n. 66/2010.

Por fim, a estrutura do texto constitucional permitiu ao aplicador do direito atribuir ao tema da responsabilidade civil e, por consequência, ao regime de reparação de danos, uma roupagem atual, alinhada com os anseios da sociedade pós-moderna.

Verifica-se, portanto, que houve um redimensionamento dos princípios que orientam o Direito Privado, com a realocação desses princípios para a Constituição Federal – fato que gera uma consequência imediata sobre a autodeterminação do sujeito. O Direito deixa de ser visto apenas e tão somente sob o prisma patrimonial e passa a levar em consideração, em caráter prioritário, atributos desprovidos de patrimonialidade.[145] Conforme bem acentua Gustavo Tepedino, "Propriedade, empresa, família, relações contratuais tornam-se institutos funcionalizados à realização dos valores constitucionais, em especial da dignidade da pessoa humana".[146]

Assim, a tentativa de compreensão da dimensão do princípio da dignidade da pessoa humana se tornou uma tarefa imprescindível para o entendimento do próprio sistema jurídico da atualidade. Essa imprescindibilidade se evidencia de maneira ainda mais clara em matéria de responsabilidade civil, uma vez que o princípio da dignidade da pessoa

---

[145] TEPEDINO, Gustavo. *Temas de direito civil.* tomo III. Rio de Janeiro: Renovar, 2009, p. 5.
[146] TEPEDINO, Gustavo. *Temas de direito civil.* tomo III. Rio de Janeiro: Renovar, 2009, pp. 5/6.

humana busca tutelar os interesses do homem contra as mais diversas formas de lesão da sociedade pós-moderna.[147]

---

[147] Gustavo Tepedino, ao abordar o assunto, disserta: "À luz do princípio fundamental da dignidade humana têm-se, de um lado, a técnica das relações jurídicas existenciais, que informam diretamente os chamados direitos da personalidade e, mais amplamente, a tutela da pessoa nas comunidades intermediárias, nas entidades familiares, na empresa, nas relações de consumo e na atividade econômica privada, particularmente no momento da prevenção da lesão, deflagrando, a partir daí, uma transformação profunda na dogmática da responsabilidade civil. A dignidade da pessoa humana, como valor e princípio, compõe-se dos princípios da liberdade privada, da integridade psicofísica, da igualdade substancial (art. 3º, III, CF) e da solidariedade social (art. 3º, I, CF). Tais princípios conferem fundamento de legitimidade ao valor social da livre iniciativa (art. 1, IV, CF) (*sic*), moldam a atividade econômica privada (art. 170, CF) e, em última análise, os próprios princípios fundamentais do regime contratual regulados pelo Código Civil" (*Temas de direito civil*. tomo III. Rio de Janeiro: Renovar, 2009, p. 14).

Capítulo 2
O DIREITO OBRIGACIONAL: RELAÇÕES INTERSUBJETIVAS

A visão linear que coloca como elementos da relação obrigacional o credor, o devedor e a prestação[1], hoje, cada vez mais, é vista como algo dinâmico, por dois motivos. Primeiro, pelo fato de a prestação poder se relacionar ao próprio débito ou à responsabilização do sujeito – prestação primária e prestação secundária, respectivamente[2]; segundo – e principalmente – porque a obrigação é uma relação jurídica complexa que compreende diversos deveres de prestação e conduta. Em outras palavras, a relação obrigacional é formada por um *conjunto de fatos e de acontecimentos* que repercutem na esfera jurídica de cada sujeito, tendo como objetivo central a satisfação mais completa e adequada ao credor, dentro das possibilidades

---

[1] NORONHA, Fernando. *Direito das obrigações*. 3ª ed. São Paulo: Saraiva, 2010, p. 31.

[2] Conforme Clóvis do Couto e Silva estabelece, "A prestação primária corresponde ao débito; e a prestação secundária, a qual se relaciona com perdas e danos, constitui a responsabilidade. É preciso, porém, ter presente que a responsabilidade é elemento da obrigação e coexiste com o débito. Não é totalmente correto afirmar que a responsabilidade surge, apenas, quando se manifesta adimplemento insatisfatório ou recusa em adimplir. Em tal caso, pode o credor prejudicado pôr em atividade um dos dois elementos que formam a obrigação perfeita: débito e responsabilidade." (SILVA, Clóvis do Couto e. *A obrigação como processo*. 5. reimpressão. Rio de Janeiro: Editora FGV, 2011, p. 83).

do caso. Daí por que se considerar a relação obrigacional como um *processo*.[3] Nesse sentido, os deveres da relação obrigacional vão além da mera prestação do devedor – tanto o devedor quanto o credor possuem deveres de consideração e colaboração recíprocos. Toda obrigação caracteriza-se por possuir um dever primário relativo ao seu cumprimento e deveres de segunda ordem, chamados deveres de conduta.[4]

João de Matos Antunes Varela[5] pondera:

> (...) a expressão *relação obrigacional*, à semelhança do que acontece com a designação *estatuto real* (no capítulo dos direitos reais), retrata melhor a verdadeira fisionomia dos direitos de crédito. São verdadeiros *processos intersubjetivos que, englobando normalmente vários poderes e deveres, se desenrolam no tempo, para satisfação do interesse de uma pessoa, mediante a cooperação de uma outra.* Será essa (*relação obrigacional*) a expressão doravante usada para referir não só as obrigações simples, mas principalmente as relações creditórias complexas, como as constituídas pela maior parte dos contratos típicos (compra e venda, locação, sociedade, mandato, empreitada, trabalho, etc.), dos quais derivam dois ou mais direitos de obrigações, alguns deveres secundários de prestação e múltiplos deveres acessórios de conduta.

Essa leitura da relação obrigacional é importante, sobretudo para que não se perca de vista que a obrigação não pode subsistir como forma de aprisionamento do devedor, com a retirada lesiva de parte da sua liberdade. Claro está, já se disse aqui, que o credor tem direito à prestação, isto é, direito ao crédito. Esse direito deve ser entendido em termos relativos, no que diz respeito a se relacionar a determinada pessoa. Nesse sentido, no

---

[3] SILVA, Clóvis do Couto e. *A obrigação como processo*. 5. reimpressão. Rio de Janeiro: Editora FGV, 2011, p. 39.

[4] LARENZ, Karl. *Derecho de obligaciones*. Tradução de Jaime Santos Briz. Madrid: Editorial Revista de Derecho Privado, 1958, pp. 20-22.

[5] CALIXTO, Marcelo Junqueira. "Reflexões em torno do conceito de obrigação, seus elementos e suas fontes". *In:* TEPEDINO, Gustavo (coord.). *Obrigações*: estudos na perspectiva civil-constitucional. Rio de Janeiro: Renovar, 2005, p. 5.

CAPÍTULO 2 - O DIREITO OBRIGACIONAL: RELAÇÕES...

Direito Obrigacional não há, propriamente, um direito sobre determinada coisa, mas *em face* de determinada pessoa. Embora não seja um direito absoluto, evidencia-se, também, que o direito do credor é um dever digno de proteção.[6] Essa proteção, segundo Karl Larenz, estaria consubstanciada (i) no *crédito* como direito à prestação e possibilidade de realizá-lo judicialmente, e (ii) na garantia do credor em razão da responsabilidade patrimonial (em regra, ilimitada) do devedor. Esses dois elementos, juntamente com o dever de prestação e os deveres de conduta, seriam, para Larenz, os elementos essenciais da relação obrigacional.[7]

2.1 AS OBRIGAÇÕES, ONTEM E HOJE

A lição de Ulpiano, contida no *Digesto*, é clássica no que se refere ao Direito dever respeitar três preceitos basilares: (i) não lesar a outrem; (ii) viver honestamente; e (iii) dar a cada um o que lhe é devido (respectivamente, *alterum non laedere, honeste vivere* e *suum cuique tribuere*). No campo do *Direito das Obrigações*, aqui entendido como o conjunto de normas jurídicas que disciplinam as relações intersubjetivas de *crédito* e *débito*[8], os preceitos apontados assumem papel de extrema relevância, sobretudo porque, hoje, além dos chamados deveres de prestação, cresce, de modo cada vez mais acentuado, a necessidade de se compreender o papel da boa-fé objetiva e dos deveres de conduta como *fundamentos* da relação obrigacional, relação essa guiada por elementos de cooperação e colaboração entre sujeitos.

O Direito das Obrigações, por sua estrutura, talvez seja a parte do Direito Civil que mais sofra com as constantes e rápidas transformações da sociedade pós-moderna. Há, no atual estágio do desenvolvimento do estudo

---

[6] LARENZ, Karl. *Derecho de obligaciones*. Madrid: Editorial Revista de Derecho Privado, 1958, pp. 24-27.

[7] LARENZ, Karl. *Derecho de obligaciones*. Madrid: Editorial Revista de Derecho Privado, 1958, p. 36.

[8] Na lição de Antunes Varela, o direito das obrigações "é o conjunto das normas jurídicas reguladoras das *relações de crédito*, sendo estas as relações jurídicas em que ao *direito subjectivo* atribuído a um dos sujeitos corresponde um *dever de prestar* especificamente imposto a determinada pessoa" (*Das obrigações em geral*. 10ª ed. vol. I. Coimbra: Almedina, 2011, pp. 16/17).

da matéria, conforme já mencionado, uma necessidade de se reconhecer, no sistema jurídico, um sentido mais humano e moralizador, direcionado para o equilíbrio das relações e para uma política legislativa de limitação da autonomia privada. Enxergar o Direito das Obrigações dessa perspectiva propicia o desenvolvimento do Direito de acordo com um princípio ético-jurídico.

Em grande parte essa releitura da disciplina das obrigações decorre do fato de existir, no Direito Obrigacional, uma grande zona de interseção entre o jurídico, o econômico e o social. O verbo "obrigar" conduz, ainda fora do campo da Ciência do Direito, à ideia de imposição, força, sujeição entre sujeitos. Aquilo que é *obrigatório* é algo que se impõe por força das circunstâncias, que vincula, que, enfim, *deve acontecer*.

O Direito Romano consagrou a obrigação como um *vínculo* jurídico existente entre sujeitos de direito mediante o qual se impõe a um deles um comportamento consistente em um pagamento – consubstanciado em um dar, em um fazer ou em um não fazer. Essa é a noção trazida nas *Institutas* (3, 13, pr.): "*Obligatio est iuris vinculum quo necessitate adstringimur, alicuius solvendae rei, secundum nostrae civitalis iura*"[9].

Antes, porém, que os romanos chegassem a essa clássica definição, o Direito das Obrigações passou por diversos momentos, pautados, basicamente, pelo desenvolvimento da sociedade de cada época.

Essa evolução histórica das obrigações é trazida por Clóvis Bevilaqua[10] e Renan Lotufo[11], em obras relacionadas ao estudo do Direito Obrigacional. Segundo Clóvis Beviláqua, no início, inexistia, propriamente, uma separação entre o Direito Obrigacional e o Direito Real[12]. Em um primeiro momento

---

[9] Tradução livre: "Obrigação é o vínculo jurídico ao qual nos submetemos coercitivamente, sujeitando-nos a uma prestação, segundo o direito de nossa cidade".

[10] BEVILAQUA, Clóvis. *Direito das Obrigações*. Rio de Janeiro: Officina Dois Mundos, 1896, pp. 29-59.

[11] LOTUFO, Renan. *Código civil comentado:* obrigações: parte geral (arts. 233 a 420). vol. 2. São Paulo: Saraiva, 2003, pp. 1-4; e em LOTUFO, Renan. "Evolução histórica do direito das obrigações". In: LOTUFO, Renan; NANNI, Giovanni Ettore (coord.). *Obrigações*. São Paulo: Atlas, 2011, pp. 1-15.

[12] Dentre as inúmeras diferenças existentes atualmente, destaca-se aquela entre o Direito

CAPÍTULO 2 - O DIREITO OBRIGACIONAL: RELAÇÕES...

da vida em sociedade as obrigações eram vistas de uma perspectiva mais ampla, em um contexto social composto por pequenos grupos de pessoas representados por um *líder*. Ante a quase inexistência de propriedade individual nesses grupos, as obrigações eram "coletivas" e decorriam, basicamente, de transações entre os grupos existentes representados pelos respectivos líderes (gestores da coisa comum)[13]. De acordo com Renan Lotufo, nessa época, o "não-cumprimento do pactuado, logicamente, levava os grupos ao conflito armado, que só mais tarde foi substituído por multas para aplacar a cólera do grupo credor impago"[14].

Com o aumento do número de integrantes nos grupos sociais houve uma alteração na estrutura da sociedade. Nesse segundo momento, verifica-se um crescimento necessário da liberdade individual do sujeito. Surge, assim, a personalidade individual, alterando-se o enquadramento subjetivo das obrigações. Nesse cenário, o tratamento do delito, antes mesmo dos contratos, recebe uma importância diferenciada. Ao tratar do tema, Clóvis Bevilaqua faz uma observação interessante de que na época em que não havia ainda uma noção precisa de individualização da propriedade, somente a pessoa do devedor era *garantia* do débito; esse fato, "justificaria" a possibilidade de certas formas de escravidão ou até mesmo de assassinato do devedor insolvente[15]. Dado esse aspecto *pessoal* a que se ligava a obrigação, tem-se a vingança como a primeira *garantia* da relação obrigacional. Outros dois dados históricos são apontados pelo jurista: o de que, no início, o contrato constituía um forte *vínculo* entre os indivíduos, difícil de ser quebrado; e a importância do desenvolvimento do comércio entre os

---

Obrigacional e o Direito Real no que toca ao aspecto *funcional* de ambos. Como salienta Antunes Varela, "as relações de crédito constituem um domínio particularmente *dinâmico* da realidade jurídica, enquanto os direitos reais, tendentes a garantir situações duradouras de uso, fruição ou eventual aquisição das coisas, têm uma função essencialmente *estática*" (ANTUNES VARELA, João de Matos. *Das obrigações em geral*. 10ª ed. vol. I. Coimbra: Almedina, 2011, p. 23).

[13] BEVILAQUA, Clóvis. *Direito das obrigações*. Rio de Janeiro: Officina Dois Mundos, 1896, p. 30.

[14] LOTUFO, Renan. *Código civil comentado*: obrigações: parte geral (arts. 233 a 420). vol. 2. São Paulo: Saraiva, 2003, p. 2.

[15] BEVILAQUA, Clóvis. *Direito das obrigações*, Rio de Janeiro: Officina Dois Mundos, 1896, p. 38.

"Estados", ressaltando, nesse contexto, a figura do contrato preambular de hospitalidade[16].

Em momento subsequente, com o desenvolvimento da responsabilidade civil individual, ganham relevo os elementos psíquicos da manifestação de vontade – culpa, dolo, capacidade de agir, livre determinação das partes –, essenciais para o exame do vínculo obrigacional. De igual maneira, evoluem-se as formas contratuais, que encontram na *permuta* sua espécie primeira[17].

Por fim, já no campo das obrigações individuais, Clóvis Bevilaqua ressalta a importância do Direito Romano para a teoria obrigacional. Assim, partindo da evolução verificada no Direito Romano – especificamente no campo do direito contratual –, seu primeiro estágio de desenvolvimento mostra a existência de obrigações contratuais limitadas, pois limitados eram os tipos contratuais. A primeira forma de compra e venda, já verificada em momento posterior aos contratos de permuta, dizia respeito a contratos bilaterais reais, cujo traço de instantaneidade era visível. A conclusão desses contratos era verificada em um só momento. Em seguida, surgiram contratos que não se encerravam instantaneamente, fazendo-se presente a obrigação da prestação futura, como, por exemplo, o comodato. Em um estágio subsequente, surgem os contratos consensuais – na realidade, contratos bilateralmente compromissórios das seguintes espécies: a compra e venda, a locação e a sociedade. Tempos depois, têm origem os contratos unilateralmente promissórios (*mandatum*). Por fim, no estágio evolucional das obrigações contratuais, verificam-se os instrumentos assinados pelas partes contratantes[18].

Ainda a propósito do desenvolvimento da noção jurídica de obrigação no Direito Romano, Jean Gaudemet divide esse processo em três momentos distintos, assim denominados por ele: (i) os mistérios dos tempos antigos – destacando-se, aqui, a Lei das XII Tábuas –; (ii) o nascimento da obrigação;

---

[16] BEVILAQUA, Clóvis. *Direito das obrigações*. Rio de Janeiro: Officina Dois Mundos, 1896, pp. 40-42.

[17] BEVILAQUA, Clóvis. *Direito das obrigações*. Rio de Janeiro: Officina Dois Mundos, 1896, pp. 45-49.

[18] BEVILAQUA, Clóvis. *Direito das obrigações*. Rio de Janeiro: Officina Dois Mundos, 1896, pp. 49-56.

CAPÍTULO 2 - O DIREITO OBRIGACIONAL: RELAÇÕES...

e (iii) a aparição do *vinculum iuris*[19]. Sobre o nascimento da obrigação, Gaudemet destaca a importância do nascimento do contrato enquanto conceito jurídico abstrato e geral. Verifica-se, aqui, a passagem do ato, da ação (comprar, alugar, emprestar), para uma efetiva categoria doutrinária, surgindo uma preocupação com a definição dos termos jurídicos (ato, contrato etc.). No início, a obrigação constituía uma situação de sujeição do sujeito passivo da obrigação com o sujeito ativo (dominante). Havia, por assim dizer, uma relação de *potestade*, consubstanciada em uma situação jurídica de que se investia o seu titular de modo a colocá-lo em uma posição altamente favorável de impor efeitos jurídicos a terceiros por meio de ato de livre vontade[20]. O aparecimento de uma obrigação poderia dar-se, segundo os jurisconsultos da época, de diversas formas: do contrato, do quase contrato, do delito e do quase delito[21]. Já se identificava uma relação entre obrigação e responsabilidade. Por fim, com o *vinculum iuris* a obrigação assume uma roupagem mais atual, roupagem essa, de algum modo, até hoje utilizada para o ensino do Direito Obrigacional[22].

---

[19] Antes, porém, Gaudemet faz breves e oportunos comentários acerca do Direito no antigo Oriente e na Grécia. O autor começa pelo antigo Oriente, destacando que os especialistas do Direito observam, em geral, que o antigo mundo oriental não possuía propriamente um vocabulário para designar as noções jurídicas abstratas – como direito, contrato, sucessões etc.. Na Grécia, por sua vez, não teria havido uma preocupação muito grande em construir uma doutrina jurídica bem desenvolvida, ainda que os romanos tenham se utilizado da ideia de pensadores como Aristóteles para o desenvolvimento de sua doutrina ("Naissance d'une notion juridique: les débuts de l' 'obligation' dans le droit de la Rome Antique". *L'obligation*. tomo 44. Archives de philosophie du droit. Paris: Dalloz, 2000, pp. 20-22).

[20] Essa definição é feita por Rosenvald ao abordar a relação sujeição–poder jurídico (Noções gerais – conceito, estrutura, importância, função e elementos da relação obrigacional. *In:* LOTUFO, Renan; NANNI, Giovanni Ettore. *Obrigações*. São Paulo: Atlas, 2011, p. 41).

[21] É importante destacar, na esteira dos ensinamentos de Renan Lotufo, que inexiste, no Direito, a figura do "quase" (LOTUFO, Renan. *Código civil comentado:* obrigações: parte geral (arts. 233 a 420). vol. 2. São Paulo: Saraiva, 2003, p. 1). Nesse sentido, o chamado "quase contrato" estaria, hoje, relacionado aos atos unilaterais, e o "quase delito", aos atos ilícitos culposos.

[22] GAUDEMET, Jean. Naissance d'une notion juridique – Les débuts de l' "obligation" dans le droit de la Rome antique. *L'obligation*. tomo 44. Archives de philosophie du droit. Paris: Dalloz, 2000, pp. 19-32.

Outra abordagem sobre o estudo das obrigações, que se mostra importante para o desenrolar do presente trabalho, refere-se ao exame do termo "obrigação" e a delimitação de seu conteúdo sob o ponto de vista jurídico. Rodolfo Sacco identifica o vocábulo "obrigação" com diversas outras expressões, como, por exemplo, relação jurídica, dívida, dever, *vinculum iuris*, ato, declaração de vontade pela qual o sujeito assume determinado dever. De todo modo, a premissa assumida pelo autor é a de obrigação como relação jurídica.[23]

Em sentido técnico, além de *relação* jurídica, a doutrina identifica também a obrigação como *vínculo* jurídico e como *situação* jurídica. Para Fernando Noronha, *relação* jurídica "é um vínculo que, nas situações que envolvem duas ou mais pessoas, atribui a umas e outras poderes e deveres juridicamente exigíveis, com vistas à realização de determinadas finalidades".[24] Já o significado de *vínculo* jurídico seria o "de conjunto dos direitos e dos deveres que integram a obrigação".[25] Por fim, *situação*

> (...) é sempre o modo como alguma coisa se apresenta. (...) A situação jurídica, sendo toda e qualquer situação da vida real em que as pessoas se podem encontrar, desde que seja regulada pelo direito, abrange todas as formas através das quais o direito se manifesta, seja especificamente em relação a pessoas (...), seja quanto à posição de pessoas com relação a coisas.[26]

A expressão vínculo jurídico demonstra indicar uma situação de algo dotado de *força*, de prisão do devedor, cuja extinção somente se daria com o adimplemento deste. É o que se extrai, aliás, da definição clássica de obrigação ("*obligatio est iuris vinculum quo necessitate adstringimur, alicuius solvendae rei, secundum nostrae civitalis iura*"), em que se verifica uma predominância da figura do devedor da obrigação. Para Renan Lotufo, assim como para Fernando Noronha, seria mais apropriada a definição de

---

[23] SACCO, Rodolfo. "À la recherche de l'origine de l'obligation". *L'obligation*, p. 33.
[24] *Direito das obrigações*. 3ª ed. São Paulo: Saraiva, 2010, p. 29.
[25] NORONHA, Fernando. *Direito das obrigações*. 3ª ed. São Paulo: Saraiva, 2010, p. 30.
[26] NORONHA, Fernando. *Direito das obrigações*. 3ª ed. São Paulo: Saraiva, 2010, p. 29.

CAPÍTULO 2 - O DIREITO OBRIGACIONAL: RELAÇÕES...

obrigação como uma *relação* de crédito e débito e não como um *vínculo*, a partir do qual o sujeito se vê aprisionado[27], posição essa que se coaduna plenamente[28] com o entendimento do presente estudo. De fato, há, na noção histórico-jurídica da palavra *vínculo* estreita relação com a ideia de restrição da liberdade individual.[29] Em contrapartida, o termo *relação* denota remeter, com maior clareza, a uma situação de *interdependência* entre dois ou mais elementos, interdependência essa que deve ser vista como situação jurídica de *equilíbrio*, de *cooperação* entre sujeitos.

Como quer que se diga, o importante é, na evolução do Direito Obrigacional, enxergar a obrigação sempre em um ambiente orientado pela confiança e pela boa-fé dos sujeitos envolvidos, elementos estes que, assim como o próprio dever de prestação, constituem, conforme será possível verificar adiante, elementos essenciais da relação obrigacional.

---

[27] Trata-se de perspectiva extraída da própria evolução atual do Direito Obrigacional, em que se verifica a constante "necessidade do equilíbrio na relação obrigacional, de sorte a não ser permitido o nascimento válido de obrigação extremamente lesiva, como não remanescer válida obrigação que no curso de sua existência venha a se tornar extremamente onerosa" (LOTUFO, Renan. "Evolução histórica do direito das obrigações". *In:* LOTUFO, Renan; NANNI, Giovanni Ettore (coord.). *Obrigações.* São Paulo: Atlas, 2011, p. 15).

[28] Não se desconhece, todavia, haver, na doutrina pátria clássica, a consagração do uso da expressão *vínculo jurídico.* Sobre o assunto, por exemplo, Silva Pereira argumenta: "A predominância do *vinculum juris* é inevitável. Cremos mesmo que as tentativas de substituí-lo pela idéia de *relação* não passam de anfibologia, já que na própria *relação obrigacional* ele revive. Por mais que o civilista pretenda evitá-lo, jamais logrará afastar a insinuação de que em toda obrigação há um liame, um laço entre os sujeitos, vínculo que o Prof. Serpa Lopes assinala não ser de subordinação, porém de coordenação, porque respeita a essência da liberdade humana, e que no entanto sempre encadeia as partes em função do *solutio* que se espera. Despreocupado de dar uma definição, o jurisconsulto Paulo cuidou antes de salientar a sua ausência e assim se exprimiu: '*Obligationum substantia non neo consistit, ut aliquod corpus nostrum, aut servitutem nostram faciat; sed ut alium nobis obstringat ad dandum aliquid, vel faciendum vel praestandum*': consiste a substância da obrigação não em sujeitar a própria pessoa do devedor ou fazê-lo servo do credor; mas em constrangê-lo a uma prestação abrangente de um dar ou de um fazer" (PEREIRA, Caio Mário da Silva. *Instituições de direito civil:* teoria geral das obrigações. 21ª ed. vol. II. Rio de Janeiro: Forense, 2007. pp. 5/6, grifo do original).

[29] LOTUFO, Renan. "Evolução histórica do direito das obrigações". *In:* LOTUFO, Renan; NANNI, Giovanni Ettore (coord.). *Obrigações.* São Paulo: Atlas, 2011, p. 5.

2.2 A RELAÇÃO OBRIGACIONAL

Conforme já assinalado, Giorgio Giorgi salienta que o estudo das obrigações é de fundamental importância para o Direito na medida em que ele se refere, em grande parte, à própria noção de relação intersubjetiva no âmbito social. No estudo das obrigações, tomam-se em consideração dois elementos, um, de ordem moral e, outro, de ordem jurídica. Daí a afirmação de que a teoria obrigacional moderna se ocupa em examinar não somente o aspecto jurídico da obrigação, mas também o aspecto *ético* e *social* da relação entre os sujeitos.

Essa importância é ilustrada por João de Matos Antunes Varela[30], ao ponderar:

> A cooperação económica entre as pessoas, em regra assente na espontânea iniciativa dos indivíduos, mas muitas vezes imposta pelo Estado, pode revestir múltiplos aspectos, de entre os quais se destacam os seguintes: *a*) a *circulação* dos bens, através dos negócios de alienação ou de oneração de coisas móveis, imóveis ou imateriais; *b*) a *colaboração* dos homens e das empresas, na organização e funcionamento das sociedades, nos contratos de trabalho ou de empreitada, ou na prestação de serviços; *c*) a *prevenção dos riscos* individuais, capazes de afectarem a economia pessoal, familiar ou da empresa (contrato de seguro; renda perpétua; renda vitalícia; etc.); *d*) a *reparação* patrimonial *dos danos sofridos*, quer como consequência da violação dos contratos, dos direitos absolutos ou das normas destinadas a proteger interesses de outrem, que por virtude do exercício de certas actividades que envolvem riscos, cada vez mais graves, nas sociedades tecnicamente mais evoluídas (acidentes de viação e de trabalho).
>
> As obrigações constituem deste modo uma rede impressionante de vínculos, de malha muito apertada, que protegem a vida económica, não só no plano interno de cada Estado, mas

---

[30] ANTUNES VARELA, João de Matos. *Das obrigações em geral*. 10ª ed. vol. I/II. Coimbra: Almedina, 2011, pp. 22/23.

CAPÍTULO 2 - O DIREITO OBRIGACIONAL: RELAÇÕES...

também no domínio das relações negociais que, com progressiva frequência, se estabelecem entre indivíduos, sociedades, empresas, agrupamentos complementares das empresas ou pessoas colectivas de diferentes Estados. (grifo do original)

A identificação do significado e do conteúdo da relação obrigacional pressupõe a diferenciação entre o termo jurídico *obrigação* e expressões que geralmente com ele guardam algum tipo de contato.

Dentre essas expressões, destacam-se as noções de dever jurídico e ônus jurídico. Como afirma Sílvio Luís Ferreira da Rocha com propriedade, o conceito de dever jurídico está relacionado com a ideia de o sujeito observar determinados comportamentos diante da sociedade por força de imposição do ordenamento jurídico. Trata-se, por assim dizer, da "necessidade de respeitar as leis".[31] Já o conceito de obrigação, segundo João de Matos Antunes Varela, seria o de "relação jurídica por virtude da qual uma (ou mais) pessoa pode exigir de outra (ou outras) a realização de uma prestação".[32] O ônus jurídico, por seu turno, seria a "necessidade de agir de certo modo visando à tutela de interesse próprio".[33] Conforme ponderação de Orlando Gomes, "No ônus jurídico, o comportamento é livre no sentido de que o onerado só o adota se quer realizar seu interesse".[34] Na

---

[31] ROCHA, Sílvio Luís Ferreira da. *Direito civil:* obrigações. São Paulo: Revista dos Tribunais, 2010, p. 21.

[32] *Das obrigações em geral.* 10ª ed. vol. I. Coimbra: Almedina, 2011, p. 62. Ainda sobre a definição de obrigação, levando-se em conta a existência de conteúdo patrimonial, interessante é a observação de Karl Larenz a respeito. Para esse autor, a prestação obrigacional teria como característica fundamental a existência de uma vantagem ao credor, que não necessariamente significa dizer conteúdo patrimonial, pois ele considera que a patrimonialidade estaria reservada para o inadimplemento e para a responsabilização. Assim, o princípio da patrimonialidade da prestação não seria um princípio fundamental da obrigação, mas sim elemento integrador da relação obrigacional (LARENZ, Karl. *Derecho de obligaciones.* 10ª ed. vol. I. Coimbra: Almedina, 2011, p. 20).

[33] ROCHA, Sílvio Luís Ferreira da. *Direito civil:* obrigações. São Paulo: Revista dos Tribunais, 2010, p. 21.

[34] *Obrigações.* Atualizador: Edvaldo Brito. 17ª ed. Rio de Janeiro: Forense, 2008, p. 12.

obrigação, diverso do ônus, o não cumprimento gera responsabilização.[35] Uma obrigação sempre envolverá um dever de prestação e um direito, uma relação de débito e crédito, ou seja, uma relação entre um devedor e um credor. Karl Larenz define a relação obrigacional como "aquela relação jurídica pela qual duas ou mais pessoas se obrigam a cumprir determinadas prestações".[36] A relação obrigacional, portanto, é uma relação jurídica existente entre pessoas determinadas (ou determináveis) em que pelo menos uma é devedora e, outra, credora. Neste ponto, o Direito das Obrigações se diferencia do Direito das Coisas; enquanto o Direito Obrigacional se relaciona com "o direito de tráfico dos bens ou do intercâmbio dos bens", o Direito das Coisas diz respeito "ao direito de domínio ou senhorio (permanente) sobre as coisas".[37] No Direito Real, o objeto é o próprio bem; no Direito Obrigacional, o objeto está relacionado à prestação. Assim, conforme assinala Emilio Betti[38], a relação de direito real envolve um problema de *atribuição* dos bens; já a relação obrigacional envolve um problema de cooperação ou de reparação – na hipótese de responsabilidade civil aquiliana. Nesse contexto, diz o referido autor italiano, a ideia de *cooperação* é o fio condutor que orienta o jurista no Direito das Obrigações.

A diferenciação de Emilio Betti é precisa. No Direito Obrigacional, a prestação de outrem é noção ínsita ao próprio conceito de obrigação. Entre os direitos reais e os direitos obrigacionais há clara distinção no que toca à expectativa do dono da coisa (no Direito Real) e à expectativa do credor (no Direito Obrigacional); no primeiro caso, o dono da coisa tem defesa contra qualquer pessoa que eventualmente pratique algum ato de turbação ou esbulho

---

[35] Também sobre as diferenças existentes entre tais "nomenclaturas", veja-se ANTUNES VARELA, João de Matos. *Das obrigações em geral*. 10ª ed. vol. I. Coimbra: Almedina, 2011, p. 51 ss.

[36] *Derecho de obligaciones*. 10ª ed. vol. I. Coimbra: Almedina, 2011, p. 18.

[37] LARENZ, Karl. *Derecho de obligaciones*. 10ª ed. vol. I. Coimbra: Almedina, 2011, p. 16. O autor ressalta, no entanto, que não se deve olhar para o Direito Obrigacional exclusivamente da perspectiva de circulação de bens, devendo ser incluídos, também, na situação jurídica obrigacional, os danos imputáveis. A unidade do Direito Obrigacional, na verdade, decorre da identidade dos efeitos jurídicos (LARENZ, Karl. *Derecho de obligaciones*. 10ª ed. vol. I. Coimbra: Almedina, 2011, p. 16).

[38] *Teoria generale delle obbligazioni*. Milano: Dott. A. Giuffrè, 1953, pp. 9-27.

CAPÍTULO 2 - O DIREITO OBRIGACIONAL: RELAÇÕES...

na coisa que lhe pertence; já na segunda situação, o credor tem defesa com relação a pessoa determinada (garantia do crédito, com o patrimônio do devedor e, no caso de inadimplemento, a sanção). Além disso, o conteúdo imposto a outrem em uma relação de direito real não consiste em um *agir*, ou seja, em uma conduta positiva, mas em um dever negativo de abstenção. O Direito Obrigacional, ainda, depende de um comportamento de uma pessoa determinada (ou determinável), em uma atividade de cooperação. Há, portanto, um intermediário entre o sujeito (o credor) e o objeto (a prestação), diverso do que ocorre no Direito Real, em que esse intermediário não existe. Por derradeiro, outro ponto de relevo na diferenciação feita por Emilio Betti está no *modo de constituição* da relação jurídica obrigacional e da relação jurídica de direito real. O antecedente lógico do Direito Obrigacional é a existência do devedor (o lado passivo, portanto), ao passo que na relação de direito real é o poder do titular do direito (o lado ativo, portanto).[39-40]

No que toca à gênese das obrigações, seu surgimento se dá pelo contrato, pela vontade unilateral ou pelos atos ilícitos.[41] Rodolfo Sacco identifica duas formas dessa gênese: (i) as obrigações *delituais* (auxilia no surgimento de um poder centralizado para fins de responsabilização dos indivíduos); e (ii) as obrigações decorrentes das *trocas* e *convenções*, sobretudo com a cultura urbana (decorrência do desenvolvimento da noção de autonomia privada e da possibilidade da prática de atos de disposição).[42]

---

[39] *Teoria generale delle obbligazioni*. Milano: Dott. A. Giuffrè, 1953, pp. 9-27.

[40] Clóvis Bevilaqua, objetivamente, assim diferencia os direitos reais dos obrigacionais: (i) enquanto o Direito Real liga o sujeito de modo direto e imediato à coisa, o Direito Obrigacional se liga diretamente à ação humana; (ii) o exercício de um direito real se reveste de certo caráter de infungibilidade, sendo, o direito obrigacional, por sua vez, transitório e fungível; (iii) o Direito Real cria o direito de sequela em favor do sujeito, ao passo que o Direito Obrigacional apenas liga o credor da obrigação a um ato ou fato a ser praticado por quem se encontra vinculado ao cumprimento da obrigação; e (iv) os direitos reais se apresentam no sistema jurídico em *numerus clausus*, e os direitos obrigacionais, em *numerus apertus* (*Direito das obrigações*. Rio de Janeiro: Officina Dois Mundos, 1896, pp. 15-17).

[41] Clóvis Bevilaqua reduz a concepção clássica das fontes geradoras das obrigações – contrato, quase contrato, delito e quase delito – a duas categorias: "o ato humano" e "a lei" (*Direito das obrigações*. Rio de Janeiro: Officina Dois Mundos, 1896, p. 11).

[42] "À la recherche de l'origine de l'obligation". *L'obligation*. tomo. 44. Archives de philosophie du droit. Paris: Dalloz, 2000, pp. 39-41.

Há que se diferenciar o conteúdo da obrigação do conteúdo da prestação. Interessante noção a respeito é trazida pelo Código Civil português que, já no início do Livro II, identifica a obrigação como "o vínculo jurídico por virtude do qual uma pessoa fica adstrita para com outra à realização de uma prestação" (art. 397.). Já ao disciplinar o *conteúdo da prestação*, dispõe o diploma lusitano: "1. As partes podem fixar livremente, dentro dos limites da lei, o conteúdo positivo ou negativo da prestação. / 2. A prestação não necessita de ter valor pecuniário; mas deve corresponder a um interesse do credor, digno de proteção legal" (art. 398.).

Emilio Betti é categórico ao afirmar que a *prestação* constitui *elemento* da relação obrigacional. De acordo com o autor italiano, a prestação procura resolver uma expectativa do credor da obrigação. Na prestação é possível identificar-se um momento subjetivo (atitude de cooperação exigida do devedor) e um momento objetivo (referente à própria utilidade da prestação). No seio da relação obrigacional, Emilio Betti ressalta a noção deontológica de que se reveste a obrigação no que concerne a caracterizar a posição do devedor e do credor, sendo aquele o sujeito que *deve* a prestação e, este, o sujeito que espera recebê-la.[43] O credor, assim, é aquele que a*credita* no cumprimento da obrigação; aquele que *crê*.

Vê-se, portanto, que a prestação é o objeto da obrigação e com esta não se confunde. A prestação debitória pode revestir-se de diversas formas.[44] Em síntese, a prestação seria o comportamento do devedor esperado pelo credor, consubstanciado em um dar, em um fazer ou em um não fazer.

A distinção entre relação jurídica obrigacional e prestação é de extrema relevância. Sobre esse ponto, Nelson Rosenvald[45] expõe:

---

[43] *Teoria generale delle obbligazioni*. Milano: Dott. A. Giuffrè, 1953, p. 39.

[44] De acordo com Antunes Varela, as formas são as seguintes: (i) prestação de fato; (ii) prestação de coisa (futura ou presente); (iii) prestações instantâneas e prestações duradouras; (iv) prestações fungíveis e não fungíveis; e (v) sanção pecuniária compulsória (ANTUNES VARELA, João de Matos. *Das obrigações em geral*. 10ª ed. vol. I. Coimbra: Almedina, 2011, p. 82 ss.).

[45] "Noções gerais – conceito, estrutura, importância, função e elementos da relação obrigacional". *In*: LOTUFO, Renan; NANNI, Giovanni Ettore. (coord.). *Obrigações*. São Paulo: Atlas, 2011, p. 34, n.r.

CAPÍTULO 2 - O DIREITO OBRIGACIONAL: RELAÇÕES...

As relações obrigacionais merecem enfoque por uma perspectiva humanista, voltada à tutela das situações existenciais e da dignidade humana. *A relação jurídica travada entre credor e devedor não se exaure ao restrito campo da prestação.* Para além do estrito dever de prestar – moldado pela autonomia privada –, o sistema civil-constitucional concebeu a existência de deveres anexos, laterais ou instrumentais, acrescidos à obrigação pela via do princípio da boa-fé objetiva. A relação obrigacional é dada pela vontade e integrada em todos os seus momentos pela boa-fé, como um modelo de conduta intersubjetiva leal e honesta, que exige das partes uma forma de agir na qual cada parceiro visualize no outro um igual titular de direitos fundamentais. Este arquétipo de comportamento ao qual todos devemos ajustar nossos comportamentos incidirá antes, durante e depois da existência da própria prestação (art. 422, CC), pois a confiança é a base de qualquer relação humana e reflete em todas as formas de contato social. Se a boa-fé é um elemento capaz de ampliar a esfera da relação obrigacional pelo influxo dos deveres anexos, também é capaz de retirar da relação obrigacional toda e qualquer forma de conduta ilegítima e excessiva que seja capaz de sacrificar direitos fundamentais. Através da via de controle do abuso do direito (art. 187, do CC), o exercício de um direito subjetivo ou potestativo que ofenda as legítimas expectativas de confiança do parceiro contratual, e seja considerado como desproporcional em face das exigências éticas do sistema, será fulminado por um juízo de antijuridicidade material, posto contrário aos fundamentos valorativos do ordenamento. A relação obrigacional como verdadeiro "processo", na clarividência de Clóvis do Couto e Silva, se torna "corpo e alma". Autonomia privada acrescida de boa-fé objetiva. Essa fórmula matemática é o único caminho capaz de conduzir a obrigação ao adimplemento, restituindo aos contratantes a parcela de liberdade que cederam ao tempo em que constituíram o vínculo. (sem grifo no original)

Feitas essas considerações, conclui-se que a *relação obrigacional* deve ser vista como uma via de mão dupla, ou seja, a relação obrigacional é composta por duas realidades. Em um sentido, vê-se a obrigação da perspectiva do lado ativo, isto é, do credor; no outro, vê-se a obrigação sob o prisma do lado passivo, qual seja, do devedor. No primeiro caso, analisa-se o direito de crédito e, no segundo, o débito. Mas não é só. Constituem também elementos essenciais da relação obrigacional os chamados deveres de conduta. Em outros termos, o Direito das Obrigações deve ter por base a confiança e a boa-fé entre os sujeitos da relação.

Assim, a relação obrigacional, ao contrário do que se vislumbrava em outros tempos[46], não pode ser vista apenas como um estado de subordinação do devedor. Conforme sustenta Marcelo Junqueira Calixto, "a obrigação deve ser vista sob um aspecto dinâmico e não estático", significando, com isso, que a relação obrigacional deve compreender um plexo de direitos e deveres que recaem tanto sobre a figura do devedor como sobre a figura do credor. Nesse contexto, "a obrigação pode [deve] ser vista como um *processo*, no qual também o credor assume o dever de cooperar com o adimplemento, embora, por certo, não possa ser obrigado à realização da prestação principal".[47]

É pertinente destacar, a propósito, que a observância, na relação obrigacional, de deveres e direitos recíprocos entre os sujeitos envolvidos não oculta o objetivo central da obrigação, qual seja, a satisfação do credor pelo cumprimento da prestação. Esse fato, todavia, não elide o credor de adotar, em determinada relação jurídica, um comportamento pautado por certos padrões éticos.

---

[46] Esta era a lição de Carvalho Santos sobre o tema: "a obrigação atua no interesse do credor, pelo menos em regra. *Por isso mesmo este não tem senão direito, mas não obrigação de cooperar, de sua parte, para o adimplemento da prestação*: exemplo – exigir, fazer a escolha nas obrigações alternativas. Excepcionalmente, todavia, pode se admitir obrigação de cooperar da parte do credor, quando o devedor tenha um interesse próprio muito relevante que a prestação se realize. É o que acontece, em casos raros, por exemplo, nas prestações devidas por artistas teatrais, que legitimamente aspiram, com o cumprir a prestação a que se obrigaram, adquirir a fama que os consagrará. Ou quando da cooperação do credor depender a possibilidade do devedor fazer a prestação, como veremos mais adiante" (SANTOS, J. M. de Carvalho. *Código civil brasileiro interpretado*. 9ª ed. vol. XI. Rio de Janeiro: Freitas Bastos, 1964, p. 6).

[47] "Reflexões em torno do conceito de obrigação, seus elementos e suas fontes". *In*: TEPEDINO, Gustavo (coord.). *Obrigações*: estudos na perspectiva civil-constitucional. Rio de Janeiro: Renovar, 2005, pp. 5/6.

CAPÍTULO 2 - O DIREITO OBRIGACIONAL: RELAÇÕES...

A relação obrigacional deve envolver uma atividade no *interesse* do credor. Esse interesse – a prestação – não deve resultar em sacrifício excessivo ao devedor. Deve haver, na relação crédito–débito, um equilíbrio. Somente assim é possível trabalhar, no campo das obrigações, partindo-se do pressuposto de que a relação obrigacional é resultado da liberdade dos sujeitos.[48]

Emilio Betti traça um paralelo entre a *prestação* e a posição do credor, salientando que aquela deve *interessar* ou ser *útil* ao *credor* (*utilidade esperada*). A verificação dessas situações demanda a análise do caso concreto. O autor italiano traz alguns exemplos que auxiliam a compreensão dessa noção relacional de obrigação enquanto *processo*. Afirma a existência, por exemplo, de prestações que não encerram, em si mesmas, a utilidade pretendida pelo credor. A simples ideia de obrigação correspectiva não confere aos sujeitos da obrigação, necessariamente, um conteúdo valorativo, um parâmetro de conduta ou até mesmo a utilidade da prestação. Isso porque, a ideia de utilidade da prestação é complexa. Em um contrato de seguro, por exemplo, o interesse do credor não se esgota exatamente na soma a ser recebida no caso de sua morte, mas na segurança de que o beneficiário receberá a quantia por ocasião da morte, nos termos do contrato. Em certas hipóteses, a cooperação que se espera das partes no cumprimento de uma obrigação não é de fácil constatação. Assim, o que se espera dos sujeitos envolvidos é a adoção de um comportamento de cooperação valorado com base na boa-fé.[49]

A boa-fé no Direito Obrigacional, portanto, atuará, conforme demonstrado no Capítulo 3 deste trabalho, como instrumento para a correta interpretação da relação obrigacional, atuando de maneira a, se preciso for, reequilibrar as avenças contratuais e o ambiente de formação, execução e conclusão dos contratos.

2.3 A RELAÇÃO OBRIGACIONAL COMO PROCESSO

Como se sabe, as obrigações se relacionam com diversas situações jurídicas, verificadas nos mais diversos ramos do Direito. Em termos

---

[48] Vale lembrar que a *obrigação* é situação de *prestação*, resultado, portanto, da manifestação de vontade; diferente, portanto, do *dever*, em que se verifica uma situação de *imposição*.
[49] *Teoria generale delle obbligazioni*. Milano: Dott. A. Giuffrè, 1953, pp. 40-43.

genéricos, Karl Larenz considera que as relações de natureza obrigacional mais importantes são aquelas decorrentes do tráfico jurídico[50] e dos danos imputáveis. Para o autor, esses seriam acontecimentos "vitais" da vida em sociedade. No que toca ao tráfico jurídico, destacam-se especialmente os contratos; nestes, devem se verificar certos elementos facilitadores do tráfico. Seriam exemplos desses elementos (i) a clareza, (ii) a segurança jurídica dos negócios, (iii) a lealdade e (iv) a confiança entre os sujeitos da relação. Já os danos e prejuízos imputáveis devem ser entendidos em sentido amplo, compreendendo tanto os danos corporais como os danos à propriedade ou outros danos patrimoniais.[51] Aqui, a obrigação que surge é a de *indenizar* (obrigação essa que, segundo Karl Larenz, está fundada na ideia de o sujeito ter agido de maneira reprovável – conduta antijurídica e culpável). Essa obrigação também pode decorrer da lei, sobretudo nas hipóteses em que a legislação atribui ao agente a responsabilidade pelos riscos relacionados à exploração de determinada atividade econômica.[52] Na obrigação de indenizar, assim como nas contratuais, o sistema também deve objetivar o equilíbrio da relação credor–devedor, buscando a reparação do dano sofrido em um ambiente jurídico que respeite um limite para o sacrifício assumido pelo devedor, limite esse delimitado pelas circunstâncias do caso concreto.[53]

---

[50] Intercâmbio de bens e prestações, relacionados a coisas e serviços.

[51] Nos dias atuais essa *amplitude* deve ser vista de maneira ainda mais acentuada, sobretudo diante do próprio texto constitucional que assegura amplamente a indenização por dano material, moral e à imagem das pessoas (art. 5º, V e X, da CF).

[52] *Derecho de obligaciones*. 10ª ed. vol. I. Coimbra: Almedina, 2011, pp. 13-17.

[53] O Código Civil em vigor atende a essas preocupações, não só no campo da responsabilidade civil contratual, mas também na responsabilidade civil aquiliana. São exemplos de dispositivos legais que atendem a essa realidade: (i) art. 317 ("Quando, por motivos imprevisíveis, sobrevier desproporção manifesta entre o valor da prestação devida e o do momento de sua execução, poderá o juiz corrigi-lo, a pedido da parte, de modo que assegure, quanto possível, o valor real da prestação".); (ii) art. 413 ("A penalidade deve ser reduzida equitativamente pelo juiz se a obrigação principal tiver sido cumprida em parte, ou se o montante da penalidade for manifestamente excessivo, tendo-se em vista a natureza e a finalidade do negócio".); (iii) art. 928, parágrafo único ("O incapaz responde pelos prejuízos que causar, se as pessoas por ele responsáveis não tiverem obrigação de fazê-lo ou não dispuserem de meios suficientes. / Parágrafo único. A indenização prevista neste artigo, que deverá ser equitativa, não terá lugar se privar

CAPÍTULO 2 - O DIREITO OBRIGACIONAL: RELAÇÕES...

Seja como for, são elementos da relação obrigacional o credor, o devedor e a prestação.[54] Essa *ligação* entre os elementos ocorre de maneira *dinâmica*, conforme já mencionado, e não de maneira *estática*. Primeiro, porque a prestação pode relacionar-se ao próprio débito (prestação primária), ou à responsabilidade (prestação secundária); segundo, porque os deveres da relação obrigacional vão além da mera prestação do devedor – tanto o devedor quanto o credor possuem deveres de consideração e colaboração recíprocos. Toda obrigação caracteriza-se por possuir um dever primário relativo ao seu cumprimento e deveres de segunda ordem, chamados deveres de conduta.[55]

A obrigação, já foi dito, tem como finalidade precípua a satisfação do credor, satisfação essa que se dá, em rigor, com o adimplemento da prestação. Todavia, nos dias de hoje, cada vez mais se verifica que, entre a fase imediatamente anterior à formação do consenso e, mesmo após o cumprimento da prestação, os sujeitos da relação assumem uma série de deveres que extrapolam o próprio liame obrigacional.

Dessa perspectiva, "o débito e o crédito aparecem no vínculo não como os únicos elementos existentes, mas ao lado de outros igualmente importantes, como os direitos formativos e as posições jurídicas".[56] O *vínculo* jurídico obrigacional muda sensivelmente seu conteúdo, aparecendo como uma ordem de cooperação.[57]

---

do necessário o incapaz ou as pessoas que dele dependerem"); (iv) art. 944, parágrafo único [de constitucionalidade questionável] ("A indenização mede-se pela extensão do dano. / Parágrafo único. Se houver excessiva desproporção entre a gravidade da culpa e o dano, poderá o juiz reduzir, equitativamente, a indenização"..); (v) art. 945. ("Se a vítima tiver concorrido culposamente para o evento danoso, a sua indenização será fixada tendo-se em conta a gravidade de sua culpa em confronto com a do autor do dano"..); (vi) art. 947 ("Se o devedor não puder cumprir a prestação na espécie ajustada, substituir-se-á pelo seu valor, em moeda corrente").

[54] NORONHA, Fernando. *Direito das obrigações*. 3ª ed. São Paulo: Saraiva, 2010, p. 31.

[55] LARENZ, Karl. *Derecho de obligaciones*. 10ª ed. vol. I. Coimbra: Almedina, 2011, pp. 20-22.

[56] SILVA, Clóvis V. do Couto e. *A obrigação como processo*. Rio de Janeiro: Editora da FGV, 2006, p. 19.

[57] SILVA, Clóvis V. do Couto e. *A obrigação como processo*. Rio de Janeiro: Editora da FGV, 2006, p. 19.

No Brasil, o tema foi exposto por Clóvis do Couto e Silva, por ocasião de sua livre-docência pela Universidade Federal do Rio Grande do Sul, no ano de 1964. Apesar da data de sua apresentação, com a crescente importância recebida pela chamada boa-fé objetiva e seus deveres de contorno, a atualidade do trabalho é inequívoca.

Para Clóvis do Couto e Silva[58], "Com a expressão 'obrigação como processo', tenciona-se sublinhar o ser dinâmico da obrigação, as várias fases que surgem no desenvolvimento da relação obrigacional e que entre si se ligam com interdependência".

O *processo obrigacional*, no cenário exposto, deve respeitar alguns princípios gerais, dentre os quais se destacam a *autonomia privada* e a *boa-fé objetiva*. Encontrar o conteúdo de ambos os institutos é tarefa dificultosa, na medida em que as respectivas conceituações, sem a existência de uma circunstância de fato a ser analisada, devem dar-se em abstrato, tomando-se por norte dado sistema jurídico e determinada situação histórico-social.

Autonomia privada e boa-fé devem conviver de maneira harmoniosa na seara do Direito. Para identificar essa convivência entre autonomia privada e boa-fé, mais uma vez recorre-se ao pensamento de Clóvis do Couto e Silva. No sistema do liberalismo pós-Revolução Francesa a vontade encontrava-se em posição privilegiada no sistema jurídico – o contrato era, acima de tudo, *lei* entre as partes. Dessa perspectiva, todos os deveres jurídicos decorrentes de uma relação obrigacional resultariam, necessariamente, da vontade das partes. Essa seria a "tese". Em um raciocínio dialético, Couto e Silva coloca o princípio da boa-fé como uma espécie de "antítese" dessa primeira posição, uma vez que da boa-fé objetiva, na realidade, resultariam os deveres que comporiam o núcleo do negócio jurídico. Dessa inflexão se encontraria a "síntese", pois "há deveres que promanam da vontade e outros que decorrem da incidência do princípio da boa-fé e da proteção jurídica de interesses".[59]

O que se deve ter em mente é a existência de uma base objetiva do negócio jurídico, a assegurar uma relação de equilíbrio entre prestação e

---

[58] *A obrigação como processo*. Rio de Janeiro: Editora da FGV, 2006, p. 20.

[59] *A obrigação como processo*. Rio de Janeiro: Editora da FGV, 2006, p. 38.

CAPÍTULO 2 - O DIREITO OBRIGACIONAL: RELAÇÕES...

contraprestação no âmbito do liame obrigacional. Mais uma vez, faz-se necessário esclarecer que isso não significa dizer que a boa-fé está a serviço da proteção dos "interesses íntimos e privados" presentes em uma relação obrigacional, mas sim em fazer impor um comportamento de "colaboração para aqueles interesses objetivamente extraídos da própria realização do negócio".[60] A compreensão concreta da aplicação dessa forma de pensar o Direito das Obrigações dependerá, e muito, da análise do caso concreto, pois somente partindo-se dele é que se pode aferir quais seriam os deveres de conduta esperados pelas partes envolvidas na relação obrigacional.

---

[60] TEPEDINO, Gustavo; SCHREIBER, Anderson. "A boa-fé objetiva no código de defesa do consumidor e no novo código civil". *In:* TEPEDINO, Gustavo (coord.). *Obrigações*: estudos na perspectiva civil-constitucional. Rio de Janeiro: Renovar, 2005, p. 40. Na abordagem do tema, ambos os autores mencionam a questão da posição boa-fé em uma relação paritária, trazendo elementos interessantes para exame: "as partes, na prática, concorrem – e o direito não veda, em relações paritárias, que concorram – entre si na aquisição e manutenção de posições prevalentes e de proteção, o que é da essência das relações negociais. O comprador deseja o menor preço, o vendedor o maior, e não há como esperar que renunciem a tais interesses, que são da lógica do negócio. A boa-fé, seja por meio da imposição positiva de deveres anexos, seja por meio da proibição de exercer abusivamente (em contrariedade aos deveres anexos) os direitos contratuais, não implica renúncia a tais direitos ou às situações de preponderância que possam vir a ocorrer no curso da relação obrigacional. (...) / A concorrência por posições prevalentes e um certo grau de disputa em prol de interesses contrapostos é inerente a qualquer negócio jurídico. E se é evidente que, em relações de consumo, o direito deve atuar de forma protetiva, em atenção à vulnerabilidade do consumidor, utilizando-se dos mecanismos próprios (e mesmo dos impróprios, se outros não estiverem disponíveis por qualquer razão) para reequilibrar a relação entre as partes, é igualmente evidente que, nas relações paritárias, o direito não vem proteger qualquer das partes, mas exigir de ambas uma atuação honesta e leal (eis o que exige a boa-fé objetiva) e conforme aos valores consagrados pelo ordenamento civil-constitucional" (TEPEDINO, Gustavo; SCHREIBER, Anderson. A boa-fé objetiva no código de defesa do consumidor e no novo código civil. *In:* TEPEDINO, Gustavo (coord.). *Obrigações*: estudos na perspectiva civil-constitucional. Rio de Janeiro: Renovar, 2005, pp. 40/41).

Capítulo 3

A FORMAÇÃO DOS CONTRATOS, A AUTONOMIA PRIVADA, A BOA-FÉ OBJETIVA E O PAPEL DOS DEVERES ANEXOS

Sob a égide das assertivas feitas até o momento sobre a gênese da obrigação, pode-se afirmar que o contrato é resultado de uma situação jurídica relacional entre dois ou mais sujeitos que, no âmbito do processo obrigacional, concluem determinada avença. Desde o século XIX até mais da metade do século passado, o estudo do direito contratual sempre esteve alicerçado em dogmas criados pelo liberalismo. No campo dos contratos, a regra vigente era a da plena liberdade de contratar. Essa regra levava à conclusão lógica de que, sendo o sujeito livre para contratar, naturalmente também era livre para *não* contratar. Quando se está diante de um momento anterior à formação do contrato, a afirmação pura e simples de que o sujeito de direito é livre para não contratar pode trazer consigo o sofisma de que na fase pré-contratual a ruptura de eventuais negociações com a consequente não celebração do contrato jamais geraria, ao rompedor, responsabilidade civil.

Esse raciocínio resvala, todavia, na regra moral elementar[61] do *neminem laedere*. Com esse princípio-base do direito desenvolve-se a preocupação de

---

[61] RIPERT, George. *A regra moral nas obrigações civis*. Tradução da 3ª ed. francesa por Osório de Oliveira. 2ª ed. Campinas: Bookseller, 2002, p. 205.

que a ninguém é dado lesar a outrem. Trata-se de preceito de ordem ética, condutor da ordem jurídica. Nesse sentido, se é verdade que não se pode confundir a mera intenção de contratar com uma manifestação inequívoca que resulta na celebração do contrato, também é verdade que essa *intenção* manifestada pode trazer consequências jurídicas. E o fundamento jurídico para a identificação dessas consequências é a boa-fé objetiva.[62]

Vê-se, portanto, que são elementos essenciais dessa análise a autonomia privada e, mais especificamente, a boa-fé objetiva.

Diante da clara distinção de causas e efeitos entre a ruptura de *negociações* e a ruptura do *contrato*, exsurge a importância de se identificar com clareza o momento exato da formação da relação obrigacional, mais precisamente o momento em que há o aperfeiçoamento do contrato para, após isso, estudar-se as consequências jurídicas decorrentes do ato de ruptura praticado pelo sujeito.

3.1 A FORMAÇÃO DOS CONTRATOS

Como se sabe, os cursos de Direito Civil costumam evidenciar que um contrato se forma "pelo encontro concordante de duas declarações receptícias".[63] Trata-se não somente de requisito de validade, mas de efetivo pressuposto de existência do negócio.[64] A formação dos contratos está diretamente relacionada com a noção de *consentimento* das partes envolvidas. Darcy Bessone, ao analisar o vocábulo *consentir*, identifica duas acepções distintas. A primeira, extraída das ideias de Ambroise Colin e H. Capitant, que toma por base o Código Civil francês, em que o sentido de consentir diz respeito ao assentimento da parte a uma dada proposição; e, a segunda,

---

[62] GUERREIRO, José Alexandre Tavares. "A boa-fé nas negociações preliminares". *Revista dos Tribunais Online – Thomson Reuters*, pp. 1/2. Disponível em http://www.revistadostribunais.com.br. Acesso em 12 jul. 2012.

[63] RODRIGUES, Silvio. *Direito civil*: dos contratos e das declarações unilaterais de vontade. 28ª ed. vol. 3. São Paulo: Saraiva, 2002, p. 66.

[64] PEREIRA, Caio Mário da Silva. *Instituições de direito civil*: contratos. 12ª ed. vol. III. Rio de Janeiro: Forense, 2007, p. 36.

CAPÍTULO 3 - A FORMAÇÃO DOS CONTRATOS, A AUTONOMIA...

a qual este trabalho perfilha, extraída de definição de Roberto Ruggiero, segundo o qual "Consenso é o encontro de duas declarações de vontade, que, partindo de dois sujeitos diversos, se dirigem a um fim comum, fundindo-se".[65]

Um contrato se forma, portanto, com o consentimento de duas ou mais pessoas em torno de dado negócio jurídico bilateral. A questão, contudo, não é tão simples como se mostra à primeira vista, tomada essa definição. A explicação reside em que, conforme sustentam Ejan Mackaay e Stéphane Rousseau[66], a constatação da formação de um contrato pode conter dois problemas-chave justamente decorrentes do elemento *consentimento* das partes. Em primeiro lugar, salientam os autores, a exigência do consentimento não pode ser tão rigorosa a ponto de servir de instrumento ao sujeito que pretende se livrar de uma obrigação pactuada, permitindo, por exemplo, o afastamento do contrato sob a justificativa de inexistência de acordo acerca de determinado detalhe. A aceitação de circunstâncias como essas geraria consequências diretas ao planejamento para a execução do contrato tendo em vista a incerteza a ser suportada pelos envolvidos na relação. Essa incerteza influenciaria diretamente no interesse das partes de contrair certas despesas substanciais para a formação do contrato, sem contar que a facilitação de questionamento em torno da avença implicaria o aumento dos custos da transação. Não obstante o fato apontado – e aqui reside o segundo problema –, o contrato também não pode ser reconhecido como tal prematuramente, a fim de se evitar que a incompletude da negociação esteja a serviço da parte que quiser se beneficiar dessa situação em detrimento da parte que ainda não declarou sua intenção de contratar.

Enzo Roppo[67], ao tratar do tema da formação dos contratos, faz questão de enfatizar que ela constitui um processo que envolve uma série de comportamentos e atos humanos. De acordo com o raciocínio que desenvolve, o autor condena a perspectiva doutrinária jusnaturalista e

---

[65] BESSONE, Darcy. *Do contrato:* teoria geral. 4ª ed. São Paulo: Saraiva, 1997, p. 116.
[66] MACKAAY, Ejan; ROUSSEAU, Stéphane. *Analyse économique du droit.* 2ª ed. Paris/Montréal: Dalloz; Les Éditions Thémis, 2008, pp. 401/402.
[67] *O contrato.* Tradução de Ana Coimbra e M. Januário C. Gomes. Coimbra: Almedina, 2009, p. 84.

novecentista da vontade como fonte exclusiva de efeitos jurídicos, pois, segundo essa perspectiva, a formação dos contratos se reduziria em verificar se as "vontades" das partes envolvidas em uma relação jurídica tiveram como consequência o consenso contratual, figurando o contrato como o *"produto mecânico"* desse fato. Assim, para Roppo[68]:

> Numa perspectiva realista, o juízo sobre se um contrato se formou ou não, constitui o resultado de uma qualificação de determinados comportamento humanos, operada por normas jurídicas. Por outras palavras, a formação do contrato consiste num *processo*, isto é, numa sequência de actos e comportamentos humanos, coordenados entre si, segundo um modelo não já "natural" e "necessário", mas sim pré-fixado de modo completamente convencional e arbitrário pelo direito (pelos vários direitos). Se essa determinada sequência de actos e comportamentos humanos corresponde ao esquema estabelecido pelo ordenamento jurídico (e de modo diverso pelos diversos ordenamentos jurídicos), então pode dizer-se que esse determinado contrato se formou, ou concluiu, ou "ganhou existência".

De toda sorte, tem-se de maneira cristalina que, para a formação do contrato, as partes devem superar todos os eventuais conflitos de interesses existentes no negócio que se pretende firmar. A propósito, como pondera Silvio Rodrigues[69],

> (...) em muitos casos, o ajuste entre as partes é conseguido mediante laboriosa fase pré-contratual, em que os interessados, de transigência em transigência, vão eventualmente chegando a um acordo final. É o que os escritores franceses chamam de *pourparlers*, os italianos de *tratattive* e alguns nacionais de *período de pontuação*. Trata-se, em todo o caso, de uma fase de negociações preliminares, de um período pré-contratual.

---

[68] ROPPO, Enzo. *O contrato*. Coimbra: Almedina, 2009, p. 85.
[69] RODRIGUES, Silvio. *Direito civil:* dos contratos e das declarações unilaterais de vontade. 28ª ed. vol. 3. São Paulo: Saraiva, 2002, p. 67.

CAPÍTULO 3 - A FORMAÇÃO DOS CONTRATOS, A AUTONOMIA...

Para que um contrato seja formado, há uma fase imediatamente anterior que envolve uma prévia negociação suficiente para poder identificar o que cada parte espera com determinada relação contratual. Assim, o contrato é resultado de um processo de tratativas e discussões com certo grau de elaboração, a ser determinado de acordo com os interesses das partes envolvidas.[70]

Os atos praticados nessa fase preparatória podem assumir naturezas jurídicas diversas. Conhecer a dimensão desses atos é tarefa de extrema importância para a identificação de eventual responsabilidade decorrente de sua prática. O período de tratativas surge sempre que duas ou mais pessoas, movidas por vontades próprias, iniciam negociações com o objetivo de contratar. Em rigor, a *vontade*, nesse momento, não é propriamente de *contratar*, mas de *querer negociar*. Muito embora essa *vontade* manifestada se situe em um contexto pré-contratual, já se verifica a necessidade de respeitar certos limites presentes em qualquer relação obrigacional, não se permitindo, por exemplo, atitudes consideradas incompatíveis com o processo negocial em curso.[71] Já há, portanto, *partes* envolvidas em uma *relação de confiança*, em que deveres de cuidado, de verdade e de informação precisam ser respeitados para se evitar a frustração ilegítima das expectativas criadas.

O desenrolar dessa fase pode resultar na própria celebração do contrato, na recusa de contratar ou, ainda, em atos intermediários como a proposta, a carta de intenções, o contrato preliminar ou pré-contrato e figuras afins.

3.1.1 As negociações preliminares e o processo de formação do contrato

Resta claro que a fase anterior ao consenso pode ter maior ou menor complexidade, a depender das diferenças existentes entre os interesses dos

---

[70] MACKAAY, Ejan; ROUSSEAU, Stéphane. *Analyse économique du droit*. 2ª ed. Paris/Montréal: Dalloz; Les Éditions Thémis, 2008, pp. 400/401.
[71] CORDEIRO, António Manuel da Rocha e Menezes. *Da boa fé no direito civil*. Coimbra: Almedina, 2007, p. 538.

sujeitos. A possibilidade de contratar, em regra, surge de uma *oferta* ou *proposta contratual*[72], e não de uma oferta qualquer cuja intenção seja desprovida de seriedade (*jocandi causa*) ou tenha sido feita "com reservas

---

[72] Enzo Roppo faz questão de ressaltar a diferença existente entre uma *promessa unilateral* e uma *oferta* ou *proposta de contrato*. O autor italiano pondera: "Considerem-se os dois exemplos seguintes: 1) A, empresário de construção civil, promete a B, industrial de cimentos, entregar-lhe 7 milhões num certo prazo, em razão da circunstância – embora não expressa no acto da vinculação – de A ter, a seu tempo, recebido de B um fornecimento de cimento, sem que tenha contextualmente procedido ao pagamento respectivo; 2) A propõe a B comprar-lhe uma certa quantidade de cimento, por um preço global de 7 milhões. / No primeiro caso, a declaração de vontade de A constitui uma *promessa unilateral*, completamente formada sem necessidade de aceitação de B, e idônea, de per si, a produzir efeitos jurídicos (...). No segundo caso, a declaração de vontade de A constitui uma simples *proposta contratual*, que, por si só, não faz surgir a cargo do declarante qualquer obrigação, e não constitui na esfera de B nenhum direito. Para que se verifiquem efeitos jurídicos, é necessário que, à proposta de A, se siga uma aceitação conforme de B, o qual se declare, por sua vez, disposto a vender aquela determinada quantidade de cimento por 7 milhões. Ou seja, é necessário que se forme o contrato (do qual a proposta é apenas um elemento, um pressuposto): só então A se torna devedor da soma em relação a B, que, por seu turno, só então fica obrigado a efectuar o fornecimento" (*O contrato*. Coimbra: Almedina, 2009, pp. 78/79). Além dessa distinção, Roppo também salienta uma distinção pouco abordada pela doutrina brasileira, existente entre a *oferta* e o *convite a contratar*. Para explicar essa distinção, o autor parte da seguinte situação fática: um determinado sujeito X, colecionador de selos, propõe adquirir, de quem lhe quiser vender, certo exemplar que lhe falta pelo preço de um milhão. Tomando-se por base esse contexto fático, "se a declaração de X fosse de considerar como proposta (ao público), seria suficiente que um qualquer Y lhe manifestasse a sua vontade de aceitar, para que o contrato se devesse considerar concluído, e juridicamente vinculante para ambas as partes: para tal, é necessário que a proposta contenha 'os elementos essenciais do contrato a cuja conclusão é dirigida' (art. 1336 "C". 1 cód. civil. [italiano]). Se, pelo contrário, a declaração de X estivesse desprovida de um dos tais 'elementos essenciais' (por exemplo, não indicasse o preço oferecido por X pelo selo pretendido), ou se do teor desta ou 'das circunstâncias ou dos usos', resultasse que X tencionava, antes de submeter-se ao vínculo contratual, averiguar a credibilidade da outra parte, ou discutir melhor as condições do negócio, ou de qualquer modo reservar-se a última palavra, então aquela declaração não seria uma oferta de contrato mas sim um simples convite a contratar (art. 1336 "C" 1 cód. civil. [italiano]): para provocar a conclusão [formação] do contrato, não bastaria, assim, a aceitação da outra parte, mas esta última, estimulada pelo convite, deveria, por seu turno, formular a proposta verdadeira e própria, proposta esta que, aquele que havia convidado, teria a faculdade de recusar ou aceitar, reservando-se, assim, o poder de decisão definitiva acerca da formação do vínculo contratual" (ROPPO, Enzo. *O contrato*. Coimbra: Almedina, 2009, pp. 80/81).

CAPÍTULO 3 - A FORMAÇÃO DOS CONTRATOS, A AUTONOMIA...

mentais conhecidas do destinatário, ou que tem caráter puramente potestativo"[73], isto é, deve decorrer de uma proposta *definitiva* e que denote a vontade de contratar. Aceita a proposta pelo seu destinatário, tal como formulada pelo proponente, tem-se por formado o contrato. Não obstante, existem determinados atos que, embora denotem o interesse de contratar de um sujeito, não o vinculam de maneira *definitiva*, como, por exemplo, naquelas circunstâncias que dependam de posterior confirmação ou mesmo nas propostas consideradas incompletas, por lhes faltar elemento considerado essencial ao contrato – preço, por exemplo.[74] Nessas hipóteses, assim como no caso de o destinatário, diante de uma proposta, apresentar uma contraproposta, o contrato somente se formará após as chamadas *negociações preliminares*, campo de observância da denominada responsabilidade civil pré-contratual.[75]

As negociações preliminares – também chamadas pela doutrina de fase de tratativas ou período de puntuação – são constituídas por intermédio de um ato receptício. Assim, a existência das negociações preliminares depende do recíproco conhecimento das partes acerca da intenção de contratar da outra. As negociações preliminares, nos dizeres de Carlyle Popp[76] em trabalho sobre o tema, é um ato bilateral dotado de requisitos que se assemelham àqueles da formação do contrato, diferenciando-se pelo

---

[73] BESSONE, Darcy. *Do contrato:* teoria geral. 4ª ed. São Paulo: Saraiva, 1997, p. 122.

[74] BESSONE, Darcy. *Do contrato:* teoria geral. 4ª ed. São Paulo: Saraiva, 1997, p. 122.

[75] Sobre o ponto, ressalte-se a posição de Antônio Chaves, para quem, mesmo quando a aceitação da proposta se dá de maneira imediata, sempre existirá uma fase preparatória. O autor explica: "É que nos casos mais simples o proponente ao lançar a sua oferta freqüentemente de modo tácito, pela simples exposição de seu produto à venda, e o aceitante ao acolhê-la, cada um deles separadamente, verificou consigo mesmo a vantagem da transação. Embora o fenômeno não se exteriorize, na verdade houve, de lado a lado, cálculo e aquilatação de convivências recíprocas, não aparecendo simplesmente porque o pequeno valor da transação, ou a sua repetição inúmera, não dão ensejo a qualquer discussão: trata-se de admitir ou de deixar" (CHAVES, Antônio. *Responsabilidade pré-contratual.* 2ª ed. São Paulo: Lejus, 1997, p. 58).

[76] *Responsabilidade civil pré-negocial:* o rompimento das tratativas. 6. reimpressão. Curitiba: Juruá, 2011, p. 222.

fato de que, de início, as negociações preliminares, embora denotem o interesse na celebração de um negócio, não geram a obrigação de sua realização.[77]

Para Judith H. Martins-Costa, no período pré-negocial existe um contato social especial, notadamente marcado pela confiança. A obrigação de indenizar, explica a autora, pode decorrer de duas situações distintas: (i) de um inadimplemento que seja imputável a um devedor; ou (ii) da violação do dever geral de a ninguém lesar. No âmbito da responsabilidade pré-contratual, haveria uma "particularização" desse dever geral. Considerados os diversos "graus" de *contato social* decorrentes da intensidade desse contato, na responsabilidade civil advinda das negociações preliminares a intensidade (ou proximidade) do contato social seria maior do que a do mero contato fortuito – aleatório, podendo se referir a mero fato da convivência social – e menor do que na hipótese de ter-se celebrado o negócio jurídico.[78] Em termos esquemáticos, ter-se-ia:

---

[77] Para Popp, a principal diferença existente entre as negociações preliminares e a fase de conclusão do negócio jurídico está no conteúdo da vontade das partes; assim, "Quando se trata de consentimento para a conclusão do negócio jurídico, as exteriorizações volitivas são divergentes no conteúdo, pois o interesse das partes é diverso. Por exemplo, na compra e venda, a vontade de um dos contratantes é no sentido da prática de um ato de volição visando a comprar, enquanto que a do outro é no sentido de vender. Quando das negociações, este externamento do querer é idêntico: ambas as vontades desejam iniciar tratativas. Ou seja, semelhantemente ao que acontece nos contratos plurilaterais, há uma identidade de propósitos, não havendo propriamente oposição, mas interesses comuns em solucionar os empecilhos e chegar à decisão final mais satisfatória, regra geral, a formação do contrato" (POPP, Carlyle. *Responsabilidade civil pré-negocial*: o rompimento das tratativas. 6. reimpressão. Curitiba: Juruá, 2011, p. 223).

[78] "Um aspecto da obrigação de indenizar: notas para uma sistematização dos deveres pré-negociais de proteção no direito civil brasileiro". *Revista dos Tribunais Online*. Thomson Reuters, p. 3. Disponível em http://www.revistadostribunais.com.br. Acesso em 10 jul. 2012.

CAPÍTULO 3 - A FORMAÇÃO DOS CONTRATOS, A AUTONOMIA...

Contato fortuito	⟷	Responsabilidade decorrente de ato ilícito (violação do dever geral de a ninguém lesar)
Proximidade > do que o contato fortuito e < do que o do negócio jurídico	⟷	Responsabilidade pré-contratual / negociações preliminares
Proximidade máxima	⟷	Responsabilidade negocial

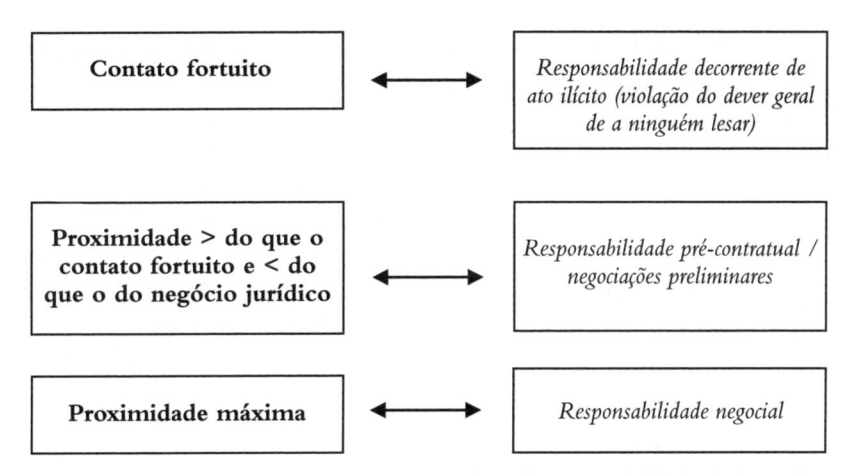

Figura 3.1 – Graus de contato entre sujeitos e espécies de responsabilidade civil correlatas.
Fonte: Elaborada pelo autor.

Nas negociações preliminares a finalidade da aproximação entre os sujeitos é a de "averiguar a possibilidade e/ou conveniência de [eles] pactuarem um negócio jurídico, normalmente um contrato, por tanto se expondo a certos riscos, tanto na sua pessoa quanto no seu patrimônio".[79]

Assim, afirma Judith H. Martins-Costa, essa aproximação se mostra naturalmente mais intensa do que uma relação casual qualquer como a decorrente de um ilícito civil de natureza aquiliana. O fato explica-se em razão de que, no âmbito das negociações preliminares, esse contato social mais *qualificado* do que o contato fortuito gera uma natural *expectativa*, entre os sujeitos envolvidos, consubstanciada na confiança de que o *outro* esteja negociando com seriedade, assumindo, portanto, uma conduta proba e leal.[80]

---

[79] MARTINS-COSTA. Judith H. "Um aspecto da obrigação de indenizar: notas para uma sistematização dos deveres pré-negociais de proteção no direito civil brasileiro". *Revista dos Tribunais Online*. Thomson Reuters, p. 4. Disponível em http://www.revistadostribunais.com.br. Acesso em 10 jul. 2012.

[80] "Um aspecto da obrigação de indenizar: notas para uma sistematização dos deveres pré-negociais de proteção no direito civil brasileiro". *Revista dos Tribunais Online*. Thomson Reuters, p. 4. Disponível em http://www.revistadostribunais.com.br. Acesso em 10 jul. 2012.

O período de puntuação é observado de maneira mais acentuada nos contratos cuja conclusão[81] não se dá instantaneamente, de tal sorte que as negociações preliminares estão presentes de modo mais evidente em contratações mais complexas, que se formam *progressivamente*, "mediante diversas conversações, entendimentos, auditorias, vistorias, trocas de informações, os quais visam proporcionar às partes a fixação dos pontos fundamentais da contratação, para, então, decidir-se sobre a emissão de uma proposta, ou, até mesmo, sobre a conclusão do contrato definitivo mediante sua celebração".[82] Isso não significa, todavia, que essas negociações não possam existir em situações mais simples; haverão tratativas em qualquer circunstância em que as partes envolvidas "tenham interesse em discutir as condições do negócio".[83]

Cristiano de Souza Zanetti define as negociações preliminares como o momento anterior à própria formação do contrato, em que as partes envolvidas têm a oportunidade de discutir até mesmo acerca da figura contratual eventualmente a ser celebrada.[84] Nesse "momento", afirma o autor, "há apenas a intenção de tratar, e não de se obrigar". Daí dizer-se, de acordo com o raciocínio desenvolvido, que as tratativas "não são vinculantes, faltando-lhes, em regra, não só a intenção de se obrigar, mas também os próprios elementos essenciais de qualquer negócio jurídico".[85]

---

[81] Apesar de muitas vezes se observar o emprego das expressões *conclusão do contrato* e *formação do contrato* como sinônimas, Deperon, em breve passagem de sua obra, salienta que "na realidade [essas expressões] não se equivalem; a conclusão designa a parte final de todo o processo de formação do contrato, que pode existir ou não, dependendo da vontade das partes" (DEPERON, Mariana Pazianotto. *Responsabilidade civil pela ruptura ilegítima das tratativas*. Curitiba: Juruá, 2009, p. 114).

[82] DEPERON, Mariana Pazianotto. *Responsabilidade civil pela ruptura ilegítima das tratativas*. Curitiba: Juruá, 2009, p. 113.

[83] DEPERON, Mariana Pazianotto. *Responsabilidade civil pela ruptura ilegítima das tratativas*. Curitiba: Juruá, 2009, p. 115.

[84] Tal como tem ocorrido com frequência atualmente, por exemplo, nas hipóteses em que empresas estrangeiras buscam empresas interessadas no desenvolvimento de suas atividades no Brasil. No momento das tratativas, não se tem definido nem mesmo o tipo relacional que haverá entre as partes – se haverá a constituição de uma sociedade em que empresa estrangeira e a empresa nacional figurarão como sócias; se será celebrado contrato de representação entre as pessoas jurídicas envolvidas etc.

[85] ZANETTI, Cristiano de Sousa. *Responsabilidade pela ruptura das negociações*. São Paulo: Juarez de Oliveira, 2005, p. 10.

CAPÍTULO 3 - A FORMAÇÃO DOS CONTRATOS, A AUTONOMIA...

A identificação da *dimensão* que se deve dar a esse momento de tratativas é de extrema relevância para evidenciar a natureza do dever jurídico do eventual causador do dano. Para Judith H. Martins-Costa, o dano pré-negocial não se encontra no mesmo ambiente do pré-contrato e dos contratos preliminares já que, nesses casos, o dano – e, portanto, a responsabilidade – será contratual. De igual modo, o dano pré-negocial não se vislumbra no campo dos negócios jurídicos unilaterais – tal como ocorre, por exemplo, na promessa de recompensa (art. 854 do Código Civil) e na gestão de negócios (art. 869 do Código Civil) – mas sim em um espaço próprio, designado pela jurista como "ainda-não-contrato", no qual o que se observa é o comportamento das partes no sentido de demonstrar uma vontade de negociar. Por conseguinte, nesse *momento* não há que se falar em direito de crédito da parte eventualmente lesada, como ocorre no contrato, mas sim em um "dever jurídico geral" que tem como fundamento a boa-fé. Haveria, por assim dizer, uma *"especificação* do dever geral de a ninguém lesar diretamente ligada à posição ocupada pelos intervenientes no arco dos contatos sociais".[86]

Vale ressaltar, ainda no campo de identificação das chamadas tratativas, a discussão existente em nível doutrinário a respeito de as tratativas estarem ou não compreendidas no processo de formação dos contratos, pois o Código Civil atual, ao tratar da formação dos contratos[87], somente menciona o papel da proposta nesse processo, deixando de fazer qualquer referência à fase de tratativas. Mariana Pazianotto Deperon[88], ao abordar o tema, sustenta existir um período de formação do contrato *stricto sensu*, composto apenas por atos que possam gerar vínculo de um ou mais sujeitos envolvidos na relação.[89]

---

[86] MARTINS-COSTA. Judith H. "Um aspecto da obrigação de indenizar: notas para uma sistematização dos deveres pré-negociais de proteção no direito civil brasileiro". *Revista dos Tribunais Online – Thomson Reuters*, p. 5. Disponível em http://www.revistadostribunais.com.br. Acesso em 10 jul. 2012.

[87] Art. 427 e seguintes do Código Civil.

[88] *Responsabilidade civil pela ruptura ilegítima das tratativas*. Curitiba: Juruá, 2009, pp. 115-118.

[89] Essa é a conclusão a que chega Diniz, quando diz: "Como o contrato é um acordo de duas ou mais vontades, estas não são emitidas ao mesmo tempo, mas sim sucessivamente, com intervalo razoável entre uma e outra. Há uma parte que toma iniciativa, dando início à formação do contrato e formulando a proposta, que constitui,

Nessa fase de formação dos contratos *stricto sensu* não estariam incluídas, portanto, as negociações preliminares. Ao dissertar sobre esse ponto, a autora lembra que a maior parte da doutrina italiana posiciona-se justamente nesse sentido, colocando o período de puntuação fora – e antes – do período de formação dos contratos.[90] Em contrapartida, há, no entanto, autores – dentre os quais Deperon destaca Giuseppe Tamburrino – que posicionam as negociações preliminares no processo de formação contratual. Em conclusão sobre o assunto, a autora[91] faz a seguinte reflexão:

> A formação dos contratos, na forma como dispôs o legislador brasileiro, inicia-se por meio dos atos que geram a vinculação de, pelo menos, uma das partes.
>
> Assim, ponderados estes elementos, entende-se que as tratativas, para o Direito brasileiro, devem ser consideradas uma fase negocial, a qual não se confunde com a fase de formação do contrato *stricto sensu*.
>
> Esta fase negocial não estaria compreendida na fase de formação dos contratos *stricto sensu*, em que estão inseridos os atos pré-negociais vinculativos; esta fase compreende tão-somente as tratativas. Seria incorreto dizer, do ponto de vista sistemático, que as tratativas estariam compreendidas na formação dos contratos *stricto sensu*.

---

portanto, uma declaração inicial de vontade cuja finalidade é a realização de um contrato. *Contudo, será preciso não confundir os entendimentos preliminares com a oferta ou proposta de contrato. Realmente, as negociações preparatórias são meras proposições levadas por uma parte ao conhecimento da outra para estudo, sem intenção de se obrigar, não sendo, por isso, propriamente elemento de formação da relação contratual, mas configurando um período pré-contratual, em que ainda não se constituiu o negócio jurídico*" (DINIZ, Maria Helena. *Tratado teórico e prático dos contratos*. 6ª ed. vol. 1. São Paulo: Saraiva, 2006, p. 91 – sem grifo no original).

[90] Vale ressaltar que a doutrina italiana assim o faz até por conta da exegese legal, já que o art. 1.337 do Código Civil italiano expressamente separa as tratativas da formação dos contratos. Dispõe o preceito legal mencionado: "Trattative e responsabilità precontrattuale – Le parti, nello svolgimento delle trattative e nella formazione del contratto, devono comportarsi secondo buona fede (c. 81, 1175, 1358, 1375)". Tradução livre: "Tratativas e responsabilidade pré-contratual – As partes, no desenvolvimento das tratativas e na formação do contrato, devem comportar-se segundo a boa-fé".

[91] DEPERON, Mariana Pazianotto. *Responsabilidade civil pela ruptura ilegítima das tratativas*. Curitiba: Juruá, 2009, p. 118.

CAPÍTULO 3 - A FORMAÇÃO DOS CONTRATOS, A AUTONOMIA...

Caminha em igual sentido Cristiano de Sousa Zanetti, ao acenar que "a fase de formação do contrato difere da fase das tratativas precisamente por contemplar atos com eficácia jurídica própria, ou seja, vinculantes".[92] Esse posicionamento parte da ideia defendida por Giorgio Stella Richter[93], para quem:

> (...) é fácil apontar conclusivamente que, enquanto a fase de tratativas é caracterizada por atos de relevância autônoma e de qualificação jurídica própria sendo essencialmente dirigido para a busca de solução de interesses contrapostos, a fase de formação do contrato é constituída, ao contrário, por uma série de atos que recebem do ordenamento jurídico uma qualificação jurídica típica, seja no caso em que se verifica simples natureza pré-negocial, seja na hipótese em que constitua verdadeiro negócio jurídico.

Não obstante os posicionamentos apresentados considera-se razoável que, ante a complexidade das relações no mundo contemporâneo e a cada vez mais constante necessidade de rapidez no trato dessas relações, a fase de tratativas possa também se desenvolver mesmo após a realização da proposta, tornando-se muito difícil dissociá-la do período de formação dos contratos. De fato, não são poucas as hipóteses em que o sujeito, com interesse em contratar, antecipa-se – até como elemento gerador de confiança – com o oferecimento da proposta para, após considerações complementares feitas pela contraparte, darem início a tratativas.

Denota ser essa, por exemplo, a posição de Carlyle Popp[94], ao ressaltar:

---

[92] *Responsabilidade pela ruptura das negociações*. São Paulo: Juarez de Oliveira, 2005, p. 11.

[93] RICHTER, Giorgio Stella. *La responsabilità precontrattuale*. Torino: UTET, 1996, p. 6. Tradução livre do original: "agevole è puntualizzare conclusivamente che mentre la fase delle trattative è caratterizzata da atti privi di autonoma rilevanza e di propria qualificazione giuridica essendo essenzialmente diretta a cercare soluzioni intese a risolvere il conflitto dei contrastanti interessi, la fase di formazione del contratto è all'opposto costituita da una serie di atti che ricevono dall'ordinamento una qualificazione giuridica tipica, sia nel caso che abbiano semplice natura prenegoziale, sia nell'ipotesi che costituiscano invece veri e propri negozi giuridici".

[94] *Responsabilidade civil pré-negocial*: o rompimento das tratativas. 6. reimpressão. Curitiba: Juruá, 2011, p. 230.

(...) muitos dos tratos negociais iniciam-se com a realização de uma proposta, sendo que a chamada contraproposta – na verdade nova proposta – instaura um procedimento negociatório. Esta sistemática proposta-contraproposta, mediante adições, restrições ou modificações, é negociações preliminares.

Apenas ressalve-se que, com essas breves considerações, não se tem a intenção – ao menos em princípio – de abandonar por completo a visão mais tradicional que compreende de maneira estanque essas "fases" existentes antes da relação contratual. O propósito, aqui, é tão somente levantar para reflexão se, em dias atuais, esse momento "pré-contratual" [95] não deve ser enxergado de uma perspectiva dinâmica, em que a boa-fé atuará como instrumento regulador para a caracterização da ruptura ilegítima durante as referidas negociações.

Em princípio, enquanto estiver em andamento a fase de negociações preliminares e, portanto, não havendo nenhuma relação contratual entre as partes envolvidas, nenhuma responsabilidade poderá advir, até porque inexistente, nesse momento, qualquer convenção. O *consentimento* das partes nas negociações preliminares diz respeito, em um primeiro momento, exclusivamente à *vontade de dar início a uma negociação* que, no futuro, poderá gerar o contrato.[96]

Nas negociações preliminares, como visto, as partes envolvidas mantêm, entre si,

---

[95] Aqui empregado em sentido amplo.

[96] Carlyle Popp identifica os seguintes requisitos inerentes ao *consentimento* às negociações: "*a)* duas declarações de vontades convergentes, com identidade de conteúdo, ou seja, iniciar tratativas negociais; *b)* conhecimento de cada parte da externação volitiva da outra; *c)* integração das vontades com relação a idêntico objeto de negociações; *d)* interdependências das declarações, de tal sorte a ficar perfeitamente claro os anseios de cada parte; e *e)* consciência dos efeitos jurídicos do início das tratativas e das responsabilidades que aumentarão à medida em que elas evoluam" (POPP, Carlyle. *Responsabilidade civil pré-negocial*: o rompimento das tratativas. 6. reimpressão. Curitiba: Juruá, 2011, pp. 222/223 – grifo do original).

CAPÍTULO 3 - A FORMAÇÃO DOS CONTRATOS, A AUTONOMIA...

(...) conversas prévias, sondagens, debates em que despontam os interesses de cada um, tendo em vista o contrato futuro. Mesmo quando surge um *projeto* ou *minuta*, ainda assim não há vinculação das pessoas. Não raro, nos negócios que envolvem interesses complexos, entabula uma pessoa conversações com diversas outras, e somente se encaminha a contratação com aquela que melhores condições oferece. Enquanto se mantiverem tais, as conversações preliminares não obrigam. Há uma distinção bastante precisa entre esta fase, que ainda não é contratual, e a seguinte, em que já existe algo preciso e obrigatório.[97]

Sobre os atos preparatórios que podem existir em uma negociação – minutas, acordos parciais e outros documentos correlatos –, é de extrema importância identificar a correlação feita pela doutrina entre a fase de negociações preliminares e essas figuras jurídicas que podem surgir no curso das tratativas.

Em primeiro lugar, é preciso esclarecer que, tomando-se por base o princípio da autonomia privada e o princípio da liberdade das convenções, inexiste, na visão do presente estudo, uma situação fechada para as hipóteses de documentos que possam ser caracterizados como atos preparatórios de uma negociação[98], pois, sendo as negociações preliminares uma situação de

---

[97] PEREIRA, Caio Mário da Silva. *Instituições de direito civil*: contratos. 12ª ed. vol. III. Rio de Janeiro: Forense, 2007, p. 37.

[98] Para Carlyle Popp, esses documentos, cuja finalidade seria sacramentar os itens da negociação já superados pelas partes, podem representar: (i) regras que orientam negociações em andamento; (ii) acordos parciais; (iii) identificação da responsabilidade pelas despesas contraídas e a contrair durante as negociações; (iv) direito de exclusividade com relação à negociação em curso; (v) estipulação de prazo para o andamento das negociações; (vi) acordos de confidencialidade; (vii) divisão das obrigações em partes; (viii) estipulação da possibilidade de execução antecipada do negócio a ser firmado; e (ix) acordos parciais com a eficácia jurídica submetida a termo ou condição suspensiva (POPP, Carlyle. *Responsabilidade civil pré-negocial*: o rompimento das tratativas. Curitiba: Juruá, 2011, p. 249 e ss.). Zanetti, ao invés de limitar muitas dessas figuras a atos meramente preparatórios, coloca-as como verdadeiras espécies contratuais inseridas no processo de formação de outros contratos. Assim, identifica alguns desses documentos como: (i) *contratos preparatórios* [(i.1.) contrato de princípio; (i.2.) contrato de preferência; (i.3.) contrato

fato consubstanciada na vontade das partes de superar eventuais diferenças entre os interesses envolvidos para a celebração de um contrato no futuro, não haveria como se delimitar com precisão o campo de abrangência desses atos que, evidentemente, deverão respeitar, sempre, a ordem pública e os princípios da ordem jurídica em que estão inseridos.

Destaque-se que, estando os atos preparatórios compreendidos nas negociações preliminares, a realização destes se dá sem o caráter vinculativo de um contrato, produzindo efeitos "inferiores aos das relações que preparam".[99]

Exceção feita à *proposta* e ao *contrato preliminar*, os variados instrumentos atualmente celebrados entre o período de tratativas até a formação do contrato não possuem regime típico estabelecido pelo Código Civil, encontrando amparo, quanto à legalidade, no art. 425 desse diploma legal.[100]

3.1.1.1 Proposta/oferta

O Código Civil é claro ao estipular que a proposta de contrato tem *força* para obrigar o proponente, se o contrário não resultar de seus termos, da natureza do negócio, ou das circunstâncias do caso.[101] Se contiver os requisitos essenciais ao contrato, a oferta ao público equivalerá, sob o ponto de vista jurídico, à proposta.[102]

Em razão dessa *força* da proposta, Antonio Junqueira de Azevedo considera que, no caso de haver proposta por parte do sujeito, a suposta

---

quadro]; (ii) *contratos temporários*; e (iii) *contratos parciais* (ZANETTI, Cristiano de Sousa. *Responsabilidade pela ruptura das negociações*. São Paulo: Juarez de Oliveira, 2005, p. 18 e ss.). Não obstante a nomenclatura utilizada, o autor chega a evidenciar a inexistência de caráter vinculativo às partes que celebram, por exemplo, os contratos parciais, mantendo-se, por assim dizer, o caráter *preparatório dessas figuras* (ZANETTI, Cristiano de Sousa. *Responsabilidade pela ruptura das negociações*. São Paulo: Juarez de Oliveira, 2005, p. 23).

[99] BESSONE, Darcy. *Do contrato:* teoria geral. 4ª ed. São Paulo: Saraiva, 1997, p. 51.

[100] O art. 425 dispõe: "É lícito às partes estipular contratos atípicos, observadas as normas gerais fixadas neste Código".

[101] Art. 427 do Código Civil.

[102] Art. 429 do Código Civil.

CAPÍTULO 3 - A FORMAÇÃO DOS CONTRATOS, A AUTONOMIA...

relação jurídica já entra no campo da responsabilidade contratual. Assim, mesmo estando localizada na fase pré-contratual, as controvérsias surgidas em razão dela seriam de responsabilidade negocial. O autor fundamenta sua assertiva no fato de os atos unilaterais terem o poder de criar obrigações – tanto é assim que, de acordo com o regime previsto pelo Código Civil, se houver a revogação da oferta antes da aceitação, o inadimplemento do proponente pode resultar em perdas e danos relativos ao interesse negativo. Agora, se há a revogação da proposta feita a prazo ou com cláusula de irrevogabilidade, "o oblato terá direito às perdas e danos do interesse positivo".[103]

A responsabilidade civil pré-contratual localiza-se em um contexto mais amplo do que a mera necessidade de, no âmbito das tratativas, as partes negociantes retirarem de cena os óbices – materiais e jurídicos – para a validade do negócio que pretendem realizar, bem como a proteção contra o rompimento injustificado das tratativas. A responsabilidade pré-contratual decorre da transgressão, ocorrida no período anterior à realização do negócio jurídico, a qualquer um dos deveres anexos decorrentes da boa-fé objetiva. Esse momento não deve, todavia, ser confundido com o momento em que já existe um negócio jurídico, como o pré-contrato ou a proposta. A responsabilidade pré-contratual, segundo Karina Nunes Fritz, não se verificaria nesses dois momentos, posição com a qual o presente trabalho se identifica, pois, quando há pré-contrato, as partes já se encontram no campo da responsabilidade negocial e não na pré-negocial, uma vez que, como dito, o pré-contrato é negócio jurídico. Da mesma forma, a proposta constitui também modalidade de negócio jurídico – receptício –, já tendo sido ultrapassada, portanto, a fase das tratativas.[104]

Karina Nunes Fritz ressalta que o momento da "proposta" e o da "negociação" são distintos. Embora ambos integrem o processo de formação

---

[103] AZEVEDO, Antonio Junqueira de. "Responsabilidade pré-contratual no código de defesa do consumidor: estudo comparativo com a responsabilidade pré-contratual no direito comum". *Revista dos Tribunais Online* – Thomson Reuters. DTR\1996\162, pp. 5/6. Disponível em http://www.revistadostribunais.com.br. Acesso em 10 jul. 2012.

[104] "A responsabilidade pré-contratual por ruptura injustificada das negociações". *Revista dos Tribunais Online*. Thomson Reuters. DTR\2009\330, pp. 1-3. Disponível em http://www.revistadostribunais.com.br. Acesso em 10 jul. 2012.

dos contratos, a abrangência da "negociação" vai desde o contato inicial estabelecido entre as partes até a proposta; após esse acontecimento, outra realidade jurídica se forma, e as partes têm de decidir pela "aceitação" ou não, objetivando a conclusão do negócio.[105]

Conforme mencionado anteriormente, não se entende, com isso, que seria impossível falar em tratativas após a realização da proposta. Se, após a proposta, outras considerações vierem da contraparte para esclarecer aspectos do pretenso negócio a ser realizado, nada impedirá que as partes recuem novamente para novas delimitações do alcance da negociação. Essa perspectiva apenas reforça tudo o que até agora foi afirmado a respeito da relação obrigacional. A obrigação, como dito, deve ser enxergada de uma perspectiva dinâmica, assim como o seu processo de gênese.

É claro, todavia, que, se nas negociações tem-se uma série de discussões acerca da realização ou não de determinado negócio jurídico e a vontade das partes se circunscreve ao *querer negociar*, na proposta, por sua vez, tem-se um negócio jurídico unilateral em que as discussões verificadas nas negociações preliminares não têm mais pertinência, e a vontade das partes passa a ser o *querer (ou não) contratar naquelas condições*.

Além do fato de, ao contrário das negociações preliminares, a proposta ser uma espécie de negócio jurídico, Antônio Chaves identifica alguns outros elementos objetivos para diferenciar as primeiras da segunda. Enquanto a proposta constitui um elemento de formação do contrato, as negociações preliminares jamais figurariam como um ato ou etapa de constituição do contrato. A proposta existe por si só, isto é, ainda que não haja aceitação, a proposta formalizada gera, ato contínuo, no mundo do direito, os efeitos jurídicos decorrentes de sua existência, ou seja, tornar possível o contrato. O mesmo não acontece com as negociações preliminares.[106] Por fim, o autor acentua que, enquanto no período de

---

[105] "A responsabilidade pré-contratual por ruptura injustificada das negociações". *Revista dos Tribunais Online*. Thomson Reuters. DTR\2009\330, pp. 3. Disponível em http://www.revistadostribunais.com.br. Acesso em 10 jul. 2012.

[106] No tocante às negociações preliminares, só há que se falar em efeitos jurídicos delas decorrentes, justamente no caso do surgimento de eventual responsabilização por eventuais danos sofridos por uma das partes envolvidas. Não se pode concluir, com

CAPÍTULO 3 - A FORMAÇÃO DOS CONTRATOS, A AUTONOMIA...

tratativas não há a obrigatoriedade de se apresentar todas as informações do negócio a ser celebrado, a proposta dever ser completa, contemplando, assim, todos os aspectos principais que estarão contidos no contrato a ser celebrado.[107]

Outra diferenciação importante a ser feita é entre a proposta/oferta e o convite a contratar. Essa distinção tem especial relevância no campo do Direito do Consumidor. Em parecer sobre o tema da oferta contratual mediante anúncios publicitários, Nelson Nery Junior faz interessante análise sobre a matéria. Inicialmente, o parecerista traça importante distinção que se deve fazer, no campo da autonomia privada, diferenciando o mercado real do mercado regulado pelo Direito. Ressalta, também, o caráter dinâmico da autonomia privada, cuja extensão do conteúdo deve ser verificada em razão do campo do Direito em que ela, a autonomia privada, apresenta-se. Ao exemplificar, Nelson Nery Junior[108] compara a atuação da autonomia privada no Direito Obrigacional e no Direito Sucessório, cuja

> (...) possibilidade [no caso do Direito Obrigacional] de se pactuarem espécies contratuais atípicas (CC 425) mostra uma gama de virtualidades aplicativas do instrumento negocial muito maior do que no campo sucessório, em que, além da proibição de se contratar herança (CC 426), existe uma tipicidade fechada de negócios sucessórios, admitindo-se basicamente o legado e o testamento.

No tocante ao mérito do exercício da autonomia privada no campo das relações de consumo, Nelson Nery Junior assevera que a proposta de contrato não deve ser confundida com o oferecimento de produto ou serviço ao consumidor. A mera proposta de contrato depende, para conclusão do

---

isso, pela existência de um efeito jurídico "próprio", pois, na realidade, o que se observa é o surgimento de um efeito jurídico decorrente da *violação* de um direito.
[107] CHAVES, Antônio. *Responsabilidade pré-contratual*. 2ª ed. São Paulo: Lejus, 1997, pp. 65/66.
[108] "Oferta contratual mediante anúncios publicitários". *Revista dos Tribunais Online – Thomson Reuters*. DTR\2012\531, p. 5. Disponível em: http://www.revistadostribunais.com.br>. 10 jul. 2012.

negócio, de ato positivo de declaração de vontade. Nesse sentido, o parecerista sustenta que a disciplina legal do Código de Defesa do Consumidor – Lei Federal n. 8.078, de 11 de setembro de 1990 –, no sentido de que é ilegal o oferecimento de produto ou serviço ao consumidor sem que haja a solicitação deste, não se aplica, por exemplo, à hipótese do envio do cartão de crédito, pois, aqui, o que se oferece não é o produto, mas o contrato para aquisição do serviço. Para ele, essa atuação estaria a respeitar os ditames da liberdade de empresa, garantida pela Constituição Federal, no art. 170.[109]

Considerada a posição defendida por Enzo Roppo, o convite a contratar não se reveste daqueles elementos essenciais que, necessariamente, devem estar presentes na proposta, como o preço, por exemplo. Em razão desse fato, a mera aceitação da contraparte não gera a conclusão do contrato. No caso de haver interesse na contratação por aquele que recebeu o convite, caberia a quem convidou aceitar ou não formar o vínculo contratual.[110]

A dificuldade dessa diferenciação nos dias de hoje tem-se mostrado bastante relevante nos chamados contratos eletrônicos feitos pela *internet*. Guilherme Magalhães Martins, em artigo sobre o tema, expõe que, diverso do que ocorre no Direito francês – em boa medida acompanhado pelo Direito Civil brasileiro –, no Direito anglo-saxão há um alargamento do campo de atuação do fornecedor com a consideração de que os anúncios e os catálogos de produtos feitos pela rede mundial de computadores não representaria hipótese jurídica de *oferta*, mas tão somente um *convite a contratar*.[111] Com o Código de Defesa do Consumidor, Marcelo Leal de Lima Oliveira entende ter ficado claro que o *convite a contratar* ficou restrito "apenas àquele tipo de publicidade que apenas anuncia a existência de

---

[109] NERY Junior, Nelson. "Oferta contratual mediante anúncios publicitários". *Revista dos Tribunais Online – Thomson Reuters*. DTR\2012\531, p. 6. Disponível em http://www.revistadostribunais.com.br. Acesso em 10 jul. 2012.
[110] *O contrato*. Coimbra: Almedina, 2009, p. 81.
[111] MARTINS, Guilherme Magalhães. "Contratos eletrônicos via internet: problemas relativos à sua formação e execução". *Revista dos Tribunais Online – Thomson Reuters*. DTR\2000\304, pp. 5/6. Disponível em http://www.revistadostribunais.com.br. Acesso em 10 jul. 2012.

CAPÍTULO 3 - A FORMAÇÃO DOS CONTRATOS, A AUTONOMIA...

determinado produto em determinado estabelecimento comercial"[112], fazendo a ressalva, todavia, que o fornecedor se obriga quanto às especificações e detalhamentos que porventura indicar a respeito do produto objeto do anúncio.

No contexto apresentado, a oferta, para Nelson Nery Junior, seria "o negócio jurídico mediante o qual o ofertante declara, mais ou menos solenemente, a intenção de contrair um vínculo em sentido jurídico, bem como os termos em que o pretende fazer".[113] Trata-se, repise-se, de negócio jurídico unilateral receptício, já que permite a atuação de outro sujeito para integrar o negócio jurídico. Daí se afirmar que a oferta/proposta figuram como negócio jurídico cuja eficácia é mais reduzida do que outros negócios unilaterais, já que seu objetivo consiste somente em fixar as condições para a celebração de outro negócio jurídico, o qual, inclusive, dependerá da declaração de vontade positiva de outrem.

Na contraposição entre a *oferta/proposta* e as *negociações preliminares*, entende-se que a peculiaridade mais relevante presente na oferta e na proposta seja o fato de elas constituírem elemento de formação do contrato. O contrato, como acordo vinculativo consubstanciado no agrupamento de duas ou mais declarações de vontade, *existe* justamente por ter, de um lado, a oferta ou a proposta (primeira declaração de vontade) e, de outro, a aceitação (segunda declaração de vontade). Essa circunstância é tão importante que João de Matos Antunes Varela chega a colocá-la na própria conceituação de contrato, ao asseverar: "Diz-se *contrato* o *acordo vinculativo, assente sobre duas ou mais declarações de vontade* (*oferta* ou *proposta*, de um lado; aceitação, do outro), *contrapostas mas perfeitamente harmonizáveis entre si, que visam estabelecer uma composição unitária de interesses*" [114] (grifo do original).

---

[112] OLIVEIRA, Marcelo Leal de Lima. "A aurora na formação dos contratos: a oferta e a aceitação do clássico ao pós-moderno". *Revista dos Tribunais Online – Thomson Reuters*. DTR\2003\380, p. 13. Disponível em http://www.revistadostribunais.com.br. Acesso em 10 jul. 2012.

[113] NERY Junior, Nelson. "Oferta contratual mediante anúncios publicitários". *Revista dos Tribunais Online – Thomson Reuters*. DTR\2012\531, p. 9. Disponível em http://www.revistadostribunais.com.br. Acesso em 10 jul. 2012.

[114] ANTUNES VARELA, João de Matos. *Das obrigações em geral*. 10ª ed. vol. I. Coimbra: Almedina, 2011, p. 212.

Assim, enquanto a oferta/proposta, juntamente com a aceitação, integram as duas faces do consenso, e geram, por assim dizer, a conclusão do contrato, as negociações preliminares apenas integram o ambiente anterior à conclusão do contrato, e as manifestações de vontade das partes durante esse período denotam a intenção de negociar e não, necessariamente, de contratar.

3.1.1.2 Contrato preliminar

O contrato preliminar é disciplinado pelo Código Civil, nos arts. 462 a 466. Como se trata de um negócio jurídico bilateral perfeito e acabado, naturalmente esse contrato se situa para além da fase de negociações preliminares.

A disciplina legal do instituto conduz o intérprete facilmente a essa conclusão. Em primeiro lugar, o Código Civil de 2002 dispõe que o contrato preliminar já deve conter todos os requisitos essenciais do contrato definitivo a ser celebrado.[115] Em segundo, caso não haja cláusula de arrependimento expressa, a parte pode exigir a celebração do contrato definitivo, sendo conferido ao juiz, a depender da natureza da obrigação, o poder de atribuir caráter definitivo ao contrato preliminar.[116] Por derradeiro, some-se a esses elementos o fato de que, no caso de não execução do contrato pelo estipulante, a parte lesada tem o direito de requerer perdas e danos pelo inadimplemento da contraparte.[117]

O *objeto* do contrato preliminar é a "celebração futura de um novo contrato".[118] A obrigatoriedade imposta pela lei civil, no sentido de que o contrato preliminar deva conter todos os requisitos essenciais do contrato definitivo a ser celebrado, pode conduzir à falsa sensação de que existe uma

---

[115] Art. 462 do Código Civil.
[116] Arts. 463 e 464 do Código Civil.
[117] Art. 465 do Código Civil.
[118] AZEVEDO, Antonio Junqueira de. (Parecer) "Contrato preliminar. Distinção entre eficácia forte e fraca para fins de execução específica da obrigação de celebrar o contrato definitivo. Estipulação de multa penitencial que confirma a impossibilidade de execução específica". *Novos estudos e pareceres de direito privado*. 2ª tiragem. São Paulo: Saraiva, 2010, p. 253.

CAPÍTULO 3 - A FORMAÇÃO DOS CONTRATOS, A AUTONOMIA...

correlação entre o quanto previsto pelo art. 462 do Código Civil e a necessidade de ser possível a execução específica do contrato.

Ao acenar para a obrigatoriedade de estarem presentes os requisitos essenciais do contrato definitivo que se pretende realizar, o art. 462 do Código Civil está a indicar tão somente que deverão fazer-se presentes os elementos que permitam ao intérprete concluir pela existência do negócio jurídico. Antonio Junqueira de Azevedo explica que o contrato preliminar não é um tipo de contrato que deva possuir, necessariamente, um conteúdo definido. Na realidade, haveria uma espécie de *gradação* a ser examinada com base no conteúdo do contrato preliminar, especialmente no que toca à sua capacidade de gerar a execução específica do contrato ou, apenas, a resolução com perdas e danos em favor da parte prejudicada. Ao explicar seu raciocínio, Antonio Junqueira de Azevedo resgata a teoria da tripartição dos efeitos do negócio jurídico: os *essentialia negotii* (elementos indispensáveis para a existência de dado negócio jurídico, inafastáveis pela simples vontade das partes); os *naturalia negotii* (elementos que, apesar de não afetarem diretamente a existência do tipo negocial a ser celebrado, integram a natureza do negócio); e os *accidentalia negotii* (elementos que não derivam da natureza do negócio nem são necessários para que o negócio exista). Nesse sentido, os requisitos essenciais do art. 462 do Código Civil de 2002 correspondem "aos elementos essenciais e às exigências legais sobre eles (os requisitos propriamente)". O exemplo utilizado pelo autor é o do contrato preliminar de compra e venda, em que seriam requisitos essenciais o acordo atinente à coisa e ao preço.[119]

Antonio Junqueira de Azevedo afirma que somente com base nos elementos presentes no contrato preliminar – isto é, de acordo com o caso concreto –, é possível se concluir pela possibilidade de execução específica ou não do contrato. O autor retoma a ideia de *gradação* do contrato preliminar e a capacidade de predeterminação do conteúdo do contrato definitivo. Quanto maior a capacidade de se predeterminar o conteúdo do contrato

---

[119] (Parecer) "Contrato preliminar. Distinção entre eficácia forte e fraca para fins de execução específica da obrigação de celebrar o contrato definitivo. Estipulação de multa penitencial que confirma a impossibilidade de execução específica". *Novos estudos e pareceres de direito privado*. 2ª tiragem. São Paulo: Saraiva, 2010, pp. 257/258.

definitivo, mais intensas serão as obrigações assumidas pelas partes contratantes. A mera identificação dos *essentialia negotii* não autoriza a conclusão de que a execução específica é possível.[120]

É possível um grau mínimo de predeterminação do contrato definitivo, se as partes contratantes apenas estipularem no contrato preliminar aspectos elementares para dar validade ao negócio, deixando para um segundo momento todo o regramento atinente a aspectos que, apesar de acessórios, não poderão deixar de ter uma definição para conclusão do contrato definitivo. Em negócios jurídicos que envolvam operações econômicas complexas, é bastante frequente a celebração de contratos preliminares que, muito embora tenham sido concluídos de maneira válida, dependam de um processo de integração posterior para se chegar ao conteúdo do contrato definitivo. Apesar da validade do instrumento, inexistindo a conclusão satisfatória desse processo de integração, estará "inviabilizada a execução direta do contrato definitivo".[121]

Alcides Tomasetti Junior identifica os referidos graus de predeterminação em três níveis distintos, classificados conforme o grau de *completude* do contrato preliminar. Para o autor, todo contrato preliminar tem uma espécie de programa cuja finalidade é estabilizar e fixar as regras do contrato definitivo. O programa varia de acordo com o grau de prefixação desse regramento definitivo; poderá ser *completo*, nas circunstâncias em que todo o conteúdo do contrato definitivo já estiver estabelecido. Para exemplificar esse grau mais completo, Alcides Tomasetti Junior cita o contrato preliminar consubstanciado em instrumento particular celebrado entre três coproprietários de determinado imóvel, em que dois dos condôminos prometem outorgar a quota-parte que lhes pertence ao terceiro

---

[120] (Parecer) "Contrato preliminar. Distinção entre eficácia forte e fraca para fins de execução específica da obrigação de celebrar o contrato definitivo. Estipulação de multa penitencial que confirma a impossibilidade de execução específica". *Novos estudos e pareceres de direito privado*. 2ª tiragem. São Paulo: Saraiva, 2010, p. 258.

[121] AZEVEDO, Antonio Junqueira de. (Parecer) "Contrato preliminar. Distinção entre eficácia forte e fraca para fins de execução específica da obrigação de celebrar o contrato definitivo. Estipulação de multa penitencial que confirma a impossibilidade de execução específica". *Novos estudos e pareceres de direito privado*. 2ª tiragem. São Paulo: Saraiva, 2010, p. 257.

CAPÍTULO 3 - A FORMAÇÃO DOS CONTRATOS, A AUTONOMIA...

condômino em troca da renúncia da herança a que teria direito junto com os outros dois condôminos. Nesse exemplo, uma vez já delimitado com exatidão e de maneira plena o conteúdo do contrato definitivo – que seria a escritura definitiva da aludida permuta –, apenas seria aguardado o término do inventário para a sua realização. O autor afirma que esse programa poderá, ainda, ser *médio*, sempre que faltar no contrato preliminar algum aspecto residual que não implique a necessidade de uma declaração que inove o interesse de qualquer das partes. Por fim, esse programa poderá conter apenas elementos *mínimos*, com o diferimento do regramento de muitos dos aspectos não essenciais do contrato para momento posterior.[122]

Independentemente dessa gradação, deve ter-se em mente que, no caso de haver convenção entre as partes no sentido de ambas – ou, ao menos, uma delas [123] – assumir o compromisso de celebrar, em outro momento, um dado contrato que, por força das circunstâncias, não pode ou não convém ser celebrado naquela ocasião, ter-se-á o contrato preliminar.

---

[122] TOMASETTI Junior, Alcides. *Execução do contrato preliminar*. (1982) 311 f. Tese (Doutorado em Direito Civil) – Faculdade de Direito da Universidade de São Paulo, 1982, pp. 22-24.

[123] Discute-se, na doutrina, se o contrato preliminar pode ser unilateral ou bilateral. Para aqueles que entendem existir essas duas modalidades de contrato preliminar – por exemplo, NADER, Paulo. *Curso de direito civil*: contratos. Rio de Janeiro: Forense, 2005. vol. 3, p. 157; GOMES, Orlando. *Contratos*. 25ª ed. Rio de Janeiro: Forense, 2002, p. 138; BASSO, Maristela. *Contratos internacionais do comércio*: negociação, conclusão, prática. 2ª ed. Porto Alegre: Livraria do Advogado Editora, 1998, p. 268; LOBO, Carlos Augusto da Silveira. "Contrato preliminar". *In:* TEPEDINO, Gustavo; FACHIN, Luiz Edson. *O direito e o tempo*: embates jurídicos e utopias contemporâneas. Rio de Janeiro: Renovar, 2008, p. 314 – a diferença residiria no fato de no contrato preliminar unilateral a formação do contrato definitivo só depender da manifestação de vontade posterior de uma das partes, pois a outra parte já manifesta, no contrato preliminar, a vontade com relação ao contrato definitivo. Nesse sentido, a promessa unilateral seria considerada uma modalidade de contrato preliminar. Alguns, entretanto, divergem dessa posição, afirmando que a promessa unilateral não configura modalidade de contrato preliminar – é o caso, por exemplo, de VENOSA, Silvio de Salvo. *Direito civil*: teoria geral das obrigações e teoria geral dos contratos. 14ª ed. São Paulo: Atlas, 2014, p. 466. Sobre as modalidades de contrato preliminar, veja-se ALEM, Fabio Pedro. *Contrato preliminar*: eficácia nos negócios jurídicos complexos. (2009) 197 p. Dissertação (Mestrado) – Faculdade de Direito da Pontifícia Universidade Católica de São Paulo, 2009, pp. 80-84.

Conforme mencionado linhas atrás, o contrato preliminar tem como objeto a celebração do contrato definitivo; por isso, pelo contrato preliminar não há a constituição ou a transferência do direito – o que ocorrerá com o contrato definitivo –, mas apenas cria-se uma obrigação de fazer consubstanciada na celebração do contrato definitivo, sendo somente esse, portanto, o direito em jogo.[124] Essa é, aliás, a diferença substancial existente entre o contrato preliminar e o contrato definitivo, pois, enquanto naquele o objeto é uma obrigação de fazer adjetiva – celebrar o contrato principal –, neste o objeto será, sempre, uma prestação substantiva com o fim de adquirir, resguardar, transmitir, modificar ou extinguir um direito.

O chamado contrato preliminar não está inserido nas negociações preliminares; isso porque, o contrato preliminar constitui efetivamente um contrato pronto e acabado. Vale reiterar: nas negociações preliminares as partes ainda não têm por definitivo o programa contratual que pretendem celebrar, não sabendo nem ao menos, aliás, se "efetivamente chegarão a pactuar".[125]

Em síntese, não se deve confundir os documentos eventualmente criados pelas partes – quer de maneira unilateral, quer de maneira bilateral – com o intuito de identificar com precisão os avanços ocorridos no curso das tratativas[126], com o contrato preliminar. Ao contrário do que ocorre com os atos preparatórios identificados linhas atrás, no contrato preliminar, expõe Enzo Roppo[127], "as partes não se obrigam simplesmente a prosseguir nas negociações (permanecendo firmes os eventuais acordos já alcançados), mas obrigam-se, sem mais, a concluir um contrato com um certo conteúdo" já definido.

---

[124] BUENO, Sérgio de Godoy. "Contrato preliminar". *Revista dos Tribunais Online – Thomson Reuters*. DTR\2012\2520, p. 3. Disponível em http://www.revistadostribunais.com.br. Acesso em jul. 2012.

[125] POPP, Carlyle. *Responsabilidade civil pré-negocial*: o rompimento das tratativas. 6. reimpressão. Curitiba: Juruá, 2011, p. 235.

[126] Esse processo de tratativas, envolvendo a elaboração de minutas, acordos parciais etc., é conhecido como formação progressiva do contrato. A esse respeito, veja-se DEPERON, Mariana Pazianotto. *Responsabilidade civil pela ruptura ilegítima das tratativas*. Curitiba: Juruá, 2009, p. 113 ss.; e POPP, Carlyle. *Responsabilidade civil pré-negocial*: o rompimento das tratativas. 6. reimpressão. Curitiba: Juruá, 2011, pp. 241/242.

[127] ROPPO, Enzo. *O contrato*. Coimbra: Almedina, 2009, p. 102.

CAPÍTULO 3 - A FORMAÇÃO DOS CONTRATOS, A AUTONOMIA...

3.1.1.3 Minutas

As tratativas são, por vezes, reduzidas a termo para externar aspectos da negociação considerados relevantes para a evolução das tratativas, sem, contudo, representar o consentimento das partes envolvidas com o contrato definitivo.

As minutas, assim como as negociações preliminares, não têm o condão de vincular as partes. No processo de formação dos contratos, as minutas se situam no contexto das próprias tratativas. O que diferencia a minuta do instrumento contratual definitivo é que, por ela, ainda que todos os elementos do negócio a ser celebrado já estejam contemplados, não há manifestação expressa da vontade das partes no sentido de consentir com a avença. Está-se, portanto, no âmbito pré-contratual.

A minuta é um documento escrito que, em geral, apresenta todos os elementos necessários para a formação do contrato – definitivo –, mas que não pode ser assim considerado exclusivamente pelo fato de faltar o expresso consentimento das partes, o que se daria pela mera assinatura do documento.

Por estarem situadas no momento de tratativas, apesar de não serem vinculantes, as minutas podem, a depender do caso concreto, indicar o grau de evolução das negociações preliminares. Esse grau deverá ser utilizado para apuração da motivação externada pela parte para não concluir o contrato. Como a minuta já representa uma espécie do modelo do contrato final que se pretende firmar, sua existência denota, em geral, um estágio avançado das negociações. A minuta difere, nesse contexto, das chamadas *cartas de intenção* por já indicarem uma intenção mais concreta de realização do negócio jurídico. A esse respeito, Rodrigo Bernardes Braga[128] expõe o que se segue:

> Vale lembrar que as minutas diferem das cartas de intenção por reunir alguns pontos essenciais do contrato, sobre os quais as

---

[128] "Noções gerais sobre as cartas ou protocolos de intenção". *Revista dos Tribunais Online – Thomson Reuters.* DTR\2006\458, p. 4. Disponível em http://www.revistadostribunais.com.br. Acesso em 12 jul. 2012.

partes já se mostraram concordes, tanto assim que minutaram o ajuste, em fase de formação. Aqui, existe uma intenção concreta de se firmar o negócio jurídico, que fica apenas na dependência de acertos e detalhes muitas vezes ligados a questões periféricas, tais como cláusulas penais, limitação de responsabilidades etc., ao passo que na carta de intenção as partes estão, teoricamente, longe do contrato principal. Estão, em verdade, na fase de estudos e análises prévias para decidirem sobre a conveniência ou não do negócio.

Com a minuta, as partes deixam o estágio inicial de negociações preliminares e, apesar de ainda não existir a obrigação de celebrar o contrato definitivo, para que este se aperfeiçoe basta que as partes cheguem a um consenso com relação aos pontos em aberto presentes na minuta.[129]

3.1.1.4 Cartas de intenções, acordos de não divulgação e confidencialidade, termos capitais de acordo, memorandos de entendimentos, contratos-tipo e figuras afins

A grande dificuldade apontada pela doutrina na análise de alguns documentos – cartas de intenção, acordos de não divulgação e confidencialidade, termos capitais de acordo, memorandos de entendimentos, contratos-tipo e figuras afins –, que identificaremos genericamente como *acordos preliminares*, é verificar, no momento de sua celebração, se as partes estão diante de uma espécie de contrato preliminar ou se estão apenas diante de um acordo feito ainda no ambiente das negociações preliminares.

O nome dado ao documento, logicamente, não é suficiente para a superação dessa dúvida. O ponto-chave está em analisar, de acordo com o caso concreto, se se está diante do estabelecimento de uma obrigação de celebrar outro contrato, dito definitivo, ou se o acordo celebrado tem por

---

[129] A esse respeito, veja-se POPP, Carlyle. *Responsabilidade civil pré-negocial*: o rompimento das tratativas. 6. reimpressão. Curitiba: Juruá, 2011, pp. 245/246. Veja-se, também, voto do Ministro Moreira Alves no julgamento do RE 88.716-RJ (RTJ 92-250-309).

CAPÍTULO 3 - A FORMAÇÃO DOS CONTRATOS, A AUTONOMIA...

objetivo apenas sedimentar algum aspecto relevante para continuidade das negociações que, ao final, podem ou não resultar na conclusão do contrato. Na primeira hipótese, estar-se-á diante de um contrato preliminar e, na segunda, será o caso de acordo preliminar.

Em linhas gerais, portanto, os acordos preliminares têm o condão de evidenciar o grau de desenvolvimento das negociações preliminares e não obrigam a celebração de contrato futuro[130]; servem, assim, "para clarificar as relações negociais e pontificar os avanços ocorridos".[131]

Sobre o conteúdo desses instrumentos, Marcos Alberto Sant'Anna Bitelli[132] esclarece:

> Esses instrumentos são utilizados para pavimentar o caminho para o atingimento de um "contrato". Como tais, cumpre verificar que alguns poderiam ser considerados como pré-contratos – dependendo de seus termos e condições e outros nem mesmo como pré-contratos em relação ao contrato definitivo, mas ainda assim acordos em si mesmos, com efeitos contratuais quanto ao seu objeto. Em outras palavras, a dogmática contratual brasileira há que considerar que existem acordos nas fases das negociações preliminares a um contrato definitivo, que não são pré-contratos, mas, que em relação ao seu objeto, são contratos em si mesmos. Isso significa que na fase negocial é possível, portanto que existam contratos ou acordos (no Brasil entendo que todos seriam contratos em relação a si mesmos considerados) que não necessariamente conduzam à constituição de um acordo de contratar (pré-

---

[130] ALEM, Fabio Pedro. *Contrato preliminar: eficácia nos negócios jurídicos complexos*. (2009) 197 p. Dissertação (Mestrado) – Faculdade de Direito da Pontifícia Universidade Católica de São Paulo, 2009, p. 101.

[131] POPP, Carlyle. *Responsabilidade civil pré-negocial*: o rompimento das tratativas. 6. reimpressão. Curitiba: Juruá, 2011, p. 247.

[132] "O acordo de não divulgação (NDA) e a questão do rompimento das negociações". *Revista dos Tribunais Online – Thomson Reuters*. DTR\2012\450521, p. 3. Disponível em http://www.revistadostribunais.com.br. Acesso em 12 jul. 2012.

contrato), mas que de alguma forma constroem o *iter* ao "contrato" e devem ser considerados para fins de avaliação das responsabilidades pré-contratuais das partes.

A diferenciação entre os acordos preliminares e o contrato preliminar, portanto, gira basicamente em torno dos efeitos que o contrato firmado pretende produzir. Os acordos preliminares vinculam as partes não com relação à obrigação de celebração de contrato futuro. Seu objeto é, nesse sentido, autônomo, e busca disciplinar uma matéria (ou várias) que as partes reputem como relevante (ou relevantes) para o avanço das tratativas.

Os acordos preliminares também não guardam nenhuma relação com a proposta aqui identificada. A diferença também está nos efeitos produzidos por esses instrumentos, individualmente. No primeiro caso, a parte procura iniciar ou dar continuidade a uma negociação, sob a égide de determinado regramento e, no segundo, busca a propositura do próprio negócio que pretende realizar. Nos acordos preliminares inexiste uma visão completa de todas as circunstâncias do futuro empreendimento, ao passo que na proposta, não. Sobre o conteúdo da carta de intenções, Rodrigo Bernardes Braga[133] diz que ela:

> (...) regulará apenas as expectativas dos interessados, os estudos e análises necessários, os prazos de entrega de documentos, os deveres secundários de conduta, entre outras coisas, perquirindo-se as vantagens e desvantagens do negócio antes de se decidir consumá-lo.

Nesse sentido, mostra-se clara a distinção de que, enquanto os acordos preliminares não vinculam as partes – relativamente à obrigação de celebrar o contrato –, a proposta obriga o proponente.

---

[133] "Noções gerais sobre as cartas ou protocolos de intenção". *Revista dos Tribunais Online – Thomson Reuters*. DTR\2006\458, p. 3. Disponível em http://www.revistadostribunais.com.br. Acesso em 12 jul. 2012.

Maristela Basso define as cartas de intenção como contratos de negociação, em que "as partes procuram, por exemplo, fixar os pontos já acordados, consagrar acordos sobre os elementos essenciais do futuro contrato, fixar o prazo dentro do qual as negociações devem se realizar etc.".[134]

A autora enumera as categorias de cartas de intenção que reputa mais recorrentes no ambiente negocial, conforme Quadro 3.1 a seguir[135]:

Quadro 3.1 – Categorias de cartas de intenções recorrentes no ambiente negocial

Categoria/espécie/ conteúdo da carta de intenções	Objetivos e efeitos
Carta de intenções que baliza negociação em curso	- Em caso de ruptura das tratativas não há que se falar em responsabilização.[383] - Reforça o dever de boa-fé, que deve nortear a negociação.

---

[134] BASSO, Maristela. "As cartas de intenção ou contratos de negociação". *Revista dos Tribunais Online – Thomson Reuters.* DTR\1999\525, p. 1. Disponível em http://www.revistadostribunais.com.br. Acesso em 12 jul. 2012.

[135] BASSO, Maristela. "As cartas de intenção ou contratos de negociação". *Revista dos Tribunais Online – Thomson Reuters.* DTR\1999\525, pp. 2-9. Disponível em http://www.revistadostribunais.com.br. Acesso em 12 jul. 2012.

[283] Conforme será observado adiante, essa afirmação deve ser feita com ressalvas, pois, no caso de abuso do direito, dolo ou qualquer outra figura que possa caracterizar, de acordo com o caso concreto, a prática de um ato ilícito, poderá haver, também, o dever

Categoria/espécie/ conteúdo da carta de intenções	Objetivos e efeitos
Carta de intenções que fixa pontos de consenso entre as partes negociantes	- Busca demonstrar o interesse das partes na continuidade das negociações. - A ruptura, ainda que justificada, pode gerar o dever de reparar os danos consubstanciados nas despesas incorridas pela outra parte durante a negociação. Se injustificada a ruptura, também poderá responder por outros danos como a perda de outras oportunidades de negócio ou o abalo à reputação comercial. - Reforça o dever de boa-fé, que deve nortear a negociação.
Carta de intenções que estabelece a repartição de despesas da negociação	- Acordo que representa obrigação contratual, com o regramento da forma de divisão das despesas incorridas no curso da negociação (com projetos, estudos, pesquisas etc.).
Pacto de exclusividade	- As partes, ou uma delas, assume(m) o compromisso de, no curso das negociações, não negociar(em) paralelamente com terceiros sobre o mesmo objeto. - Reforça o dever de boa-fé, que deve nortear a negociação, em especial os deveres anexos de informar e minimizar prejuízos. - A violação do pacto implica o dever de reparar com base no interesse contratual-negativo.
Carta de intenções que estabelece limite de tempo para a conclusão das negociações preliminares	- Pode estabelecer um cronograma para regulamentar o avanço das negociações ou fixar prazo específico para realização do negócio, como uma condição resolutiva.

---

de reparar eventuais prejuízos sofridos pela parte negociante prejudicada. A própria autora assume esse posicionamento ao afirmar que "Um documento pré-contratual deste teor destina-se a evitar que o contrato definitivo se configure e reforça a exoneração de responsabilidade em caso de recesso das tratativas. Todavia, ainda que tais cláusulas sejam expressamente registradas, a parte que se defrontar com a ruptura abusiva das negociações não encontrará obstáculo em promover ação pelos prejuízos sofridos devido ao comportamento doloso, ou abusivo da outra parte" (BASSO, Maristela. "As cartas de intenção ou contratos de negociação". *Revista dos Tribunais Online – Thomson Reuters.* DTR\1999\525, p. 3. Disponível em http://www.revistadostribunais.com.br. Acesso em 12 jul. 2012).

CAPÍTULO 3 - A FORMAÇÃO DOS CONTRATOS, A AUTONOMIA...

Acordo de confidencialidade e sigilo	- Acordo cujos efeitos se iniciam no curso das negociações e se protraem para o futuro no caso de ruptura das tratativas. - Acordo que representa obrigação contratual, de modo que a sua violação implicará no ressarcimento dos danos com base no interesse contratual positivo.
Carta de intenções que prevê uma prestação que pode ser subdividida em lotes	- Trata-se de acordo definitivo quanto ao primeiro lote, por já conter o acordo completo e o consentimento das partes (vinculativo, portanto), mas que, com relação aos próximos lotes, gera apenas uma manifestação de *interesse*, não representando, nesse sentido, uma obrigação na respectiva aquisição.
Acordo para início de execução de contrato ainda não concluído	- As partes, mesmo antes de concluir o contrato, permitem o início da execução do contrato em negociação. - Em caso de ruptura (justificada ou não), pode ensejar o ressarcimento baseado no interesse contratual negativo e positivo.
Acordo para início de execução de contrato ainda não concluído	- As partes, mesmo antes de concluir o contrato, permitem o início da execução do contrato em negociação. - Em caso de ruptura (justificada ou não), pode ensejar o ressarcimento baseado no interesse contratual negativo e positivo.
Carta de intenções que vincula a eficácia do negócio jurídico a uma condição suspensiva	- Já contempla basicamente todos os elementos do contrato futuro. - Os efeitos decorrentes da eventual ruptura dependerão do exame do caso concreto; contudo, antes da verificação da impossibilidade do implemento da condição, nenhuma das partes poderá optar pelo recesso sem ter que responder pelos prejuízos causados à outra parte com base no interesse contratual negativo.
Carta de intenções que define a responsabilidade pelas despesas conexas à negociação	- Trata-se de obrigação contratual específica que define a quem caberá arcar com despesas indiretamente relacionadas à negociação (passagens aéreas, diárias de hotel, deslocamentos, refeições etc.). - A inexecução do acordo implicará a indenização nos termos do quanto pactuado entre as partes.

Fonte: Elaborado pelo autor com base em BASSO, Maristela. As cartas de intenção ou contratos de negociação. *Revista dos Tribunais Online – Thomson Reuters.* DTR\1999\525, p. 3. Disponível em http://www.revistadostribunais.com.br. Acesso em 12 jul. 2012.

Como é possível observar, em muitos casos está-se diante de efetivos *contratos preparatórios* celebrados no ambiente pré-contratual.

Dentre esses contratos, vale acrescentar, também, a figura do *contrato-quadro*, chamado por Darcy Bessone de *contrato-tipo*.[284] Essa modalidade contratual guarda certa relação com o contrato preliminar, o contrato por adesão e o contrato coletivo, mas com eles não se confunde.

Considera-se contrato-quadro aquele que procura "criar um quadro único para governar o conjunto de relações continuadas entre os contratantes".[285] Com ele, as partes tentam estabelecer as principais regras para reger os contratos que poderão ser celebrados no futuro – ditos contratos de execução. Antonio Junqueira de Azevedo dá como exemplos dessa modalidade de contrato os de assinatura de TV a cabo, em que há estipulação expressa prevendo a possibilidade da compra do *pay-per-view* (contrato de execução) ou, ainda, aqueles em que a pessoa assume a faculdade de comprar os livros mensalmente lançados por uma editora ("clube do livro").[286]

Resta claro, portanto, que a função do contrato-quadro é "definir as cláusulas de sucessivos contratos que serão negociados".[287]

No contrato preliminar as partes se obrigam a celebrar o contrato definitivo, ao passo que no contrato-tipo há, tão somente,

---

[284] BESSONE, Darcy. *Do contrato:* teoria geral. 4ª ed. São Paulo: Saraiva, 1997, pp. 60/61.

[285] AZEVEDO, Antonio Junqueira de. (Parecer) "Contrato-quadro. Impossibilidade superveniente da obrigação de celebração dos contratos de execução (compra e venda) por inexistência de critério consensual para estipulação do preço. Inadmissibilidade de arbitramento judicial do preço. Resolução *ex-nunc* dos Contratos-quadro e restituição do enriquecimento sem causa". *Novos estudos e pareceres de direito privado.* 2ª tiragem. São Paulo: Saraiva, 2010, p. 167.

[286] (Parecer) "Contrato-quadro. Impossibilidade superveniente da obrigação de celebração dos contratos de execução (compra e venda) por inexistência de critério consensual para estipulação do preço. Inadmissibilidade de arbitramento judicial do preço. Resolução *ex-nunc* dos Contratos-quadro e restituição do enriquecimento sem causa". *Novos estudos e pareceres de direito privado.* 2ª tiragem. São Paulo: Saraiva, 2010, p. 168.

[287] ZANETTI, Cristiano de Sousa. *Responsabilidade pela ruptura das negociações.* São Paulo: Juarez de Oliveira, 2005, p. 21.

CAPÍTULO 3 - A FORMAÇÃO DOS CONTRATOS, A AUTONOMIA...

a "pré-determinação do conteúdo de [eventuais] contratos futuros"[288], simplificando, assim, sua conclusão. Conforme afirma Darcy Bessone, "O *contrato-tipo* não é *pactum de contrahendo* (...). É, antes, *pactum de modo contrahendi*, uma vez que preestabelece conteúdo para os contratos que *venham a querer* concluir".[289]

Os contratos-tipo também se diferenciam dos contratos por adesão na medida em que, nestes, a padronização das estipulações contratuais se dá de maneira unilateral, enquanto naqueles são as partes que decidem, em conjunto, as regras que deverão ser aplicadas nos contratos de execução.[290]

Por fim, os contratos-tipos não podem ser confundidos com os contratos coletivos. Estes últimos têm um conteúdo abstrato, cuja aplicação deve dar-se indistintamente a qualquer pessoa, ao passo que os contratos-tipo possuem uma feição concreta, regulando a realidade contratual futura e eventual de partes predeterminadas.[291]

Pascal Puig explica que o contrato-quadro seria um tipo especial de contrato, cujo objetivo é definir as condições de futuros contratos regulando as condições para sua conclusão e execução. As obrigações estabelecidas no contrato-quadro conferem a essa modalidade contratual uma posição original no que concerne aos contratos preparatórios. Ao contrário de outras espécies contratuais, o contrato-quadro não desaparece com a formação do contrato definitivo.[292]

Ainda conforme Pascal Puig, os contratos-quadro se verificam em diversos setores da economia – setor bancário, agrícola etc. Apesar disso, tem-se verificado com recorrência, nos últimos anos, a presença dos contratos-padrão nas relações de distribuição comercial, uma vez que os contratos-padrão permitem a criação e organização das redes, bem como

---

[288] BESSONE, Darcy. *Do contrato:* teoria geral. 4ª ed. São Paulo: Saraiva, 1997, p. 61.
[289] *Do contrato:* teoria geral. 4ª ed. São Paulo: Saraiva, 1997, p. 61.
[290] BESSONE, Darcy. *Do contrato:* teoria geral. 4ª ed. São Paulo: Saraiva, 1997, p. 61.
[291] BESSONE, Darcy. *Do contrato:* teoria geral. 4ª ed. São Paulo: Saraiva, 1997, p. 61.
[292] *Contrats spéciaux*. Paris: Dalloz, 2005, pp. 106/107.

as obrigações assumidas pelos participantes. Adiante, o autor identifica algumas formas de contratação de acordo com o contexto exposto – contrato de distribuição seletiva, contrato de concessão e contrato de franquia.[293]

O contrato-quadro pode criar uma relação desigual entre as partes contratantes. Essa ocorrência é possível nas hipóteses em que uma pessoa coloca à disposição de outra um nome, uma marca, mas exige exclusividade ou quase exclusividade para o exercício da atividade; nesse caso, faz-se necessária a assinatura de um contrato contendo as informações precisas sobre essa atividade e atuação a fim de que haja o consentimento consciente de ambas as partes. A inobservância de certa obrigação de informação pode gerar a aplicação de uma penalidade à parte descumpridora. Pascal Puig salienta que, todavia, a Corte de Cassação francesa já decidiu que a falta de informação não implica necessariamente a invalidade do contrato, exceto se restar provado ter o fato ocorrido com o intuito de viciar o consentimento da outra parte.[294]

Um problema que se verifica no contrato-quadro é a ausência de um preço propriamente dito, já que a obrigação se refere à realização de vendas futuras. Pascal Puig aponta como solução para esse problema o compromisso em que se estabelece um preço determinável por critérios objetivos, até para se proteger o distribuidor de eventuais manifestações arbitrárias e unilaterais da outra parte. Nesse cenário, o autor ressalta que o abuso do preço pode dar origem à rescisão ou à indenização da parte prejudicada e aponta como critérios para identificação desse abuso: (i) preço abusivo (de acordo com a perspectiva de troca econômica do contrato, em que parte da doutrina se utiliza das regras relativas às cláusulas abusivas, identificando, dessa forma, se pelo preço praticado é possível se verificar um desequilíbrio significativo, excessivo, entre as prestações, caracterizado por um preço manifestamente excessivo); e (ii) fixação abusiva (em razão da possibilidade dada a uma das partes de fixar unilateralmente o preço).[295]

---

[293] *Contrats spéciaux*. Paris: Dalloz, 2005, p. 110.
[294] *Contrats spéciaux*. Paris: Dalloz, 2005, pp. 111-114.
[295] *Contrats spéciaux*. Paris: Dalloz, 2005, pp. 114-117.

CAPÍTULO 3 - A FORMAÇÃO DOS CONTRATOS, A AUTONOMIA...

No caso de haver abuso na fixação do preço decorrente do contrato-quadro, a sanção a ser aplicada à parte infratora será a resilição do contrato, juntamente com a indenização pelos danos causados.

3.1.1.5 Opção de compra e pacto de preferência

A opção de compra e o pacto de preferência, assim como ocorre com o contrato preliminar, situam-se *além* da fase de negociações preliminares. Nos dois casos, havendo o exercício da opção ou da preferência o proponente não precisa manifestar novamente sua vontade na celebração do contrato. Nesse sentido, os instrumentos apontados não se confundem, por exemplo, com o contrato preliminar, pois tanto a opção de compra como o pacto de preferência possuem natureza de contrato definitivo, ficando seu aperfeiçoamento a depender apenas do mencionado exercício da opção ou do direito de preferência.[296]

A opção e a preferência, portanto, correspondem a negócios jurídicos que revestem de irrevogabilidade a manifestação de vontade feita por uma das partes, de tal modo que o surgimento do direito correspondente ao exercício da opção ou da preferência dependerá exclusivamente da vontade manifestada em fase posterior por uma só das partes envolvidas.

Apesar do tratamento conjunto dado às duas situações jurídicas, o presente estudo não desconhece a existência, na doutrina, de posicionamento tratando a opção e a preferência de forma separada. Para Francisco Cavalcanti Pontes de Miranda, por exemplo, o direito de preferência, além de poder decorrer também da lei, configuraria, no mais das vezes, não um contrato, mas apenas uma cláusula de preferência, isto é, um direito pactuado no corpo de um instrumento contratual.[297]

---

[296] ALEM, Fabio Pedro. *Contrato preliminar*: eficácia nos negócios jurídicos complexos. (2009) 197 p. Dissertação (Mestrado) – Faculdade de Direito da Pontifícia Universidade Católica de São Paulo, 2009, pp. 95/96.

[297] *Tratado de direito privado*: parte especial. tomo. XXXVIII, Rio de Janeiro: Borsoi, 1962, pp. 384/385.

De todo modo, para os efeitos deste trabalho, o importante é compreender que, em ambos os casos, o intérprete estará atuando no campo contratual.

3.1.1.6 Notas complementares sobre as negociações preliminares

Conforme observado, apesar de nas negociações preliminares inexistir a *obrigação de contratar*, não é possível afirmar que nessa fase, em que minutas, acordos parciais, cartas de intenção, memorandos de entendimento e instrumentos análogos são celebrados, não seja gerada uma série de consequências para as partes negociantes. A propósito, este estudo comunga do pensamento esposado por Carlyle Popp[298], ao sustentar que:

> Estes compromissos parciais, podem não gerar a obrigatoriedade do firmamento do contrato, nem responsabilidade pré-contratual se inadimplidos, desde que haja motivo legítimo para o encerramento das negociações. Eles, porém, são vinculantes e impedem nova discussão sobre a mesma questão, salvo motivo relevante (legítimo) e superveniente. É um caso claro de preponderância da boa-fé objetiva sobre a autonomia privada. Este predomínio é fruto de uma visão mais humanista das relações negociais, não podendo desconsiderar o comportamento anterior das partes e a confiança por ele gerado na outra.

A doutrina clássica também dá indicativos nessa mesma direção. Silvio Rodrigues[299], por exemplo, pondera:

> Em rigor, se as partes se encontram ainda na fase de negociações preliminares, por definição mesmo não contrataram, não se havendo estabelecido, entre elas, desse modo, qualquer laço

---

[298] *Responsabilidade civil pré-negocial*: o rompimento das tratativas. 6. reimpressão. Curitiba: Juruá, 2011, p. 243.

[299] *Direito civil:* dos contratos e das declarações unilaterais de vontade. 28ª ed. vol. 3. São Paulo: Saraiva, 2002, p. 67.

CAPÍTULO 3 - A FORMAÇÃO DOS CONTRATOS, A AUTONOMIA...

convencional. Pois, se lançaram mão de tais discussões vestibulares, foi justamente para decidir se lhes convinha, ou não, contratar. De maneira que, se no curso do debate uma delas apura o inconveniente do negócio, é justo que dele deserte, recusando-se a prestar sua anuência definitiva. Nenhuma responsabilidade lhe pode daí advir, pois as negociações preliminares ordinariamente não obrigam os contratantes.

Não obstante a abordagem do autor[300] tendente à não responsabilização, ele conclui:

> (...) o abandono das negociações preliminares não pode ser arbitrário e injustificado, estribado no mero capricho de uma das partes. O início da fase de puntuação revela o propósito de contratar e cria, naturalmente, no espírito dos futuros contratantes, uma expectativa legítima de vir a concluir um negócio. Tal expectativa poderá conduzir, e no mais das vezes conduz, uma das partes a realizar despesas, a abrir mão de outros negócios, a alterar planos de sua atividade imediata. Ora, tal expectativa não pode ser frustrada pelo mero capricho de um dos contratantes, sem que incorra ele no dever de reparar os prejuízos porventura resultantes.

Com efeito, inexiste, durante o período de tratativas, qualquer laço convencional que não seja a identidade de propósitos no sentido de negociar eventual contrato que pode ou não existir. De acordo com as negociações preliminares as partes vão chegar à conclusão se lhes convém ou não firmar o contrato. Não obstante tal fato, a recusa em contratar encontra limites impostos pela ordem jurídica.

Embora nas negociações preliminares não exista, em rigor, obrigações entre as partes, delas decorrentes, a ordem jurídica prevê certos deveres para os pretensos contraentes, "decorrentes da incidência

---

[300] RODRIGUES, Silvio. *Direito civil:* dos contratos e das declarações unilaterais de vontade. 28ª ed. vol. 3. São Paulo: Saraiva, 2002, p. 67.

do princípio da boa-fé, sendo os principais os deveres de lealdade e correção, de informação, de proteção e cuidado e de sigilo".[301]

Nesse contexto é que se situa o problema a respeito da responsabilidade civil pré-contratual, isto é, saber exatamente até que ponto o período de puntuação vincula as partes envolvidas, bem como a consequência pelo eventual rompimento das negociações e, por conseguinte, da não celebração do contrato.

O início da fase de negociações preliminares, apesar de, como dito, não vincular as partes nela envolvidas, já denota a intenção de contratar, criando uma expectativa acerca da realização do negócio. Assim, o fim das negociações preliminares e a frustração da concretização do negócio não podem dar-se de maneira arbitrária e sem a observância dos já mencionados deveres jurídicos decorrentes da boa-fé objetiva. Essa inobservância, caso acompanhada de prejuízo à outra parte envolvida, pode resultar no dever de reparar em face do abandono das negociações.

Em outras palavras, havendo a expectativa do negócio, sua eventual frustração *injustificada* por uma das partes pode gerar prejuízo passível de responsabilização. A aludida responsabilização – e o correlato dever de reparar – decorre, substancialmente, da boa-fé objetiva e dos deveres anexos dela oriundos.

3.2 A AUTONOMIA PRIVADA NA FORMAÇÃO DOS CONTRATOS

A *autonomia privada* e a *autonomia da vontade*, apesar de utilizadas com recorrência como expressões sinônimas, têm conteúdos distintos. A autonomia da vontade condiz com o querer real, interno, da pessoa. Ela se refere, por assim dizer, à relação existente entre a vontade verdadeira, interior, do sujeito, e a manifestação declarada dessa vontade.

---

[301] RODRIGUES, Silvio. *Direito civil:* dos contratos e das declarações unilaterais de vontade. 28ª ed. vol. 3. São Paulo: Saraiva, 2002, p. 37.

CAPÍTULO 3 - A FORMAÇÃO DOS CONTRATOS, A AUTONOMIA...

A autonomia da vontade se refere, portanto, à "liberdade de agir da pessoa".[302] Essa liberdade e autonomia são elementos que podem afetar a validade do ato ou negócio jurídico decorrente da declaração de vontade. A vontade declarada que não respeita essa autonomia e liberdade padece de vício e poderá ser declarada nula ou invalidada, conforme o caso concreto.

A autonomia privada, por sua vez, é princípio do Direito Privado que confere, ao sujeito de direitos, poderes de autodeterminação, isto é, poderes para estabelecer um regramento específico acerca de seus atos e que representa fonte de efeitos jurídicos.[303] É dessa autonomia que este estudo irá ocupar-se a partir de agora.

Ao abordar a questão do princípio da autonomia privada, Rosa Maria de Andrade Nery[304] afirma:

> Na tradição do direito privado, a autonomia privada exterioriza-se pelo negócio jurídico como declaração do interesse privado dirigida a um fim protegido pelo ordenamento jurídico.
>
> (...)
>
> A *autonomia privada*, como fonte normativa, é fenômeno que permite que o sujeito celebre negócios jurídicos (principalmente

---

[302] NERY, Rosa Maria de Andrade. *Introdução ao pensamento jurídico e à teoria geral do direito privado*. São Paulo: Revista dos Tribunais, 2008, p. 238.

[303] Sobre a diferenciação entre as expressões *autonomia da vontade* e *autonomia privada*, Mach de Oliveira disserta: "Consoante à moderna orientação, a autonomia da vontade dá relevo à vontade subjetiva, psicológica, enquanto a autonomia privada destaca a vontade objetiva, que resulta da declaração ou manifestação de vontade, fonte de efeitos jurídicos" (OLIVEIRA, Ubirajara Mach de. "Princípios informadores do sistema de direito privado: a autonomia da vontade e a boa-fé objetiva". *Revista dos Tribunais Online – Thomson Reuters*. DTR\1997\621, p. 4. Disponível em http://www.revistadostribunais.com.br. Acesso em 10 jul. 2012). Aguilar Vieira também traz considerações sobre essa diferenciação ("A autonomia da vontade no código civil brasileiro e no código de defesa do consumidor". *Revista dos Tribunais Online – Thomson Reuters*. DTR\2001\378, p. 3. Disponível em http://www.revistadostribunais.com.br. Acesso em 13 jul. 2012).

[304] *Introdução ao pensamento jurídico e à teoria geral do direito privado*. São Paulo: Revista dos Tribunais, 2008, p. 238.

negócios jurídicos bilaterais, ou seja, contratos), que são extraordinários mecanismos de realização do direito, na medida em que o negócio jurídico é um modo de manifestação de normas jurídicas (ainda que particulares).

A autonomia privada se evidencia com clareza de acordo com a liberdade contratual – isto é, a liberdade/autonomia que possui o sujeito de estabelecer o conteúdo do contrato que pretende realizar – e da liberdade de contratar – a liberdade/autonomia do sujeito para firmar, ou não, determinado contrato.[305] Conforme observado adiante, o exame dessa segunda face da autonomia privada tem especial relevância para os fins deste trabalho.

Desde o Direito Romano, já existiam situações jurídicas denotando o exercício da autonomia privada, ainda que não da forma como seria verificado depois, em especial, nos séculos XVIII e XIX. Existia, no Direito Romano, a possibilidade de declaração feita pelo cidadão, a qual, uma vez revestida das solenidades necessárias, adquiria conteúdo normativo.[306]

A autonomia privada também tinha valor no Direito Canônico. Ubirajara Mach de Oliveira explica que a palavra dada e não cumprida consubstanciaria uma hipótese de pecado. Não havia, contudo, o desenvolvimento da noção de autodeterminação.[307]

Tanto o Direito Romano quanto o Direito Medieval não chegaram a alçar a *vontade* do homem à condição de fonte efetiva de geração de direitos e obrigações. Antes da vontade, considerava-se que os direitos e obrigações decorriam, na realidade, exclusivamente da *razão*.[308]

---

[305] MESSINEO, Francesco. *Doctrina general del contrato*. vol. I. Buenos Aires: Ejea, 1986. pp. 18/19.

[306] "Princípios informadores do sistema de direito privado: a autonomia da vontade e a boa-fé objetiva". *Revista dos Tribunais Online – Thomson Reuters*. DTR\1997\621, p. 3. Disponível em http://www.revistadostribunais.com.br. Acesso em 10 jul. 2012.

[307] "Princípios informadores do sistema de direito privado: a autonomia da vontade e a boa-fé objetiva". *Revista dos Tribunais Online – Thomson Reuters*. DTR\1997\621, p. 4. Disponível em http://www.revistadostribunais.com.br. Acesso em:10 jul. 2012.

[308] VIEIRA, Iacyr de Aguilar. "A autonomia da vontade no código civil brasileiro e no

CAPÍTULO 3 - A FORMAÇÃO DOS CONTRATOS, A AUTONOMIA...

Com o desenvolvimento das ideias do Direito Natural e a valorização das liberdades naturais do homem[309], dentre as quais a de manifestar a sua vontade, servindo a referida manifestação como fonte de obrigações, a autonomia privada passou a ser vista como princípio informador do Direito Privado.[310]

A chegada da burguesia ao poder, com a Revolução Francesa de 1789, preparou terreno para o liberalismo que caracterizou as relações sociais no século XIX. A alteração do quadro político francês, com a consagração dos princípios *universais* da liberdade (*liberté*), igualdade (*égalité*) e fraternidade (*fraternité*), conferiu ao indivíduo um novo *status*. Com isso, entre os indivíduos, qualquer que fosse a classe social a que pertencessem, passou-se a proclamar a igualdade, reduzida no aforismo de que todos são iguais perante a lei.

O Código Civil francês foi o primeiro diploma legal a consagrar o princípio da autonomia da vontade, e, por consequência, o voluntarismo jurídico.[311]

O Estado Liberal, pautado no pressuposto da igualdade, protegia a autonomia dos indivíduos, dando plenos poderes para a criação de suas

---

código de defesa do consumidor". *Revista dos Tribunais Online – Thomson Reuters*. DTR\2001\378, p. 1. Disponível em http://www.revistadostribunais.com.br. Acesso em 10 jul. 2012.

[309] Hugo Grotius (1583-1645), filósofo, teólogo, jurisconsulto, dramaturgo e poeta holandês, é, juntamente com Francisco de Vitoria, Francisco Suárez e Alberico Gentili, considerado um dos fundadores do Direito Internacional alicerçado na teoria do Direito Natural. Teve grande influência sobre o pensamento racionalista e iluminista do século XVII ("O direito da guerra e da paz" (1625). *In:* ISHAY, Micheline R. (coord.). *Direitos humanos*: uma antologia. São Paulo: Edusp, 2006. Disponível em humanos.usp.br/index.php/Documentos-anteriores-à-criação-da-Sociedade-das-Nações-até-1919/hugo-grotius-o-direito-da-guerra-e-da-paz-1625.html. Acesso em 23 nov. 2014).

[310] OLIVEIRA, Ubirajara Mach de. "Princípios informadores do sistema de direito privado: a autonomia da vontade e a boa-fé objetiva". *Revista dos Tribunais Online – Thomson Reuters*. DTR\1997\621, p. 4. Disponível em http://www.revistadostribunais.com.br. Acesso em 10 jul. 2012.

[311] VIEIRA, Iacyr de Aguilar. "A autonomia da vontade no código civil brasileiro e no código de defesa do consumidor". *Revista dos Tribunais Online – Thomson Reuters*. DTR\2001\378, p. 2. Disponível em http://www.revistadostribunais.com.br. Acesso em 10 jul. 2012.

relações jurídicas, desde que estas não fossem contrárias à própria ordem jurídica à qual estavam submetidas. Em complemento a essa realidade, o legislador da época ainda tinha uma preocupação em mente: conferir plena eficácia e validade aos acordos de vontade feitos por esses indivíduos *livres para contratar*. A propósito, o Código Civil francês, ao versar sobre os efeitos das obrigações, ressalta a ideia de que o *contrato é lei entre as partes*; portanto, o Estado Liberal consagrava os princípios da autonomia privada e da força vinculante dos contratos.

Ressalte-se, assim, que o "liberalismo do século XIX justifica o princípio [da força vinculante das convenções] na idéia de que, se as partes alienaram livremente sua liberdade, devem cumprir o prometido, ainda que daí lhes advenha considerável prejuízo. Pois, quem diz contratual, diz justo".[312]

O regime do *laissez-faire, laissez-passer, laissez-contracter* preconizava a total liberdade do homem para contratar, em detrimento de qualquer tipo de ingerência do Estado. E era justamente no campo dos negócios jurídicos que essa liberdade se mostrava mais evidente, já que, por meio deles, as partes tinham poderes, quase absolutos, para a criação de obrigações.[313]

Além da preocupação em torno da liberdade de contratar e da força vinculante dos acordos de vontade, a burguesia[314], ciente das características do regime político anterior à Revolução e preocupada em limitar a atuação do Poder Judiciário – composto, em boa parte, justamente pelos detentores do poder nesse antigo regime –, expurgou a posição do juiz enquanto *intérprete* da lei. O juiz, nesse cenário, figurava como "a boca da lei".[315]

---

[312] RODRIGUES, Silvio. *Direito civil*: dos contratos e das declarações unilaterais de vontade. 28ª ed. vol. 3. São Paulo: Saraiva, 2002, p. 18. A afirmação de que "quem diz contratual, diz justo" é de Fouillé: *"qui dit contractuel dit juste"*.

[313] OLIVEIRA, Ubirajara Mach de. "Princípios informadores do sistema de direito privado: a autonomia da vontade e a boa-fé objetiva". *Revista dos Tribunais Online – Thomson Reuters*. DTR\1997\621, p. 8. Disponível em http://www.revistadostribunais.com.br. Acesso em 10 jul. 2012.

[314] Detentora do poder político no Estado Liberal.

[315] WAMBIER, Teresa Arruda Alvim. "Uma reflexão sobre as 'cláusulas gerais' do código civil de 2002: a função social do contrato". *Revista dos Tribunais*, São Paulo, vol. 94, n. 831, jan. 2005, p. 62.

CAPÍTULO 3 - A FORMAÇÃO DOS CONTRATOS, A AUTONOMIA...

Vê-se, dessa forma, a composição de uma ordem jurídica que, em nome da liberdade individual e da segurança jurídica das relações intersubjetivas, depositava forte carga de poder no Legislativo, responsável pela criação de leis com conteúdo normativo bem determinado, com hipóteses fáticas descritas em minúcia[316] para aplicação no caso concreto sem que a interpretação[317] do juiz fosse permitida.

Arruda Alvim[318] assim se refere ao ocorrido no momento histórico identificado linhas atrás:

> Agora, impende ter presente e considerar como se comportou, do ponto de vista econômico este direito obrigacional, e quais

---

[316] WAMBIER, Teresa Arruda Alvim. "Uma reflexão sobre as 'cláusulas gerais' do código civil de 2002: a função social do contrato". *Revista dos Tribunais*, São Paulo, vol. 94, n. 831, jan. 2005, p. 62.

[317] A respeito da noção do termo *interpretação*, é conveniente que alguns esclarecimentos sejam feitos a fim de se evitar equívocos. Quando se diz que ao juiz não era dado "interpretar" a lei, quer-se com isso expressar que ao juiz não era facultado fazer qualquer construção sobre o texto da lei que não aquela decorrente de sua literalidade. Não se desconhece que, com isso, já haveria atividade interpretativa, embora limitada. Até porque, partindo da noção do objeto a ser interpretado, isto é, o texto, enquanto corpo do qual é possível extrair algum conteúdo de linguagem, o ato de interpretar está diretamente relacionado aos valores atribuídos aos símbolos que compõem o texto. Melhor conceituando, todo texto é formado por uma série de signos, os quais condizem com as unidades de um sistema que permitem a comunicação inter-humana, consubstanciados em um suporte físico que se associa a um significado e a uma significação ("interpretante"). Pois bem, interpretar, nesse sentido, significa trabalhar no campo das significações extraídas do contato com o suporte físico, amplamente considerado, qual seja, o texto, na tentativa de compreensão do objeto representado. No caso do Direito Positivo, o suporte físico do qual se extrairá seu conteúdo será cada um dos enunciados prescritivos presentes em dado sistema jurídico. Assim, partindo-se dos referidos enunciados prescritivos, a interpretação dos textos jurídicos dar-se-á pela confrontação e conjugação dos diversos enunciados desse sistema com o objetivo de encontrar o mínimo de significação deôntico-jurídica, isto é, o conteúdo de uma norma jurídica pertencente a um ordenamento jurídico. Trata-se de ato em que se busca conhecer o direito, "compreendê-lo, interpretá-lo, construindo o conteúdo, o sentido e o alcance da comunicação legislada" (CARVALHO, Paulo de Barros. *Direito tributário, linguagem e método*. 2ª ed. São Paulo: Noeses, 2008, p. 184). Conclui-se que, ainda que limitada à literalidade da lei, sempre haverá, em certa medida, interpretação na aplicação da norma.

[318] "A função social dos contratos no novo código civil". *Revista dos Tribunais*, São Paulo, vol. 92, n. 815, pp. 19/20.

os reflexos na ordem jurídica, a partir certamente da revolução mais bem sucedida, tanto na sua pregação quanto na sua realização no plano histórico, que foi a Revolução Francesa. A Revolução Francesa foi gestada durante muitos séculos e planejada perto de um século, na realidade, ao influxo da existência de uma burguesia, rica e abastada, mas que se encontrava politicamente contida, uma vez que o poder político ainda residia em mãos da nobreza, por isso que aquela carecia de segurança jurídica e política. Quando essa burguesia assumiu o poder, tratou de modificar a sociedade e realizar idéias fundamentais de sua pregação, implementando, realmente, no plano histórico, o que foi a sua concepção de liberdade e a sua noção do direito de propriedade. A sua ideia de liberdade, efetivamente implantada no plano social e político, valeu largo espaço à expansão com mais intensidade da riqueza, substancialmente em suas mãos. E, o direito de propriedade, tal como configurado, representou um dos aspectos da segurança jurídica almejada e obtida pela burguesia. À concretização de sua noção extrema e radical de liberdade, era necessário um Estado que não interferisse, e, daí, o chamado Estado Polícia ou *L'État Gerdarme* (grifo do original).

O autor[319] prossegue em sua explanação:

> A forma através da qual a burguesia conseguiu dominar foi exatamente através do instrumento da lei, e, dentro do sistema jurídico, criando a noção de que a lei não podia sequer ser interpretada, num primeiro momento, ou, então sucessivamente, que havia de comportar, apenas, interpretação literal. Não havia espaço ou liberdade de atuação maior para os magistrados. De outra parte, como expressão do espaço deferido à vontade dos sujeitos na ordem jurídica, e, o papel exercitado por essa vontade, no campo dos contratos, nós encontramos, no art. 1.134 do Código Civil francês, o mandamento de que o contrato é lei entre as partes. Isto teve um significado – o mais importante, talvez, ao lado do direito de propriedade –, tal como se encontra definido no Código Civil francês.

---

[319] ARRUDA ALVIM, José Manoel de. "A função social dos contratos no novo código civil". *Revista dos Tribunais*, São Paulo, vol. 92, n. 815, p. 20.

CAPÍTULO 3 - A FORMAÇÃO DOS CONTRATOS, A AUTONOMIA...

É preciso ter presente que a burguesia não deixou espaço maior para a magistratura, e, paralelamente, predominou de forma absoluta na feitura das leis. Este é um ponto muito importante para se entender bem as mutações que vieram a ocorrer no mundo, durante o século XIX, e, especialmente, tendo como momentos sucessivos de cristalização as referências à primeira e à segunda guerras mundiais, mercê de cujos impactos alteraram-se os valores do *individualismo* que, em largo espaço, resultou substituído pelo valor do *social* (grifo do original).

Sobre a evolução da liberdade de interpretação na Europa, em especial na França, o autor[320] pondera:

Como procurou frisar durante três décadas – voltando-se à evolução da liberdade de interpretação e a figura do juiz –, até *aproximadamente* 1830, era proibida a interpretação da lei na França e em outros países. E, sucessivamente, de 1830 a 1880 admitia-se exclusivamente a interpretação literal. Os tipos normativos eram, geralmente, minuciosos, tipos normativos plenos de elementos definitórios, e no tecido normativo não havia conceitos vagos ou abertos, em setores importantes do Direito, como sucessiva e crescentemente veio a ocorrer. Poder-se-ia dizer que os burgueses influíam diretamente nos parlamentos, e, indiretamente, na magistratura, através da "aplicação rígida" das regras jurídicas.

Ora, se o juiz não podia interpretar, ao menos, com o espaço e a "liberdade" com que, crescentemente lhe veio sendo reconhecida como socialmente legítima, e, se de um modo geral, a linguagem da lei era a de utilizar-se de elementos definitórios exaurientes da realidade definida, sem cláusulas gerais em setores significativos, encontrava-se assim dominada a magistratura pela lei.

Então, o domínio da burguesia através do parlamento e a linguagem predominantemente utilizada nos Códigos acabaram levando a este ambiente do Direito favorável aos interesses da burguesia. Somente no ano de 1880, para servirmo-nos de uma

---

[320] ARRUDA ALVIM, José Manoel de. "A função social dos contratos no novo código civil". *Revista dos Tribunais*, São Paulo, vol. 92, n. 815, pp. 20/21.

data, ao cabo desse pensamento de rigidez na interpretação já se encontrar espalhado e de ter sido consagrado na Europa – mas, paralelamente esgarçando-se a sua utilidade –, é que se veio a falar, quase que simultaneamente, através de três juristas alemães, falou-se em (*sic*) interpretação teleológica, quando então a Alemanha já vinha ganhando um prestígio que, na realidade, acabou sobrepujando o da França, na cultura européia. (grifo do original)

Destaca-se, assim, que a partir do último quartel do século XIX e de maneira mais acentuada após a Primeira Guerra Mundial, aquele Estado Liberal, preocupado com a plena liberdade e autonomia para contratar, cedeu gradativamente lugar ao chamado Estado Social. Neste, o contrato passou a ser analisado de uma perspectiva mais ampla, saindo do âmbito do interesse das partes contratantes para estender-se ao mundo que o cerca.

A respeito desse momento, vale transcrever os exemplos históricos trazidos por Teresa Arruda Alvim Wambier[321]:

> Tendo perdido a força na Revolução Francesa, por causa da regra de que o contrato é lei entre as partes, a cláusula *rebus sic stantibus* voltou a vigorar depois da Primeira Guerra Mundial. Naturalmente, um número imenso de contratos não foi cumprido.
>
> Na França, foi mesmo prevista em lei (1918) a possibilidade de revisão do contrato de trato comutativo e sucessivo ou de execução diferida, quando dele, em virtude dos fatos da guerra, passasse a decorrer onerosidade excessiva para uma das partes e vantagem para a outra.
>
> Na Alemanha, pouco depois, concebeu-se a teoria da base do negócio, que diz respeito a posterior alteração de condições que predisporiam à contratação. Trata-se de fenômeno diferente da alteração dos motivos que teriam levado a contratar. Exemplo expressivo é o de que houvesse um contrato para que o rebocador desencalhasse um navio, tendo havido posteriormente desencalhe

---

[321] "Uma reflexão sobre as 'cláusulas gerais' do código civil de 2002: a função social do contrato". *Revista dos Tribunais*, São Paulo, vol. 94, n. 831, jan. 2005, pp. 74/75.

natural em virtude da elevação da maré, ou, ainda, contrato de fornecimento mensal de aguardente, por ser este bem, à época, livre de impostos, sobrevindo tributação em valor elevado.

Já tomando como base os valores implantados pelo Estado Social, o Código Civil de 2002, ao partir da ideia de superação do individualismo – que condicionara, nas palavras de Miguel Reale, as fontes inspiradoras do Código Civil de 1916 –, preocupou-se em assegurar a *socialidade* e a *concreção*, princípios informadores e legitimadores do diploma civil.[322]

A propósito, expunha Miguel Reale[323]:

> Não se compreende, nem se admite, em nossos dias, legislação que, em virtude da insuperável natureza abstrata das regras de direito, não abra prudente campo à *ação construtiva da jurisprudência*, ou deixe de prever, em sua aplicação, *valores éticos*, como os de *boa-fé* e *eqüidade* (sem grifo no original).

É nesse contexto que a autonomia privada exerce papel de fundamental importância na formação dos contratos. Por serem negócios jurídicos – resultados, portanto, da manifestação de vontade do homem com o objetivo de produzir determinados efeitos jurídicos – os contratos têm como base a liberdade dos indivíduos envolvidos.[324]

Pietro Perlingieri destaca que a autonomia privada é classicamente conceituada como poder da vontade do indivíduo, isto é, como poder de autorregulamentação, definição que, de acordo com esse autor, parte do pressuposto de que o indivíduo é o melhor juiz de seus interesses.[325] Esse "poder" do indivíduo sofre limitação da ordem jurídica. Em outras

---

[322] Conforme atesta a Exposição de Motivos do Código Civil, do professor Miguel Reale (item 6, Orientação Metodológica).

[323] Conforme atesta a Exposição de Motivos do Código Civil, do professor Miguel Reale (item 6, Orientação Metodológica).

[324] CORDEIRO, António Manuel da Rocha e Menezes. *Tratado de direito civil:* parte geral. Negócio jurídico. 4ª ed. vol. 2. Coimbra: Almedina, 2014, p. 222.

[325] *O direito civil na legalidade constitucional.* Rio de Janeiro: Renovar, 2008, p. 340.

palavras, o sujeito pode fazer tudo aquilo que a lei não impeça e que decorra de um interesse merecedor de tutela e útil para a sociedade.[326] Dito dessa maneira, pode-se definir a autonomia privada como "o poder, reconhecido ou concedido pelo ordenamento estatal a um indivíduo ou a um grupo, de determinar 'vicissitudes jurídicas' como consequência de comportamentos – em qualquer medida – livremente adotados".[327]

A concepção pós-moderna deste poder decorrente da autonomia privada tem sido objeto de grande debate jurídico. É que, hoje, a autonomia privada deve ser examinada sob o influxo de outros princípios e regras do Direito Privado, em especial, para o caso do presente trabalho, o princípio da boa-fé objetiva.

Se outrora o exame da autonomia privada estava adstrito à vontade do indivíduo, sujeito de direitos, agora, essa autonomia deve ser exercida em uma conduta que respeite não só a outra parte, mas também diversos outros interesses da sociedade.

Vê-se, portanto, que o exercício da autonomia privada depende do reconhecimento desses poderes do sujeito, pela própria sociedade, por meio da lei. Ao analisar o tema, António Manuel da Rocha e Menezes Cordeiro[328] expõe o seguinte:

> A autonomia pressupõe sociedade e implica o reconhecimento, por esta, do espaço autorregulativo do sujeito. A autonomia privada é, ela própria, o produto de uma atribuição da Ordem Jurídica. Mas essa atribuição é feita "em bruto", isto é: deixando a cada um, o sentido que lhe queira dar e à dogmática jurídica a tarefa de construir um processo de realização que concretize, da melhor maneira, a ideia básica do ordenamento.

---

[326] Sobre a utilidade social do interesse do sujeito, o autor salienta: "na utilidade social há sempre a exigência de que atos e atividades não estejam em contraste com a segurança, a liberdade, a dignidade humana" (PERLINGIERI, Pietro. *O direito civil na legalidade constitucional*. Rio de Janeiro: Renovar, 2008, p. 348).

[327] PERLINGIERI, Pietro. *O direito civil na legalidade constitucional*. Rio de Janeiro: Renovar, 2008, p. 335.

[328] *Tratado de direito civil:* parte geral. Negócio jurídico. 4ª ed. vol. 2. Coimbra: Almedina, 2014, p. 40.

CAPÍTULO 3 - A FORMAÇÃO DOS CONTRATOS, A AUTONOMIA...

É a lei que confere ao sujeito esse poder de autorregulamentação. Torna-se fácil concluir, portanto, que a lei poderá impor limites para que a manifestação de vontade do sujeito possa produzir efeitos na ordem jurídica. Karl Larenz ressalta que as limitações aludidas podem ser de diversas ordens – por exemplo, podem existir para respeitar questões de política econômica.[329]

No Brasil, essa limitação se evidencia de acordo com diversas circunstâncias, destacando-se dentre elas as que se seguem: (i) o intervencionismo do Estado nas relações privadas – como no contrato de locação regido pela Lei Federal n. 8.245/1991 –; (ii) os chamados "contratos ditados", cuja função era garantir à população a distribuição de produtos considerados de subsistência; (iii) a imposição da obrigação de contratar nos casos de serviços públicos ou de serviços/fornecimento de bens daquele que detém monopólio; (iv) a precificação de produtos ou serviços feita pelo governo em algumas atividades; (v) a própria valorização da lei e dos bons costumes, que resultou na possibilidade do reconhecimento da nulidade de cláusulas contratuais que, apesar de livremente convencionadas entre as partes, atentem contra esses elementos; (vi) os contratos de massa; (vii) a fixação unilateral das cláusulas gerais do contrato etc.[330]

Pela autonomia privada verifica-se a liberdade das partes tanto de contratar como de estabelecer o *conteúdo* do negócio jurídico. Essa liberdade, conforme se depreende das colocações feitas até o momento, não é absoluta; sofre limitações impostas pela ordem jurídica de cada país, sob os mais diversos fundamentos, como, exemplificativamente, as limitações decorrentes da aplicação de princípios que orientam o atual Código Civil brasileiro, em especial, a socialidade e a eticidade, em comandos legais como o já mencionado art. 421 desse diploma legal.

---

[329] LARENZ, Karl. *El derecho justo*: fundamentos de ética jurídica. Madrid: Civitas, 1990, p. 74.

[330] OLIVEIRA, Ubirajara Mach de. "Princípios informadores do sistema de direito privado: a autonomia da vontade e a boa-fé objetiva". *Revista dos Tribunais Online – Thomson Reuters*. DTR\1997\621, pp. 9/10. Disponível em http://www.revistadostribunais.com.br. Acesso em 10 jul. 2012.

A autonomia privada é tida como um dos princípios clássicos da teoria contratual. É dela que decorre a ideia de *voluntas facit legem*.[331] De acordo com a autonomia privada, os sujeitos de uma relação contratual são pessoas livres para pactuarem o que melhor lhes convier, desde que nos limites da lei. O princípio ora analisado, como é de se supor, possuía relevância capital na ordem jurídica do Estado Liberal, já que, com base na autonomia privada, protegia-se o indivíduo da ingerência estatal típica do regime político anterior, o Absolutismo. Tratava-se do fortalecimento dos direitos de primeira geração, quais sejam, garantias e liberdades individuais.

A autonomia privada refletia, portanto, a necessidade de se assegurar a liberdade do particular perante o Estado. Daí a ordem jurídica liberal conferir validade e eficácia à vontade dos sujeitos de direito. O comportamento do indivíduo em uma relação contratual, com o objetivo de fazer valer sua vontade, é o que dá contornos concretos à autonomia privada. Seu limite, historicamente, sempre esteve ligado ao respeito ao princípio da legalidade, no sentido de respeito às normas em geral, sobretudo aquelas de ordem pública, bem como a observância da licitude e possibilidade do objeto do contrato e da capacidade das partes envolvidas. A possibilidade de realização de contratos atípicos, expressamente prevista no Código Civil atual, demonstra bem o sentido desse princípio.[332]

Sobre a evolução histórica da autonomia privada, escreve Arruda Alvim[333]:

> Se nós formos perguntar qual foi a evolução em todos os países, em relação ao "tamanho" da autonomia privada, sem sombra de dúvida, a evolução pela qual passou o espectro da autonomia privada, haver-se-á de concluir ter sido um espaço que diminuiu, porque se verificou que a chamada "igualdade formal" levava a injustiças profundas. Na verdade, se a Europa enriqueceu

---

[331] Tradução livre: "a vontade faz a lei".

[332] ARRUDA ALVIM, José Manoel de. "A função social dos contratos no novo código civil". *Revista dos Tribunais*, São Paulo, vol. 92, n. 815, pp. 22/23.

[333] "A função social dos contratos no novo código civil". *Revista dos Tribunais*, São Paulo, vol. 92, n. 815, pp. 22/23.

CAPÍTULO 3 - A FORMAÇÃO DOS CONTRATOS, A AUTONOMIA...

assombrosamente no século XIX, através da prática radical do liberalismo, criaram-se segmentos constituídos por bolsões de miséria. Então, a evolução do contrato, já que estamos tecendo considerações desde os primeiros momentos do contrato, na Idade Contemporânea, veio sofrendo críticas, pelos pressupostos de sua realização, numa sociedade e num sistema político a que nos referimos, e, desses primórdios chegou-se àquilo que hoje veio a ser denominado de função social do contrato. Essa função consistiu em tentar dar corpo à idéia de que há determinadas situações que não comportam inteiramente a livre contratação, determinados segmentos de comportamentos humanos que, traduzidos em realidades contratuais, sem qualquer freio ou limites, geram áreas críticas de conseqüências indesejáveis (...). Por outras palavras, apesar de poder-se ter um contrato *formalmente em ordem*, na realidade um dos contratantes *não quereria ter contratado, dado que, em determinadas circunstâncias ninguém poderia ter desejado contratar. Nestes setores o legislador tem de intervir, vedando o exercício da liberdade e impondo regras cogentes, em favor e em proteção de determinadas situações socialmente prezáveis* (grifo do original).

No Código Civil atual, o legislador adotou a técnica legislativa da cláusula geral também com relação à autonomia privada. Sua verificação é possível com o já citado art. 421 do diploma civil.[334] Paulo Velten identifica a autonomia privada como "faculdade deferida pelo Estado ao particular, de auto-regulamentar seus próprios interesses e negócios, conforme sua liberdade contratual, nos limites da lei".[335] Nas palavras de Emilio Betti, em estudo formulado por Gerson Luiz Carlos Branco[336], a autonomia privada seria uma *concessão* do Estado em favor dos cidadãos. Para este último autor, o termo concessão utilizado por

---

[334] NERY Junior, Nelson; NERY, Rosa Maria Andrade. *Código civil anotado e legislação extravagante*. 3ª ed. São Paulo: Revista dos Tribunais, 2005, p. 335.

[335] "Função social do contrato: cláusula limitadora da liberdade contratual". *In:* NERY, Rosa Maria de Andrade (coord.). *Função do direito privado no atual momento histórico*. São Paulo: Revista dos Tribunais, 2006, p. 411.

[336] *Função social dos contratos*: interpretação à luz do código civil. São Paulo: Saraiva, 2009, pp. 67/68.

Emilio Betti não deve ser compreendido, nos moldes do instituto estudado em geral no Direito Administrativo, como uma forma de autorização ou permissão do Estado ao particular, em que aquele, a qualquer tempo, pode simplesmente revogá-la. Gerson Luiz Carlos Branco[337] ressalta:

> Essa idéia de concessão não tem um caráter normativista, derivado da visão de que o Estado tudo regula e tudo pode regular, mas constitui resposta à teoria da vontade que põe sobre a vontade o fundamento da "obrigatoriedade do contrato".
> (...)
> O vocábulo "concessão" deve ser tomado como expressão do poder estatal, exercido por meio do ordenamento jurídico, ao qual está subordinada toda a eficácia contratual.
> Essa concessão não pode ser retirada, tampouco admite a liberdade absoluta. Trata-se de uma constatação histórica de que a liberdade contratual do início do século XIX e o contrato como "acordo de vontades" não passam de construção jurídico-filosófica para dar respaldo jurídico ao Estado liberal, que tentou construir um mercado livre de intervenção estatal.

A formação do vínculo contratual deve sempre respeitar o princípio da autonomia privada. Este, por sua vez, não pode ser exercido de modo a caracterizar abuso do direito, violação da boa-fé objetiva ou violação do próprio equilíbrio contratual.

É pautado nesse balanceamento – entre o princípio da autonomia privada e o da boa-fé objetiva – que o intérprete conseguirá concluir se há, na ruptura de negociações preliminares, a violação de algum direito.

O princípio da autonomia privada se impõe para que ninguém seja obrigado a contratar.[338] Isso não autoriza, todavia, que o sujeito

---

[337] *Função social dos contratos*: interpretação à luz do código civil. São Paulo: Saraiva, 2009, p. 70.
[338] Bulgarelli lembra que, no regime jurídico pátrio atual, a obrigação de contratar seria possível em situações excepcionalíssimas como nos casos de monopólio ou prestação

CAPÍTULO 3 - A FORMAÇÃO DOS CONTRATOS, A AUTONOMIA...

pratique atos que atentem, por exemplo, contra a legítima confiança eventualmente criada pela contraparte em razão do avanço de negociações tendentes à conclusão de um contrato.[339]

Existe, logicamente, um fundamento de natureza ética em torno da autonomia privada; esse fundamento decorre da dignidade da pessoa humana e da liberdade do indivíduo, ambas protegidas pela ordem jurídica. Há, ainda, um fundamento de ordem econômica, já que o tráfico jurídico é facilitado pela autonomia privada.[340]

António Manuel da Rocha e Menezes Cordeiro sustenta que o "Direito privado surge, por definição, como uma zona de liberdade, onde as pessoas são convidadas a agir".[341] Essa zona de liberdade admite que a pessoa queira, ou não, contratar. Daí se afirmar que a autonomia privada serve de fundamento para os princípios da liberdade contratual, do consensualismo e da relatividade dos contratos.[342]

O direito à recusa de contratar é decorrência direta e imediata da autonomia privada. Não obstante esse direito, "não contratar com o

---

de serviços públicos (BULGARELLI, Waldírio. "Obrigação de contratar por decisão judicial. Pode alguém ser obrigado a contratar contra a sua vontade por decisão do Poder Judiciário? – Análise do princípio da autonomia da vontade nos contratos e dos planos da existência, validade e eficácia – A possibilidade de prova exclusivamente testemunhal em negócios". *Revista dos Tribunais Online – Thomson Reuters.* DTR\2012\1343, p. 2. Disponível em http://www.revistadostribunais.com.br. Acesso em 13 jul. 2012).

[339] António Manuel da Rocha e Menezes Cordeiro, ao dissertar sobre o tema, expõe que "O fundamento do reconhecimento e da tutela do negócio jurídico não pode ser visto, apenas, na autonomia privada. Fora esse o caso e o 'negócio' cessaria logo que o declarante mudasse de opinião. Na verdade, o Direito tutela (e cristaliza) o negócio jurídico pela necessidade de proteger a confiança que ele suscita nos destinatários e, em geral, nos participantes na comunidade jurídica" (*Tratado de direito:* parte geral. Negócio jurídico. 4ª ed. vol. 2. Coimbra: Almedina, 2014, p. 57).

[340] CORDEIRO, António Manuel da Rocha e Menezes. *Tratado de direito:* parte geral. Negócio jurídico. 4ª ed. vol. 2. Coimbra: Almedina, 2014, p. 41.

[341] CORDEIRO, António Manuel da Rocha e Menezes. *Tratado de direito:* parte geral. Negócio jurídico. 4ª ed. vol. 2. Coimbra: Almedina, 2014, p. 41.

[342] *Tratado de direito civil:* parte geral. Negócio jurídico. 4ª ed. vol. 2. Coimbra: Almedina, 2014, p. 42.

intuito de prejudicar é abuso"³⁴³, não se relacionando, dessa sorte, a uma atitude lícita.

3.2.1 Autonomia privada e abuso do direito

Ao tratar dos atos ilícitos, o Código Civil de 2002 preceitua que a pessoa que exercita um direito seu excedendo manifestamente os limites impostos pelo seu fim econômico ou social, pela boa-fé ou pelos bons costumes comete ato ilícito.³⁴⁴ A pessoa que assim pauta sua conduta age em abuso do direito.

O abuso do direito é conceituado por Milton Flávio de Almeida Camargo Lautenschläger³⁴⁵ como:

> (...) ato humano, qualificado por um comportamento emulativo; ou por um comportamento que, embora desprovido do caráter emulativo, não gera vantagem ao agente e revela-se desvantajoso ao terceiro; ou, ainda, por um comportamento que, embora imponha utilidades para um e desutilidades para outro, se mostre, numa análise da jurisprudência e/ou da doutrina pelo magistrado, contrário aos valores, princípios e máximas de conduta que compõem a "unidade conceitual valorativa" do Código Civil.

O sistema jurídico brasileiro está a indicar que, em regra, ao exercício do direito subjetivo de não contratar é vedado gerar, àquele que exerceu referido direito, a imputação da responsabilidade civil; contudo, a depender da forma com que esse direito é exercido, a ordem jurídica considera esse comportamento como verdadeiro ato ilícito, gerando o dever de reparar com base nos arts. 187 e 927, *caput*, do Código Civil em vigor.³⁴⁶

---

³⁴³ NORONHA, Fernando. *Direito das obrigações*. 3ª ed. São Paulo: Saraiva, 2010, p. 413.
³⁴⁴ CHAVES, Antônio. *Responsabilidade pré-contratual*. 2ª ed. São Paulo: Lejus, 1997, p. 17.
³⁴⁵ *Abuso do direito*. São Paulo: Atlas, 2007, p. 57.
³⁴⁶ Veja-se: "Art. 187. Também comete ato ilícito o titular de um direito que, ao exercê-lo, excede manifestamente os limites impostos pelo seu fim econômico ou social,

CAPÍTULO 3 - A FORMAÇÃO DOS CONTRATOS, A AUTONOMIA...

Nesse contexto, é de suma importância, para os fins pretendidos neste trabalho, trazer os elementos constitutivos do abuso do direito, já que, com base nele, poderá verificar-se a responsabilidade pré-contratual.

Cristiano de Sousa Zanetti sustenta que o abuso do direito pode ser observado em uma concepção tanto subjetiva como objetiva. A concepção subjetiva do abuso do direito leva em consideração a ideia de ato emulativo, ou seja, de ato que tenha por motivo a intenção de causar prejuízo a alguém ou, ainda, ato cuja prática não trará nenhuma utilidade para o sujeito que o pratica, mas que pode gerar como consequência prejuízo a outrem.[347]

No exame da responsabilidade civil pela ruptura de negociações, este estudo endossa a ideia de Cristiano de Sousa Zanetti ao asseverar que a concepção subjetiva não é de grande valia, haja vista a dificuldade de prova dessa intenção do sujeito que age com abuso do direito.[348]

O próprio Código Civil de 2002, no art. 187, evidencia uma preocupação com elementos objetivos para a caracterização do abuso do direito. Pelo referido artigo é possível perceber a procura, pelo legislador, por elementos alheios à vontade do agente para a caracterização do abuso do direito.

A maior demonstração disso é a relação que se estabelece entre a tipificação do abuso do direito e a necessidade do exercício do direito de acordo com seu fim social ou econômico. Trata de analisar não a *vontade* do agente, mas sim o *conteúdo da conduta* por ele praticada. Antes de se perquirir se a *intenção* do sujeito era a de prejudicar terceiros, tem-se que averiguar se a conduta praticada, muito embora, em princípio, configure o exercício de um direito subjetivo – interesse protegido juridicamente com o correlato reconhecimento de um poder

---

pela boa-fé ou pelos bons costumes. / (...) / Art. 927. Aquele que, por ato ilícito (arts. 186 e 187), causar dano a outrem, fica obrigado a repará-lo".

[347] *Responsabilidade pela ruptura das negociações*. São Paulo: Juarez de Oliveira, 2005, pp. 90/91.

[348] ZANETTI, Cristiano de Sousa. *Responsabilidade pela ruptura das negociações*. São Paulo: Juarez de Oliveira, 2005, p. 92.

jurídico³⁴⁹ –, esteja, na realidade, em desacordo com os princípios morais que a sociedade procura proteger.

Nas tratativas negociais, verifica-se uma espécie de dualidade entre o direito subjetivo do sujeito, cujo conteúdo poderia ser resumido no direito, conferido pelo princípio da autonomia privada, de não contratar – ou de interromper as negociações preliminares – e o limite, imposto pela ordem jurídica, para o exercício de aludido direito. António Manuel da Rocha e Menezes Cordeiro afirma que "o direito subjectivo tem (...) limites. Parte-se, porém, da permissão para os deveres, o que é dizer, da liberdade para as adstrições".³⁵⁰ É justamente nessa dinâmica "liberdade/adstrições" que deve ser feita a correlação entre o abuso do direito e a boa-fé.³⁵¹

Atualmente, essa correlação – abuso do direito e boa-fé objetiva – tem dado azo ao exame mais aprofundado de uma série de institutos jurídicos, dentre os quais se destacam: (i) o *venire contra factum proprium*; (ii) a *exceptio doli*; (iii) a *suppressio*; (iv) a *surrectio*; e (v) o *tu quoque*. Os institutos em questão serão objeto de análise, ainda que objetivamente, na oportunidade em que se tratar da boa-fé, adiante.

O ponto de maior entrave na análise do abuso do direito no âmbito das negociações preliminares reside na dificuldade de se estabelecer critérios concretos na relação entre o abuso do direito e o desatendimento da função econômica e social, da boa-fé e dos bons costumes, preconizados pelo já citado art. 187 do Código Civil de 2002. Em primeiro lugar, porque se está diante de uma hipótese de exceção à regra geral. Em rigor, as negociações preliminares podem ser interrompidas, dado que ninguém pode ser, nessas circunstâncias, obrigado a contratar. Respeitar essa regra é respeitar o princípio da autonomia privada e, por consequência, significa respeitar a liberdade

---

[349] CORDEIRO, António Manuel da Rocha e Menezes. *Da boa fé no direito civil*. Coimbra: Almedina, 2007, p. 664.

[350] *Da boa fé no direito civil*. Coimbra: Almedina, 2007, p. 670.

[351] CORDEIRO, António Manuel da Rocha e Menezes. *Da boa fé no direito civil*. Coimbra: Almedina, 2007, p. 670.

CAPÍTULO 3 - A FORMAÇÃO DOS CONTRATOS, A AUTONOMIA...

dos sujeitos de direito. Somente com a manifestação das vontades das partes no sentido de concluir o contrato é que este poderá existir. Com isso, não se quer, logicamente, afirmar que o princípio da autonomia privada é absoluto.[352]

Os fundamentos para admissão do abuso do direito são diversos. Admite-se o abuso do direito em face da necessidade de proteger o direito de terceiros em decorrência do exercício desarrazoado de um direito, pelo seu titular; exercício esse que evidencie a violação de um comando ético ou moral, ou, ainda, que não se mostre de acordo com a finalidade estatuída pela norma jurídica que confere o referido direito ao sujeito.[353]

Mais uma vez restringindo o campo de apreciação do instituto para o âmbito das negociações preliminares, se fosse preciso identificar um elemento comum às hipóteses de abuso de direito pelo rompimento injustificado das tratativas, certamente esse elemento seria a *confiança*, dever anexo decorrente da boa-fé objetiva, conforme será observado de maneira mais detida a seguir.

É pela intensidade da confiança depositada pela contraparte no sentido de que o contrato irá se realizar – confiança essa que nasce e se desenvolve em consequência do comportamento assumido pelos negociantes no curso das tratativas – que será possível aferir se a opção do sujeito de não concluir o contrato implicará ato condenado ou não pelo Direito. É o que se depreende da assertiva de Carlyle Popp sobre o assunto: "A evolução do processo de confiança fará com que, se num primeiro momento o não contratar se constituía em um forte direito das partes envolvidas, na medida em que se desenvolve o relacionamento, menor ficará a extensão do seu direito negativo de contratar".[354]

---

[352] ZANETTI, Cristiano de Sousa. *Responsabilidade pela ruptura das negociações*. São Paulo: Juarez de Oliveira, 2005, pp. 99/100.

[353] CORDEIRO, António Manuel da Rocha e Menezes. *Da boa fé no direito civil*. Coimbra: Almedina, 2007, pp. 680/681.

[354] *Responsabilidade civil pré-negocial*: o rompimento das tratativas. 6. reimpressão. Curitiba: Juruá, 2011, p. 123.

Antônio Chaves trata de maneira bem pragmática a questão do abuso do direito e sua relação com a recusa de contratar. O autor enumera uma série de situações jurídicas bastante interessantes para reflexão sobre o tema.[355] Antes, contudo, de enumerá-las, Antônio Chaves parte de uma pergunta/premissa: "Aonde chegaríamos se todos quisessem exercer (...) o direito de abster-se [de contratar]?".

Assim, em que medida o direito de recusar a contratação representará simples exercício regular do direito ou uma efetiva hipótese de abuso do direito?

Apesar da liberdade individual do sujeito, diversas situações práticas dão indícios de que essa recusa injustificada pode resultar em uma atitude danosa sob o ponto de vista dos valores pregados pela sociedade. Sobre a questão, Antônio Chaves[356] assevera:

> Todo homem de negócios sabe que não pode assumir uma atitude dessas [simples recusa de contratar], sob pena de chocar a opinião pública. A censura decorreria do fato de que, escolhendo uma dessas profissões [exemplos dados pelo autor com base na lição de Jhering: hoteleiro, lojista, padeiro, açougueiro, farmacêutico, médico, advogado], o cidadão dá à coletividade uma garantia à qual ele deve satisfazer. No comércio da vida, quem quer que exerça um ofício público torna-se, de alguma maneira, uma pessoa pública, existe para a coletividade, fica obrigado a estar ao seu serviço, e a opinião geral considera o exercício do míster como um compromisso com a sociedade.

As situações práticas trazidas por Antônio Chaves ilustram bem o problema. O autor inicia a abordagem fazendo alusão ao contrato de trabalho e à relação empregado-empregador. Poderia o empregador se recusar a contratar um empregado? O exame parte de duas circunstâncias distintas: (i) a do empregador que é procurado pelo empregado que, por sua vez, oferece seus serviços ao empregador, sem que este tenha feito

---

[355] *Responsabilidade pré-contratual.* 2ª ed. São Paulo: Lejus, 1997, pp. 15-45.
[356] *Responsabilidade pré-contratual.* 2ª ed. São Paulo: Lejus, 1997, p. 15.

CAPÍTULO 3 - A FORMAÇÃO DOS CONTRATOS, A AUTONOMIA...

nenhum tipo de solicitação nesse sentido; e (ii) a do empregado que contata o empregador e oferece seus serviços tendo em vista o fato de o empregador ter colocado a vaga à disposição de interessados. Na primeira hipótese, a liberdade do empregador é ampla e, em princípio, o empregador não precisaria nem ao menos justificar sua recusa, ao passo que na segunda, a recusa não poderá ser injustificada. A solução, segundo o autor, seria uma de três hipóteses. Na primeira, seria o caso de a recusa fundar-se em aspecto de natureza de ordem técnica – o candidato à vaga não possui as qualificações técnicas buscadas pelo empregador – ou pelo fato de o empregador já ter preenchido a vaga. Nessas circunstâncias, não há que se falar em abuso do direito de recusar a contratar. Na segunda, seria a recusa decorrente de mera falta de vontade na realização da contratação. Na terceira, seria a recusa que tenha por fundamento elemento discriminatório. Na segunda e na terceira hipóteses, a falta de motivo legítimo dá margem à reparação por perdas e danos.[357]

Em seguida, Antônio Chaves analisa o contrato de empreitada e o contrato de transporte de pessoas e coisas. Para o contrato de empreitada, o autor afirma que a recusa não representaria nenhum tipo de abuso e, portanto, não poderia ensejar sanções ao recusante.[358] No caso do transporte de pessoas e de coisas, haveria uma restrição muito maior à recusa de contratar. Isso porque, não é incomum nesse tipo de transporte que a pessoa não tenha outra opção de contratação, dada, por exemplo, a exclusividade do transporte sobre determinada área. A recusa, portanto, deverá ser justificada, sempre. Além disso, em face da natureza da obrigação, o transportador não pode, sem justificativa, alterar as condições de seu contrato – ou, por exemplo, alteração de horário e de

---

[357] CHAVES, Antônio. *Responsabilidade pré-contratual*. 2ª ed. São Paulo: Lejus, 1997, p. 21.

[358] *Responsabilidade pré-contratual*. 2ª ed. São Paulo: Lejus, 1997, p. 24. A afirmação do autor deve ser vista com ressalvas, pois, basicamente, todos os exemplos trazidos no início de sua obra dizem respeito a circunstâncias em que a recusa se dá já antes de se iniciar qualquer tipo de tratativa. Nesse sentido, a afirmação feita está correta – tanto nesse como nos outros exemplos expostos logo a seguir –; contudo, conforme já mencionado no curso deste trabalho e como poderá ser observado adiante ao se examinar a boa-fé objetiva, essa possibilidade de recusa passa a ser menos evidente na medida em que as partes denotem a intenção de contratar e, então, passem a estabelecer tratativas.

itinerário. Em certos casos, ainda que as alterações sejam feitas justificadamente, poderá haver o dever de indenizar a parte prejudicada pelos prejuízos decorrentes do comportamento adotado pelo transportador.[359]

Antônio Chaves aborda também a recusa de contratar do chamado profissional liberal. Aqui, a multiplicidade de situações concretas impede uma solução única. O artista, por exemplo, não poderia, em princípio, sofrer nenhum tipo de restrição no tocante à possibilidade de recusa a um dado trabalho que lhe é oferecido; já para os profissionais liberais cuja recusa importe em risco à saúde da outra parte – por exemplo, o médico, o farmacêutico e a parteira –, ela deverá dar-se em via excepcional e de maneira justificada. No caso do médico, o autor entende haver uma verdadeira "obrigação positiva de executar todos os deveres inerentes à sua profissão, e, portanto, os cuidados a serem prodigalizados ao doente, sob pena de incorrer em falta não somente contra a moral, mas contra as obrigações positivas da profissão".[360] José de Aguiar Dias desenvolve raciocínio nessa mesma linha e faz uma abordagem mais detalhada sobre o tema.[361] No campo da advocacia, a questão se reveste, também, de ares de especificidade, tendo em vista o comando ético-profissional direcionado a permitir ao advogado "recusar o patrocínio de qualquer causa que não lhe pareça justa ou defensável".[362]

Por fim, importa trazer outro exemplo abordado por Antônio Chaves, relativo à possibilidade de recusa de contratar por aqueles que exercem serviços públicos ou que detêm o monopólio sobre certa atividade. Nesses casos, é comum que a própria lei regulamentadora desse tipo de serviço, ou o ato que regule a concessão, já preveja a possibilidade de uma sanção específica ao fornecedor. De todo modo,

---

[359] CHAVES, Antônio. *Responsabilidade pré-contratual*. 2ª ed. São Paulo: Lejus, 1997, pp. 24-26.
[360] CHAVES, Antônio. *Responsabilidade pré-contratual*. 2ª ed. São Paulo: Lejus, 1997, pp. 26-28.
[361] *Da responsabilidade civil*. 10ª ed. vol. 1. Rio de Janeiro: Forense, 1995. pp. 252-280.
[362] CHAVES, Antônio. *Responsabilidade pré-contratual*. 2ª ed. São Paulo: Lejus, 1997, pp. 29-33.

CAPÍTULO 3 - A FORMAÇÃO DOS CONTRATOS, A AUTONOMIA...

independentemente dessa sanção específica, haverá o dever de reparar os prejuízos sofridos pela parte que postulava a contratação.[363]

A exposição feita demonstra que, se, de um lado, é claro que a ordem jurídica protege a liberdade individual do sujeito, de outro lado, é também verdade que essa mesma ordem se preocupa em limitar as faculdades decorrentes do exercício dessa liberdade. Em síntese conclusiva, esclarece-se que o presente estudo afina-se com José de Aguiar Dias quando este afirma que abuso do direito é "todo ato que, autorizado em princípio, legalmente, se não conforme, ou em si mesmo ou pelo modo empregado, a essa limitação".[364]

No que toca à responsabilidade pela ruptura de negociações, já foi dito neste trabalho, é importante enxergar o conteúdo dessa limitação da ordem jurídica quando se está diante da necessidade de respeitar o princípio da boa-fé objetiva.

3.3 A BOA-FÉ OBJETIVA, A CLÁUSULA GERAL CONTIDA NO ART. 422 DO CÓDIGO CIVIL E OS DEVERES DE CONDUTA NA FORMAÇÃO DOS CONTRATOS

Será abordada, em seguida, a questão do princípio da boa-fé objetiva na formação dos contratos, sob o ponto de vista de sua consagração, no Código Civil de 2002, pela cláusula geral contida no art. 422 desse diploma legal.

3.3.1 Considerações sobre as cláusulas gerais

O fenômeno das cláusulas gerais surgiu na Alemanha, ainda nas primeiras décadas do século XX.[365] O cenário alemão do final da Primeira

---

[363] CHAVES, Antônio. *Responsabilidade pré-contratual*. 2ª ed. São Paulo: Lejus, 1997, pp. 33/34.

[364] *Da responsabilidade civil*. 10ª ed. vol. 1. Rio de Janeiro: Forense, 1995, pp. 252-280.

[365] Sobre o "surgimento" das cláusulas gerais, a doutrina reconhece, todavia, a presença de cláusulas gerais no Código Napoleônico; contudo, a utilização desses dispositivos

Guerra Mundial, com índices inflacionários hiperelevados e a consequente desvalorização da moeda, foi palco de inúmeras disputas judiciais com o objetivo de restabelecer o equilíbrio dos negócios jurídicos.

Diante da ausência de dispositivos legais expressos para o encontro do reequilíbrio objetivado por essas contendas, os tribunais alemães buscaram a solução para o fundamento das decisões proferidas nessas circunstâncias em três parágrafos contidos no *Bürgerliches Gesetzbuch* (*BGB*) – o Código Civil alemão –, quais sejam, os parágrafos 138, 242 e 826.[366] Os referidos dispositivos legais tinham como característica central "autorizar explicitamente o uso de idéias morais como boa-fé e bons costumes". Com isso, John Dawson entende ter havido o início da aplicação das cláusulas gerais no Direito alemão.[367]

Sobre as razões de adesão da Alemanha ao uso das cláusulas gerais, Fabiano Menke[368] assim expõe:

> E aqui talvez seja encontrada a explicação do motivo pelo qual a Alemanha aderiu às cláusulas gerais em que pese seu sistema legal não tenha escapado do movimento de codificação. É que, conforme refere Dawson, o princípio da separação de poderes não vigoraria na Alemanha em sua plenitude, pois no momento em que o próprio legislador do BGB optara pela adoção das referidas

---

no contexto teórico das cláusulas gerais, tal como se conhece hoje, ocorreu, em primeiro lugar, na Alemanha (MARTINS-COSTA, Judith H. *A boa-fé no direito privado*: sistema e tópica no processo obrigacional. São Paulo: Revista dos Tribunais, 1999, p. 287).

[366] De acordo com Fabiano Menke, "os três parágrafos tratam: dos negócios jurídicos contrários aos bons costumes (§138 – sittenwidriges Rechtsgeschäft), da boa-fé no cumprimento da prestação (§242 – Leistung nach Treu und Glauben) e do prejuízo causado de forma intencional e contra os bons costumes (§826 – sittenwidrige vorsätzliche Schädigung)" ("A interpretação das cláusulas gerais: a subsunção e a concreção dos conceitos". *Revista da AJURIS*, vol. 33, n. 103, p. 71, n.r.).

[367] MENKE, Fabiano. "A interpretação das cláusulas gerais: a subsunção e a concreção dos conceitos". *Revista da AJURIS*, Porto Alegre, vol. 33, n. 103, pp. 69-74, set. 2006, p. 71.

[368] "A interpretação das cláusulas gerais: a subsunção e a concreção dos conceitos". *Revista da AJURIS*, Porto Alegre, vol. 33, n. 103, pp. 69-74, set. 2006, p. 71.

cláusulas, haveria um reconhecimento da incompletude do código e da necessidade de sua interpretação, preponderantemente pela ação dos juízes, a partir de fontes localizadas até mesmo fora do código.

Outro fato é que a Alemanha talvez tenha sido o país ocidental menos influenciado pelos influxos das teorias econômicas individualistas, que, no fundo, tinham e têm por escopo minimizar as funções do Estado, situação essa que favoreceu a ocorrência – durante a época da hiperinflação do pós-Primeira Guerra – do decisivo *turning point* mencionado por Dawson, quando a liderança na feitura das leis teria sido transferida do Poder Legislativo para os tribunais (grifo do original).

O autor[369] prossegue em sua exposição:

Por detrás dessa realidade, e um pouco mais remotamente, há que se destacar também os movimentos havidos no direito alemão, ainda no decorrer do século XIX, que indagavam profundamente acerca da existência ou não de lacunas no direito positivo e do papel a ser desempenhado pelo juiz. Assim, a obra de Zitelmann, denominada de *Lacunas do Direito*, já combatia a idéia de plenitude da legislação positiva, aconselhando a procurar-se fora da lei, meios e métodos para o preenchimento das lacunas.

Dignos de menção também, o movimento do Direito Livre (*Freies Recht*), de Eugen Ehrlich, que propunha ao juiz criar sua própria solução, na impossibilidade de extraí-la devidamente dos textos legais; a filosofia de Rudolf Stammler, clamando por um direito justo com maiores liberdades ao intérprete, e a polêmica obra de Hermann Kantorowicz, *A Luta pela Ciência do Direito*, de 1906, que defendia que mesmo na existência de lei para o caso concreto o juiz deveria julgar segundo a ciência e a sua consciência.

Ralph Weber registra que o movimento do Direito Livre considerava como verdadeiras e autênticas fontes da decisão judicial a sensibilidade de justiça e a razão prática (*praktische Vernunft*). De

---

[369] MENKE, Fabiano. "A interpretação das cláusulas gerais: a subsunção e a concreção dos conceitos". *Revista da AJURIS*, Porto Alegre, vol. 33, n. 103, pp. 69-74, set. 2006, p. 71.

uma maneira ou de outra, portanto, essas idéias tinham em comum o fato de considerar a possibilidade de o juiz ser "como que legislador num pequenino domínio, o *domínio do caso concreto*" (grifo do original).

A Alemanha contava, portanto, com todo um ambiente propício para o desenvolvimento das cláusulas gerais como instrumento capaz de reequilibrar as relações jurídicas de acordo com o contexto econômico-social do país. Aos poucos, essa necessidade de previsão de mecanismos capazes de conceder ao juiz maior possibilidade de reequilibrar as relações sociais foi observada nas diversas sociedades ocidentais modernas em razão da velocidade, dinamismo e complexidade com que as relações intersubjetivas passaram a ocorrer. Surgiram outros diplomas legais, como verdadeiros sistemas abertos e móveis, contendo cláusulas gerais capazes de inserir novos valores de acordo com o desenvolvimento da sociedade.

Assim é que, em uma sociedade complexa e em constante modificação que anseia pela intensificação do fenômeno da positivação[370], as cláusulas gerais surgem como um mecanismo de *estabilidade* ao sistema jurídico. Nessa mesma linha de raciocínio exposta aqui, Teresa Arruda Alvim Wambier adverte que aquelas normas de estrutura tradicional, típicas do liberalismo pós-Revolução Francesa, não se mostravam mais adequadas para, *sozinhas*, regular a vida em sociedade. Com as cláusulas gerais, o legislador se defrontou com uma técnica legislativa mais adequada para atender às necessidades da sociedade após, principalmente, a segunda metade do século XX.[371]

A autora faz a seguinte confrontação dessa realidade social com a realidade jurídica[372]:

---

[370] WAMBIER, Teresa Arruda Alvim. "Uma reflexão sobre as 'cláusulas gerais' do código civil de 2002: a função social do contrato". *Revista dos Tribunais*, São Paulo, vol. 94, n. 831, jan. 2005, p. 67.

[371] "Uma reflexão sobre as 'cláusulas gerais' do código civil de 2002: a função social do contrato". *Revista dos Tribunais*, São Paulo, vol. 94, n. 831, jan. 2005, p. 60.

[372] WAMBIER, Teresa Arruda Alvim. "Uma reflexão sobre as 'cláusulas gerais' do código civil de 2002: a função social do contrato". *Revista dos Tribunais*, São Paulo, vol. 94, n. 831, jan. 2005, p. 67.

CAPÍTULO 3 - A FORMAÇÃO DOS CONTRATOS, A AUTONOMIA...

Como já observamos, vivemos em sociedades "inclusivas". Com isso quer-se dizer que há, nas sociedades contemporâneas, marcada tendência a que sejam incorporadas, aos segmentos institucionalizados, camadas sociais que, em outros tempos, viveriam à margem dos benefícios gerados pelas conquistas da civilização.

Esta pode ser considerada uma das características mais marcantes da nossa época. Esta mobilidade social vem ocorrendo concomitantemente com a intensificação do fenômeno da positivação. Esta concomitância vem gerando a dificuldade de operativizar (= fazer funcionar) um *sistema* de normas escritas e, portanto, de razoável estabilidade em sociedades que, em contrapartida, têm estado em permanente mudança.

Teresa Arruda Alvim Wambier[373] ainda pondera:

> Exatamente neste contexto dinâmico é que deve ser entendido o papel da dogmática jurídica. A dogmática contemporânea tende a passar a incorporar elementos que permitam justamente a operativização de um sistema positivo, uma vez que o instrumental clássico com que vinha trabalhando, que praticamente se limitava a um conjunto de instrumentos de cunho lógico, se tem mostrado insuficiente para resolver problemas atuais, exceto em nível dos bancos acadêmicos.
>
> (...)
>
> Nesta direção se caminha, quando se "pensa" o direito não mais exclusivamente com o instrumental do pensar clássico, quando se assumem princípios jurídicos, escritos ou não, como normas jurídicas, quando se incluem na lei as tais cláusulas gerais e quando se perde o receio de oferecer ao juiz, como parâmetros de decisão, normas escritas que contêm conceitos vagos. Com este "repertório" se espera conseguir criar um direito que possa satisfazer de modo mais pleno os anseios das sociedades contemporâneas.

---

[373] "Uma reflexão sobre as 'cláusulas gerais' do código civil de 2002: a função social do contrato". *Revista dos Tribunais*, São Paulo, vol. 94, n. 831, jan. 2005, p. 67.

Para atender aos reclamos dessa nova *realidade* da sociedade pós-moderna, o Código Civil em vigor trouxe uma série de cláusulas gerais, consistentes em dispositivos formulados com uma linguagem "intencionalmente aberta, fluida ou vaga".[374] Diverso do Código de 1916, o Código de 2002 possui uma linguagem "permeada por cláusulas gerais, prenhe de conceitos vagos, ou seja, (...) idéias, núcleos de valores apresentados pelo legislador, mas cujo preenchimento demandará necessariamente que sejam completados pelo juiz à luz das circunstâncias do caso concreto".[375]

A legislação passou a abarcar preceitos que figuram como *grandes diretrizes*, em que a exata noção e avaliação sobre as suas aplicações dependerão da análise do caso concreto. Nesse sentido, essas diretrizes insertas no ordenamento jurídico não contêm, em si, elementos suficientemente precisos para sua aplicação.[376] A essa atividade concernente ao processo de aplicação no caso concreto de referidos núcleos de valores dá-se o nome, conforme já mencionado aqui, de concreção. E é justamente no bojo desse *processo* de concreção que reside o aspecto central do uso das cláusulas gerais na ordem jurídica atual.

As cláusulas gerais, ao contrário dos textos legais de tipicidade fechada que vinculam e limitam o juiz ao aplicar a *lei* na hipótese fática posta sob exame, permitem ao aplicador do direito maior individualização no julgamento do caso concreto.[377] O resultado inevitável dessa abertura

---

[374] WAMBIER, Teresa Arruda Alvim. "Uma reflexão sobre as 'cláusulas gerais' do código civil de 2002: a função social do contrato". *Revista dos Tribunais*, São Paulo, vol. 94, n. 831, jan. 2005, p. 60.

[375] ARRUDA ALVIM, José Manoel de. "A função social dos contratos no novo código civil". *Revista dos Tribunais*, São Paulo, vol. 92, n. 815, p. 27.

[376] ARRUDA ALVIM, José Manoel de. "A função social dos contratos no novo código civil". *Revista dos Tribunais*, São Paulo, vol. 92, n. 815, p. 27.

[377] Sobre as funções das cláusulas gerais, veja-se MARTINS-COSTA, Judith H. *A boa-fé no direito privado*: sistema e tópica no processo obrigacional. São Paulo: Revista dos Tribunais, 1999, pp. 341-348; e, de modo sintetizado, MARTINS-COSTA, Judith H. "O direito privado como um 'sistema em construção' – as cláusulas gerais no projeto do código civil brasileiro". *Revista dos Tribunais Online – Thomson Reuters*.

CAPÍTULO 3 - A FORMAÇÃO DOS CONTRATOS, A AUTONOMIA...

é a busca de maior justiça no caso individual em detrimento da segurança, certeza e previsibilidade conferidas por um sistema legal de roupagem fechada. É essa a conclusão alcançada por Arruda Alvim[378] ao tratar do assunto:

> É claro que aquela noção de segurança e certeza, a que precedentemente aludimos, resulta substituída por uma noção de individualização em relação ao caso concreto, reequilíbrio da situação econômica dos contratantes, reajuste do equilíbrio que deve estar presente na comutatividade de um dado contrato.

Com isso, verifica-se a importância que a interpretação dos conceitos vagos contidos nas cláusulas gerais tem adquirido nos dias de hoje. O uso das cláusulas gerais enquanto técnica legislativa tem se mostrado meio necessário para regular as relações sociais modernas, marcadas, conforme salienta Teresa Arruda Alvim Wambier, por realidades instáveis em face da velocidade com que os fatos ocorrem e se alteram.[379]

De fato, as cláusulas gerais, ao permitirem uma permanente adaptação da estrutura normativa às transformações sociais, funcionam como uma válvula para as exigências ético-sociais, dando subsídios para que o aplicador do direito alcance *a* interpretação mais correta para cada caso concreto.[380] A conveniência de se prever, no sistema, dispositivos que permitam maior flexibilidade para apreciação e interpretação da lei de acordo com as peculiaridades de cada caso está justamente em facilitar aos órgãos julgadores em geral a adoção de uma postura mais ajustada a essa realidade dinâmica, proporcionando, por assim dizer, uma justiça

---

DTR\1998\572, pp. 5-7. Disponível em http://www.revistadostribunais.com.br. Acesso em 10 jul. 2012.

[378] "A função social dos contratos no novo código civil". *Revista dos Tribunais*, São Paulo, vol. 92, n. 815, p. 28.

[379] "Uma reflexão sobre as 'cláusulas gerais' do código civil de 2002: a função social do contrato". *Revista dos Tribunais*, São Paulo, vol. 94, n. 831, jan. 2005, p. 61.

[380] WIEACKER, Franz. *El principio general de la buena fe*. Tradução de José Luis Carro. Madrid: Civitas, 1977, p. 32.

social mais eficaz. A contrapartida dessa busca por maior justiça social já foi ressaltada: atualmente não é possível se identificar o mesmo grau de segurança jurídica, estabilidade e previsibilidade existentes na época em que preponderavam os ideais do liberalismo. Como assinalado alhures, no liberalismo o juiz era tido como a *boca* da lei. A forte presença de tipos legais fechados e o imperativo do processo de subsunção da lei ao caso concreto conferiam ao sistema normativo maior grau de previsibilidade. Os conceitos vagos trazidos pelas cláusulas gerais e o reconhecimento do processo de concreção como uma realidade na atividade exercida pelo aplicador do direito mostram de modo inequívoco que, ao contrário do cenário existente em outras épocas, deixou-se de reconhecer na lei *todo* o direito, conforme lembra mais uma vez Teresa Arruda Alvim Wambier[381]:

O *direito legal* deixou de ser visto como uma entidade dotada de "logische Geschlossenheit" (plenitude ou completitude lógica), tendo o juiz deixado de ser visto como um "aparelho de subsunção", sendo a jurisdição colocada paulatinamente em pé de igualdade com a administração, e se passou a admitir que o juiz decidisse de acordo com as *peculiaridades de cada caso*, dada à incidência cada vez maior com que casos "peculiares" passaram a ocorrer.

Assim, diante da velocidade e das significativas mudanças dos tempos atuais, com a criação e desenvolvimento de novas realidades, como, por exemplo, a *virtual*, o uso de conceitos vagos na formulação de uma norma jurídica permite que o futuro possa ser melhor absorvido e regulado por essa norma. Óbvio que, em regra, toda norma jurídica tem como finalidade regulamentar fatos que ocorrerão no futuro; contudo, as cláusulas gerais, por suas próprias características, consentem também que eventuais *transformações* ocorridas no futuro possam ser por elas açambarcadas.[382]

---

[381] "Uma reflexão sobre as 'cláusulas gerais' do código civil de 2002: a função social do contrato". *Revista dos Tribunais*, São Paulo, vol. 94, n. 831, jan. 2005, p. 65.

[382] WAMBIER, Teresa Arruda Alvim. "Uma reflexão sobre as 'cláusulas gerais' do código civil de 2002: a função social do contrato". *Revista dos Tribunais*, São Paulo, vol. 94, n. 831, jan. 2005, p. 60.

CAPÍTULO 3 - A FORMAÇÃO DOS CONTRATOS, A AUTONOMIA...

Ainda no âmbito da caracterização das cláusulas gerais, é importante pontuar que elas se distinguem essencialmente dos *princípios*.[383]

Princípio, na lição de Celso Antônio Bandeira de Mello[384], é:

> (...) por definição, mandamento nuclear de um sistema, verdadeiro alicerce dele, disposição fundamental que se irradia sobre diferentes normas compondo-lhes o espírito e servindo de critério para sua exata compreensão e inteligência exatamente por definir a lógica e a racionalidade do sistema normativo, no que lhe confere a tônica e lhe dá sentido harmônico. É o conhecimento dos princípios que preside a intelecção das diferentes partes componentes do todo unitário que há por nome sistema jurídico positivo.

Em síntese, princípios são ideias, em forma positivada ou não, que servem de base, fundamento e essência de dado ordenamento jurídico.[385] Para Teresa Arruda Alvim Wambier[386] e Judith H. Martins-Costa[387], o traço caracterizador dos princípios está justamente no fato de serem eles *normas fundantes*, isto é, os princípios são fundamentos de inspiração de determinado ordenamento jurídico. Daí se falar terem os princípios função interpretativa, pois, uma vez que se afirma que o ordenamento jurídico tem por fundamento determinados princípios, deles é possível se extrair o conteúdo da norma jurídica, até como forma de "imprimir harmonia ao sistema".[388]

---

[383] Essa distinção, todavia, não é pacífica na doutrina, conforme pontua GODOY, Claudio Luiz Bueno de. *Função social do contrato*. 3ª ed. São Paulo: Saraiva, 2009, p. 107.

[384] *Curso de direito administrativo*. 15ª ed. São Paulo: Malheiros, 2003, pp. 817/818.

[385] FLÓREZ-VALDÉS, Joaquín Arce y. *Los principios generales del derecho y su formulación constitucional*. Madrid: Cuadernos Civita, 1990, p. 93.

[386] "Uma reflexão sobre as 'cláusulas gerais' do código civil de 2002: a função social do contrato". *Revista dos Tribunais*, São Paulo, vol. 94, n. 831, jan. 2005, p. 60.

[387] *A boa-fé no direito privado*: sistema e tópica no processo obrigacional. São Paulo: Revista dos Tribunais, 1999, p. 321.

[388] WAMBIER, Teresa Arruda Alvim. "Uma reflexão sobre as 'cláusulas gerais' do código civil de 2002: a função social do contrato". *Revista dos Tribunais*, São Paulo, vol. 94, n. 831, jan. 2005, p. 60.

Para Robert Alexy, os princípios devem ser considerados *mandamentos de otimização*. Pelo uso dos princípios se pretende que, em dada realidade fático-jurídica, certo conteúdo normativo – extraído do princípio que é, para o referido autor, uma norma – seja aproveitado ao máximo pelo intérprete.[389]

Conforme referido linhas atrás, os princípios são mandamentos e valores que dão unidade e fundamento a um sistema jurídico. Os princípios podem ser expressos ou implícitos; já as cláusulas gerais, por se tratar de técnica legislativa, deverão sempre ser expressas.

De fato, um princípio pode fazer parte da ordem jurídica mesmo que não exista texto positivo que o consagre. Judith H. Martins-Costa, por exemplo, mesmo antes da vigência do Código Civil de 2002, já defendia o princípio da boa-fé objetiva. A cláusula geral, por sua vez, somente existirá enquanto direito positivado. Entretanto, é possível – e até comum – que haja, em uma cláusula geral, a consagração de um princípio jurídico. Nessas circunstâncias, o dispositivo legal conterá uma norma jurídica que, além de cláusula geral, terá um princípio.[390]

Com essa ponderação, não se quer dizer que toda cláusula geral contém um princípio. Judith H. Martins-Costa, afirma, por exemplo, que o art. 7º do Código de Defesa do Consumidor[391], apesar de ser uma cláusula geral, "nem de longe contêm princípios".[392]

De todo modo, vê-se que, embora as cláusulas gerais não se confundam com os princípios, há, entre ambos, uma inegável correlação. Assim como ocorre com as cláusulas gerais, por vezes a conduta de

---

[389] *Teoria dos direitos fundamentais*. 2ª ed. 2ª tiragem. Tradução de Virgílio Afonso da Silva. São Paulo: Malheiros, 2012, pp. 103/104.

[390] *A boa-fé no direito privado*: sistema e tópica no processo obrigacional. São Paulo: Revista dos Tribunais, 1999, pp. 315-324.

[391] Assim dispõe o texto legal: "Art. 7º Os direitos previstos neste Código não excluem outros decorrentes de tratados ou convenções internacionais de que o Brasil seja signatário, da legislação interna ordinária, de regulamentos expedidos pelas autoridades administrativas competentes, bem como dos que derivem dos princípios gerais do direito, analogia, costumes e equidade".

[392] *A boa-fé no direito privado*: sistema e tópica no processo obrigacional. São Paulo: Revista dos Tribunais, 1999, pp. 323/324.

CAPÍTULO 3 - A FORMAÇÃO DOS CONTRATOS, A AUTONOMIA...

obediência com relação a um princípio procede justamente da obediência ao texto legal que o incorpora e não diretamente dele, princípio. Não obstante esse fato, nas circunstâncias em que não haja a observância da postura supostamente abarcada pelo Direito Positivo, os princípios devem ser "'recuperados' como elemento a ser levado preponderantemente em conta no processo interpretativo".[393]

Teresa Arruda Alvim Wambier anota, ainda, que outro ponto de convergência entre os princípios e as cláusulas gerais está no fato de que estas, assim como aqueles, existem independentemente de sua aplicação ou não a um caso concreto. Como ambos representam vetores interpretativos, casos existirão em que a aplicação de um princípio ou cláusula geral afasta a aplicação de outro(a); esse conflito, todavia, deve ocorrer ordinariamente em situações concretas, a fim de que aquele princípio ou cláusula geral porventura não aplicado na situação concreta não tenha sua existência posta em dúvida.

Ao prosseguir adiante com a identificação do papel e da posição dos princípios jurídicos no sistema e a inter-relação destes com as cláusulas gerais, Teresa Arruda Alvim Wambier ressalta a correspondência existente entre princípios jurídicos, *valores* e cláusulas gerais. Para a autora[394], os princípios jurídicos "*incorporam valores*". Se, por exemplo, for considerada a possibilidade de existir conflito entre valores, apenas reforça-se, com isso, a ideia de que esse conflito pode ocorrer com relação aos princípios. Os conflitos em questão – repise-se – existirão ante um *caso concreto*. Essa assertiva se justifica em razão de, uma vez que os princípios são considerados verdadeiras diretrizes que servem de base, fundamento e essência de dado ordenamento jurídico, concorda-se, neste estudo, com Teresa Arruda Alvim Wambier quando ela sinaliza a dificuldade de organizar os princípios de maneira hierarquizada, dando-lhes, assim, um tratamento rígido. A dificuldade em questão procede do simples fato de a aplicação de um

---

[393] WAMBIER, Teresa Arruda Alvim. "Uma reflexão sobre as 'cláusulas gerais' do código civil de 2002: a função social do contrato". *Revista dos Tribunais*, São Paulo, vol. 94, n. 831, jan. 2005, p. 60.

[394] "Uma reflexão sobre as 'cláusulas gerais' do código civil de 2002: a função social do contrato". *Revista dos Tribunais*, São Paulo, vol. 94, n. 831, jan. 2005, pp. 71/72.

princípio resvalar essencialmente na necessidade de ponderação em face de outros princípios, avocados conforme a hipótese fática.

Sobre o aspecto apontado, Robert Alexy[395] esclarece o que se segue:

> Princípios exigem que algo seja realizado na maior medida possível dentro das possibilidades jurídicas e fáticas existentes. Nesse sentido, eles não contêm um *mandamento definitivo*, mas apenas *prima facie*. Da relevância de um princípio em um determinado caso não decorre que o resultado seja aquilo que o princípio exige para esse caso. Princípios representam razões que podem ser afastadas por razões antagônicas. (...) Os princípios, portanto, não dispõem da extensão de seu conteúdo em face dos princípios colidentes e das possibilidades fáticas.

As cláusulas gerais também não se confundem com os *conceitos indeterminados*. A grande dificuldade de diferenciá-los está no fato de que tanto nas cláusulas gerais quanto nos conceitos jurídicos indeterminados a "vagueza semântica e o reenvio a *standards* valorativos extra-sistemáticos" são características presentes.[396]

O elemento-chave de diferenciação das cláusulas gerais e dos conceitos indeterminados, de acordo com Judith H. Martins-Costa, reside em que, nas normas jurídicas que contêm conceitos indeterminados, estes, na realidade, integram a descrição do fato. Assim, para o aplicador do direito, uma vez verificada a identidade entre o conceito indeterminado contido na lei e o fato concreto a ser analisado, a aplicação da norma é medida que se impõe. Tratar-se-ia, por assim dizer, de hipótese até mesmo de subsunção.[397] Conforme anotado linhas atrás, o mesmo não acontece com as cláusulas gerais.

---

[395] *Teoria dos direitos fundamentais*. 2ª ed. 2ª tiragem. Tradução de Virgílio Afonso da Silva. São Paulo: Malheiros, 2012, pp. 103/104.

[396] MARTINS-COSTA, Judith H. *A boa-fé no direito privado*: sistema e tópica no processo obrigacional. São Paulo: Revista dos Tribunais, 1999, p. 325.

[397] *A boa-fé no direito privado*: sistema e tópica no processo obrigacional. São Paulo: Revista dos Tribunais, 1999, p. 326.

CAPÍTULO 3 - A FORMAÇÃO DOS CONTRATOS, A AUTONOMIA...

Feito este breve cotejo entre os princípios, cláusulas gerais e conceitos jurídicos indeterminados, e partindo-se da dificuldade mencionada em se atribuir um tratamento rígido nas suas aplicações, surge a pergunta: qual é o limite para o uso desses vetores interpretativos pelo aplicador do direito na tarefa de concreção das cláusulas gerais?

Para identificação desse limite, deve-se partir de uma premissa básica, qual seja, a de que a aplicação da cláusula geral deverá ser feita *justificadamente*, sobretudo naquelas hipóteses em que o aplicador do direito pretender afastar a aplicação de tipos legais fechados que regulem determinada matéria objeto de apreciação, fato este que, no entendimento do presente estudo, deve ser visto com extrema cautela. Apoiado no pensamento de Ralph Weber, Fabiano Menke[398] assim sintetiza essa noção:

> Primeiramente, ressalte-se que Weber vê as cláusulas gerais de modo limitado, utilizando um conceito restrito. Elas devem ser utilizadas subsidiariamente na tarefa de interpretação, como figuras auxiliares (*Hilfsfigur*), e não como ferramenta principal. A aplicação da cláusula geral é um acontecimento jurídico; é criação de lei apenas e tão somente para o caso concreto e para uma decisão materialmente justa. Portanto, o aplicador da lei que pretender derivar da cláusula geral uma norma para o caso futuro estará excedendo seus poderes. A "norma" assim posta carecerá de validade.
>
> Ao se aplicar a cláusula geral, deve-se justificar o motivo pelo qual não se está aplicando as outras hipóteses legais tradicionais, pois do contrário o resultado será indesejável e inadmissível. A limitação, ou a complementação obtidas por meio da cláusula geral, deverão, assim ser justificadas.

Na concepção de Ralph Weber, portanto, a cláusula geral se apresenta como um suporte dado ao Poder Judiciário para as hipóteses em que as normas "tradicionais", isto é, aquelas típicas dos sistemas

---

[398] "A interpretação das cláusulas gerais: a subsunção e a concreção dos conceitos". *Revista da AJURIS*, vol. 33, n. 103, pp. 83/84.

jurídicos fechados ou de pouca mobilidade sob o ponto de vista de aplicação da lei, não puderem, sozinhas, ser aplicadas sem que haja prejuízo para o caso analisado em concreto.

Afirmou-se, linhas atrás, que o crescimento do uso direto das cláusulas gerais – e dos princípios por elas incorporados – para a solução do caso concreto, na busca por maior justiça em face da complexidade e velocidade das relações existentes na sociedade atual, gera como consequência uma diminuição no grau de segurança jurídica e previsibilidade do sistema. Trata-se de uma opção feita pelas sociedades contemporâneas: "abrir mão do valor segurança, em troca de soluções que atendam mais de perto às efetivas necessidades que devem responder".[399] Essa diminuição da segurança, contudo, deve possuir certos limites, encontrados no próprio sistema. O uso das cláusulas gerais e dos conceitos vagos intencionalmente existentes no ordenamento jurídico não pode estar a serviço do aplicador da lei para que este decida exclusivamente de acordo com convicções pessoais.[400] Os "vetores orientativos das valorações do juiz devem ser extraídos do *ethos* jurídico dominante na comunidade, cuja fonte de conhecimento, por excelência, são os princípios constitucionais".[401] Em síntese, o uso das cláusulas gerais

---

[399] WAMBIER, Teresa Arruda Alvim. "Uma reflexão sobre as 'cláusulas gerais' do código civil de 2002: a função social do contrato". *Revista dos Tribunais*, São Paulo, vol. 94, n. 831, jan. 2005, pp. 71/72.

[400] A esse respeito, Wambier pondera: "Não devem estes termos excessivamente vagos das ditas 'cláusulas gerais' servir de instrumento ao *direito alternativo*, gerando o caos, a ausência integral de previsibilidade e o comprometimento definitivo e irreversível do valor *segurança*. / (...) Princípios, cláusulas ditas 'gerais', dispositivos legais que contenham em sua redação conceitos vagos ou indeterminados não podem significar uma brecha para que *cada juiz* aja de acordo com sua *convicção pessoal*, a respeito do sentido que tenham estas normas. Se assim fosse, negar-se-ia a existência substancial do Poder Legislativo e o Judiciário ficaria 'pulverizado' em tantos quantos fossem o número de juízes que o integram. / (...) Se a função do contrato é dar mais alternativas às pessoas, permitindo a elevação do nível de bem-estar na sociedade, é evidente que esta perspectiva fica comprometida se se instalar um clima de desconfiança e insegurança relativamente ao ato de contratar ("Uma reflexão sobre as 'cláusulas gerais' do código civil de 2002: a função social do contrato". *Revista dos Tribunais*, São Paulo, vol. 94, n. 831, jan. 2005, p. 72).

[401] WAMBIER, Teresa Arruda Alvim. "Uma reflexão sobre as 'cláusulas gerais' do código civil de 2002: a função social do contrato". *Revista dos Tribunais*, São Paulo, vol. 94, n. 831, jan. 2005, pp. 71/72.

CAPÍTULO 3 - A FORMAÇÃO DOS CONTRATOS, A AUTONOMIA...

deve vir acompanhado, sempre, de *adequada* fundamentação, isto é, com fundamentos extraídos do próprio ordenamento jurídico, a fim de se manter um mínimo de estabilidade e previsibilidade. Isso denota que o julgador só pode buscar na lei soluções para as discussões postas à sua apreciação. E mais: em princípio, se houver tipificação legal que reflita a situação fática examinada, o julgador não pode "alterá-la" a pretexto de se respeitar, supostamente, uma cláusula geral.[402]

A relevância em se debater os aspectos aludidos exsurge da própria temática do presente trabalho, especialmente no que concerne ao exame do art. 422 do Código Civil de 2002, que contém uma clara hipótese de cláusula geral cujo âmbito de aplicação se estende, conforme se verá a seguir, para o momento anterior à formação do contrato.

3.3.2 A boa-fé objetiva

Após a Revolução Francesa, o Direito ocidental passou por dois paradigmas. O primeiro, alicerçado em um pensamento que levava em

---

[402] Não é, todavia, o que se observa por vezes na doutrina e na jurisprudência. Turczyn Berland, ao tratar das contradições existentes no Código Civil atual, defende, no caso de haver *aparente* contradição entre norma específica e uma cláusula geral, a prevalência desta última, dado o seu caráter principiológico (BERLAND, Carla Turczyn. *A intervenção do juiz nos contratos*. São Paulo: Quartier Latin, 2009, p. 106). Em julgado do Tribunal de Justiça do Estado do Paraná, de 3 de fevereiro de 2010, a 17ª Câmara Cível, por unanimidade de votos, reconheceu a possibilidade de usucapião especial sobre imóvel com metragem superior àquela estabelecida pela Constituição Federal, diante do argumento de que a diferença mínima entre a metragem do imóvel e aquela estabelecida na Constituição (e no Código Civil) não poderia "sobrepujar o real escopo da norma". Eis a ementa: "CIVIL. AÇÃO REIVINDICATÓRIA. PEDIDO JULGADO PROCEDENTE. USUFRUTO VITALÍCIO DA GENITORA. DIREITO REAL PASSÍVEL DE USUCAPIÃO. INTELIGÊNCIA DO ART. 1.391 DO CC. PRAZO PARA A PRESCRIÇÃO AQUISITIVA. APLICAÇÃO DOS ARTIGOS 183 DA CONSTITUIÇÃO FEDERAL E 1.240 DO CÓDIGO CIVIL. USUCAPIÃO ESPECIAL. IMÓVEL QUE CONTA COM 252 M². DIFERENÇA ÍNFIMA QUE NÃO PODE SOBREPUJAR O REAL ESCOPO DA NORMA. RECURSO CONHECIDO E PROVIDO. 1. O imóvel foi adquirido para servir de moradia da genitora, a qual assumiu todas as despesas decorrentes do uso da coisa. 2. A posse exercida sobre o imóvel por mais de 9 anos, configura a constituição de usufruto vitalício, que limita o domínio da real proprietária, até o evento morte da usufrutuária. 3. Reconhecido a constituição do usufruto vitalício por usucapião, o titular do domínio não pode reivindicar o imóvel. Inteligência do art. 1391 do Código Civil" (Apelação Cível n. 635.930-4).

consideração a ordem jurídica como "lei universal, geral, [com capacidade de] prever tudo com precisão e ser, tanto quanto possível, completa". O segundo, de que o direito deveria ser compreendido como um sistema aberto, em que o juiz teria "maior liberdade de decisão".[403]

Observou-se que uma das principais características das cláusulas gerais é a de oxigenar o ordenamento jurídico, "prolongando sua vida útil, criando aberturas para o mundo extrajurídico (não expressamente positivado)".[404] Dessa forma, as cláusulas gerais – também já se assinalou – possibilitam que os conteúdos dos conceitos vagos por elas previstos tenham um contorno condizente com o momento social em que a lei é aplicada, desde que respeitados, sempre, os limites impostos pelo próprio ordenamento jurídico em que elas se inserem.

A retomada dessa característica básica é necessária para que se possa, preliminarmente, ressaltar os contornos interpretativos a respeito da boa-fé objetiva e sua relação com a liberdade de contratar.

A previsão contida no art. 422 do Código Civil em vigor remete ao princípio da boa-fé *objetiva*. Respeitar a boa-fé objetiva em uma relação intersubjetiva implica um agir pautado em uma conduta ética, isto é, implica um comportamento leal entre as partes. Nesse sentido, a boa-fé ajuda a interpretar qual é a conduta que o sujeito pode – e deve – esperar da contraparte em uma relação jurídica. Além disso, pela boa-fé objetiva são criados diversos deveres que devem ser observados pelas partes, deveres esses, aliás, reflexos imediatos desse comportamento esperado – deveres de cuidado, de informação, de sigilo, de cooperação, de lealdade e correção – e resultado do princípio da confiança que deve servir de base para o tráfego jurídico. Por fim, com a boa-fé objetiva o sistema jurídico limita, também, o exercício de certos direitos subjetivos.[405]

---

[403] AZEVEDO, Antonio Junqueira de. "Insuficiências, deficiências e desatualização do projeto de código civil na questão da boa-fé objetiva nos contratos". *Revista dos Tribunais Online – Thomson Reuters*. DTR\2000\264, p. 1. Disponível em http://www.revistadostribunais.com.br. Acesso em 10 jul. 2012.

[404] WAMBIER, Teresa Arruda Alvim. "Uma reflexão sobre as 'cláusulas gerais' do código civil de 2002: a função social do contrato". *Revista dos Tribunais*, São Paulo, vol. 94, n. 831, jan. 2005, p. 73.

[405] PEREIRA, Caio Mário da Silva. *Instituições de direito civil*: introdução ao direito civil; teoria geral de direito civil. 22ª ed. Rio de Janeiro: Forense, 2008, p. 503.

CAPÍTULO 3 - A FORMAÇÃO DOS CONTRATOS, A AUTONOMIA...

São essas funcionalidades do princípio da boa-fé objetiva que este estudo se propõe a analisar a partir de agora.

A boa-fé encontra significado para o Direito desde o Direito Romano[406], o qual criou a *fides*, garantia que se conferia à palavra dada. A *fides* tinha valor na esfera religiosa (*fides*-sacra), na noção de garantia (*fides*-fato) e no sentido de dever moral (*fides*-ética). Com o passar do tempo, a *bona fides* passou a representar, também, além dessa garantia, a necessidade de uma atuação leal, honesta, sem dolo.[407]

Os contratos consensuais do Direito Romano – compra e venda, locação, sociedade e mandato –, ante a não necessidade de observância de critérios formais para evidenciar sua existência, baseavam a garantia de seu cumprimento na *fides bona*, isto é, na "fidelidade à palavra dada".[408]

No Direito Canônico, a boa-fé foi concebida em uma dimensão mais subjetiva. Condizia, por assim dizer, com a ausência de pecado.[409] Esse conteúdo atribuído pelo cristianismo incutiu na boa-fé um elemento de natureza ética.[410]

---

[406] Sobre o desenvolvimento histórico do instituto, pontuar-se-ão, aqui, os aspectos que se reputam mais relevantes. Uma análise detalhada sobre as origens da boa-fé pode ser encontrada em CORDEIRO, António Manuel da Rocha e Menezes. *Da boa fé no direito civil*. Coimbra: Almedina, 2007, pp. 53-403; e em MARTINS-COSTA, Judith H. *A boa-fé no direito privado*: sistema e tópica no processo obrigacional. São Paulo: Revista dos Tribunais, 1999, pp. 110-155.

[407] OLIVEIRA, Ubirajara Mach de. "Princípios informadores do sistema de direito privado: a autonomia da vontade e a boa-fé objetiva". *Revista dos Tribunais Online – Thomson Reuters*. DTR\1997\621, pp. 11/12. Disponível em http://www.revistadostribunais.com.br. Acesso em 10 jul. 2012.

[408] FRITZ, Karina Nunes. "A boa-fé objetiva e sua incidência na fase negocial: um estudo comparado com base na doutrina alemã". *Revista dos Tribunais Online – Thomson Reuters*. DTR\2007\813, p. 3. Disponível em http://www.revistadostribunais.com.br. Acesso em 10 jul. 2012.

[409] OLIVEIRA, Ubirajara Mach de. "Princípios informadores do sistema de direito privado: a autonomia da vontade e a boa-fé objetiva". *Revista dos Tribunais Online – Thomson Reuters*. DTR\1997\621, p. 12. Disponível em http://www.revistadostribunais.com.br. Acesso em 10 jul. 2012.

[410] FRITZ, Karina Nunes. "A boa-fé objetiva e sua incidência na fase negocial: um estudo comparado com base na doutrina alemã". *Revista dos Tribunais Online – Thomson*

O Direito Civil francês, com o Código Napoleônico, recepcionou a boa-fé em suas concepções subjetiva e objetiva; contudo, em razão das já mencionadas características do liberalismo, presente na época da codificação francesa, o uso da boa-fé objetiva, pela doutrina e jurisprudência, tinha o condão apenas de reforço ao pacto, isto é, de avigoramento da necessidade de cumprir a obrigação avençada.[411]

A boa-fé, em seu sentido objetivo, que era encontrada nos contratos do Direito Romano, adquiriu novamente essa forma de manifestação com o Direito tedesco. É na Alemanha que, durante o século XIX, foram surgindo manifestações jurisprudenciais que consagravam elementos como lealdade e confiança para o alcance de soluções jurídicas em torno do tráfego comercial. No início do século XX, com o Código Civil alemão, a boa-fé objetiva recebeu contornos legais concretos. António Manuel da Rocha e Menezes Cordeiro[412] registra que o *BGB* indica a boa-fé objetiva em cinco dispositivos diferentes:

> (...) No § 157: "os contratos interpretam-se como o exija a boa-fé, com consideração pelos costumes do tráfego"; no § 162/1 e 2/: "Quando a verificação da condição seja, contra a boa fé, impedida pela parte a quem ela desfavoreça, tem-se por ocorrida"; no § 242: "O devedor está adstrito a realizar a prestação tal como o exija a boa fé, com consideração pelos costumes do tráfego"; no § 320/2, a propósito da excepção do contrato não cumprido: "Quando, por uma das partes, apenas tenha havido uma prestação parcial, a contraprestação não pode, contudo, ser recusada quando a recusa, segundo as circunstâncias, em especial por causa da

---

Reuters. DTR\2007\813, p. 4. Disponível em http://www.revistadostribunais.com.br. Acesso em 10 jul. 2012.

[411] FRITZ, Karina Nunes. "A boa-fé objetiva e sua incidência na fase negocial: um estudo comparado com base na doutrina alemã". *Revista dos Tribunais Online – Thomson Reuters*. DTR\2007\813, p. 4. Disponível em http://www.revistadostribunais.com.br. Acesso em 10 jul. 2012.

[412] CORDEIRO, António Manuel da Rocha e Menezes. *Da boa fé no direito civil*. Coimbra: Almedina, 2007, pp. 325/326.

pequenez relativa do que falta, seja contrária a boa fé"; no § 815, a propósito do enriquecimento sem causa: "A restituição por não ocorrência do resultado visado com a prestação é excluída quando fosse, desde o princípio, impossível e o autor da prestação soubesse disso e quando este, contra a boa fé, tenha impedido tal resultado".

A positivação aqui mencionada foi tardia. A prática comercial alemã, desde épocas medievais, já admitia a boa-fé como regra de conduta a ser adotada pelas partes, regra essa baseada na lealdade e na honestidade.[413]

No Direito Civil brasileiro, a boa-fé objetiva foi positivada pelo Código Civil de 2002, oportunidade em que ela ganhou efetiva funcionalidade no sistema jurídico pátrio. A relevância atual da boa-fé objetiva tem relação direta com todas as preocupações da pós-modernidade, já identificadas linhas atrás. O Direito pós-moderno deslocou a visão do Direito Privado para a Constituição Federal, com o fenômeno da constitucionalização do Direito Civil. Os princípios ganharam relevância e passaram a ser vistos como fontes do Direito. Ganharam importância também, nesse contexto, as cláusulas gerais e os conceitos indeterminados, cujo uso permite uma melhor e mais rápida adaptação do texto legal às constantes transformações da sociedade. Por fim, ainda no cenário pós-moderno, verifica-se uma maior intervenção do Estado nas relações entre os particulares e uma busca pelos valores da solidariedade, colaboração e equidade[414], valores esses protegidos pela boa-fé objetiva.

A doutrina tem destacado três funções basilares inerentes ao princípio da boa-fé objetiva.

---

[413] FRITZ, Karina Nunes. "A boa-fé objetiva e sua incidência na fase negocial: um estudo comparado com base na doutrina alemã". *Revista dos Tribunais Online – Thomson Reuters*. DTR\2007\813, pp. 4/5. Disponível em: Acesso em 10 jul. 2012.

[414] BALBINO, Renata Domingues Barbosa. "O princípio da boa-fé objetiva no novo código civil". *Revista dos Tribunais Online – Thomson Reuters*. DTR\2003\641, p. 1. Disponível em http://www.revistadostribunais.com.br. Acesso em 11 jul. 2012.

Em primeiro lugar, a boa-fé objetiva teria uma função *interpretativa*, o que significa dizer que as relações e negócios jurídicos devem ser interpretados de maneira mais favorável àquele que está de boa-fé.[415] Essa é a conclusão que se deve extrair da leitura do art. 113 do Código Civil de 2002: "Os negócios jurídicos devem ser interpretados conforme a boa-fé e os usos do lugar de sua celebração". Em segundo lugar, a boa-fé objetiva possui uma função de *controle*, destinada a evitar a perpetuação de situações obrigacionais lesivas e desequilibradas entre os sujeitos envolvidos, combatendo-se, por exemplo, eventuais situações geradas por abuso do direito. A respeito dessa função, importa destacar o teor do art. 187 desse Código: "Também comete ato ilícito o titular de um direito que, ao exercê-lo, excede manifestamente os limites impostos pelo seu fim econômico ou social, pela boa-fé ou pelos bons costumes". Por fim, a boa-fé possui também a função de *integração*, impondo às partes envolvidas na relação contratual uma série de deveres de conduta. O art. 422 do mesmo diploma civil consagra essa função ao dispor que "Os contratantes são obrigados a guardar, assim na conclusão do contrato, como em sua execução, os princípios de probidade e boa-fé".[416]

---

[415] Sobre a função interpretativa da boa-fé, recorre-se ao seguinte escólio de Couto e Silva: "Não se pode recusar a existência de relação entre a hermenêutica integradora e o princípio da boa-fé. (...) / Nesse processo hermenêutico, cuida-se em conferir justa medida à vontade que se interpreta – pois que o contrato não se constitui de duas volições, ou de uma oferta e uma aceitação, isoladamente, mas da fusão desses dois elementos – e de evitar-se o subjetivismo e o psicologismo a que se chegaria sem dificuldade, caso o interesse de ambas as partes não fosse devidamente considerado. / Por meio da interpretação da vontade, é possível integrar o conteúdo do negócio jurídico com outros deveres que não emergem diretamente da declaração. / Em muitos casos, é difícil determinar, com firmeza, o que é resultado da aplicação do princípio da boa-fé e o que é conquista da interpretação integradora. É certo que tal forma de interpretação serve, realmente, para aumentar o conteúdo do negócio jurídico; mas, por outro lado, não é menos exato que se adstringe, tão-somente, à pesquisa e explicitação volitiva das partes no momento da constituição do ato, não abrangendo, por consequência, as mesmas situações atingidas pelo princípio da boa-fé, o qual traça uma órbita bem mais ampla, assumindo, por vezes, função limitadora de direitos (inclusive formativos) dos partícipes da relação, e alcançando todos os momentos e fases do vínculo, desde o seu nascimento até o adimplemento de deveres e obrigações" (SILVA, Clóvis do Couto e. *A obrigação como processo*. Rio de Janeiro: Editora FGV, 2011, pp. 35/36).

[416] TEPEDINO, Gustavo; SCHREIBER, Anderson. "A boa-fé objetiva no código de defesa do consumidor e no novo código civil". *In:* TEPEDINO, Gustavo

CAPÍTULO 3 - A FORMAÇÃO DOS CONTRATOS, A AUTONOMIA...

Os deveres de uma relação contratual dividem-se em: deveres *principais*, deveres *secundários com prestação autônoma* e deveres *secundários acessórios da prestação principal*. São deveres *principais* aquelas obrigações que constituem o objeto do contrato celebrado. No caso do contrato de prestação de serviços, por exemplo, seriam deveres principais a atividade a ser desenvolvida pelo prestador de serviços e o pagamento do preço, pelo tomador. Os deveres *secundários com prestação autônoma* caracterizam-se como obrigações existentes no contrato que podem ser exigidas diante da impossibilidade ou da perda de conveniência do cumprimento da obrigação principal. Seria o caso, por exemplo, da cláusula penal pelo inadimplemento contratual. Por fim, os deveres *secundários acessórios da prestação principal* são aquelas obrigações que guardam estreita relação com a prestação principal e se posicionam, em relação a esta, em caráter de complementariedade. Seria, por exemplo, a obrigação de conservar a coisa alugada em um contrato de locação de bem imóvel.[417]

Os deveres apontados, contudo, não são os únicos existentes na relação obrigacional. Pela função integrativa da boa-fé objetiva, reconhece-se que a relação jurídica entre as partes não está adstrita à necessidade de se cumprir o que seria a *prestação da obrigação principal prevista no contrato* e as respectivas *obrigações secundárias* mencionadas linhas atrás, mas sim à necessidade de observância de uma série de deveres de conduta que recaem sobre as partes envolvidas. Esses deveres de conduta decorrem do princípio da boa-fé objetiva.

O desenvolvimento da noção de boa-fé objetiva guarda correspondência com a própria compreensão do conteúdo da relação

---

(coord.). *Obrigações*: estudos na perspectiva civil-constitucional. Rio de Janeiro: Renovar, 2005, p. 36.

[417] A esse respeito, veja-se TREVISAN, Marco Antonio. "Responsabilidade pós-contratual". *Revista dos Tribunais Online – Thomson Reuters*. DTR\2003\545, pp. 2/3. Disponível em http://www.revistadostribunais.com.br. Acesso em 11 jul. 2012; e HAICAL, Gustavo Luís da Cruz. "O inadimplemento pelo descumprimento exclusivo de dever lateral advindo da boa-fé objetiva". *Revista dos Tribunais Online – Thomson Reuters*. DTR\2010\853, pp. 3/4. Disponível em http://www.revistadostribunais.com.br. Acesso em 11 jul. 2012.

jurídica. Se, sob os auspícios do liberalismo, os elementos caracterizadores da relação jurídica eram o *sujeito*, o *vínculo* e o *objeto*, e a relação jurídica era vista dentro de uma estrutura unitária, hoje, essa perspectiva foi alterada para se enxergar a relação jurídica como uma relação complexa. Nesse sentido, a satisfação da relação jurídica passou a ser vista como algo mais abrangente do que a mera satisfação do crédito.[418]

Conforme visto no Capítulo 2, a relação jurídica encarada como processo obrigacional não se restringe ao contrato. Ela alcança desde a fase pré-contratual até a fase posterior à execução do contrato. Os deveres de conduta assinalados – e, consequentemente, a boa-fé objetiva – estão presentes em todas as fases desse processo.

Nas tratativas, a boa-fé objetiva se manifesta pela aproximação entre as pretensas partes contratantes. Não se trata de uma aproximação qualquer, mas de uma aproximação capaz de despertar, na contraparte, uma série de expectativas decorrentes da confiança de que as partes têm o interesse de realizar um contato com o real objetivo de contratar. Trata-se de uma forma de contato social mais intenso do que aquele resultante do mero convívio social, mas que, por não haver contrato, não induz à existência de deveres de prestação.[419] Surge, por assim dizer, "uma relação jurídica [com direitos e deveres de conduta para ambas as partes] sem deveres de prestação, baseada na confiança dos figurantes na conduta proba e leal do outro".[420]

---

[418] HAICAL, Gustavo Luís da Cruz. "O inadimplemento pelo descumprimento exclusivo de dever lateral advindo da boa-fé objetiva". *Revista dos Tribunais Online – Thomson Reuters*. DTR\2010\853, p. 2. Disponível em http://www.revistadostribunais.com.br. Acesso em 11 jul. 2012.

[419] Os deveres de prestação se diferenciam dos deveres anexos decorrentes da boa-fé objetiva em especial pelo fato daqueles atuarem exclusivamente de acordo com a realidade jurídica do devedor e no interesse do credor. Os deveres anexos decorrentes da boa-fé objetiva, por sua vez, atuam indistintamente buscando atender aos interesses do credor e do devedor. Atender aos proclames da boa-fé objetiva na relação obrigacional e fazer que essa relação busque a satisfação máxima dos interesses das partes envolvidas, protegendo o patrimônio e a pessoa humana (HAICAL, Gustavo Luís da Cruz. "O inadimplemento pelo descumprimento exclusivo de dever lateral advindo da boa-fé objetiva". *Revista dos Tribunais Online – Thomson Reuters*. DTR\2010\853, p. 7. Disponível em http://www.revistadostribunais.com.br. Acesso em 11 jul. 2012).

[420] HAICAL, Gustavo Luís da Cruz. "O inadimplemento pelo descumprimento exclusivo de dever lateral advindo da boa-fé objetiva". *Revista dos Tribunais Online –*

CAPÍTULO 3 - A FORMAÇÃO DOS CONTRATOS, A AUTONOMIA...

É importante lembrar que, embora exista uma zona de interseção entre boa-fé objetiva e boa-fé subjetiva, consubstanciada na ética e na moral, há, entre elas, uma diferença substancial. A boa-fé subjetiva se reporta ao estado de consciência do sujeito, ou seja, a um estado psicológico, isto é, ao plano da *intenção*, ao passo que a boa-fé objetiva está relacionada ao plano da conduta, ou seja, ao *comportamento que se espera* do sujeito envolvido em determinada relação.[421] Não se trata exatamente do comportamento que a outra parte espera do sujeito, mas sim do comportamento que *a sociedade espera das partes*, com base nos valores por ela consagrados, em uma relação de cooperação.

A boa-fé subjetiva recebe do ordenamento jurídico tipificações em situações diversas. Ela se verifica, por exemplo, na caracterização do *possuidor* de boa-fé[422]; na venda, por herdeiro do depositário, da coisa depositada[423]; na identificação da extensão da obrigação de restituir no pagamento indevido[424]; na venda com reserva de domínio[425]; e em inúmeras outras hipóteses legais. Em todas elas, a lei dá valor a uma *qualidade* do sujeito e não a um *comportamento* que se espera ver assumido pela parte, como sói acontecer nas hipóteses de boa-fé objetiva. Na boa-fé subjetiva falta ao sujeito a consciência de que o ato "A" possa prejudicar terceiro.

António Manuel da Rocha e Menezes Cordeiro ressalta que a noção nuclear da boa-fé subjetiva adveio da *bonae fidei possessio*, do *Corpus*

Thomson Reuters. DTR\2010\853, p. 7. Disponível em http://www.revistadostribunais.com.br. Acesso em 11 jul. 2012.

[421] MARTINS-COSTA, Judith H. *A boa-fé no direito privado*: sistema e tópica no processo obrigacional. São Paulo: Revista dos Tribunais, 1999, p. 411. Veja-se também em MARTINS-COSTA, Judith H. "O direito privado como um 'sistema em construção' – as cláusulas gerais no projeto do código civil brasileiro". *Revista dos Tribunais Online – Thomson Reuters*. DTR\1998\572, pp. 9-11. Disponível em http://www.revistadostribunais.com.br. Acesso em 10 jul. 2012.

[422] Exemplos: art. 242, *caput* e parágrafo único; art. 1.201, *caput* e parágrafo único; art. 1.202, todos do Código Civil.

[423] Art. 637 do Código Civil.

[424] Arts. 878 e 879 do Código Civil.

[425] Art. 523 do Código Civil.

Iuris Civilis, guardando, dessa forma, estreita relação no meio das conceituações possessórias.[426]

A boa-fé subjetiva tem natureza psicológica.[427] Trata-se do estado psicológico de ignorância a respeito de certos vícios que poderão acarretar consequências em decorrência da prática de um ato. A boa-fé objetiva, por seu turno, tem natureza ético-social. Pouco importa, para sua caracterização, que o sujeito responsável pela prática do ato o tenha praticado com a intenção de prejudicar ou não terceiros. Basta que a conduta do agente seja reprovável pelos valores pregados pela sociedade.

No caso das rupturas injustificadas das negociações preliminares essa diferenciação é da maior relevância, pois a boa-fé em exame remete ao comportamento do agente *esperado pela sociedade*. O sujeito, ainda que imbuído das melhores intenções – estado psicológico, portanto –, poderá, ao romper as negociações, praticar um ato que atente contra a boa-fé objetiva.

O conteúdo da boa-fé objetiva não é passível de delimitação prévia. A lei não é capaz de conferir essa roupagem *in abstrato*. Somente com base no caso concreto é que se torna possível delimitar a norma de comportamento esperado pelas partes envolvidas. O sistema jurídico que aceita a presença de cláusulas gerais é um sistema aberto. Esse sistema aberto faz que o uso do princípio da boa-fé objetiva – incorporado atualmente na ordem jurídica como uma cláusula geral – represente uma técnica jurídica. A solução alcançada mediante o uso dessa cláusula geral não terá, portanto, um fundamento de ordem moral, mas um fundamento encontrado no próprio ordenamento jurídico.[428]

---

[426] *Da boa fé no direito civil*. Coimbra: Almedina, 2007, p. 413.

[427] Menezes Cordeiro indica também haver na doutrina portuguesa, italiana e francesa, diversos posicionamentos entendendo existir, também, uma natureza ética na boa-fé subjetiva. Essa natureza ética, contudo, estaria adstrita à necessidade de verificação se o erro ou a ignorância existente no ato do agente seria ou não desculpável. Seria, portanto, uma ignorância desculpável (CORDEIRO, António Manuel da Rocha e Menezes. *Da boa fé no direito civil*. Coimbra: Almedina, 2007, pp. 415-442).

[428] MARTINS-COSTA, Judith H. *A boa-fé no direito privado*: sistema e tópica no processo obrigacional. São Paulo: Revista dos Tribunais, 1999, p. 413.

CAPÍTULO 3 - A FORMAÇÃO DOS CONTRATOS, A AUTONOMIA...

Em síntese, a boa-fé objetiva poderá ser vista tanto em sentido ético-social quanto como elemento de identificação e proteção da função econômico-social do contrato.[429]

A boa-fé objetiva é cláusula geral que impõe às partes envolvidas em dada relação social um dever de conduta leal, não lesiva, honesta, que tenha por base a tutela do interesse do outro, como membro de uma sociedade que zela pelas relações nela existentes.[430]

A esse respeito, é importante lembrar que o Código Civil atual, diverso do espírito que construiu o regime jurídico do Código Civil de 1916, típico do liberalismo, criou uma série de modelos jurídicos com ampla possibilidade de interpretação e aplicação pelo jurista, como forma de adequação do sistema jurídico às necessidades advindas de uma sociedade em constante desenvolvimento.

A ordem jurídica estatuída pelo Código Civil de 1916, marcada pela forte presença de enunciados prescritivos tipicamente fechados, com pouca margem interpretativa, já não se mostrava suficiente para a chamada sociedade pós-moderna. Antonio Junqueira de Azevedo indica ser traço do Direito pós-moderno a presença de diretrizes materiais que acompanham conceitos jurídicos indeterminados, como a função social, a ordem pública, a boa-fé e o interesse público. Essas diretrizes conferem, na realidade, ao intérprete do direito, uma *direção* de "como preencher o conceito".[431]

Ao se comparar o Código Civil de 2002 com o Código Civil de 1916, será possível verificar que no atual há inúmeros *instrumentos*

---

[429] MARTINS-COSTA, Judith H. *A boa-fé no direito privado*: sistema e tópica no processo obrigacional. São Paulo: Revista dos Tribunais, 1999, p. 419.

[430] A esse respeito, veja-se MARTINS-COSTA. Judith H. em *A boa-fé no direito privado*: sistema e tópica no processo obrigacional. São Paulo: Revista dos Tribunais, 1999, p. 410 ss.

[431] "Insuficiências, deficiências e desatualização do projeto de Código Civil na questão da boa-fé objetiva nos contratos". *Revista dos Tribunais Online – Thomson Reuters*. DTR\2000\264, p. 5. Disponível em http://www.revistadostribunais.com.br. Acesso em 10 jul. 2012.

destinados ao atendimento não só da realidade social contemporânea, marcada pelo aumento da velocidade das mudanças e da complexidade das relações pessoais, como também para atender aos princípios norteadores do Código Civil de 2002 – em especial a socialidade, a eticidade e a operabilidade –, bem como para o atendimento do próprio processo de concreção.

Um dos exemplos de dispositivo legal que se apresenta como decorrência direta dessas transformações sofridas pelo ordenamento jurídico atual e que guarda relação direta com o ponto em análise é o art. 422 do Código Civil de 2002[432], contendo cláusula geral que reproduz o princípio da boa-fé objetiva.[433] Por figurar como uma cláusula geral, o texto legal em referência possui uma linguagem "intencionalmente aberta, fluida ou vaga"[434], possibilitando, assim, ao aplicador do direito uma maior margem de interpretação da norma de acordo com as circunstâncias do caso concreto.

Para o presente estudo, as cláusulas gerais – em especial a contida no artigo em comento – apenas reafirmam as noções até agora trazidas, no sentido de a relação obrigacional ser enxergada como situação jurídica que envolve uma série de deveres e direitos dos sujeitos que fazem parte da relação. Conforme dito, as cláusulas gerais são instrumentos à disposição do aplicador do direito que permitem maior individualização do julgamento ao caso concreto.

---

[432] O texto dispõe: "Art. 422. Os contratantes são obrigados a guardar, assim na conclusão do contrato, como em sua execução, os princípios de probidade e boa-fé".

[433] O art. 422 do Código Civil tem sido objeto frequente de análise nas Jornadas de Direito Civil. Relativamente ao tema do presente trabalho, importa destacar os seguintes enunciados: Enunciado 25 do CEJ: "Art. 422: O art. 422 do Código Civil não inviabiliza a aplicação pelo julgador do princípio da boa-fé nas fases pré-contratual e pós contratual". Enunciado 26 do CEJ: "Art. 422: A cláusula geral contida no art. 422 do novo Código Civil impõe ao juiz interpretar e, quando necessário, suprir e corrigir o contrato segundo a boa-fé objetiva, entendida como a exigência de comportamento leal dos contratantes". Enunciado 169 da III Jornada de Direito Civil: "Art. 422. O princípio da boa-fé objetiva deve levar o credor a evitar o agravamento do próprio prejuízo".

[434] WAMBIER, Teresa Arruda Alvim. "Uma reflexão sobre as 'cláusulas gerais' do código civil de 2002: a função social do contrato". *Revista dos Tribunais*, São Paulo, vol. 94, n. 831, jan. 2005, p. 60.

CAPÍTULO 3 - A FORMAÇÃO DOS CONTRATOS, A AUTONOMIA...

Retoma-se especificamente o conteúdo da boa-fé objetiva para salientar que, além da delimitação positiva de seu conteúdo, convém identificar, também, sua delimitação negativa, isto é, diferenciá-la de outros institutos jurídicos que tenham algum grau de aproximação conceitual.

Essa diferenciação é feita por António Manuel da Rocha e Menezes Cordeiro.[435] O autor identifica a necessidade de diferenciar a boa-fé objetiva com os seguintes conceitos: (i) equidade; (ii) bons costumes; (iii) ordem pública; (iv) culpa; (v) diligência; e (vi) função social e econômica dos direitos.

A boa-fé objetiva não se confunde com a equidade precisamente porque esta tem uma função corretora, referindo-se à necessidade de correção de uma injustiça causada pela aplicação da regra abstrata de direito no caso concreto. A boa-fé objetiva, quando utilizada pelo aplicador do direito, implica a aplicação do Direito Positivo por meio da concreção. A equidade, por seu turno, não representa o uso de uma regra técnica do direito, mas apenas um mecanismo realizador de justiça no caso concreto.[436]

A boa-fé objetiva também não se confunde, conceitualmente, com os bons costumes e a ordem pública. Os bons costumes dizem respeito à moral social. Enquanto a boa-fé tem presença no ordenamento para regular um comportamento, os bons costumes aparecem como um elemento exterior, a que a lei impõe um efeito jurídico pela não observância. A ordem pública, por seu turno, traz a ideia de que por ela as situações jurídicas devem respeitar princípios e comandos fundamentais da ordem jurídica, não podendo as partes, mesmo no âmbito da autonomia privada, convencionar de modo contrário a esses princípios e comandos.[437]

---

[435] *Da boa fé no direito civil*. Coimbra: Almedina, 2007, pp. 1.197-1.234.

[436] CORDEIRO, António Manuel da Rocha e Menezes. *Da boa fé no direito civil*. Coimbra: Almedina, 2007, pp. 1.199-1.208.

[437] CORDEIRO, António Manuel da Rocha e Menezes. *Da boa fé no direito civil*. Coimbra: Almedina, 2007, pp. 1.208-1.224.

António Manuel da Rocha e Menezes Cordeiro também delimita negativamente a boa-fé objetiva articulando-a com a *culpa* – ambas têm funções próximas no Direito Privado, isto é, repudiar posições jurídicas que evidenciem faltas no cumprimento de certos deveres. A *culpa decorrente da negligência*, por exemplo, pode aproximar-se da *inobservância de deveres de cuidado*, presente na boa-fé objetiva, mas com ela não se confunde. Os deveres de cuidado são direcionados a uma obrigação específica, ao passo que o dever a ser observado para que não haja culpa/negligência tutela situações genéricas que o sujeito deve observar, em que se toma como modelo/paradigma o "bom pai de família". A culpa também se liga, em certa medida, com a boa-fé subjetiva, tendo em vista a estreita relação existente entre culpa e má-fé. Esta última pode ser verificada de duas maneiras: "quando o sujeito, conhecendo a posição alheia, a prejudique, ou quando o faça por desconhecimento culposo".[438] Apesar da proximidade de suas funções, os institutos não podem se confundir. A *culpa* tem o condão de possibilitar a responsabilização civil do sujeito por meio da atribuição a ele, sujeito, de um delito prejudicial à vítima. A boa-fé protege a confiança na relação intersubjetiva sem se utilizar, de maneira imediata, do "esquema típico do dever de indemnizar".[439-440]

Diligência e boa-fé objetiva também não se confundem. A diligência é o zelo, o esforço ativo, para a prática de determinado ato.[441] A boa-fé, apesar de possuir em seu conceito essa noção de diligência, não se restringe a ela. O conteúdo da boa-fé é mais abrangente e tem aptidão para atacar a própria obrigação, podendo até mesmo, por força do influxo dos deveres anexos, redesenhar a prestação acordada.[442]

---

[438] *Da boa fé no direito civil*. Coimbra: Almedina, 2007, p. 1.226.

[439] CORDEIRO, António Manuel da Rocha e Menezes. *Da boa fé no direito civil*. Coimbra: Almedina, 2007, p. 1.227.

[440] CORDEIRO, António Manuel da Rocha e Menezes. *Da boa fé no direito civil*. Coimbra: Almedina, 2007, pp. 1.225-1.229.

[441] O *BGB* qualifica a "diligência", no § 276, como o "cuidado necessário no tráfego", relacionando-a ao comportamento esperado do "bom pai de família" (veja-se CORDEIRO, António Manuel da Rocha e Menezes. *Da boa fé no direito civil*. Coimbra: Almedina, 2007, p. 1.230).

[442] CORDEIRO, António Manuel da Rocha e Menezes. *Da boa fé no direito civil*. Coimbra: Almedina, 2007, pp. 1.229/1.230.

CAPÍTULO 3 - A FORMAÇÃO DOS CONTRATOS, A AUTONOMIA...

Por fim, a boa-fé objetiva se distingue da função social e econômica dos institutos jurídicos na medida em que, pela função social e econômica, tem-se a atuação do intérprete, casuisticamente, na esfera de discricionariedade do agente, a qual, na ordem jurídica vigente, não pode ser total; ou seja, pela função social e econômica, o direito deve produzir efeitos no mundo dos fatos que não tragam apenas uma utilidade para o indivíduo envolvido na relação intersubjetiva, mas também para a sociedade.[443]

Retome-se a questão de sua delimitação positiva para assentar que a boa-fé objetiva sempre irá reportar-se ao plano da conduta[444] das partes envolvidas na relação contratual, impondo a elas a obrigação de observar os chamados deveres laterais, anexos ou secundários dos contratos – deveres de informar, de lealdade, de respeito, de cuidado, de cooperação e equidade, de razoabilidade etc.[445]

É pertinente ressaltar que a existência dos *deveres anexos* mencionados se dá na medida em que as partes passam a depositar alguma carga de *confiança* sobre a outra. É com a confiança no comportamento da outra parte em consentir com o início das tratativas que exsurge a necessidade de observância dos deveres decorrentes da boa-fé objetiva.

3.3.2.1 A boa-fé objetiva e o princípio da confiança

O desenvolvimento das noções em torno da Teoria da Confiança, no Direito Civil, tem ligação direta com a necessidade encontrada pela

---

[443] CORDEIRO, António Manuel da Rocha e Menezes. *Da boa fé no direito civil.* Coimbra: Almedina, 2007, pp. 1.230-1.233.

[444] Nesse caso, evolui a noção da boa-fé subjetiva, atinente ao plano da intenção.

[445] Apenas à guisa de esclarecimento, não se deve confundir a noção de *boa-fé objetiva* e de *bons costumes*. Como explica Couto e Silva, "os bons costumes referem-se a valores morais indispensáveis ao convívio social, enquanto a boa-fé tem atinência com a conduta concreta dos figurantes na relação jurídica. Assim, quem convenciona não cumprir determinado contrato age contra os bons costumes, decorrendo a nulidade do negócio. De outro lado, quem deixar de indicar circunstância necessária ao fiel cumprimento da obrigação terá apenas violado dever de cooperação para com o outro partícipe do vínculo, inexistindo, porém, infringência à cláusula dos bons costumes" (SILVA, Clóvis do Couto e. *A obrigação como processo.* Rio de Janeiro: Editora FGV, 2011, p. 35).

Ciência do Direito de solucionar o conflito existente entre a Teoria da Vontade e a Teoria da Declaração. Essas teorias, direcionadas para a compreensão do fenômeno da manifestação da vontade, muito embora reconheçam como cenário ideal da identificação do conteúdo do ato volitivo a coincidência entre a vontade declarada e a vontade querida, agem de formas distintas.

A Teoria da Vontade dá valor especial à vontade interna do sujeito; ela leva em conta, na construção da manifestação volitiva, o querer interno daquele que exterioriza a vontade e não necessariamente o conteúdo da declaração. A Teoria da Declaração, por sua vez, prioriza a manifestação contida na vontade declarada.

Em termos singelos, a Teoria da Vontade estaria a prestigiar, em princípio, o emitente da vontade declarada; e a Teoria da Declaração, o receptor da declaração de vontade. Ambas as situações podem ser insatisfatórias, pois, na Teoria da Vontade, a atenção dirige-se a um aspecto de natureza eminentemente subjetiva (os elementos psíquicos do agente), enquanto na Teoria da Declaração ela está voltada para um elemento objetivo (o conteúdo da declaração).

O princípio da confiança age para estabelecer que a interpretação do ato deverá buscar a intenção pretendida pelo emitente da declaração cujo conteúdo pode ser extraído da própria declaração emitida. Nesse aspecto, o intérprete deve buscar um "critério intermediário, onde avulta a preocupação com a confiança despertada no destinatário da declaração de vontade, e onde ressalta a responsabilidade do declarante".[446]

A Teoria da Confiança foi adotada pelo art. 112 do Código Civil brasileiro em vigor.[447]

---

[446] AZEVEDO, Antonio Junqueira de. *Negócio jurídico*: existência, validade e eficácia. São Paulo: Saraiva, 1974, p. 337.

[447] TEPEDINO, Gustavo. "Novos princípios contratuais e teoria da confiança: a exegese da cláusula *to the best knowledge of the sellers*". *Revista dos Tribunais Online – Thomson Reuters*. DTR\2012\442, p. 2. Disponível em http://www.revistadostribunais.com.br. Acesso em 13 jul. 2012.

CAPÍTULO 3 - A FORMAÇÃO DOS CONTRATOS, A AUTONOMIA...

Muito embora a raiz etimológica da expressão *confiar* remeta a uma noção subjetiva – *confiança* é o estado de fé, relativamente a algo ou a alguém, em que se encontra o sujeito; *confiar* remete ao *acreditar*, ou seja, à atribuição de crédito conferido pelo sujeito – a *confiança* ora em análise não se refere simplesmente a um estado psicológico do pretenso contratante no sentido de que o negócio vai realizar-se, mas a um comportamento que se espera da outra parte objetivamente apurável.[448]

Vê-se, portanto, que a confiança estabelece, como assevera António Manuel da Rocha e Menezes Cordeiro, "uma ponte entre as boas fés objectiva e subjectiva, devendo assentar em ambas".[449]

Nos negócios jurídicos, a confiança se aproxima da boa-fé objetiva por meio da lealdade contratual[450], pois a confiança se efetiva pela lealdade contratual. O comportamento relacional com base na boa-fé é a atuação do sujeito conforme esperado pela outra parte. Essa expectativa em torno do comportamento da parte é gerada pela confiança. É nítida, pois, a aproximação entre confiança e boa-fé objetiva.

Karl Larenz chega a colocar o princípio da confiança como um desdobramento da boa-fé, relacionando-o com outras expressões jurídicas como o *venire contra factum proprium*.[451]

A proteção da confiança se apresenta como um dos fundamentos da responsabilidade pré-contratual pela ruptura injustificada das negociações preliminares, na medida em que proteger as expectativas legítimas geradas entre as partes negociantes é tutelar a confiança.

A ordem jurídica pátria atual alçou o princípio da confiança à condição de preceito de ordem pública, juntamente com o princípio da

---

[448] FRITZ, Karina Nunes. "A responsabilidade pré-contratual por ruptura injustificada das negociações". *Revista dos Tribunais Online – Thomson Reuters*. DTR\2009\330, p. 10. Disponível em http://www.revistadostribunais.com.br. Acesso em 10 jul. 2012.

[449] *Da boa fé no direito civil*. Coimbra: Almedina, 2007, p. 1.238.

[450] CORDEIRO, António Manuel da Rocha e Menezes. *Da boa fé no direito civil*. Coimbra: Almedina, 2007, p. 1.240.

[451] *Metodologia da ciência do direito*. 5ª ed. Tradução de José Lamego. Lisboa: Fundação Calouste Gulbenkian, 2009, pp. 600-606.

probidade, também relacionado à boa-fé objetiva. Assim o diz, por exemplo, o Enunciado n. 363 do Centro de Estudos Judiciários (CEJ): "Art. 422: Os princípios da probidade e da confiança são de ordem pública, estando a parte lesada somente obrigada a demonstrar a existência da violação".

No caso de haver a confiança justificada entre as partes, tem-se por constituído o dever de boa-fé e os deveres dela decorrentes. Dessa perspectiva, é importante lembrar que a presença desses deveres não tem o condão de suprimir o princípio da autonomia privada observado linhas atrás. O que a ordem jurídica não permite é que se confunda o exercício da liberdade no âmbito da autonomia privada com o abuso do direito.[452]

> O princípio da confiança sempre foi invocado na disciplina das relações pré-contratuais, entre nós, em se tratando da retirada injusta das propostas ou do rompimento injustificado das negociações. O fundamento, ainda em conformidade com a teoria, perde sua eficácia quando o destinatário age sem a devida cautela, ou com culpa, e não considera, regularmente, os elementos objetivos, aqueles que deveria conhecer empregando sua atenção normal. A essa culpa imputável ao destinatário dá-se o nome de auto-responsabilidade, ou seja, as consequências resultantes de sua própria conduta.[453]

Em regra, a caracterização da responsabilidade civil pré-contratual só é possível diante do comportamento desleal e contrário à boa-fé do

---

[452] O presente estudo comunga das ideias de Almeida Costa ao acenar que, "Como em tantos outros domínios, impõe-se conciliar a liberdade individual com as exigências de justiça e de recta convivência entre os homens. É preciso, aliás, não confundir a 'liberdade', que a ordem jurídica deve assegurar às partes durante as negociações, com o 'arbítrio', entendido este como uma 'situação desvinculada de todo o limite normativo'" (COSTA, Mário Júlio de Almeida. *Responsabilidade civil pela ruptura das negociações preparatórias de um contrato*. Coimbra: Coimbra, 1984, pp. 52/53).

453 HENTZ, Luiz Antonio Soares. "A vontade na formação dos contratos e nas manifestações unilaterais". *Revista dos Tribunais Online – Thomson Reuters*. DTR\1994\247, p. 3. Disponível em http://www.revistadostribunais.com.br. Acesso em 13 jul. 2012.

sujeito que abandona as negociações, "pois, se não houve dolo, negligência ou imprudência de sua parte, sua atitude é inatacável".[454]

Gerson Luiz Carlos Branco[455] acentua que a proteção à confiança pode ser estudada sob três pontos de vista: (i) "como um elemento anterior ao ordenamento e que o justifica"; (ii) "dentro do ordenamento em relação às normas jurídicas que o tutelam de maneira genérica"; e (iii) "a partir do novo modelo contratual contemporâneo".

A confiança como elemento justificador do ordenamento jurídico se liga à própria noção de justiça. A confiança, aqui, impede que as posições jurídicas obtidas em razão dela (confiança) existam para o fim de obtenção de uma vantagem indevida ou para causar um prejuízo indevido a outrem.

No processo de formação do vínculo contratual os atos passíveis de gerar consequências no campo da responsabilidade civil decorrem da frustração ilegítima de *expectativas legítimas* e, as *expectativas legítimas*, por sua vez, "são direitos subjetivos que têm origem em atos de confiança de alguém".[456]

É fácil concluir, portanto, que, na responsabilidade pré-contratual, expectativas legítimas e confiança andam juntas. Se uma pessoa nutre, por exemplo, uma expectativa legítima na realização de um contrato, ela *confia* que um direito será constituído em seu favor.[457] Nesse sentido, a confiança é fundamento da responsabilidade civil pré-contratual.

---

[454] RODRIGUES, Silvio. *Direito civil:* dos contratos e das declarações unilaterais de vontade. 28ª ed. vol. 3. São Paulo: Saraiva, 2002, pp. 67/68.

[455] "A proteção das expectativas legítimas derivadas das situações de confiança: elementos formadores do princípio da confiança e seus efeitos". *Revista de Direito Privado*, São Paulo, vol. 3, n. 12, pp. 169-225, out.-dez. 2002, p. 171.

[456] BRANCO, Gerson Luiz Carlos. "A proteção das expectativas legítimas derivadas das situações de confiança: elementos formadores do princípio da confiança e seus efeitos". *Revista de Direito Privado*, São Paulo, vol. 3, n. 12, pp. 169-225, out.-dez. 2002, p. 176.

[457] BRANCO, Gerson Luiz Carlos. "A proteção das expectativas legítimas derivadas das situações de confiança: elementos formadores do princípio da confiança e seus efeitos". *Revista de Direito Privado*, São Paulo, vol. 3, n. 12, pp. 169-225, out.-dez. 2002, p. 176.

Por tudo o quanto observado até este ponto, é possível concluir que não é toda confiança que é protegida. As circunstâncias do caso concreto deverão indicar que a confiança é *justificada*, isto é, baseia-se em uma boa razão.

No ordenamento, a confiança opera como vetor interpretativo. Apesar da estreita relação entre o princípio da confiança e o princípio da boa-fé objetiva, ambos os princípios não se confundem. O presente estudo acompanha Gerson Luiz Carlos Branco quando este afirma que a boa-fé objetiva "atua para tornar concreta a proteção da confiança e, portanto, para proteger o bem confiança".[458]

Diversos são os institutos jurídicos estudados sob a égide da proteção da confiança. Para o presente trabalho interessam: (i) a *culpa in contrahendo*, objeto de análise no Capítulo 5; (ii) o abuso do direito, tratado no item 3.2 deste capítulo; e (iii) as situações jurídicas decorrentes deste último, quais sejam, a *exceptio doli*, o *venire contra factum proprium*, o *tu quoque*, a *suppressio* e a *surrectio*.

Essas situações jurídicas ora indicadas fixam limites aos direitos subjetivos. A principal razão para a limitação dos direitos subjetivos é justamente a proteção das expectativas legítimas, cujo surgimento se dá, como visto, com a confiança depositada na outra parte.[459]

3.3.2.1.1 A exceptio doli

A *exceptio* é o direito atribuído a uma pessoa de recusar a efetivação de um dever apesar de a ele estar sujeita. Na linha desse conceito básico, a *exceptio doli* consiste no poder atribuído ao sujeito de afastar uma pretensão de terceiro, em razão de ato doloso praticado por este último.[460]

---

[458] "A proteção das expectativas legítimas derivadas das situações de confiança: elementos formadores do princípio da confiança e seus efeitos". *Revista de Direito Privado*, São Paulo, vol. 3, n. 12, pp. 169-225, out.-dez. 2002, p. 183.

[459] BRANCO, Gerson Luiz Carlos. "A proteção das expectativas legítimas derivadas das situações de confiança: elementos formadores do princípio da confiança e seus efeitos". *Revista de Direito Privado*, São Paulo, vol. 3, n. 12, pp. 169-225, out.-dez. 2002, p. 222 ss.

[460] CORDEIRO, António Manuel da Rocha e Menezes. *Da boa fé no direito civil*. Coimbra: Almedina, 2007, p. 720.

CAPÍTULO 3 - A FORMAÇÃO DOS CONTRATOS, A AUTONOMIA...

O Direito Romano relacionava a *exceptio doli* à *bonae fidei iudicia*. A *exceptio doli* desdobrava-se em duas modalidades distintas: (i) a *exceptio doli praeteriti* ou *specialis*; e (ii) a *exceptio doli praesentis* ou *generalis*. A primeira buscava atacar o ato negocial formado por meio de uma manifestação de vontade viciada. Essa modalidade de *exceptio doli* perdeu lugar para a doutrina relativa aos vícios de consentimento e para a *culpa in contrahendo*. A *exceptio doli generalis* caracteriza-se em situações de violação da boa-fé objetiva.[461]

Na ordem jurídica atual, a *exceptio doli generalis* deve ser vista como um dos possíveis efeitos do princípio da boa-fé objetiva, que pode atuar, a depender do caso concreto, como elemento de modificação do conteúdo de direitos e pretensões, bem como para a cessação de abusos.

3.3.2.1.2 O venire contra factum proprium

Com as considerações tecidas até o momento, chegar à conclusão que existe clara relação entre o *venire contra factum proprium*, a confiança e a boa-fé objetiva não requer muita reflexão.

Pelo *venire contra factum proprium* o Direito busca minar os comportamentos contraditórios eventualmente assumidos pelas partes em uma relação jurídica. Trata-se, por assim dizer, de instituto que busca tutelar a confiança e que se encaixa perfeitamente na perspectiva objetiva alcançada pela base do negócio jurídico, figurando como meio de limitação da autonomia privada.[462-463]

---

[461] CORDEIRO, António Manuel da Rocha e Menezes. *Da boa fé no direito civil*. Coimbra: Almedina, 2007, pp. 728-741.

[462] SOMBRA, Thiago Luís Santos. "A tutela da confiança em face dos comportamentos contraditórios". *Revista dos Tribunais Online – Thomson Reuters*. DTR\2008\79, p. 1. Disponível em http://www.revistadostribunais.com.br. Acesso em 12 jul. 2012.

[463] No Direito inglês, a cláusula de *estoppel* é figura semelhante à do *venire contra factum proprium*. O *estoppel* "é um princípio de proibição à quebra da confiança; visa proteger a legítima confiança depositada por alguém, mantendo-se o comportamento inicial, da mesma forma que a boa-fé objetiva" (BIANCHI, Leonardo. "Da cláusula de estoppel e sua dinâmica na esfera dos negócios jurídicos privados". *Revista dos Tribunais*

O *venire contra factum proprium* é a proibição imposta ao sujeito de se comportar na contramão de um comportamento anterior considerado suficiente para gerar em outrem um sentimento de confiança de que determinado ato ocorreria no futuro e que, em razão de comportamento posterior, não mais ocorrerá.

Para a configuração da hipótese jurídica em exame é necessário que existam dois comportamentos, da mesma pessoa, praticados em momentos distintos. Vistos separadamente, ambos os comportamentos são lícitos; contudo, comparadas as condutas, pode-se verificar uma desarmonia entre elas capaz de gerar a quebra da relação de confiança e o prejuízo a um sujeito de direito.[464]

O *venire contra factum proprium* não tem guarida em todo comportamento qualificável como contraditório. O comportamento contraditório atacado pelo *venire contra factum proprium* é aquele qualificado pela confiança legítima criada pela parte prejudicada desde o primeiro comportamento.

Além disso, não haverá *venire contra factum proprium* na hipótese de o segundo comportamento, contraditório ao *factum proprium*, exprimir, por si só, a violação de um direito. Nesse caso, haverá apenas a necessidade de identificação dos pressupostos da responsabilidade civil, dada a ilicitude do segundo ato.[465]

Apesar de semelhantes, há quem sustente que o *venire contra factum proprium* não se confunde com a proibição de alegação da própria torpeza, pois, nesta, a conduta inicial do agente seria necessariamente dolosa;

Online – Thomson Reuters. DTR\2005\679, p. 13. Disponível em http://www.revistadostribunais.com.br. Acesso em 12 jul. 2012).

[464] A esse respeito, veja-se breve explicação feita por ZANCHET, Marília. "A nova força obrigatória dos contratos e o princípio da confiança no ordenamento jurídico brasileiro: análise comparada entre o CDC e o CC/2002". *Revista dos Tribunais Online – Thomson Reuters*. DTR\2006\255, p. 9. Disponível em http://www.revistadostribunais.com.br. Acesso em 10 jul. 2012.

[465] CORDEIRO, António Manuel da Rocha e Menezes. *Da boa fé no direito civil*. Coimbra: Almedina, 2007, p. 746.

já no *venire contra factum proprium* a verificação desse aspecto subjetivo seria irrelevante.[466]

O instituto em exame está intimamente relacionado à justiça pessoal. O *venire contra factum proprium* se reveste de elementos éticos, psicológicos e sociológicos que o ligam diretamente à confiança. É a presença do princípio da confiança que permite dimensionar o âmbito de aplicação do instituto, pois, afinal de contas, o *venire contra factum proprium* não pode conduzir à conclusão de que as pessoas estejam eternamente vinculadas aos comportamentos assumidos. É com o exame da confiança que, conforme o caso concreto, será possível concluir se há, ou não, a possibilidade de existir, sem violação de direito de outrem, comportamento contraditório.[467]

Nas negociações preliminares, o *venire contra factum proprium* surge na contraposição de comportamentos de uma das partes negociantes. Em um primeiro momento, a parte se comporta de forma a gerar na contraparte a confiança, e até mesmo a segurança, de que o negócio jurídico almejado pelos negociantes será concluído; depois, sem motivo justo, assume um comportamento de modo a encerrar as negociações sem a conclusão do negócio.

3.3.2.1.3 A suppressio *e a* surrectio

A *suppressio* e a *surrectio* são institutos do Direito, intimamente ligados entre si. O conteúdo de um é, de certa maneira, o revés do outro. Ambos os institutos são decorrência direta do princípio da confiança.

António Manuel da Rocha e Menezes Cordeiro define a *suppressio* como "a situação do direito que, não tendo sido, em certas circunstâncias,

---

[466] SOMBRA, Thiago Luís Santos. "A tutela da confiança em face dos comportamentos contraditórios". *Revista dos Tribunais Online – Thomson Reuters*. DTR\2008\79, p. 6. Disponível em http://www.revistadostribunais.com.br. Acesso em 12 jul. 2012.
[467] CORDEIRO, António Manuel da Rocha e Menezes. *Da boa fé no direito civil*. Coimbra: Almedina, 2007, pp. 752-756.

exercido durante um determinado lapso de tempo, não possa mais sê-lo por, de outra forma, se contrariar a boa-fé".[468]

O decurso do tempo sem o exercício de uma situação jurídica pode, por vezes, gerar na outra parte a crença – a confiança – de que essa situação jurídica não será mais exercida. É nesse contexto que a *suppressio* tem cabimento.

A *suppressio* tem por fundamento proteger o devedor da obrigação de uma demora desleal do credor em exercitar o seu direito, contrariando a boa-fé.[469] Esse instituto, portanto, opera em favor do interesse do devedor.

A caracterização da *suppressio* pode remeter ao *venire contra factum proprium*. A diferença entre ambos, contudo, está no aspecto temporal. A *suppressio* depende da falta de iniciativa continuada do agente. A avaliação do aspecto temporal dependerá da análise do caso concreto; são elementos para sua constituição, (i) o não exercício, continuado no tempo, de um direito; e (ii) a expectativa legítima gerada no sentido de que esse direito não mais será exercido.[470-471]

A *surrectio* é o reconhecimento de um direito que, embora inexistente juridicamente, era tido como existente na efetividade social.[472] Na *surrectio*, a parte age em sentido que não corresponderia exatamente ao exercício de um direito reconhecidamente seu, constituindo, com isso, direito *novo*. São requisitos para sua caracterização: (i) o tempo; e (ii) a atuação do agente em sentido que transmita a sensação do reconhecimento, por ele, do direito subjetivo que irá surgir.

---

[468] *Da boa fé no direito civil*. Coimbra: Almedina, 2007, p. 797.

[469] CORDEIRO, António Manuel da Rocha e Menezes. *Da boa fé no direito civil*. Coimbra: Almedina, 2007, p. 799.

[470] POPP, Carlyle. *Responsabilidade civil pré-negocial*: o rompimento das tratativas. 6. reimpressão. Curitiba: Juruá, 2011, p. 133.

[471] CORDEIRO, António Manuel da Rocha e Menezes. *Da boa fé no direito civil*. Coimbra: Almedina, 2007, p. 808.

[472] CORDEIRO, António Manuel da Rocha e Menezes. *Da boa fé no direito civil*. Coimbra: Almedina, 2007, p. 816.

Se há *surrectio*, há, portanto, criação de direito subjetivo.[473] A *surrectio* também se opera em favor do devedor.

António Manuel da Rocha e Menezes Cordeiro afirma que "*Suppressio* e *surrectio* operam contra o titular de um direito por este não dever, no seu exercício, exceder os limites impostos pela boa fé".[474]

A relação operada entre a boa-fé, a confiança e os aludidos institutos mostra-se clara, já que em ambos os casos – na *suppressio* e na *surrectio* – a sua caracterização se evidencia pela verificação de um comportamento novo na contramão das expectativas geradas pela condução da relação intersubjetiva existente entre os sujeitos de direito.

3.3.2.1.4 O tu quoque

O *tu quoque* pode ser definido como a impossibilidade de o sujeito invocar, em seu benefício, um direito com base no descumprimento, de outra pessoa, de um dever específico, nas hipóteses em que aquele já tenha descumprido, em desfavor dessa segunda pessoa, esse mesmo dever específico.

O fundamento ético da fórmula *tu quoque* está em impedir que um sujeito desrespeite dada disposição e, em momento posterior, exija de outro o cumprimento da disposição que não foi anteriormente por ele acatada.[475] O instituto busca tutelar, portanto, a relação de confiança e lealdade estabelecida entre as partes.

A problemática em torno do *tu quoque* para o intérprete do direito está, de acordo com o entendimento deste estudo, na cautela de não se permitir, com a aplicação do instituto, que alguém se veja livre do cumprimento de seus deveres e obrigações sob a justificativa do

---

[473] CORDEIRO, António Manuel da Rocha e Menezes. *Da boa fé no direito civil*. Coimbra: Almedina, 2007, pp. 821/822.

[474] *Da boa fé no direito civil*. Coimbra: Almedina, 2007, p. 828.

[475] CORDEIRO, António Manuel da Rocha e Menezes. *Da boa fé no direito civil*. Coimbra: Almedina, 2007, p. 837.

descumprimento daquela mesma obrigação ou dever por outrem. Em outras palavras, uma "violação" não poderá justificar, sempre, a outra.

A aplicação do instituto se dá mais comumente no campo do Direito Contratual. É possível, todavia, verificar sua presença também no âmbito das negociações preliminares. Carlyle Popp acena, por exemplo, para a possibilidade de aplicação da fórmula *tu quoque* nas hipóteses de celebração de acordos preliminares com o estabelecimento de obrigações específicas para o momento das tratativas. Se uma das partes inadimplir uma dessas obrigações não poderá, em momento subsequente, pleitear o exercício da situação jurídica decorrente do descumprimento dessa mesma obrigação pela outra parte. E mais, não poderá, até mesmo, usar esse descumprimento como fundamento para justificar o encerramento das negociações[476], posição essa aqui endossada plenamente.

3.3.2.2 A boa-fé objetiva e os deveres anexos

Já anotou-se, linhas atrás, que a doutrina costuma destacar três funções basilares inerentes ao princípio da boa-fé objetiva, quais sejam: (i) de *interpretação*, em outras palavras, os negócios jurídicos bilaterais devem ser interpretados de maneira mais favorável àquele que está de boa-fé; (ii) de *controle*, evitando-se, por exemplo, o abuso de direito; e (iii) de *integração* entre as diversas fases contratuais.

Ao definir a boa-fé objetiva como princípio geral de Direito, Ruy Rosado de Aguiar Júnior a relaciona com a *confiança* e a *lealdade*: "[a boa-fé objetiva é] princípio geral de Direito, segundo o qual todos devem comportar-se de acordo com um padrão ético de confiança e lealdade".[477]

A boa-fé objetiva opera como vetor primordial de proteção da confiança.[478] Nas negociações preliminares, os deveres anexos decorrentes

---

[476] *Responsabilidade civil pré-negocial*: o rompimento das tratativas. 6. reimpressão. Curitiba: Juruá, 2011, p. 131.

[477] "Cláusulas abusivas no Código do Consumidor". *In:* MARQUES, Cláudia Lima (coord.). *Estudos sobre a proteção do consumidor no Brasil e no Mercosul.* Porto Alegre: Livraria do Advogado Editora, 1994, p. 17.

[478] CORDEIRO, António Manuel da Rocha e Menezes. *Da boa fé no direito civil.* Coimbra: Almedina, 2007, pp. 583/584.

CAPÍTULO 3 - A FORMAÇÃO DOS CONTRATOS, A AUTONOMIA...

da boa-fé objetiva surgem na medida em que o negociante age de modo a gerar, na outra parte, *confiança* e, de igual modo, passa a ter *confiança* na outra parte, em face dos comportamentos assumidos por esta. Quem *confia* em alguém, espera dele uma conduta proba, leal.

Apesar de este trabalho ter evidenciado o entendimento de que entre a boa-fé objetiva e a confiança há estreita relação, defende-se a ideia que o alcance da confiança vai além da boa-fé objetiva e sua relação com situações jurídicas específicas, conforme exposto linhas atrás.

Esclarece-se, portanto, que não se relacionou a tutela da confiança como um dever anexo, mas sim como um princípio autônomo que serve de *fundamento* para a constituição dos deveres anexos na fase pré-contratual.

Antonio Junqueira de Azevedo indica a criação de dois deveres principais, em face da boa-fé objetiva: o dever de *lealdade*; e o dever de *colaboração*. Em razão da lealdade, por exemplo, surge para a parte o dever de guardar sigilo sobre as informações a que tiver acesso da contraparte. Pela colaboração, na opinião do autor, decorreriam os deveres de bem informar a outra parte e, até mesmo, de não abusar e se preocupar.[479]

O estudo e a compreensão da boa-fé como elemento integrante da relação obrigacional em suas diversas fases surgiram juntamente com a alteração da maneira de se enxergar a obrigação que, se antes era vista exclusivamente como uma relação de crédito e débito, estática, existente entre as partes de um negócio jurídico, agora é vista como um processo. A obrigação como processo tem suas bases na teoria do contato social. De acordo com essa teoria, a vida em sociedade pressupõe a existência de contato entre os sujeitos de direito. Esses contatos podem verificar-se em maior ou menor grau, a depender das circunstâncias. Quanto maior o contato, mais evidentes serão os deveres decorrentes da boa-fé. Há, já no início desse contato, um dever genérico que encontra sua raiz no

---

[479] "Responsabilidade pré-contratual no código de defesa do consumidor: estudo comparativo com a responsabilidade pré-contratual no direito comum". *Revista dos Tribunais Online – Thomson Reuters*. DTR\1996\162, p. 3. Disponível em http://www.revistadostribunais.com.br. Acesso em 10 jul. 2012.

neminem laedere, em que a intensidade desse dever aumenta de acordo com a intensidade dos contatos estabelecidos entre os sujeitos.[480]

As negociações preliminares encontram-se justamente na zona intermediária entre o contato mínimo e o vínculo obrigacional propriamente dito. Karina Nunes Fritz acentua que, apesar dessa estreita relação com o *neminem laedere*, a responsabilidade pré-contratual tem como fundamento elementar a boa-fé objetiva do art. 422 do Código Civil, mais intenso do que o dever geral de não causar dano a outrem.[481]

Esse ponto é controvertido na doutrina. Muitos são os autores que reconhecem o princípio geral do *neminem laedere* como fundamento da responsabilidade civil pré-contratual.[482] Essa questão, no entanto, deve ser analisada de uma perspectiva dinâmica, sobretudo nas hipóteses de responsabilidade pré-contratual pela ruptura injustificada de negociações preliminares, pois as partes em tratativas já estão além do mero contato social involuntário, não provocado, sem propósito jurídico específico. Trata-se, na realidade, de um contato já qualificado, em que deveres específicos mínimos são gerados e devem ser observados na medida em que as negociações evoluem. Esses deveres são decorrentes da boa-fé objetiva.

Ao tratar da ruptura injustificada das negociações preliminares, Karina Nunes Fritz ressalta o importante papel da boa-fé objetiva na caracterização da responsabilidade civil, pois no sistema jurídico há uma

---

[480] "A boa-fé objetiva e sua incidência na fase negocial: um estudo comparado com base na doutrina alemã". *Revista dos Tribunais Online – Thomson Reuteurs*. DTR\2007\813, pp. 10/11. Disponível em http://www.revistadostribunais.com.br. Acesso em 10 jul. 2012.

[481] FRITZ, Karina Nunes. "A boa-fé objetiva e sua incidência na fase negocial: um estudo comparado com base na doutrina alemã". *Revista dos Tribunais Online – Thomson Reuteurs*. DTR\2007\813, p. 11. Disponível em http://www.revistadostribunais.com.br. Acesso em 10 jul. 2012.

[482] Nessa direção: Carlos Alberto Bittar, Récio Eduardo Cappelari, Caio Mário da Silva Pereira, Maria Helena Diniz e Maristela Basso; todos referidos por FRITZ, Karina Nunes. "A boa-fé objetiva e sua incidência na fase negocial: um estudo comparado com base na doutrina alemã". *Revista dos Tribunais Online – Thomson Reuteurs*. DTR\2007\813, p. 11. Disponível em http://www.revistadostribunais.com.br. Acesso em 10 jul. 2012.

série de relações obrigacionais que não vêm acompanhadas dos chamados "deveres de prestação", apontados há pouco. Uma dessas relações é encontrada na fase de negociações preliminares. A autora defende a existência, nas tratativas, de uma espécie de "relação obrigacional especial", em que se verifica a boa-fé objetiva e os deveres de consideração dela decorrentes.[483]

A referida autora indica como deveres anexos mais frequentes no contexto das tratativas os seguintes: (i) deveres de proteção ou cuidado; (ii) deveres de lealdade; (iii) deveres de colaboração para o atingimento do fim das negociações; (iv) deveres de informação e esclarecimento acerca da conveniência do negócio; e (v) deveres de sigilo acerca das informações recebidas em decorrência das conversações.[484]

Em particular no caso da responsabilidade pré-contratual, Francesco Benatti[485] refere que a boa-fé objetiva pode ser resumida pelos deveres de *conhecimento*, *segredo* e *custódia*. Além disso, o jurista faz uma divisão da boa-fé no âmbito pré-contratual, destacando a existência de um aspecto negativo e outro positivo. O aspecto negativo estaria fundado em todos os comportamentos esperados do sujeito no que tange a *evitar* qualquer prática lesiva ao interesse do(s) outro(s) sujeito(s). O aspecto positivo, por sua vez, impõe aos sujeitos em tratativas o dever de colaborar com vistas à promoção das expectativas reciprocamente criadas na relação.

O exame feito por Karina Nunes Fritz[486] parte do conteúdo do § 311, II, do *BGB*. Esse dispositivo assim estabelece:

---

[483] "A responsabilidade pré-contratual por ruptura injustificada das negociações". *Revista dos Tribunais Online – Thomson Reuters*. DTR\2009\330, p. 4. Disponível em http://www.revistadostribunais.com.br. Acesso em 10 jul. 2012.

[484] FRITZ, Karina Nunes. "A responsabilidade pré-contratual por ruptura injustificada das negociações". *Revista dos Tribunais Online – Thomson Reuters*. DTR\2009\330, p. 3. Disponível em http://www.revistadostribunais.com.br. Acesso em 10 jul. 2012.

[485] *A responsabilidade pré-contratual*. Tradução de Adriano Vera Jardim e Miguel Caeiro. Coimbra: Almedina, 1970, p. 60 ss.

[486] "A responsabilidade pré-contratual por ruptura injustificada das negociações". *Revista dos Tribunais Online – Thomson Reuters*. DTR\2009\330, p. 4. Disponível em http://www.revistadostribunais.com.br. Acesso em 10 jul. 2012.

§311 Relação obrigacional jurídico-negocial e semelhante à jurídico-negocial.

(1) Para o surgimento de uma relação obrigacional através de negócio jurídico, assim como para a alteração do conteúdo de uma relação obrigacional, é necessário um contrato entre os partícipes, enquanto a lei não contiver outra determinação.

(2) Uma relação obrigacional, com os deveres decorrentes do § 241, inc. 2, surge ainda através:

1. do início de negociações contratuais;

2. da preparação de um contrato, através do qual uma parte, com vistas a uma eventual relação negocial, permite à outra parte a possibilidade de atuar sobre seus direitos, bens jurídicos e interesses, ou confia-lhe os mesmos;

3. de contatos semelhantes aos negociais.

(3) Uma relação obrigacional, com os deveres decorrentes do § 241 alínea 2, pode surgir ainda para pessoas que não deverão ser parte no contrato. Tal relação obrigacional surge especialmente quando o terceiro toma para si confiança, em medida considerável, e, com isso, influencia significativamente as negociações contratuais ou a conclusão do contrato.

Karina Nunes Fritz assenta que o § 311, II, do *BGB* aponta, antes da formação dos contratos, outra fase que se pode dizer "preparatória", de "contatos negociais". Esse momento não se identifica com as negociações propriamente ditas, pois as negociações são marcadas, sempre, pelas discussões sobre determinado negócio jurídico. No caso dos "contatos negociais", explica a autora, as partes fazem uma primeira aproximação para apresentarem, umas às outras, "a possibilidade de atuação sobre os direitos, bens e interesses da outra parte". Nesse momento objetiva-se, por exemplo, verificar o eventual "interesse" da parte na realização de dado negócio. Somente após a demonstração desse interesse é que as negociações com o objetivo de realizar dado negócio terão início.[487] A boa-fé objetiva está presente no desenrolar de todo esse processo de aproximação negocial.

---

[487] "A responsabilidade pré-contratual por ruptura injustificada das negociações". *Revista dos Tribunais Online – Thomson Reuters*. DTR\2009\330, pp. 6/7. Disponível em http://www.revistadostribunais.com.br. Acesso em 10 jul. 2012.

CAPÍTULO 3 - A FORMAÇÃO DOS CONTRATOS, A AUTONOMIA...

    Cláudia Lima Marques chega a afirmar que os deveres laterais na fase pré-contratual, a depender da hipótese fática, podem constituir verdadeiro vínculo jurídico obrigacional – obrigação no sentido lato. Essa situação verificar-se-ia, por exemplo, nos deveres laterais inerentes à veiculação de publicidade na relação de consumo.[488]

    Os deveres anexos decorrentes da boa-fé objetiva são diversos, e as respectivas identificações são possíveis em razão da análise do caso concreto. Para fins metodológicos, estruturam-se, a seguir (Quadro 3.2), os deveres anexos mais comuns – e que se reputam principais – nas negociações preliminares.

Quadro 3.2 – Deveres anexos mais comuns nas negociações preliminares

TIPOS DE DEVERES		
Deveres de proteção	Deveres de esclarecimento	Deveres de lealdade
- Custódia, assistência, cuidado e conservação)	- Conhecimento, informação, indicação e comunicação)	- Colaboração, cooperação, sigilo e segredo)

Fonte: Elaborado pelo autor.

---

[488] "Vinculação própria através da publicidade? A nova visão do código de defesa do consumidor". *Revista dos Tribunais Online – Thomson Reuters*. DTR\1994\511, pp. 5. Disponível em http://www.revistadostribunais.com.br. Acesso em 11 jul. 2012.

Muitos desses deveres têm representação legal expressa em diplomas legais pátrios. Os deveres de proteção e informação, por exemplo, encontram-se previstos nos arts. 6º[489] e 39, inc. IV[490], do Código de Defesa do Consumidor.

Os interesses relacionados aos deveres de proteção estão mediatamente vinculados aos já identificados deveres de prestação. O adimplemento satisfatório da obrigação depende da satisfação dos interesses de prestação e dos interesses de proteção. É evidente, portanto, que haverá inadimplemento se houver o descumprimento seja dos deveres de prestação (principais e secundários), seja dos deveres de proteção.[491]

Na realidade, no âmbito do contrato, os deveres de proteção não são os únicos que devem ser atendidos para que haja a satisfação por completo da obrigação. Todos os demais deveres mencionados, se aplicáveis ao caso concreto, têm capacidade de produzir efeitos específicos a serem observados pelas partes contratantes. Característica essencial desses deveres laterais é a bilateralidade, já que eles recaem, indistintamente, sobre a esfera jurídica do devedor e do credor.

---

[489] Veja-se: "Art. 6º São direitos básicos do consumidor: / I – a *proteção* da vida, saúde e segurança contra os riscos provocados por práticas no fornecimento de produtos e serviços considerados perigosos ou nocivos; / II – a educação e *divulgação* sobre o consumo adequado dos produtos e serviços, asseguradas a liberdade de escolha e a igualdade nas contratações; / III – a *informação* adequada e clara sobre os diferentes produtos e serviços, com especificação correta de quantidade, características, composição, qualidade, tributos incidentes e preço, bem como sobre os riscos que apresentem; / IV – a *proteção* contra a publicidade enganosa e abusiva, métodos comerciais coercitivos ou desleais, bem como contra práticas e cláusulas abusivas ou impostas no fornecimento de produtos e serviços; (...)".

[490] Veja-se: "Art. 39. É vedado ao fornecedor de produtos ou serviços, dentre outras práticas abusivas: / (...) / IV – prevalecer-se da fraqueza ou ignorância do consumidor, tendo em vista sua idade, saúde, conhecimento ou condição social, para impingir-lhe seus produtos ou serviços; (...)".

[491] HAICAL, Gustavo Luís da Cruz. "O inadimplemento pelo descumprimento exclusivo de dever lateral advindo da boa-fé objetiva". *Revista dos Tribunais Online – Thomson Reuters*. DTR\2010\853, pp. 8-10. Disponível em http://www.revistadostribunais.com.br. Acesso em 11 jul. 2012.

A expressão *deveres de proteção* (*Schutzpflichten*) foi sugerida por Heinrich Stoll e compreende uma série de atribuições assumidas pelas partes tendentes à defesa de qualquer ingerência que possa causar prejuízo indevido à pessoa ou ao seu patrimônio durante o processo obrigacional.[492]

Quem protege, cuida. A propósito, estão inseridos, nos deveres de proteção, os deveres de cuidado, zelo, assistência e custódia.

Esses deveres têm recebido especial atenção na relação de consumo. Cláudia Lima Marques destaca o fato de, nos dias atuais, ser cada vez mais difícil o alcance de três princípios básicos do direito: (i) a segurança; (ii) a previsibilidade; e (iii) a proteção atinente a riscos futuros. A autora[493] assim delimita os deveres de cuidado:

> O dever de cuidado refere-se aos cuidados redobrados que os parceiros contratuais devem ter durante a execução ou os atos preparatórios à execução contratual para não causar dano ao parceiro contratual, por exemplo divulgando seus segredos profissionais revelados na fase de tratativas, ou divulgando informações sobre as posses e a condição financeira de seu parceiro, em um contrato submetido ao regime de sigilo bancário ou informações falsas sobre a situação financeira do consumidor, conseguidas através de um banco de dados montado pelo fornecedor. Estes cuidados referem-se ao patrimônio do parceiro contratual e à sua honra e ao seu crédito e imagem na sociedade, bens extrapatrimoniais protegidos atualmente pelo direito, cuja violação faz nascer o dever de indenizar.

Note-se que Cláudia Lima Marques liga o dever de cuidado ao dever de sigilo das informações. Na visão do presente trabalho, a confidencialidade e o sigilo das informações estão mais diretamente relacionados à lealdade. De todo modo, essa inter-relação dos deveres

---

[492] VIEIRA, Iacyr de Aguilar. "Deveres de proteção e contrato". *Revista dos Tribunais Online – Thomson Reuters*. DTR\1999\665, p. 2. Disponível em http://www.revistadostribunais.com.br. Acesso em 13 jul. 2012.

[493] "Expectativas legítimas dos consumidores nos planos e seguros privados de saúde e os atuais projetos de lei". *Revista dos Tribunais Online – Thomson Reuters*. DTR\1996\566, pp. 2-4. Disponível em http://www.revistadostribunais.com.br. Acesso em 11 jul. 2012.

anexos não deve ser enxergada de maneira estanque. Naturalmente, o descumprimento de um dever de cuidado pode dar-se por força de um esclarecimento prestado de modo indevido ou pela falta de colaboração no trato contratual, por exemplo. Mais uma vez, a casuística é que vai melhor delimitar essa relação.

Os deveres de proteção obrigam as partes em negociações preliminares a não causarem danos à pessoa ou ao patrimônio dos negociantes. Deve-se respeitar, em face dos deveres de proteção, a integridade física e patrimonial da outra parte.[494]

Os deveres de esclarecimento e informação impõem às partes a necessidade de prestar informações verdadeiras, exatas e suficientes a respeito de determinado negócio entre elas entabulado.

Na fase de negociações preliminares, a responsabilidade civil pela violação dos deveres de esclarecimento e de informação "compreende a falsidade, a omissão e a deficiência de informações relevantes para a formação do consentimento contratual".[495]

Judith H. Martins-Costa traz exemplos de situações que importariam em violação do dever de informar na *culpa in contrahendo*: a supressão de informação sobre fato impeditivo da validade ou da eficácia do contrato; o esclarecimento sobre informações existentes em mensagens e declarações como, por exemplo, aquelas relativas a ofertas públicas; as mensagens publicitárias; a supressão de informações detidas exclusivamente por uma das partes e que influenciaria na decisão de contratar da outra parte; e o não esclarecimento sobre riscos e aspectos atinentes ao conteúdo do contrato e seu objeto.[496]

---

[494] A esse respeito, veja-se CORDEIRO, António Manuel da Rocha e Menezes. *Da boa fé no direito civil*. Coimbra: Almedina, 2007, p. 583; e POPP, Carlyle. *Responsabilidade civil pré-negocial*: o rompimento das tratativas. 6. reimpressão. Curitiba: Juruá, 2011, pp. 212-215.

[495] MARTINS-COSTA, Judith H. "Um aspecto da obrigação de indenizar: notas para uma sistematização dos deveres pré-negociais de proteção no direito civil brasileiro". *Revista dos Tribunais Online – Thomson Reuters*. DTR\2008\738, p. 11. Disponível em http://www.revistadostribunais.com.br. Acesso em 10 jul. 2012.

[496] "Um aspecto da obrigação de indenizar: notas para uma sistematização dos deveres pré-negociais de proteção no direito civil brasileiro". *Revista dos Tribunais Online –*

CAPÍTULO 3 - A FORMAÇÃO DOS CONTRATOS, A AUTONOMIA...

A informação viciada, portanto, é aquela inadequada, insuficiente ou não verdadeira.[497] O dever de informar liga-se diretamente com a noção de comunicação entre as partes. O vocábulo *comunicação* possui a mesma raiz etimológica do termo *comum*. Dessa correlação decorre a ideia de que a comunicação entre as partes deve ser algo de *comum participação*, algo *compartilhado*. A informação deve ser compartilhada em um contexto de *equidade informacional*.[498]

O dever de informação recai, por exemplo, sobre aquele que redige o contrato. Aplica-se, nesses casos, o princípio *clare loqui*, ou seja, aquele que elabora o contrato deve "falar/redigir" claramente o seu conteúdo.[499]

Nas negociações preliminares a violação dos deveres de informação pode dar-se por ação ou omissão do agente. No caso da omissão, ela contemplará não somente a ausência de informação, mas também a informação deformada e a informação lacunosa. Em suma, os "deveres de informação adstringem as partes à prestação de todos os esclarecimentos necessários à conclusão honesta do contrato".[500]

A existência do dever de informar não resulta na obrigação da parte transmitir absolutamente todas as informações que detiver a respeito

---

Thomson Reuters. DTR\2008\738, p. 11. Disponível em http://www.revistadostribunais.com.br. Acesso em 10 jul. 2012.

[497] SOMBRA, Thiago Luís Santos. "A tutela da confiança em face dos comportamentos contraditórios". *Revista dos Tribunais Online – Thomson Reuters*. DTR\2008\79, p. 9. Disponível em http://www.revistadostribunais.com.br. Acesso em 12 jul. 2012.

[498] MARQUES, Claudia Lima. "Violação do dever de boa-fé de informar corretamente, atos negociais omissivos afetando o direito/liberdade de escolha. Nexo causal entre a falha/defeito de informação e defeito de qualidade nos produtos de tabaco e o dano final morte. Responsabilidade do fabricante do produto, direito a ressarcimento dos danos materiais e morais, sejam preventivos, reparatórios ou satisfatórios". *Revista dos Tribunais Online – Thomson Reuters*. DTR\2005\808, pp. 12-15. Disponível em http://www.revistadostribunais.com.br. Acesso em 11 jul. 2012.

[499] STIGLITZ, Rubén S. "Aspectos modernos do contrato e da responsabilidade civil". *Revista dos Tribunais Online – Thomson Reuters*. DTR\1995\13, p. 2. Disponível em http://www.revistadostribunais.com.br. Acesso em 10 jul. 2012.

[500] CORDEIRO, António Manuel da Rocha e Menezes. *Da boa fé no direito civil*. Coimbra: Almedina, 2007, p. 583.

do negócio. A informação não poderá ser considerada devida – e, portanto, não haverá violação do dever de informar –, se for entendida como irrelevante ou, ainda, como acessível pela outra parte. O intérprete do direito, portanto, deverá considerar, com base no caso concreto, se houve violação do dever de informar ou se houve violação do dever de *se* informar.[501]

No campo da ruptura injustificada das negociações preliminares é possível estabelecer-se estreita relação entre os deveres de informação e esclarecimento e os deveres de proteção. Nessa etapa de formação do contrato, a informação clara e precisa, muitas vezes relacionada com os riscos e perigos do negócio, tem a finalidade de proteger a contraparte.[502]

Por fim, tomando-se como base os grupos separados no esquema desenhado no Quadro 3.2, os deveres de lealdade representam uma forma de proteger a *confiança* dos negociantes. Pelos deveres de lealdade, as partes assumem o compromisso de negociarem com retidão, com honestidade.

A parte que age com lealdade deve, no curso das negociações preliminares, colaborar e cooperar com a contraparte. Carlyle Popp defende a ideia de que a ocorrência de infração aos deveres de lealdade na ruptura injustificada de tratativas depende apenas da verificação de duas circunstâncias: "a existência de efetivas negociações" com o surgimento de algum grau de confiança depositado entre as partes em face dos comportamentos assumidos por elas; e a "ilegitimidade da ruptura".[503]

---

[501] MARTINS-COSTA, Judith H. "Os regimes do dolo civil no direito brasileiro: dolo antecedente, vício informativo por omissão e por comissão, dolo acidental e dever de indenizar". *Revista dos Tribunais Online – Thomson Reuters*. DTR\2012\450670, pp. 4-7. Disponível em http://www.revistadostribunais.com.br. Acesso em 10 jul. 2012.

[502] FFABIAN, Christoph. *O dever de informar no direito civil*. São Paulo: Revista dos Tribunais, 2002, pp. 123/124.

[503] *Responsabilidade civil pré-negocial*: o rompimento das tratativas. 6. reimpressão. Curitiba: Juruá, 2011, p. 210.

CAPÍTULO 3 - A FORMAÇÃO DOS CONTRATOS, A AUTONOMIA...

As situações práticas que podem caracterizar o descumprimento de deveres de lealdade são diversas. Age de maneira desleal, aquele que entra em negociações sem ter o interesse de contratar; age, também, deslealmente, o sujeito que negocia com outrem mesmo sabendo da sua *impossibilidade* – jurídica ou econômica – de contratar.

Tal como ocorre entre os outros grupos de deveres identificados linhas atrás, os deveres de lealdade, a depender do caso concreto, poderão guardar estreita relação com outros deveres. A relação entre o dever de lealdade e o dever de esclarecimento, por exemplo, pode ser íntima. O esclarecimento intencionalmente malfeito importa em comportamento desleal, desonesto.

O que torna possível alguma separação entre o dever de lealdade e o dever de esclarecimento é o fato de a lealdade se relacionar a uma falha comportamental da pessoa que, apesar de verificável no âmbito do dever de informar, poderá, também, derivar de outras circunstâncias, como a violação de um dever de sigilo.

Verifica-se, dessa forma, a necessidade de identificação dos limites relacionados ao exercício regular do direito de se recusar a contratar e a violação dos deveres anexos a seguir mencionados, bem como o exame da boa-fé objetiva no seio das negociações preliminares. A propósito, merecem destaque toda a problemática da interpretação e a análise das condições de exteriorização da vontade, levando-se em conta o princípio da boa-fé, verdadeiro princípio orientador da interpretação[504] e elemento ético da relação negocial.

A boa-fé objetiva é cláusula geral que impõe às partes envolvidas em dada relação social um dever de conduta leal, honesta, não lesiva, que tenha por base a tutela do interesse do outro, como membro de uma sociedade que zela pelas relações nela existentes.[505]

---

[504] AGUIAR Junior, Ruy Rosado de. "A boa-fé na relação de consumo". *In*: MARQUES, Cláudia Lima (coord.). *Estudos sobre a proteção do consumidor no Brasil e no Mercosul*. Porto Alegre: Livraria do Advogado Editora, 1994, p. 20 ss.

[505] A esse respeito, veja-se MARTINS-COSTA, Judith H. Martins-Costa. *A boa-fé no*

Sob qualquer ângulo que se observe, a boa-fé objetiva sempre irá se reportar ao plano da conduta[506] das partes envolvidas na relação contratual, impondo a elas a obrigação de observar os deveres laterais em questão, anexos ou secundários, dos contratos – deveres de informar, de lealdade, de respeito, de cuidado, de cooperação e equidade, de razoabilidade etc.

---

direito privado: sistema e tópica no processo obrigacional. São Paulo: Revista dos Tribunais, 1999, p. 410 ss.
[506] Estando além, portanto, da noção de boa-fé subjetiva, atinente ao plano da intenção.

Capítulo 4

RESPONSABILIDADE CIVIL NA PÓS-MODERNIDADE E A NECESSIDADE DE REPARAÇÃO DOS DANOS

Retome-se a lição clássica de Ulpiano, contida no *Digesto* e já anotada linhas atrás, dando conta que o Direito deve respeitar três preceitos basilares: não lesar a outrem; viver honestamente; e dar a cada um o que lhe é devido – respectivamente, *alterum non laedere, honeste vivere* e *suum cuique tribuere*. Rogério Donnini, ao tratar da origem grega do princípio *neminem laedere*[507], indica que o aludido princípio, juntamente com a noção de *alterum non laedere*, constitui o fundamento da teoria da responsabilidade civil.[508] Vê-se, portanto, já nessa época, o interesse do ser humano em manter o equilíbrio moral e patrimonial nas relações sociais.

Na atualidade, a responsabilidade civil tem se tornado um dos campos com maior número de controvérsias para o aplicador do direito.

---

[507] De acordo com Rogério Donnini, as expressões *alterum non laedere* e *neminem laedere* possuem o mesmo significado.

[508] "Prevenção de danos e a extensão do princípio neminem laedere". *In:* NERY, Rosa Maria de Andrade Nery; DONNINI, Rogério (coord.). *Responsabilidade civil*: estudos em homenagem ao professor Rui Geraldo Camargo Vianna. São Paulo: Revista dos Tribunais, 2009, p. 483.

As razões para tanto são diversas, sobressaindo-se, contudo, a dificuldade de o Direito acompanhar o estímulo desenfreado à produção e à cultura do consumo, o intenso e constante desenvolvimento da tecnologia, o encurtamento das distâncias e, por conseguinte, o aumento da complexidade e da velocidade das relações intersubjetivas. A velocidade dessas transformações faz da sociedade atual uma sociedade do risco, conforme já salientado.

Diante dessa realidade social, a ordem jurídica moderna tem dado especial relevo aos valores identificados no capítulo anterior, advindos tanto do Código Civil em vigor – em especial aqueles atinentes à sociabilidade, à eticidade, à humanização e às bases estatuídas pelo princípio da boa-fé objetiva – como da própria Constituição Federal, como o cada vez mais importante princípio da dignidade da pessoa humana.

O ponto de partida para o estudo da responsabilidade civil está em reconhecer a sua ligação direta com a intolerância do Direito em relação a situações que configurem atentado sofrido pelo homem, relativamente à sua pessoa ou ao seu patrimônio, sem o correlato dever de reparar daquele responsável pela sua ocorrência.[509]

A ideia de reparação do dano e responsabilização decorrente das relações sociais desde há muito está presente na história da humanidade, ainda que, inicialmente, tenha sido tratada como uma espécie de vingança privada, sem se levar em conta o fator *culpa* do causador do dano ("Se homens brigarem, e acontecer que venham a ferir uma mulher grávida, e esta der à luz sem nenhum dano, eles serão passíveis de uma indenização imposta pelo marido da mulher, e que pagarão diante dos juízes. Mas, se houver outros danos, urge dar vida por vida, olho por olho, dente por dente, mão por mão, pé por pé, queimadura por queimadura, ferida por ferida, golpe por golpe" – Ex 21, 22-25; "Quem ferir mortalmente uma pessoa deverá morrer. Quem ferir mortalmente um animal, deverá restituir vida por vida. Se alguém causou alguma lesão ao próximo,

---

[509] DINIZ, Maria Helena. *Curso de direito civil brasileiro*: responsabilidade civil. 25ª ed. vol. 7. São Paulo: Saraiva, 2011, p. 3.

CAPÍTULO 4 - RESPONSABILIDADE CIVIL NA PÓS-MODERNIDADE...

ser-lhe-á feito o mesmo que fez: fratura por fratura, olho por olho, dente por dente" – Lv 24, 17-20; "Não terás compaixão: vida por vida, olho por olho, dente por dente, mão por mão, pé por pé" – Dt 19, 21).[510]

Superado esse estágio da "justiça pelas próprias mãos", o dever de reparar passou a ser enxergado de uma perspectiva econômica, transferindo-se, em seguida, ao Estado a apuração dos critérios para a responsabilização – civil e criminal – e, consequentemente, para a reparação dos prejuízos causados no âmbito das relações humanas. Aqui, a culpa do ofensor ainda era relevada para fins de averiguação do dever de reparar.[511]

Com a *Lex Aquilia*[512] romana, incorporou-se a noção de culpa como pressuposto da reparação – relembre-se a assertiva de Ulpiano, segundo a qual *in lege Aquilia et culpa levissima venit*; a culpa, ainda que levíssima, obriga a indenizar.[513-514] Ela se referia à "transgressão do

---

[510] Sobre a evolução histórica do instituto, é interessante o escólio de NORONHA, Fernando. *Direito das obrigações*. 3ª ed. São Paulo: Saraiva, 2010, p. 552 ss.

[511] Sobre o período, verifica-se a existência, na Grécia, de leis datadas do século V a.C., prevendo a responsabilidade dos proprietários de animais pelos danos por eles causados. Segundo Ilias Arnaoutoglou, em Gortina (Creta), a legislação estabelecia que "o proprietário de um animal que sofreu lesão tem direito, se quiser, de trocá-lo pelo animal da parte contrária. Se o acusado não concordar com a troca, ele deverá pagar o valor do animal. Se o proprietário não apresentar o animal lesionado, ou morto, ou não comprovar o dano que lhe foi feito, não haverá para isso recurso legal" (ARNAOUTOGLOU, Ilias. *Leis da Grécia antiga*. Tradução de Odep Trindade Serra e Rosiléa Pizarro Carnelós. São Paulo: Odysseus, 2003, p. 73).

[512] Segundo Noronha, "provavelmente do fim do século V de Roma (meados do século III a.C.)" (NORONHA, Fernando. *Direito das obrigações*. 3ª ed. São Paulo: Saraiva, 2010, pp. 554/555).

[513] GONÇALVES, Carlos Roberto. *Responsabilidade civil*. 5ª ed. São Paulo: Saraiva, 1994, pp. 4/5.

[514] As Institutas de Gaio, no comentário terceiro, ao tratar da Lei Aquília, estatuía: "aquele que matar injustamente um escravo alheio ou um quadrúpede alheio, pertencente a rebanho, seja condenado a pagar ao dono o valor máximo que a coisa alcançou durante esse ano. 211. Entende-se matar injustamente quem, por dolo ou culpa, ocasionou a morte, pois nenhuma outra lei pune o dano causado involuntariamente. Por isso, não se pune quem causa dano por acidente, sem culpa ou dolo mau" (GAIUS. *Institutas do jurisconsulto Gaio*. Tradução de J. Cretella Jr. e Agnes Cretella. São Paulo: Revista dos Tribunais, 2004, p. 177).

dever legal, positivo, de respeitar o bem jurídico alheio, ou do dever geral de não causar dano a outrem, quando a conduta do agente não está regulada por uma convenção".[515]

Verifica-se, já de acordo com essa visão, a presença dos requisitos tradicionalmente tidos como essenciais, nos bancos acadêmicos, para caracterização da responsabilidade civil, quais sejam, (i) a conduta antijurídica, "que abrange comportamento contrário a direito, por comissão ou omissão, sem necessidade de indagar se houve ou não o propósito de malfazer"[516]; (ii) o dano, "no sentido de lesão a um bem jurídico"[517]; e (iii) o nexo de causalidade, "de forma a precisar-se que o dano decorre da conduta antijurídica".[518]

Após esse momento do desenvolvimento da problemática em torno da responsabilidade civil, em que figurava como seu pressuposto a perquirição do elemento subjetivo da ação – ou omissão – danosa, o meio social passou a considerar a responsabilidade civil fundada na culpa como insuficiente para solução de todos os seus conflitos.

Surge, assim, a responsabilidade civil objetiva, cujo fundamento ético sustentado pela doutrina reside na correção de uma injustiça caracterizada pela diminuição do patrimônio do sujeito por fato não gerado exclusivamente de sua culpa. Assim é que:

> Ante uma perda econômica, pergunta-se qual dos dois patrimônios deve responder, se o da vítima ou o do causador do prejuízo. E, na resposta à indagação, deve o direito inclinar-se em favor daquela, porque dos dois é quem não tem o poder de evitá-lo, enquanto o segundo estava em condições de retirar um proveito,

---

[515] PEREIRA, Caio Mário da Silva. *Instituições de direito civil*: teoria geral das obrigações, 21ª ed. vol. II, p. 368.

[516] PEREIRA, Caio Mário da Silva. *Instituições de direito civil*: introdução ao direito civil; teoria geral de direito civil. 22ª ed. vol. I. Rio de Janeiro: Forense, 2008, p. 661.

[517] PEREIRA, Caio Mário da Silva. *Instituições de direito civil*: introdução ao direito civil; teoria geral de direito civil. 22ª ed. vol. I. Rio de Janeiro: Forense, 2008, p. 661.

[518] PEREIRA, Caio Mário da Silva. *Instituições de direito civil*: introdução ao direito civil; teoria geral de direito civil. 22ª ed. vol. I. Rio de Janeiro: Forense, 2008, p. 661.

CAPÍTULO 4 - RESPONSABILIDADE CIVIL NA PÓS-MODERNIDADE...

sacar uma utilidade ou auferir um benefício da atividade que originou o prejuízo. O fundamento da teoria é mais humano do que o da culpa, e mais profundamente ligado ao sentimento de solidariedade social.[519]

Ainda tratando da evolução do instituto, observa-se hoje um verdadeiro processo de intensificação de valores ligados à solidariedade social, humanização e dignificação da pessoa humana para fins de caracterização da responsabilidade civil, influenciando, por conseguinte, na ampliação do conceito de dano reparável. Reconhece-se, diante dessa realidade pós-moderna, a necessidade de reparação de danos causados por situações menos tangíveis.

Rogério Donnini assenta que é com a Constituição Federal brasileira que se estabelecem os preceitos não só para a imputação civil dos danos, mas também para a prevenção.[520] Para esse autor, em primeiro lugar, o princípio *neminem laedere* – que, conforme assinalado neste

---

[519] PEREIRA, Caio Mário da Silva. *Instituições de direito civil*: introdução ao direito civil; teoria geral de direito civil, 22ª ed. vol. I. Rio de Janeiro: Forense, 2008, p. 663.

[520] Diversos dispositivos constitucionais indicam a imputação civil dos danos, bem como a sua eventual prevenção, conforme mencionados por Donnini: art. 216, § 4º ["Art. 216. (...) § 4º Os danos e ameaças ao patrimônio cultural serão punidos, na forma da lei"].; art. 21, inc. XXIII, alínea d ["Art. 21. (...) XXIII – (...) d) a responsabilidade civil por danos nucleares independe da existência de culpa"]; art. 37 ["Art. 37. (...) § 6º As pessoas jurídicas de direito público e as de direito privado prestadoras de serviços públicos responderão pelos danos que seus agentes, nessa qualidade, causarem a terceiros, assegurado o direito de regresso contra o responsável nos casos de dolo ou culpa"]; art. 136, §1º, inc. II ["Art. 136. (...) § 1º O decreto que instituir o estado de defesa determinará o tempo de sua duração, especificará as áreas a serem abrangidas e indicará, nos termos e limites da lei, as medidas coercitivas a vigorarem, dentre as seguintes: (...) II – ocupação e uso temporário de bens e serviços públicos, na hipótese de calamidade pública, respondendo a União pelos danos e custos decorrentes"]; e art. 225, § 3º ["Art. 225. (...) § 3º As condutas e atividades consideradas lesivas ao meio ambiente sujeitarão os infratores, pessoas físicas ou jurídicas, a sanções penais e administrativas, independentemente da obrigação de reparar os danos causados"] ("Prevenção de danos e a extensão do princípio neminem laedere". *In:* NERY, Rosa Maria de Andrade Nery; DONNINI, Rogério (coord.). *Responsabilidade civil*: estudos em homenagem ao professor Rui Geraldo Camargo Vianna. São Paulo: Revista dos Tribunais, 2009, pp. 492-494).

trabalho, seria o fundamento da responsabilidade civil – está contemplado no art. 5º, inc. XXXV, da Constituição Federal: "A lei não excluirá de apreciação do Poder Judiciário *lesão* ou *ameaça* a direito". Além disso, a proteção à vida bem como à integridade física e moral do indivíduo é conferida pelo já mencionado art. 1º, inc. III, desse ordenamento, ou s eja, pelo princípio da dignidade da pessoa humana. A conciliação de aludido princípio às disposições contidas no *caput* do art. 5º[521] e no *caput* do art. 6º[522] da Lei Maior constitui premissa básica para o atendimento ao princípio *neminem laedere*.[523]

A lesão a qualquer dos direitos previstos nesses dispositivos constitucionais, assim como a qualquer situação subjetiva existencial[524], na perspectiva da pós-modernidade, deve resultar no respectivo dever de reparar.

Esse deslocamento do exame da responsabilidade civil da *culpa* para o *dano* tem consequências para a compreensão do próprio papel da vontade. Anelise Becker, ao tratar do tema, afirma existir uma efetiva modificação do conteúdo e da extensão da autonomia

---

[521] Veja-se: "Art. 5º Todos são iguais perante a lei, sem distinção de qualquer natureza, garantindo-se aos brasileiros e aos estrangeiros residentes no País a inviolabilidade do direito à vida, à liberdade, à igualdade, à segurança e à propriedade, nos termos seguintes (...)".

[522] Veja-se: "Art. 6º São direitos sociais a educação, a saúde, a alimentação, o trabalho, a moradia, o lazer, a segurança, a previdência social, a proteção à maternidade e à infância, a assistência aos desamparados, na forma desta Constituição".

[523] DONNINI, Rogério. "Prevenção de danos e a extensão do princípio neminem laedere". *In:* NERY, Rosa Maria de Andrade Nery; DONNINI, Rogério (coord.). *Responsabilidade civil*: estudos em homenagem ao professor Rui Geraldo Camargo Vianna. São Paulo: Revista dos Tribunais, 2009, pp. 492/493.

[524] Perlingieri relaciona inúmeros direitos subjetivos existenciais, dentre os quais se destacam: (i) o direito à saúde; (ii) o direito à integridade psicofísica; (iii) o direito ao tratamento sanitário; (iv) o direito à proteção dos enfermos mentais; (v) o direito à velhice; (vi) o direito à qualidade de vida e ao meio ambiente; (vii) o direito à integridade física; (viii) o direito ao nome e à imagem; (ix) o direito moral do autor; (x) o direito à informação e à manifestação; (xi) o direito à educação; e (xii) o direito à moradia (PERLINGIERI, Pietro. *O direito civil na legalidade constitucional*. Rio de Janeiro: Renovar, 2008, pp. 759-889).

CAPÍTULO 4 - RESPONSABILIDADE CIVIL NA PÓS-MODERNIDADE...

privada. Essa modificação traz efeitos também para o campo da responsabilidade civil.[525]

A exemplo do que ocorre com a responsabilidade civil, a autonomia privada tem passado por um movimento de objetivação de sua noção, de tal modo que a relação entre culpa do agente e exercício da autonomia privada tem se orientado para uma análise mais despersonalizada dos sujeitos de direito, buscando sempre apurar qual seria o comportamento esperado. Nesse contexto, a conduta ética do sujeito passa a ser mais relevante do que o próprio estado psicológico que orientou a manifestação de vontade declarada.

A alteração dessas perspectivas em torno do dever de reparar traz reflexos também para o tráfego jurídico e a economia dos contratos. A multiplicidade de situações jurídicas que resultam no dever de indenizar, a socialização dos riscos e a objetivação da responsabilidade impõem aos contratantes a necessidade de se adequarem a uma nova realidade social e econômica. Exemplo dessa adequação é o cada vez mais comum contrato de seguro de responsabilidade civil.

Fernando Noronha defende que os dois princípios fundamentais da responsabilidade civil são o princípio da culpa e o princípio do risco. O primeiro conduz à responsabilidade civil subjetiva e, o segundo, à responsabilidade civil objetiva. O princípio ético-jurídico da culpa preocupa-se com a figura do lesante, fazendo que ele só assuma responsabilidade pela reparação dos danos causados quando o responsável por sua ocorrência assumir uma conduta censurável. A preocupação do princípio do risco, por seu turno, é com a pessoa do lesado, já que a responsabilidade do causador do dano independerá da sua culpa.[526]

Além disso, o autor em comento ressalta a existência, ao término do segundo milênio, de verdadeira revolução na responsabilidade civil.

---

[525] "Elementos para uma teoria unitária da responsabilidade civil". *Revista dos Tribunais Online – Thomson Reuters*. DTR\1995\17, pp. 1/2. Disponível em http://www.revistadostribunais.com.br. Acesso em 13 jul. 2012.

[526] "Desenvolvimentos contemporâneos da responsabilidade civil". *Revista dos Tribunais Online – Thomson Reuters*. DTR\1999\145, pp. 1/2. Disponível em http://www.revistadostribunais.com.br. Acesso em 10 jul. 2012.

Um dos fatores responsáveis seria justamente a tendência de migração da responsabilidade civil subjetiva para a objetiva, isto é, a valorização do fundamento *risco*. Outro fator responsável seria a presença marcante de um movimento de migração da responsabilidade civil *individual* para a responsabilidade civil *coletiva*. Por derradeiro, além da conhecida função *reparatória*, o reconhecimento das funções *sancionatória* e *preventiva* da responsabilidade civil também seria indicativo concreto dessa revolução a que Fernando Noronha[527] alude.

O mundo pós-moderno deve compreender o termo *indenização* com o devido rigor: tornar a pessoa *indene*, isto é, livre do prejuízo assumido. Deve-se, por assim dizer, buscar a compensação da vítima na correta medida.

Outro elemento constitucional relevante em favor dessa nova roupagem da responsabilidade civil, que guarda estreita relação, também, como o princípio *neminem laedere*, é o princípio da solidariedade, previsto no art. 3º, inc. I, da Constituição Federal.[528-529]

A doutrina contemporânea tem refletido sobre as necessidades dessa nova realidade e aponta para caminhos interessantes. Giselda Maria Fernandes Novaes Hironaka, por exemplo, procura encontrar um mecanismo de reparação dos danos sofridos pela vítima com base não na noção de culpa, mas na exposição ao perigo[530] a que esta se submete pela atividade de outrem. Trata-se de situação em que "a periculosidade apresentar-se-ia como uma culpa em princípio, que

---

[527] "Desenvolvimentos contemporâneos da responsabilidade civil". *Revista dos Tribunais Online – Thomson Reuters.* DTR\1999\145, p. 6. Disponível em http://www.revistadostribunais.com.br. Acesso em 10 jul. 2012.

[528] Veja-se: "Art. 3º Constituem objetivos fundamentais da República Federativa do Brasil: / I – construir uma sociedade livre, justa e *solidária*; (...)" (sem grifo no original).

[529] DONNINI, Rogério. "Prevenção de danos e a extensão do princípio neminem laedere". *In:* NERY, Rosa Maria de Andrade Nery; DONNINI, Rogério (coord.). *Responsabilidade civil*: estudos em homenagem ao professor Rui Geraldo Camargo Vianna. São Paulo: Revista dos Tribunais, 2009, p. 493.

[530] A terminologia decorre da expressão *mise en danger* atribuída à autora belga Geneviève Schamps.

CAPÍTULO 4 - RESPONSABILIDADE CIVIL NA PÓS-MODERNIDADE...

não necessita de prova ulterior da ausência de diligência, quando o dano se realizou".[531]

Caroline Vaz aponta a necessidade de se consolidar a noção de função punitiva da responsabilidade civil como fator de desestímulo à prática de atos lesivos. Embora a função sancionatória do Direito esteja tradicionalmente ligada ao Direito Penal, pelo princípio da prevenção seria possível que o dever de reparar assumisse o papel de dissuasão sobre o causador do dano quanto a condutas futuras. A autora aduz que essa postura é verificada ainda de maneira esparsa na jurisprudência nacional e em geral fica circunscrita à apuração do *quantum* indenizatório referente aos danos morais.[532]

---

[531] Giselda Hironaka, em passagem que traduz trecho da obra de Geneviève Schamps. (*Responsabilidade pressuposta*. Belo Horizonte: Del Rey, 2005, p. 284).

[532] *Funções da responsabilidade civil*: da reparação à punição e dissuasão – os punitive damages no direito comparado e brasileiro. Porto Alegre: Livraria do Advogado Editora, 2009, pp. 75-82. Como exemplos de decisões no Direito brasileiro, a autora traz os seguintes julgados: "CIVIL E PROCESSUAL CIVIL. DANO MORAL. AGRESSÕES POR SEGURANÇAS DE *SHOPPING CENTER*. INDENIZAÇÃO. QUANTUM. HONORÁRIOS. CONDENAÇÃO. OBSERVÂNCIA AO ART. 21, CPC. RECURSO DESACOLHIDO. I – A indenização deve ser fixada em termos razoáveis, não se justificando que a reparação venha a constituir-se em enriquecimento indevido, com manifestos abusos e exageros, devendo o arbitramento operar com moderação, proporcionalmente ao grau de culpa e ao porte econômico das partes, orientando-se o juiz pelos critérios sugeridos pela doutrina e pela jurisprudência, com razoabilidade, valendo-se de sua experiência e do bom senso, atento à realidade da vida e às peculiaridades de cada caso. Ademais, deve ela contribuir para desestimular o ofensor a repetir o ato, inibindo sua conduta antijurídica. II – Diante dos fatos da causa, razoável a indenização arbitrada pelo Tribunal de origem, levando-se em consideração não só a desproporcionalidade das agressões pelos seguranças como também a circunstância relevante de que os shopping centers são locais frequentados diariamente por milhares de pessoas e famílias. III – Em face dos manifestos e frequentes abusos na fixação do quantum indenizatório, no campo da responsabilidade civil, com maior ênfase em se tratando de danos morais, lícito é ao Superior Tribunal de Justiça exercer o respectivo controle. IV – Calculados os honorários sobre a condenação, a redução devida pela sucumbência parcial nela foi considerada" (STJ, RESP 215607/RJ, Relator Ministro Sálvio de Figueiredo Teixeira. 4ª Turma. *DJ* 13/9/1999). / "CIVIL E PROCESSUAL CIVIL. RESPONSABILIDADE CIVIL. IMPRENSA. NOTÍCIA JORNALÍSTICA IMPUTANDO LEVIANA E INVERÍDICA A JUÍZA FEDERAL. FRAUDE DO INSS. PÁLIDA

Todavia, ainda que exista em alguns julgados a menção expressa do atendimento à função dissuasória da responsabilidade civil, na visão deste estudo, no mais das vezes, os parâmetros de indenização utilizados pelos Tribunais brasileiros, hoje, não atendem de fato a essa função. Aliás, a resistência à aplicação efetiva dos chamados *punitive damages* não se verifica apenas no campo jurisprudencial, mas também na doutrina.[533]

Anderson Schreiber apresenta, em sua obra, apanhado de todas essas situações envolvendo os interesses jurídicos passíveis de reparação, bem como da possibilidade de repará-los.[534] O autor demonstra o gradual

---

RETRATAÇÃO. RESPONSABILIDADE TARIFADA. INAPLICABILIDADE. NÃO-RECEPÇÃO PELA CONSTITUIÇÃO DE 1988. DANO MORAL. *QUANTUM* INDENIZATÓRIO. CONTROLE PELO SUPERIOR TRIBUNAL DE JUSTIÇA. PRECEDENTE. RECURSO PARCIALMENTE PROVIDO. I – A responsabilidade tarifada da Lei de Imprensa não foi recepcionada pela Constituição de 1988. II – O valor da indenização por dano moral sujeita-se ao controle do Superior Tribunal de Justiça, sendo certo que, na fixação da indenização a esse título, recomendável que o arbitramento seja feito com moderação, observando as circunstâncias do caso, aplicáveis a respeito os critérios da Lei 5.250/67. III – Sem embargo da leviandade da notícia jornalística, a atingir a pessoa de uma autoridade digna e respeitada, e não obstante se reconhecer que a condenação, além de reparar o dano, deve também contribuir para desestimular a repetição de atos desse porte, a Turma houve por bem reduzir na espécie o valor arbitrado, inclusive para manter coerência com seus precedentes e em atenção aos parâmetros legais" (STJ, RESP 295.175/RJ, Relator Ministro Sálvio de Figueiredo Teixeira. 4ª Turma. *DJ* 2/4/2001). / "APELAÇÃO CÍVEL E RECURSO ADESIVO. RESPONSABILIDADE CIVIL. DANO MORAL. ACUSAÇÃO INJUSTA DE FURTO EM MERCADO. A injusta imputação de furto a cliente de mercado e a sua revista causam constrangimento passível de indenização. A fixação do dano deve levar em conta o caráter compensatório e punitivo. Redução. Preliminar rejeitada. Apelação provida em parte. Recurso Adesivo desprovido" (TJRS, Apelação Cível n. 70001615152, 6ª Câmara Cível. Relator: Cacildo de Andrade Xavier, Julgado em 11/4/2001).

[533] Citem-se como exemplo: Luís Virgílio Penteado Manente e Antônio Marzagão Barbuto Neto (Os danos punitivos do direito norte-americano e sua incompatibilidade com o ordenamento jurídico brasileiro) e Fernando Mil Homens Moreira e Atalá Correia (A fixação do dano moral e a pena), todos mencionados por VAZ, Caroline. *Funções da responsabilidade civil*: da reparação à punição e dissuasão – os punitive damages no direito comparado e brasileiro. Porto Alegre: Livraria do Advogado Editora, 2009, p. 83, n.r.

[534] *Novos paradigmas da responsabilidade civil*: da erosão dos filtros da reparação à diluição dos danos. 2ª ed. São Paulo: Atlas, 2009, p. 7.

CAPÍTULO 4 - RESPONSABILIDADE CIVIL NA PÓS-MODERNIDADE...

aumento de circunstâncias em que há não somente o afastamento da culpa, mas também, em algumas hipóteses, certa dissipação do nexo de causalidade como forma de proteção à vítima. Para ele[535],

> (...) a erosão dos filtros da reparação (...) [corresponderia] a uma revolução gradual, silenciosa, marginal até, inspirada pelo elevado propósito de atribuir efetividade ao projeto constitucional, solidário por essência, a exigir o reconhecimento de que os danos não se reproduzem por acaso ou fatalidade, mas consistem em um efeito colateral da própria convivência em sociedade.

Não obstante o raciocínio feito, Schreiber conclui que a solução do Poder Judiciário nessas hipóteses seria falha, pois, apesar do solidarismo pregado pela Constituição Federal, o ônus do dever de reparar acaba por recair sobre apenas um indivíduo. Na visão do presente estudo, contudo, o sistema jurídico, diante das circunstâncias aqui expostas a respeito do momento vivido pela sociedade, terá dificuldades de delimitar previamente o campo de atribuição de responsabilidade e o seu correlato dever de reparar, justamente porque, conforme já se disse, o paradigma jurídico agora é o da centralidade do caso.[536]

A exemplo do que ocorre com a sociedade, o Direito também passa por transformações, no entanto, o que não se pode negar é que, diante dos valores da sociedade ocidental hodierna, em especial a preocupação com a dignidade da pessoa humana em seu sentido mais completo, o estudo a responsabilidade civil tem, de maneira paulatina, deslocado a relevância do exame da *causa* do dano para o exame da *dimensão* do dano sofrido, em clara tentativa de conferir maior proteção àquele que suporta o prejuízo.

---

[535] *Novos paradigmas da responsabilidade civil*: da erosão dos filtros da reparação à diluição dos danos. 2ª ed. São Paulo: Atlas, 2009, p. 7.
[536] Conforme acentua AZEVEDO, Antonio Junqueira de. "O direito pós-moderno e a codificação". *Revista de Direito do Consumidor*, n. 33, p. 127.

Capítulo 5
A RESPONSABILIDADE CIVIL PELA RUPTURA INJUSTIFICADA DE NEGOCIAÇÕES E O DEVER DE REPARAR

Compreendidos o enquadramento e a extensão da fase de tratativas, bem como demonstrada a importância da correlação entre o princípio da autonomia privada e o princípio da boa-fé objetiva – juntamente com o exame de seus respectivos deveres anexos –, o estudo da responsabilidade civil pela ruptura injustificada de negociações preliminares e o correlato dever de reparar os danos causados pelo sujeito responsável pelo rompimento será, agora, dividido em três frentes. Na primeira, buscar-se-á delinear as características da responsabilidade pré-contratual, amplamente considerada, e a sua natureza jurídica; na segunda, o objetivo será o exame da caracterização da ruptura *injustificada* das negociações; e, por fim, na terceira, serão analisados os tipos de danos a serem reparados na hipótese da responsabilidade objeto deste estudo.

5.1 A *CULPA IN CONTRAHENDO* E A NATUREZA JURÍDICA DA RESPONSABILIDADE CIVIL PRÉ-CONTRATUAL

Sob qualquer enfoque que se veja, a responsabilidade civil é a obrigação de reparar danos causados à pessoa ou ao seu patrimônio. O

Código Civil de 2002 enumera uma série de situações jurídicas em que se observa a presença da obrigação de reparar danos e, portanto, a presença da responsabilidade civil. Há, no sistema desse diploma legal, uma divisão da responsabilidade civil em duas categorias: (i) extracontratual, delitual ou aquiliana; e (ii) contratual ou negocial.[537]

O regramento geral da responsabilidade civil extracontratual encontra guarida nos arts. 186, 187 e 188, combinados com o art. 927 e seguintes, todos do Código Civil. Já o regramento da responsabilidade civil contratual tem por base os preceitos contidos nos arts. 389 e seguintes, também do Código Civil.

Todavia, a compreensão desta "separação" tem sofrido algumas mudanças. A responsabilidade civil surgiu, como visto, em um contexto social no qual se buscava ressaltar o dever de diligência do indivíduo. A propósito, Lucíola Fabrete Lopes Nerilo indica que a existência da responsabilidade civil dependia, necessariamente, da apuração da *culpa* na conduta do agente. A responsabilização, portanto, estava estritamente ligada à antijuridicidade do comportamento do agente e não ao dano efetivamente causado. Após, verificou-se a necessidade de se voltar a atenção para a vítima do dano e não somente para seu causador, que, em certas circunstâncias, passaria a ter o dever de reparar os danos independentemente da censurabilidade de sua conduta. Tem-se, com isso, também já se disse aqui, o desenvolvimento da responsabilidade objetiva, que assume uma função notadamente reparadora e desvincula a produção dos efeitos dessa função da culpa do agente.[538]

---

[537] O nome responsabilidade *negocial* é empregado por NORONHA, Fernando. *Direito das obrigações*. 3ª ed. São Paulo: Saraiva, 2010, p. 451. Essa terminologia se justifica pelo fato de a responsabilidade contratual abranger, também, "o inadimplemento ou mora relativos a qualquer obrigação, ainda que proveniente de um negócio unilateral (como o testamento, a procuração ou a promessa de recompensa)" (BITELLI, Marcos Alberto Sant'Anna. "O acordo de não divulgação (NDA) e a questão do rompimento das negociações". *Revista dos Tribunais Online – Thomson Reuters*. DTR\2012\450521, p. 1. Disponível em http://www.revistadostribunais.com.br. Acesso em 12 jul. 2012).

[538] NERILO, Lucíola Fabrete Lopes. "A responsabilidade civil pelo descumprimento da cláusula geral de boa-fé nos contratos". *Revista dos Tribunais Online – Thomson Reuters*. DTR\2007\779, p. 12. Disponível em http://www.revistadostribunais.com.br. Acesso em 13 jul. 2012.

CAPÍTULO 5 - A RESPONSABILIDADE CIVIL PELA RUPTURA...

A responsabilidade civil, hoje, tem sido considerada por boa parte da doutrina nacional em seu aspecto único, diferenciando-se suas diversas hipóteses de caracterização tão somente no plano da *origem* da ilicitude e não no *dever* de reparar.[539] A esse respeito, a doutrina elucida:

> Apesar da doutrina ter praticamente esgotado o assunto sobre a distinção entre a responsabilidade civil contratual e a aquiliana, e, acima de tudo, ter concluído pela unidade teórica do instituto da responsabilidade civil, por vezes, a práxis do direito trai a sua ciência e o seu embasamento científico, justificando, mesmo que brevemente, relembrar pontos de convergência e similitude.
>
> A distinção entre responsabilidade extracontratual ou aquiliana e a contratual reside no plano da origem da ilicitude, "(...) uma, assente na violação de deveres gerais de abstenção, omissão ou não ingerência, correspondentes aos *direitos absolutos*; a outra, resultante do não cumprimento, *lato sensu*, dos deveres relativos próprios das obrigações, incluindo os deveres acessórios de conduta, ainda que impostos por lei, no seio da complexa relação obrigacional)".[540] Em outros termos, se a violação do direito, *in*

---

[539] Com isso, não se quer concluir que a caracterização da responsabilidade civil extracontratual e a responsabilidade civil contratual não gerem consequências práticas distintas, sobretudo no que se refere, conforme se verá adiante, à observância do interesse *positivo* ou interesse *negativo* na hipótese de indenização. Embora trate do assunto da perspectiva da inexecução dos contratos, afigura-se sempre útil a diferenciação feita por Darcy Bessone entre a ação *delitual* e a ação *contratual* que, guardadas as devidas proporções, ilustram bem o multifacetado campo da indenização: "A *ação delitual* distingue-se da *ação contratual*: pelo fundamento, pelo objeto e pela extensão da responsabilidade. / Sob o primeiro aspecto, já vimos que a *ação contratual* funda-se no direito produzido pelo contrato; a *ação delitual*, diversamente, tem por fundamento a *culpa*, isto é, uma conduta diferente da que deveria ser observada. Particularizando: a parte contrata para cumprir o convencionado e, não o cumprindo, conduz-se de modo anormal, cometendo delito civil. / O *objeto* também não é o mesmo nas duas ações; na primeira, o autor pede a satisfação da promessa, na espécie constante da avença, ou, não sendo possível, no seu equivalente em dinheiro; na segunda, reclama o ressarcimento dos prejuízos decorrentes de seu descumprimento. / Por fim, a extensão da responsabilidade não se afere pela mesma craveira: na *ação contratual*, a indenização equivale ao prometido, no contrato, pelo inadimplente; na *ação delitual*, apuram-se os prejuízos originados da inexecução, cujo montante será outro" (BESSONE, Darcy. *Do contrato*: teoria geral. 4ª ed. São Paulo: Saraiva, 1997, p. 196).

[540] ANTUNES VARELA, João de Matos. *Direito das obrigações*. Rio de Janeiro: Forense, 1978, p. 511.

casu, de personalidade, é antecedido de uma relação obrigacional, verificando no curso da sua execução ou após a extinção do contrato (ou negócio unilateral) estar-se-á diante de responsabilidade contratual; do contrário a responsabilidade será aquiliana.

Na linha de pensamento do mesmo Antunes Varela, elas não se constituem em comportamentos estanques, funcionando, em grande medida como vasos comunicantes.[541]

A satisfação do interesse do credor é a finalidade a ser alcançada tanto na obrigação decorrente do delito quanto naquela decorrente do contrato. A diferença fundamental, portanto, está na avaliação da regra de conduta violada pelo sujeito. Se essa regra de conduta for exclusivamente a lei ou um dever geral de "a ninguém lesar", a responsabilidade será extracontratual. Se decorrer do contrato, será, logicamente, contratual.[542]

O que importa dizer é que, em ambos os casos – de responsabilidade contratual ou extracontratual –, o dever de indenizar sempre estará presente em razão da prática de uma conduta ilícita, genericamente considerada, uma vez que o descumprimento do contrato é um ato ilícito (relativo), tanto quanto o delito.[543]

A responsabilidade civil pré-contratual, em especial aquela decorrente da ruptura imotivada das negociações preliminares, independentemente da conclusão a respeito de sua natureza – contratual

---

[541] NALIN, Paulo. Apontamentos críticos sobre o dano moral contratual: enfoque a partir da jurisprudência predominante do Superior Tribunal de Justiça. *In:* TEPEDINO, Gustavo; FACHIN, Luiz Edson (coord.). *O direito e o tempo*: embates jurídicos e utopias contemporâneas. Estudos em homenagem ao professor Ricardo Pereira Lira. Rio de Janeiro: Renovar, 2008, pp. 920/921.

[542] BECKER, Anelise. "Elementos para uma teoria unitária da responsabilidade civil". *Revista dos Tribunais Online – Thomson Reuters*. DTR\1995\17, p. 5. Disponível em http://www.revistadostribunais.com.br. Acesso em 13 jul. 2012.

[543] NALIN, Paulo. "Apontamentos críticos sobre o dano moral contratual: enfoque a partir da jurisprudência predominante do Superior Tribunal de Justiça". *In:* TEPEDINO, Gustavo; FACHIN, Luiz Edson (coord.). *O direito e o tempo*: embates jurídicos e utopias contemporâneas. Estudos em homenagem ao professor Ricardo Pereira Lira. Rio de Janeiro: Renovar, 2008, pp. 920/921.

CAPÍTULO 5 - A RESPONSABILIDADE CIVIL PELA RUPTURA...

ou extracontratual –, ainda hoje tem como regra a necessidade de identificação do elemento *culpa* para sua caracterização.

Fernando Noronha divide aquilo a que atribuiu o nome de "âmbito da responsabilidade civil"[544] em *responsabilidade negocial* e *responsabilidade em sentido estrito* – ou *técnico*.[545] Em ambos os casos, a responsabilidade civil sempre estará relacionada com a obrigação de reparar um dano provocado a outrem, por força da antijuridicidade da conduta. A diferença entre elas é que, no primeiro caso (negocial), a origem da obrigação de indenizar gravita em torno de um negócio jurídico existente entre as partes e, no segundo caso (responsabilidade em sentido estrito), a obrigação de indenizar decorrerá de um dever geral de respeito pelo sujeito de direitos.

Em regra, para se caracterizar a responsabilidade civil, basta verificar, no caso concreto, a presença de seus pressupostos: (i) a conduta ilícita danosa; (ii) a culpa; e (iii) o nexo causal.

Com a responsabilidade civil pré-contratual não é diferente. Como adverte Mário Júlio de Almeida Costa[546], "a obrigação de indemnização por culpa na formação dos contratos, qualquer que seja o facto típico que a justifique e além das suas particularidades, depende da produção de um dano e da existência dos demais elementos constitutivos da responsabilidade civil".

A grande dificuldade do tema está em se definir se o exame da responsabilidade pré-contratual remete o intérprete do direito ao campo da responsabilidade extracontratual ou contratual. A doutrina, conforme poderá ser observado, é bastante divergente sobre esse ponto.

Um dos aspectos mais relevantes dessa diferenciação reside no fato de a distribuição do ônus da prova na responsabilidade extracontratual,

---

[544] NORONHA, Fernando. *Direito das obrigações*. 3ª ed. São Paulo: Saraiva, 2010, p. 464 ss.
[545] NORONHA, Fernando. *Direito das obrigações*. 3ª ed. São Paulo: Saraiva, 2010, p. 451.
[546] COSTA, Mário Júlio de Almeida. *Responsabilidade civil pela ruptura das negociações preparatórias de um contrato*. Coimbra: Coimbra, 1984, p. 53.

em regra, recair de maneira mais acentuada sobre o credor – a vítima –, enquanto na contratual acontece o contrário.[547]

O tema da *culpa in contrahendo* foi tratado pela primeira vez por Rudolf von Jhering em 1860.[548] O autor parte de uma investigação muito mais dirigida para a análise da responsabilidade civil nos contratos nulos, fazendo uma abordagem que procura responder se a nulidade contratual permitiria a ação de cumprimento (interesse positivo) ou, somente, a ação de indenização decorrente da culpa (interesse negativo).

O objeto de exame na *culpa in contrahendo*, escolhido por Rudolf von Jhering é a apreciação da *culpa na conclusão do contrato*.

Para o autor em comento, a responsabilidade decorrente da *culpa in contrahendo* seria *contratual*. Conforme dito linhas atrás, a análise de Rudolf von Jhering gira em torno das circunstâncias em que o contrato concluído é considerado, por alguma causa jurídica, nulo. Essa nulidade, lembra o autor, não quer dizer que o contrato não tenha sido concluído, ainda que em *aparência* – e, por conseguinte, também não significa que ele não produzirá efeito algum.[549] Jhering[550] diz:

> O fim de qualquer contrato é o *cumprimento*, o efeito visado consiste, portanto, na criação de uma *vinculação ao cumprimento*. Se, porém, este efeito estiver excluído por falta de uma qualquer exigência indispensável, e se o fim verdadeiro do contrato, estiver,

---

[547] RICHTER, Giorgio Stella. *La responsabilità precontrattuale*. Torino: UTET, 1996, p. 115.

[548] A data é imprecisa. No volume IV dos *Jahrbücher* consta como sendo 1861 e nos *Gesammelte Aufsätze* e na primeira tradução francesa – nestes dois casos publicações que tiveram intervenção do próprio autor – consta o ano de 1860 (Paulo Mota Pinto em nota introdutória da tradução portuguesa da obra de Rudolf von Jhering, que recebeu o nome, em português, de *Culpa in contrahendo ou indemnização em contratos nulos ou não chegados à perfeição*. Coimbra: Almedina, 2008, p. VI).

[549] *Culpa in contrahendo ou indemnização em contratos nulos ou não chegados à perfeição*. Coimbra: Almedina, 2008, pp. 18-24.

[550] *Culpa in contrahendo ou indemnização em contratos nulos ou não chegados à perfeição*. Coimbra: Almedina, 2008, p. 22.

portanto, frustrado, designamo-lo como *nulo*, e determinamos, assim, os conceitos de validade e de nulidade do contrato segundo o *principal fim prático* do contrato. Simplesmente, é perfeitamente conciliável com isso que o contrato possa originar obrigações de outro tipo, na medida, tão-só, em que elas se não dirijam ao *cumprimento*, mas antes, por exemplo, à *restituição* da coisa entregue ou do sinal ou à indemnização. (grifo do original)

Os fundamentos utilizados por Rudolf von Jhering partem da premissa de que aquele que contrata, ainda que inválido o instrumento, não está mais no campo da responsabilidade delitual, mas sim no campo do ilícito contratual.[551]

O autor, portanto, fez uma leitura "restrita" da *culpa in contrahendo*, não se debruçando, naquela época, em questões relativas à formação do contrato e às negociações preliminares. Essa "descontratualização" da *culpa in contrahendo* somente veio a ocorrer com o reconhecimento, pela jurisprudência alemã, da eficácia jurídica das negociações preliminares.[552]

A responsabilidade pré-contratual pode originar-se de três situações distintas: (i) em decorrência do rompimento indevido das negociações preliminares (objeto deste estudo); (ii) da celebração de um negócio jurídico bilateral considerado inválido ou ineficaz; e (iii) do contrato que, apesar de válido e eficaz, foi concluído em meio à violação do princípio da boa-fé objetiva.[553]

Essa é a mesma opinião externada por Antonio Junqueira de Azevedo ao ressaltar a importância de se relativizar a vontade das partes como elemento único a conduzir o processo contratual em suas várias fases, enaltecendo o papel da boa-fé objetiva nesse processo, em razão

---

[551] *Culpa in contrahendo ou indemnização em contratos nulos ou não chegados à perfeição.* Coimbra: Almedina, 2008, p. 32.

[552] CORDEIRO, António Manuel da Rocha e Menezes. *Da boa fé no direito civil.* Coimbra: Almedina, 2007, pp. 527-529/546-563.

[553] POPP, Carlyle. *Responsabilidade civil pré-negocial*: o rompimento das tratativas. 6. reimpressão. Curitiba: Juruá, 2011, pp. 100/101.

da qual se espera das partes envolvidas – nas negociações preliminares e na declaração da oferta – um comportamento leal, respeitoso e que não crie, falsamente, expectativas legítimas à contraparte no tocante à conclusão do contrato para, depois, injustificadamente, romper com as negociações em curso. O autor conclui que, nesse processo "pré-contratual", a responsabilidade pode, em tese, surgir pelo desrespeito à boa-fé objetiva nas seguintes situações: (i) pela não concretização do contrato decorrente de uma ruptura abusiva; (ii) se, apesar da celebração do contrato, houver algum descumprimento de dever específico na fase pré-contratual; ou (iii) se o contrato, apesar de celebrado, é nulo, estando um dos contratantes ciente da causa da nulidade desde a fase pré-contratual.[554]

Karl Larenz[555] situa o problema da *culpa in contrahendo* da seguinte forma:

> Enquanto a doutrina antiga reiteradamente se esforçava para encontrar na entrada em negociações contratuais a (*implícita*) conclusão de um contrato, direcionado para a defesa do cuidado usual ao tráfico, e via a "relação de negociação" como uma relação obrigacional contratual, a nova doutrina, e da mesma forma também o BGH, vê a relação obrigacional, surgida com a entrada em negociações, como uma relação obrigacional independente da vontade de se obrigar do parceiro negocial e, nesse sentido, como uma relação obrigacional "legal" – seja porque se vê sua fundamentação no suprimento de uma lacuna legal por meio de analogia jurídica ou em uma vinculação de direito consuetudinário. Com isso também se decidiu que não tem a menor importância se as negociações conduziram ou não ao fechamento do contrato. (...) Duvidoso e discutido é se a responsabilidade pressupõe, em todas as circunstâncias, que se tenham realizado

---

[554] "Responsabilidade pré-contratual no código de defesa do consumidor: estudo comparativo com a responsabilidade pré-contratual no direito comum". *Revista dos Tribunais Online – Thomson Reuters.* DTR\1996\162, pp. 2/3. Disponível em http://www.revistadostribunais.com.br. Acesso em 10 jul. 2012.

[555] "Culpa in contrahendo, dever de segurança no tráfico e 'contato social'". *Revista dos Tribunais Online – Thomson Reuters.* DTR\2008\256, pp. 2/3. Disponível em http://www.revistadostribunais.com.br. Acesso em 13 jul. 2012.

CAPÍTULO 5 - A RESPONSABILIDADE CIVIL PELA RUPTURA...

"negociações contratuais", se a mesma deve ser complementada através de uma responsabilidade ampla decorrente do "contato social" e como ela se comporta em relação à responsabilidade por violação dos "deveres de segurança do tráfico".

A responsabilidade civil pré-contratual, ainda de acordo com Karl Larenz, decorre de deveres gerais presentes em qualquer tráfico jurídico e que afeta a todas as pessoas. Esses deveres a que se aduz não podem ser enquadrados como uma relação obrigacional concreta, pois esta somente existirá se houver contrato. Sem contrato, a violação desses deveres gerais importa em ação ilícita. Está-se, portanto, no campo da responsabilidade delitual (aquiliana).[556]

São muitos os doutrinadores que defendem a natureza contratual e não aquiliana da responsabilidade civil pré-contratual.

Antônio Chaves[557], por exemplo, na esteira de Rudolf von Jhering, sustenta que a responsabilidade civil pré-contratual teria natureza contratual, já que:

> (...) quem se põe a contratar sai da esfera negativa das relações extracontratuais para entrar na positiva das relações contratuais e obriga-se a prestar, "in contrahendo" a mesma diligência que dele se exige "in adimplindo", assumindo-se um pacto de responsabilidade cuja violação leva à obrigação de corresponder, a título de ressarcimento, à parte que viu vir a faltar a expectativa da realização

---

[556] LARENZ, Karl. "Culpa in contrahendo, dever de segurança no tráfico e 'contato social'". *Revista dos Tribunais Online – Thomson Reuters*. DTR\2008\256, p. 3. Disponível em http://www.revistadostribunais.com.br. Acesso em 13 jul. 2012. Apesar de o raciocínio do autor realmente conduzir à conclusão de que a responsabilidade, em jogo, seria a delitual, mais adiante (p. 5) ele afirma que o princípio da confiança, que deve reger o comércio humano e que, portanto, está presente na fase pré-contratual, justificaria "uma responsabilidade por danos que ultrapassa aquela natureza delitual, segundo os princípios da responsabilidade contratual".

[557] "Responsabilidade pré-contratual". *Revista dos Tribunais Online*. Thomson Reuters. DTR\2012\931, p. 4. Disponível em http://www.revistadostribunais.com.br. Acesso em 12 jul. 2012.

do contrato, o interesse negativo (assim definido por Ihering), isto é, o equivalente ao interesse que a parte teria obtido em não contratar.

Ao tratar da responsabilidade pré-contratual, Antonio Junqueira de Azevedo reconhece que há uma grande dificuldade em se identificar o seu *fundamento*, o que se justificaria em razão de igual dificuldade de se afirmar a natureza dessa responsabilidade, isto é, se ela é contratual, uma vez que ainda não há contrato. Da mesma forma, seria também difícil se sustentar a responsabilidade aquiliana já que os envolvidos não teriam apenas o dever genérico de "a ninguém lesar" (*alterum non laedere*), mas sim um vínculo jurídico consubstanciado em um dever específico de prestar esclarecimentos à contraparte.[558]

Conseguir estabelecer essa identificação é importante em razão das diferenças de tratamento existentes entre a responsabilidade contratual e a extracontratual. Antonio Junqueira de Azevedo[559] anota algumas dessas diferenças:

> (...) dolo ou culpa presumidos *versus* dolo ou culpa a provar; danos emergentes e lucros cessantes "por efeito direito ou imediato" do descumprimento (...) *versus* danos emergentes e lucros cessantes totais; lucros previsíveis *versus* quaisquer lucros; capacidade contratual *versus* capacidade delitual; prazos de prescrição variáveis *versus* prazo de prescrição de 5 anos; etc.

O autor conclui suas ponderações defendendo a natureza *contratual* da responsabilidade civil pré-contratual.[560]

---

[558] "Responsabilidade pré-contratual no código de defesa do consumidor: estudo comparativo com a responsabilidade pré-contratual no direito comum". *Revista dos Tribunais Online – Thomson Reuters*. DTR\1996\162, p. 1. Disponível em http://www.revistadostribunais.com.br. Acesso em 10 jul. 2012.

[559] "Responsabilidade pré-contratual no código de defesa do consumidor: estudo comparativo com a responsabilidade pré-contratual no direito comum". *Revista dos Tribunais Online – Thomson Reuters*. DTR\1996\162, p. 2. Disponível em http://www.revistadostribunais.com.br. Acesso em 10 jul. 2012.

[560] "Responsabilidade pré-contratual no código de defesa do consumidor: estudo comparativo com a responsabilidade pré-contratual no direito comum". *Revista dos*

CAPÍTULO 5 - A RESPONSABILIDADE CIVIL PELA RUPTURA...

Nessa mesma senda caminham os autores lusitanos António Manuel da Rocha e Menezes Cordeiro[561], Ana Prata[562] e João de Mattos Antunes Varela.[563]

Giorgio Stella Richter sugere que, para a doutrina italiana, a legislação italiana impõe aos pretensos contratantes o respeito aos deveres de informação e de comunicação na fase de tratativas, deveres esses que incutem às partes um comportamento tipicamente encontrado na relação contratual. A responsabilidade teria, nesse momento de tratativas, natureza contratual.[564] No Brasil, essa justificativa não se sustenta, porque os deveres aduzidos, diretamente relacionados à boa-fé objetiva, encontram amparo também no universo extracontratual, conforme visto no Capítulo 3 deste estudo.

Karina Nunes Fritz também advoga a ideia de que a natureza jurídica da responsabilidade pré-contratual seria *contratual*. A autora justifica sua defesa argumentando que, em sua opinião, o vínculo obrigacional especial surgido entre as partes negociantes aproximaria *mais* esse momento do negócio jurídico do que da situação em que o contato negocial ainda é inexistente e o fundamento do dever de reparar decorre do dever geral do *neminem laedere*.[565]

Há quem professe, também, a ideia de que a responsabilidade civil pré-contratual seria um *tertium genus*.[566] Para essa corrente, a

---

Tribunais Online – Thomson Reuters. DTR\1996\162, p. 2. Disponível em http://www.revistadostribunais.com.br. Acesso em 10 jul. 2012.

[561] Em parecer que consta da obra de ABREU, Jorge de; CUNHA, Tiago Pitta e. *Responsabilidade civil pré-contratual*: um caso de ruptura de negociações e a confiança do lesado. Lisboa: Abreu & Marques, 1999, p. 336.

[562] *Notas sobre responsabilidade pré-contratual*. Coimbra: Almedina, 2005, p. 212.

[563] *Das obrigações em geral*. 10ª ed. vol. I. Coimbra: Almedina, 2011, pp. 271/272.

[564] *La responsabilità precontrattuale*. Torino: UTET, 1996, p. 123.

[565] "A responsabilidade pré-contratual por ruptura injustificada das negociações". *Revista dos Tribunais Online – Thomson Reuters*. DTR\2009\330, p. 7. Disponível em http://www.revistadostribunais.com.br. Acesso em 10 jul. 2012.

[566] BENATTI, Francesco. *A responsabilidade pré-contratual*. Coimbra: Almedina, 1970, p. 135.

responsabilidade civil pré-contratual gozaria de uma natureza mista, revestindo-se ora de características da responsabilidade aquiliana, ora da responsabilidade contratual. No Brasil, Regis Fichtner Pereira encampa essa posição.[567]

Todavia, na esteira do pensamento de Judith H. Martins-Costa, entende-se, no presente trabalho, que a responsabilidade extracontratual pode ser dividida em três "espécies": (i) responsabilidade aquiliana (delitual); (ii) responsabilidade objetiva extracontratual; e (iii) responsabilidade pré-negocial, "caracterizada pelo momento da produção do dano e pela especialidade do dever violado (infração danosa e imputável a deveres de proteção pré-negociais)".[568]

Agostinho Alvim identifica como um dos elementos caracterizadores da responsabilidade contratual a inexecução de uma *obrigação avençada ou prometida* e da responsabilidade extracontratual como a inobservância de um *dever decorrente da lei ou de um dever geral de a ninguém lesar*.[569]

A violação de deveres anexos *antes* da avença contratual, isto é, antes do nascimento da obrigação contratual, deve ser compreendida no âmbito extracontratual. Relembram-se as noções defendidas linhas atrás sobre a formação dos contratos para firmar que, nas negociações preliminares, os sujeitos ainda não alcançaram o contato social máximo que vem a ser a relação obrigacional decorrente do contrato. A boa-fé faz surgir, em razão da confiança gerada às partes, uma série de deveres que não necessariamente se subsumam ao contrato. A violação desses deveres, no ambiente das tratativas, não é inadimplemento contratual. Logo, não se tratará de responsabilidade contratual.

A natureza extracontratual da responsabilidade civil pela ruptura de negociações também é defendida por Cristiano de Sousa Zanetti que,

---

[567] *A responsabilidade civil pré-contratual*. Rio de Janeiro: Renovar, 2001, p. 273.

[568] "Um aspecto da obrigação de indenizar: notas para uma sistematização dos deveres pré-negociais de proteção no direito civil brasileiro". *Revista dos Tribunais Online – Thomson Reuters*. DTR\2008\738, p. 6. Disponível em http://www.revistadostribunais.com.br. Acesso em 10 jul. 2012.

[569] *Da inexecução das obrigações e suas conseqüências*. 4ª ed. São Paulo: Saraiva, 1972, p. 177 ss./p. 240 ss.

CAPÍTULO 5 - A RESPONSABILIDADE CIVIL PELA RUPTURA...

a propósito do assunto, utiliza como fundamentos legais desse dever de reparar os arts. 187 e 927 do Código Civil.[570]

Nessa mesma linha de conclusão pela natureza extracontratual da responsabilidade civil em face da ruptura das negociações, Mariana Pazianotto Deperon destaca três aspectos considerados por ela relevantes para a identificação dessa natureza: o fato de a própria lei não equiparar, no Brasil, a fase pré-negocial à fase contratual; o fato de nas negociações preliminares somente existir discussão a respeito de termos e condições de um contrato que poderá ou não existir; e o fato de não haver fundamento legal algum para se sustentar a existência de vínculo obrigacional no campo das tratativas.[571]

Em Portugal, Mário Júlio de Almeida Costa é o maior defensor da natureza extracontratual pela ruptura das negociações preparatórias. Em síntese, o posicionamento pela adoção da natureza extracontratual encontraria guarida em cinco argumentos[572]; desses, destaca-se, aqui, apenas um, por sua relevância. A responsabilidade civil pela ruptura das negociações não admite a presunção de culpa do infrator em favor da vítima, tal como ocorre na responsabilidade contratual. O autor lembra, ao firmar esse argumento, que o infrator já sofre contra si forte limitação à autonomia privada, não sendo razoável lhe impor, ainda, o ônus da prova.[573]

---

[570] *Responsabilidade pela ruptura das negociações*. São Paulo: Juarez de Oliveira, 2005, p. 145 ss.

[571] *Responsabilidade civil pela ruptura ilegítima das tratativas*. Curitiba: Juruá, 2009, pp. 222-229.

[572] *Responsabilidade civil pela ruptura das negociações preparatórias de um contrato*. Coimbra: Coimbra, 1984, pp. 86-95.

[573] Ana Prata, ao se referir aos argumentos de Mário Júlio de Almeida Costa, resume os outros quatro argumentos, colacionados para registro: "(...) / *b*) parece justo que, havendo vários responsáveis, a sua obrigação indemnizatória seja solidária; / *c*) 'É muito oportuno que o tribunal, se ocorre ruptura apenas culposa, possa graduar equitativamente a indemnização, fixando-a em montante inferior aos danos causados', nos termos do artigo 494.º, pois esta norma aponta 'para o critério de maleabilidade que, em tese geral, (...) deve presidir à apreciação da responsabilidade pela ruptura dos preliminares'. / *d*) O critério do artigo 488º, relativo à imputabilidade, 'permite abranger, pelo sistema da responsabilidade extra-contratual, certas situações de ruptura da fase negociatória para as quais falta tutela adequada com recurso ao regime do ilícito contratual. / *e*) Quanto

Este trabalho sustenta que a responsabilidade civil pré-contratual, pelas razões já expostas, possui natureza extracontratual. Para tanto, parte da premissa básica que diferencia a responsabilidade contratual da extracontratual, isto é, a origem da obrigação de indenizar, que na contratual é o negócio jurídico e, na extracontratual, um dever geral de respeito pelo sujeito de direitos, dever esse não relacionado à existência prévia de um vínculo obrigacional.

A *culpa in contrahendo*, conforme visto, tem contornos amplos no que toca às suas hipóteses de verificação. É de interesse, para os fins do presente trabalho, a face da *culpa in contrahendo* relativa à responsabilização do agente que rompe com as negociações preliminares.[574]

5.2 A RESPONSABILIDADE CIVIL PELA RUPTURA INJUSTIFICADA DAS NEGOCIAÇÕES

O valor jurídico conferido ao princípio da *confiança* faz dele elemento-chave para verificação dos componentes caracterizadores do dever de reparar em face da ruptura de negociações, independentemente da natureza jurídica que se queira conferir a essa responsabilidade civil. Antonio Junqueira de Azevedo identifica quatro pressupostos da responsabilidade civil pré-contratual pela ruptura das tratativas e, em todos esses pressupostos, o elemento *confiança* está presente. Para o autor,

---

à competência do tribunal, é preferível o regime da responsabilidade aquiliana, pois, 'na hipótese de frustração dos preliminares, as partes não chegam, via de regra, a definir o lugar do cumprimento'. Além de que, como a responsabilidade *in contrahendo* representa uma restrição da liberdade contratual do responsável, a melhor solução será 'a do foro que lhe será normalmente mais cómodo – o do lugar em que se verificou o facto lesivo, quer dizer, a quebra dos preliminares'" (*Notas sobre responsabilidade pré-contratual*. Coimbra: Almedina, 2005, pp. 210/211).

[574] A propósito da responsabilidade civil pela ruptura das negociações, muito embora esta Dissertação endosse a assertiva de que ela se apresenta claramente na *culpa in contrahendo*, e que a *culpa*, em regra, figura como um de seus requisitos para caracterização, há hipóteses, conforme será possível observar a seguir, em que ela – a culpa – poderá faltar. Tal ocorrerá, por exemplo, em certas situações de abuso do direito (veja-se CORDEIRO, António Manuel da Rocha e Menezes. *Da boa fé no direito civil*. Coimbra: Almedina, 2007, p. 553).

CAPÍTULO 5 - A RESPONSABILIDADE CIVIL PELA RUPTURA...

os referidos pressupostos seriam: (i) a confiança na realização do futuro negócio; (ii) a existência de franco investimento nessa confiança despertada; (iii) o reconhecimento de que essa confiança despertada não era injustificada; e (iv) o reconhecimento de que o surgimento da confiança teve como causa o comportamento da contraparte.[575]

Antônio Chaves, por seu turno, aponta como elementos constitutivos da responsabilidade civil pré-contratual: (i) o consentimento às negociações; (ii) o dano patrimonial[576]; (iii) a relação de causalidade; e (iv) a culpa. Dentre esses elementos, é peculiar para a hipótese em exame o *consentimento* às negociações. De acordo com o autor, esse consentimento é o comportamento de uma parte em relação à outra no que tange a lhe autorizar a tomada de certas providências com o fim de se chegar ao contrato.[577]

Se não houver uma situação que denote o efetivo ingresso das partes em negociações, não há que se falar em responsabilidade pré-contratual. Da mesma forma, inexistirá responsabilidade civil se a desistência de uma das partes ocorrer por algum motivo razoável.

Ainda na opinião de Antônio Chaves – e nesse ponto, conforme será possível verificar a seguir, ousa-se discordar aqui – não haverá também responsabilidade civil pré-contratual se faltar a ocorrência de dano *patrimonial*. Por derradeiro, em alusão ao elemento *culpa*, para o autor, não haveria que se falar também da responsabilidade pré-contratual diante da ausência de "relação de causalidade entre a retirada e o prejuízo injustamente sofrido pela vítima".[578]

---

[575] AZEVEDO, Antonio Junqueira de. "Insuficiências, deficiências e desatualização do projeto de código civil na questão da boa-fé objetiva nos contratos". *Revista dos Tribunais Online – Thomson Reuters*. DTR\2000\264, p. 2. Disponível em http://www.revistadostribunais.com.br. Acesso em 10 jul. 2012.

[576] Vê-se que o autor indica tão somente o dano patrimonial, com o que não se concorda neste estudo, conforme abordagem apresentada a seguir.

[577] "Responsabilidade pré-contratual". *Revista dos Tribunais Online – Thomson Reuters*. DTR\2012\931, p. 4. Disponível em http://www.revistadostribunais.com.br. Acesso em 10 jul. 2012.

[578] "Responsabilidade pré-contratual". *Revista dos Tribunais Online – Thomson Reuters*.

A culpa é, em regra, elemento essencial para a responsabilidade pela ruptura de tratativas.[579] Naturalmente, se na visão deste estudo a conduta culposa é considerada passível de responsabilização, o mesmo se diz da dolosa, por maior razão ainda. O exame da culpa na responsabilidade civil pela ruptura de negociações deve ser realizado sob três pontos de vista distintos.

Pode haver o elemento *culpa* do devedor *em razão* da falta de informação precisa sobre qualquer um dos elementos substanciais do andamento das negociações. Exemplo desse comportamento culposo é o da parte negociante que deixa de informar com clareza à contraparte a respeito de sua insegurança no tocante à evolução das tratativas e, portanto, no que se refere à conclusão do contrato, permitindo que ela – a contraparte – assuma despesas em face das negociações.

A culpa na responsabilidade pré-contratual pela ruptura de negociações também se verifica naquelas hipóteses em que essa *ruptura* é feita de maneira desidiosa, sem um justo motivo que sustente a impossibilidade da conclusão do contrato.

Por fim, a depender das circunstâncias, pode se verificar, também, a culpa do lesado. O lesado será considerado culpado se, por exemplo, incorrer em despesas desproporcionais para aquele momento de evolução das negociações preliminares, sem a ciência ou autorização do outro negociante. No caso de culpa do lesado, o exame do caso concreto permitirá ao intérprete ponderar uma entre três opções, quais sejam, se a culpa do lesado *não* foi fator determinante para o prejuízo percebido, hipótese em que a indenização será integral; se a culpa do lesado contribuiu para o prejuízo apurado, sem eliminar, contudo, a relevância da culpa da outra parte, hipótese em que poderá haver a redução do *quantum* indenizatório; e se a culpa do lesado foi determinante para, *per*

DTR\2012\931, p. 6. Disponível em http://www.revistadostribunais.com.br. Acesso em 12 jul. 2012.

[579] O referido posicionamento não é pacífico. Menezes Cordeiro, por exemplo, diz ser possível, em tese, a responsabilidade civil pré-contratual por ruptura de negociações sem o elemento culpa em algumas hipóteses de abuso do direito (CORDEIRO, António Manuel da Rocha e Menezes. *Da boa fé no direito civil*. Coimbra: Almedina, 2007, p. 553).

CAPÍTULO 5 - A RESPONSABILIDADE CIVIL PELA RUPTURA...

se, resultar nos danos, não havendo, portanto, que se falar em responsabilização da contraparte.

Pela natureza jurídica extracontratual defendida no item 5.1 deste capítulo, afigura-se correta a afirmação de que a prova da culpa deve ser feita, em regra, pelo lesado, sobretudo naquelas circunstâncias em que não se verifique hipossuficiência entre as partes negociantes. Alguns doutrinadores, no entanto, defendem, no caso de regime da responsabilidade pré-contratual semelhante ao da responsabilidade contratual posicionamento segundo o qual a ausência de culpa seria uma exceção oponível pelo devedor, cabendo, portanto, ao rompedor o ônus da prova da ausência de sua culpa.[580] A defesa dessa corrente sustenta-se no argumento de que o fato constitutivo da indenização é o não cumprimento de uma obrigação.

Gabriele Faggela, em estudo cuja primeira publicação data de 1906, ao analisar a possibilidade de responsabilização do sujeito de direito no período pré-contratual, indicava a necessidade de presença de dois elementos: (i) o propósito das partes de iniciarem tratativas para determinado fim negocial; e (ii) o comportamento de uma das partes que comine em dano patrimonial[581] à contraparte.[582]

Com efeito, mostra-se de todo relevante que o sujeito se apresente voluntariamente com o fim de estabelecer tratativas. Se a responsabilidade

---

[580] Essa é a posição, por exemplo, de AZEVEDO, Antonio Junqueira de Azevedo. "Responsabilidade pré-contratual no código de defesa do consumidor: estudo comparativo com a responsabilidade pré-contratual no direito comum". *Revista dos Tribunais Online – Thomson Reuters*. DTR\1996\162, p. 2. Disponível em http://www.revistadostribunais.com.br. Acesso em 10 jul. 2012. A propósito do tema, vejam-se os comentários a respeito de caso de ruptura de negociações discutido em sede de Tribunal Arbitral, e decidido em recursos do Tribunal de Relação de Lisboa e do Supremo Tribunal de Justiça português, com pareceres de António Manuel da Rocha e Menezes Cordeiro e João de Mattos Antunes Varela, na obra de ABREU, Jorge de; CUNHA, Tiago Pitta e. *Responsabilidade civil pré-contratual*: um caso de ruptura de negociações e a confiança do lesado. Lisboa: Abreu & Marques, 1999, pp. 19-21.

[581] Note-se que o autor não menciona a possibilidade de o dano ser de outra natureza que não meramente patrimonial, noção essa que não se coaduna com as diretrizes atuais da responsabilidade civil, analisadas no capítulo anterior do presente estudo.

[582] CORDEIRO, António Manuel da Rocha e Menezes. *Da boa fé no direito civil*. Coimbra: Almedina, 2007, p. 540.

decorre da ruptura de negociações preliminares, esse aproximar intencional entre as partes é fundamental para se falar da modalidade de responsabilidade em exame.

O ponto central a ser examinado corresponde à necessidade de sopesar até onde vai o exercício regular do direito de se recusar a contratar e a violação efetiva dos deveres anexos da relação contratual, quais sejam, de lealdade e correção, de informação, de proteção e cuidado e de sigilo, pois:

> (...) a violação desses deveres durante o transcurso das negociações é que gera a responsabilidade do contraente, tenha sido ou não celebrado o contrato. (...). Esta responsabilidade tem caráter excepcional (Serpa Lopes Carrara), e não pode ser transposta para fora dos limites razoáveis de sua caracterização, sob pena de chegar-se ao absurdo jurídico de equiparar em força obrigatória o contrato e as negociações preliminares, e a admitir a existência de uma obrigação de celebrar o contrato em razão da existência pura e simples de negociações.[583]

Em sede de negociações preliminares, a seriedade e a lealdade das partes no trato recíproco devem dar-se com a mesma seriedade praticada no contrato – até porque, já nessa fase, não são poucas as vezes em que as partes incorrem em despesas diversas e perda de tempo. Pelas razões mencionadas, qualquer retrocesso deve ser justificável por um "motivo plausível". No caso de inexistência desse "motivo", a parte responsável pela ruptura injustificada das negociações violaria um acordo pré-contratual tácito, gerando, por assim dizer, o dever de indenizar "as despesas que tenham sido feitas, ou os lucros que tenham sido perdidos" pela parte prejudicada.[584]

Dentre os deveres anexos decorrentes do princípio da boa-fé objetiva já assinalados, tem sido conferida especial importância ao dever

---

[583] PEREIRA, Caio Mário da Silva. *Instituições de direito civil*: contratos. 12ª ed. vol. III. Rio de Janeiro: Forense, 2007, p. 38.

[584] CHAVES, Antônio. "Responsabilidade pré-contratual". *Revista dos Tribunais Online – Thomson Reuters*. DTR\2012\931, p. 2. Disponível em http://www.revistadostribunais.com.br. Acesso em 12 jul. 2012.

CAPÍTULO 5 - A RESPONSABILIDADE CIVIL PELA RUPTURA...

de informação existente entre os pretensos contratantes. Se é verdade que em tempos de liberalismo a autonomia privada assumia contornos quase absolutos[585] – as partes eram livres para pactuar e, nesse sentido, para buscar a melhor contratação em benefício próprio –, hoje, essa autonomia encontra limites impostos pela própria ordem jurídica. Em outras palavras, as partes, embora devam procurar realizar bons negócios para si próprias, não podem, a despeito disso, fazê-lo por meio de omissão do dever de prestar todas as informações necessárias à contraparte para que esta possa avaliar corretamente a oportunidade de contratar. A conduta das partes deve ser, sempre, de mútua cooperação e colaboração.

Ao tratar do dever de informar, Enzo Roppo[586] enfatiza que a informação, quer contratual, quer pré-contratual, é um dos elementos mais importantes do atual direito contratual da União Europeia. De fato, a informação prestada no momento pré-contratual pela parte faz que esta, embora não esteja legalmente vinculada, responsabilize-se pela

---

[585] A autonomia privada, já foi dito aqui, é tida como um dos princípios clássicos da teoria contratual. É dela que decorre a ideia de *voluntas facit legem* – isto é, a vontade faz a lei. É oportuno reiterar o raciocínio exposto no item 3.2 do Capítulo 3 deste estudo. De acordo com a autonomia privada, os sujeitos de uma relação contratual são pessoas *livres para pactuarem o que melhor lhes convier*, desde que nos limites da lei. O princípio ora analisado, como é de se supor, possuía relevância capital na ordem jurídica do Estado Liberal, já que, em face partir da autonomia privada, protegia-se o indivíduo da ingerência estatal típica do regime político anterior – o Absolutismo. Trata-se do fortalecimento dos direitos de primeira geração, quais sejam, as garantias e liberdades individuais. A autonomia privada refletia, portanto, a necessidade de se assegurar a liberdade do particular perante o Estado. Daí a ordem jurídica liberal conferir validade e eficácia à vontade dos sujeitos de direito. O comportamento do indivíduo em uma relação contratual, com o objetivo de fazer valer sua vontade, é o que dá contornos concretos à autonomia privada. Seu limite, historicamente, sempre esteve ligado ao respeito ao princípio da legalidade, no sentido de respeito às normas em geral, sobretudo aquelas de ordem pública, bem como a observância da licitude e possibilidade do objeto do contrato e da capacidade das partes envolvidas. O sentido desse princípio é demonstrado com pertinência pela possibilidade de realização de contratos atípicos, expressamente prevista no Código Civil atual. Sobre o assunto, veja-se ARRUDA ALVIM, José Manoel de. "A função social dos contratos no novo código civil". *Revista dos Tribunais*, São Paulo, vol. 92, n. 815, pp. 22/23.

[586] "L'informazione precontrattuale". *Il diritto europeu dei contratti d'impresa*: autonomia negoziale dei privati e regolazione del mercato. Milano: Giuffrè, 2006, p. 141 ss.

veracidade e credibilidade do que foi dito. A informação deve ser clara, correta e completa.

As relações de consumo revolucionaram a dinâmica da informação nos contratos. Claudia Lima Marques[587] afirma, em parecer sobre a violação do dever de informação dos fabricantes de tabaco – ante a massiva publicidade existente até os anos 1990 do século passado, que, sem dúvida, influenciou os consumidores na livre escolha do produto "cigarro" –, que essa "falha" de informação seria suficiente para imputar às empresas do tabaco a responsabilidade pelos danos causados aos consumidores.

No campo da casuística, além da violação dos deveres informativos, Judith H. Martins-Costa[588] identifica outro grupo de hipóteses de responsabilidade civil pré-contratual: o grupo da violação dos deveres de probidade. A autora define como probidade a verificação da correção na conduta do agente, abrangendo a lealdade no trato negocial, com a impossibilidade de rompimento imotivado de negociações que estejam em andamento e os deveres de assistência e cuidado recíprocos entre as partes negociantes, no que tange não somente à pessoa, mas também, como é lógico supor, ao seu patrimônio.

Nas negociações entre partes em situação de equilíbrio técnico-econômico, a lealdade aqui referida não pode ser vista em termos absolutos; isto é, seria possível se supor, em tese, a presença legítima de certo grau de *malícia* nas negociações (*dolus bonus*). Essa *malícia*, todavia,

---

[587] "Violação do dever de boa-fé de informar corretamente, atos negociais omissivos afetando o direito/liberdade de escolha. Nexo causal entre a falha/defeito de informação e defeito de qualidade nos produtos de tabaco e o dano final morte. Responsabilidade do fabricante do produto, direito a ressarcimento dos danos materiais e morais, sejam preventivos, reparatórios ou satisfatórios". *Revista dos Tribunais Online – Thomson Reuters*. DTR\2005\808. Disponível em http://www.revistadostribunais.com.br. Acesso em 11 jul. 2012.

[588] "Um aspecto da obrigação de indenizar: notas para uma sistematização dos deveres pré-negociais de proteção no direito civil brasileiro". *Revista dos Tribunais Online – Thomson Reuters*. DTR\2008\738, p. 7 ss. Disponível em http://www.revistadostribunais.com.br. Acesso em 10 jul. 2012.

encontra seu limite sempre que houver "o dever de esclarecer espontaneamente o parceiro pré-contratual, como nas relações de consumo ou quando manifesta a assimetria informativa".[589]

O dever de informar, por sua vez, será violado sempre que uma das partes omitir informação relevante para a formação da vontade de contratar da contraparte ou, ainda, apresentar informação falsa ou deficiente para formação dessa vontade. Aqui se incluem elementos que impediriam, por exemplo, a validade ou eficácia do negócio jurídico; mensagens e ofertas oferecidas publicamente; a publicidade; e aspectos que somente uma das partes negociantes teria condições, inicialmente, de conhecer e que possam afetar diretamente na decisão da contraparte, de contratar ou de avaliar os riscos do contrato.[590]

O dever de informação, assim como os de clareza, conselho e recomendação estão abrangidos pelo dever de *conhecimento*. Somam-se a esses deveres e à já mencionada lealdade, os deveres de confidencialidade – ou *"segredo"* – e custódia, englobando, esta última, eventuais deveres de guarda, restituição, proteção e conservação.

Por fim, vale ressaltar que a existência dos *deveres anexos* apontados começa a surgir na medida em que as partes passam a depositar alguma carga de *confiança* sobre a outra. Conforme salientado no Capítulo 3, é em razão da confiança no comportamento da contraparte em consentir com o início das tratativas que se impõe a necessidade de observância dos deveres decorrentes da boa-fé objetiva. Oportunas, a esse respeito, são as considerações de Ana Prata[591] ao afirmar:

---

[589] MARTINS-COSTA, Judith H. "Um aspecto da obrigação de indenizar: notas para uma sistematização dos deveres pré-negociais de proteção no direito civil brasileiro". *Revista dos Tribunais Online – Thomson Reuters*. DTR\2008\738, p. 10. Disponível em http://www.revistadostribunais.com.br. Acesso em 10 jul. 2012.

[590] MARTINS-COSTA, Judith H. "Um aspecto da obrigação de indenizar: notas para uma sistematização dos deveres pré-negociais de proteção no direito civil brasileiro". *Revista dos Tribunais Online – Thomson Reuters*. DTR\2008\738, p. 10 e seguintes. Disponível em http://www.revistadostribunais.com.br. Acesso em 10 jul. 2012.

[591] *Notas sobre responsabilidade pré-contratual*. Coimbra: Almedina, 2005, p. 42.

(...) os deveres pré-contratuais surgem quando – e na medida em que – os contactos pré-contratuais entre as partes façam surgir numa delas ou em cada uma delas, a confiança na conduta leal, honesta, responsável e íntegra da contraparte, sendo o apuramento do surgimento dessa confiança resultado da análise de actos e comportamentos das partes e da sua apreciação objectiva no quadro do ambiente econômico-social em que o processo formativo tem lugar. Esta confiança não releva, pois, da averiguação de quaisquer aspectos psicológicos do seu portador, ou seja, não é aquela concreta confiança que a parte, em razão de suas características psicológicas ou anímicas, depositou no outro sujeito, antes é apurada por uma objectiva consideração das condutas e condições relativas das partes, enquadradas no sector de mercado em que os contactos pré-negociais se desenrolam.

Na hipótese de haver a confiança entre as partes, tem-se por constituído o dever de boa-fé, assim como os deveres dela decorrentes. Sob esse ponto de vista, é importante lembrar que a presença desses deveres não suprime a autonomia privada no tocante a impedir que a parte possa, se assim desejar, demonstrar o desinteresse na contratação. O que a ordem jurídica não permite é que se confunda o exercício da liberdade no âmbito da autonomia privada com o abuso do direito.[592]

Karl Larenz[593], ao tratar da importância da confiança, diz:

Confiança recíproca é, realmente, um princípio geral do comércio humano, o qual, contudo, apenas em conexão com outros

---

[592] É correto o pensamento externado por Mário Júlio de Almeida Costa ao acenar que, "Como em tantos outros domínios, impõe-se conciliar a liberdade individual com as exigências de justiça e de recta convivência entre os homens. É preciso, aliás, não confundir a 'liberdade', que a ordem jurídica deve assegurar às partes durante as negociações, com o 'arbítrio', entendido este como uma 'situação desvinculada de todo o limite normativo'" (COSTA, Mário Júlio de Almeida. *Responsabilidade civil pela ruptura das negociações preparatórias de um contrato*. Coimbra: Coimbra, 1984, pp. 52/53).
[593] "Culpa in contrahendo, dever de segurança no tráfico e "contato social". *Revista dos Tribunais Online – Thomson Reuters*. DTR\2008\256, p. 5. Disponível em http://www.revistadostribunais.com.br. Acesso em 13 jul. 2012.

CAPÍTULO 5 - A RESPONSABILIDADE CIVIL PELA RUPTURA...

momentos, pode justificar uma responsabilidade por danos que ultrapassa aquela natureza delitual, segundo os princípios da responsabilidade contratual.

Nesse sentido, terá lugar a responsabilidade civil pré-contratual decorrente das negociações preliminares nas hipóteses em que o pretenso contratante deixar de observar o comportamento que dele se espera com base nos padrões estabelecidos pela sociedade.

Conforme observado, há uma relação direta entre o princípio da boa-fé objetiva e a responsabilidade civil pré-contratual decorrente das negociações preliminares interrompidas sem justo motivo. No caso do ordenamento jurídico brasileiro, a verificação dessa correlação mostra-se fundamental, na medida em que a responsabilização civil pré-contratual não encontra dispositivo legal específico a seu respeito, tal como ocorre em outros países.[594] Esse fato, todavia, não afasta sua possibilidade de identificação no contexto ordem jurídica nacional vigente.

A própria preocupação do Código Civil de 2002 – desde a elaboração de seu anteprojeto –, no que tange a preservar aspectos relacionados à solidariedade social, eticidade, humanização e equilíbrio em torno das relações sociais, sem dúvida acaba por atribuir certos limites comportamentais às partes envolvidas nas negociações preliminares, cuja extrapolação pode acarretar no dever de reparar eventuais prejuízos.

De acordo com premissas adotadas no Capítulo 3 desta obra, a base legal que serve de fundamento para a caracterização da responsabilização civil pré-contratual em face da ruptura injustificada das negociações consiste no disposto no art. 422 do Código Civil, cujo preceito diz que

---

[594] Por exemplo, o Código Civil italiano e o Código Civil português, que assim dispõem, respectivamente: "Art. 1.337. *Trattative e responsabilità precontrattuale – Le parti, nello svolgimento delle trattative e nella formazione del contratto, devono comportarsi secondo buona fede (c. 81, 1175, 1358, 1375)*". (tradução livre: tratativas e responsabilidade pré-contratual – As partes, no desenvolvimento das tratativas e na formação do contrato, devem comportar-se segundo a boa-fé). / "Art. 227. 1. *Quem negoceia com outrem para conclusão de um contrato deve, tanto nos preliminares como na formação dele, proceder segundo as regras da boa-fé, sob pena de responder pelos danos que culposamente causar à outra parte*" (sem grifo no original).

"Os contratantes são obrigados a guardar, assim na conclusão do contrato, como em sua execução, os princípios de probidade e boa-fé".

A despeito de o preceito legal supratranscrito fazer alusão expressa ao período posterior à formação do contrato, é indubitável que a boa-fé objetiva, enquanto vetor norteador das relações intersubjetivas, deve ser observada igualmente nos momentos pré e pós-contratuais.[595]

As Jornadas de Direito Civil do Conselho de Justiça Federal têm mostrado essa preocupação atinente à interpretação do referido art. 422 do diploma civil no campo da responsabilidade pré-contratual:

> Enunciado 25 da I Jornada de Direito Civil: "Art. 422: O art. 422 do Código Civil não inviabiliza a aplicação, pelo julgador, do princípio da boa-fé nas fases pré-contratual e pós-contratual".
>
> Enunciado 170 da III Jornada de Direito Civil: "A boa-fé objetiva deve ser observada pelas partes na fase de negociações preliminares e após a execução do contrato, quando tal exigência decorrer da natureza do contrato".

Na hipótese específica do rompimento das negociações preliminares, a possibilidade de responsabilização infere-se em face da conduta desconforme à boa-fé objetiva, em evidente quebra da confiança depositada na contraparte pretensamente contratante.[596]

A abordagem da verificação da culpa na responsabilidade civil pela ruptura das negociações exige que o presente estudo trate a questão com

---

[595] Relembre-se, a título exemplificativo, o quanto já estabelecido pelo Enunciado n. 25 da I Jornada de Direito Civil do Conselho da Justiça Federal: "*Enunciado 25 – Art. 422. o art. 422 do Código Civil não inviabiliza a aplicação pelo julgador do princípio da boa-fé nas fases pré-contratual e pós-contratual*" (sem grifo no original).

[596] Como salienta a doutrina portuguesa, pela responsabilidade pré-contratual, "o que directamente se tutela é a confiança recíproca de cada uma das partes em que a outra conduza as negociações num plano de probidade, lealdade e seriedade de propósitos, podendo chegar-se à formação de uma ilegítima expectativa da conclusão de um contrato válido e eficaz e da consequente obtenção futura dos proveitos ao mesmo ligados" (COSTA, Mário Júlio de Almeida. *Responsabilidade civil pela ruptura das negociações preparatórias de um contrato*. Coimbra: Coimbra, 1984, pp. 54/55).

CAPÍTULO 5 - A RESPONSABILIDADE CIVIL PELA RUPTURA...

cuidado. Inicialmente, há que se relembrar, na esteira de Clóvis Bevilaqua, que a culpa consiste na negligência ou imprudência do agente, que determina a violação do direito alheio ou causa prejuízo a outrem.[597] Anota-se ainda que, "de acordo com a doutrina nacional, a culpa em sentido estrito consiste em um erro de conduta do agente, que *deixa de observar o comportamento esperado*, definido conforme os padrões observados pela comunidade que o cerca"[598] (sem grifo no original).

Qualquer que seja a situação, a análise do intérprete deve centrar-se no exame da licitude da ruptura. A propósito, a licitude da ruptura deve sempre ser tomada como regra no caso de rompimento das negociações. Essa posição decorre do fato de que ninguém, no âmbito da autonomia privada, deve ser obrigado a contratar, lembrando-se que a tão só ruptura das negociações preliminares não gera, de modo automático e necessário, o dever de indenizar.[599]

A doutrina traz uma questão importante ao aventar a possibilidade de, iniciadas as negociações, surgir – ou não – o dever de concluir o contrato. Ao tratar sobre o tema, Karina Nunes Fritz[600] sustenta:

> (...) a tutela da boa-fé objetiva e da confiança não pode conduzir a uma obrigação de celebrar o contrato, pois isso constituiria, em última análise, uma anulação da própria liberdade contratual, que assegura aos envolvidos o direito de só se vincularem de acordo com sua livre vontade, ressalvadas eventuais hipóteses de imposição legal.

---

[597] BEVILAQUA, Clóvis. *Código civil dos Estados Unidos do Brasil*. 5ª ed. Rio de Janeiro: Francisco Alves. 1936. vol. I, p. 419.

[598] ZANETTI, Cristiano de Sousa. *Responsabilidade pela ruptura das negociações*. São Paulo: Juarez de Oliveira, 2005, p. 165.

[599] MARTINS-COSTA, Judith H. "Um aspecto da obrigação de indenizar: notas para uma sistematização dos deveres pré-negociais de proteção no direito civil brasileiro". *Revista dos Tribunais Online – Thomson Reuters*. DTR\2008\738, p. 8. Disponível em http://www.revistadostribunais.com.br. Acesso em 10 jul. 2012.

[600] "A responsabilidade pré-contratual por ruptura injustificada das negociações". *Revista dos Tribunais Online – Thomson Reuters*. DTR\2009\330, p. 10. Disponível em http://www.revistadostribunais.com.br. Acesso em 10 jul. 2012.

Carlyle Popp assume posição diversa ao afirmar que, nas hipóteses em que as negociações preliminares já estiverem avançadas, tendo, inclusive, despertado, de maneira concreta, a confiança de que o contrato será celebrado, o eventual rompimento injustificado poderia gerar o direito à conclusão do contrato, pois este já integraria a esfera jurídica do lesado.[601]

Na visão do presente estudo, esse posicionamento poderia gerar uma grande insegurança às partes não somente para darem início às negociações, mas, principalmente, para seguirem em frente com elas ao primeiro sinal de colisão entre os interesses das partes negociantes em razão do justificado receio de, a qualquer momento, encontrarem-se na contingência de celebrar o contrato, em absoluto prejuízo à sua liberdade contratual. Defende-se como correto, nesse caso, a possibilidade de se impor à parte responsável pela interrupção o dever de reparar os danos decorrentes da ruptura injustificada.[602]

A ruptura será injustificada – e, portanto, ilegítima – se a causa da interrupção das tratativas estiver dissociada das posições negociais assumidas pela parte ou se for possível provar que o rompimento ocorreu quando ainda havia a possibilidade de consenso ou evolução dos pontos indicados como divergentes.

A ruptura será *justificada*, por sua vez, sempre que houver *motivo justo*. Motivo justo é conceito jurídico indeterminado que transmite a ideia de antecedente psíquico capaz de dar azo ao abandono justificado das negociações.

São exemplos de motivos justos para o abandono legítimo das negociações: a inexistência de acordo sobre o conteúdo do contrato a ser celebrado; a existência de modificação superveniente da base negocial,

---

[601] *Responsabilidade civil pré-negocial*: o rompimento das tratativas. 6. reimpressão. Curitiba: Juruá, 2011, p. 232.

[602] Esse posicionamento é defendido também por FRITZ, Karina Nunes. "A responsabilidade pré-contratual por ruptura injustificada das negociações". *Revista dos Tribunais Online – Thomson Reuters*. DTR\2009\330. Disponível em http://www.revistadostribunais.com.br. Acesso em 10 jul. 2012.

CAPÍTULO 5 - A RESPONSABILIDADE CIVIL PELA RUPTURA...

seja essa alteração de natureza jurídica, econômica ou técnica; a suspeita de corrupção da contraparte negociante; o recebimento, de terceiro, de melhor proposta para realização de negócio desde que não haja exclusividade da contraparte para o estabelecimento das negociações.[603]

Ainda no contexto da pragmática, coloca-se a seguinte questão: o rompimento de tratativas após a imposição, de uma das partes, de assinatura de qualquer daqueles acordos preparatórios analisados no item 3.1.1 do Capítulo 3 deste estudo, configuraria rompimento justificado de negociações?

A resposta a essa questão exige que se retome o quanto visto a respeito do processo de formação dos contratos.

Antes da existência do consenso que resultará no aperfeiçoamento do contrato, as partes passam por um processo prévio até a formação do vínculo contratual. Esse processo pode ser rápido, com seu início e conclusão concentrados em um breve espaço de tempo; ou demorado, envolvendo todo um período de discussão preparatória que, ao final, poderá ou não levar ao consenso.

Qualquer que seja a complexidade do negócio, a fase anterior às tratativas se concentra exclusivamente no plano psíquico. Aqui, o sujeito reúne uma série de aspectos volitivos para construção da manifestação da vontade a respeito de determinado objeto que tenha valor jurídico. Construída, internamente, essa vontade, o sujeito a manifesta, isto é, declara para outrem. Essa exteriorização da vontade pode dar-se, por exemplo, por meio de uma proposta. No campo das tratativas, não se está diante de uma proposta, mas de uma declaração de vontade cujo

---

[603] Em todos os exemplos, a conclusão efetiva sobre a existência do *justo motivo* só é possível com a análise do caso concreto. Especificamente com relação ao último exemplo – de negociações paralelas –, o dever de lealdade não estaria a impedir a realização de referidas negociações paralelas, desde que a contraparte saiba da possibilidade de essas negociações existirem (FRITZ, Karina Nunes. "A responsabilidade pré-contratual por ruptura injustificada das negociações". *Revista dos Tribunais Online – Thomson Reuters*. DTR\2009\330, pp. 13/14. Disponível em http://www.revistadostribunais.com.br. Acesso em 10 jul. 2012).

conteúdo pode ser sintetizado como o querer negociar com o objetivo de, ao final de aceitações sucessivas, concluir o contrato.

Conforme já se afirmou, existe uma grande diferença entre o *querer entrar em negociações* e o *querer contratar*, propriamente dito. O sujeito somente quererá contratar se ao fim das tratativas não lhe surgir algum justo motivo para recusar a celebração do negócio. É claro que, com a evolução das negociações, as circunstâncias caracterizadoras do justo motivo vão-se reduzindo. Não se quer concluir, com isso, que chegará um momento em que o sujeito será obrigado a contratar.[604]

Nesse sentido, o rompimento das negociações por uma das partes, pela imposição de um acordo preparatório, pela contraparte, não resultará em responsabilidade civil pré-contratual se do conteúdo do mencionado acordo resultar o justo motivo a que se fez alusão aqui.

O exemplo indicado a seguir poderá demonstrar facilmente a hipótese defendida. Imagine-se que a empresa "A" decida adquirir uma indústria para produção de determinado bem de consumo. "A" sabe que no mercado existem diversas opções de indústria com as características que ela procura. "A" inicia tratativas com "B" no momento "1". Passado algum tempo (momento "2"), "A" firma com "B" um acordo prevendo a não exclusividade recíproca sobre o objeto da negociação. Em seguida (momento "3"), "A" inicia tratativas também com "C", com o objetivo de adquirir sua indústria. Com o amadurecimento da negociação (momento "4"), "C" impõe a "A" a assinatura de documento prevendo a exclusividade sobre o objeto da negociação. Diante desse cenário, a imposição de tal documento a "A" seria justificativa razoável para que "A" abandonasse as negociações, não resultando, com isso, em responsabilidade pré-contratual.

De todo modo, é importante esclarecer que no momento das tratativas, mesmo que as partes ainda não tenham chegado a um acordo

---

[604] Todo o raciocínio é desenvolvido de acordo com um contexto de paridade entre as partes negociantes. Situações excepcionais podem existir, em que a lei obrigue, por exemplo, uma das partes a contratar, conforme já se mencionou. Uma dessas hipóteses seria a contratação de serviço daquele que detém o monopólio da atividade.

CAPÍTULO 5 - A RESPONSABILIDADE CIVIL PELA RUPTURA...

final, o rompimento das negociações na contramão da *conduta esperada* por uma das partes poderá gerar, àquele que frustrou injustificadamente a realização do negócio, o dever de reparar os danos sofridos pela contraparte.

Essa situação, aliás, segue rigorosamente o raciocínio já contido no Direito português, conforme disserta Cristiano de Souza Zanetti[605]:

> Para tanto, importa tomar em consideração a lição do direito português, que, no art. 227 do respectivo Código Civil, cuida da fase anterior à conclusão dos contratos, determinando que o candidato a contratante deve agir em conformidade com a boa-fé, sob pena de responder culposamente pelos danos causados a seu parceiro. O art. 227 é precedido da rubrica "culpa na formação dos contratos", ficando clara a relação que é feita no direito português entre boa-fé e culpa no período pré-contratual. De fato, o direito português é expresso em dispor que somente haverá responsabilidade pré-contratual e, conseqüentemente, responsabilidade pela ruptura das negociações, quando, além da violação da boa-fé, o candidato contratante tiver procedido culposamente. O conceito de culpa adotado em Portugal é o mesmo tradicionalmente aceito no Brasil, sendo suficiente, para a configuração da responsabilidade pré-contratual, a mera negligência do agente.

O autor citado, ao desenvolver o tema, analisa julgado do Tribunal da Relação de Lisboa, o qual concluiu que o desrespeito à confiança legitimamente depositada no pretenso contratante – por importar em violação à boa-fé objetiva – já denotaria a conduta culposa do agente.[606]

Nesse mesmo sentido, os tribunais brasileiros têm confirmado a necessidade de se reconhecer o dever de reparar em face da frustração imotivada da fase de negociações preliminares.[607]

---

[605] *Responsabilidade pela ruptura das negociações*. São Paulo: Juarez de Oliveira, 2005, p. 166.

[606] ZANETTI, Cristiano de Sousa. *Responsabilidade pela ruptura das negociações*. São Paulo: Juarez de Oliveira, 2005, pp. 166/167.

[607] Em caráter exemplificativo, veja-se o teor de julgado do Tribunal de Justiça do

Em linhas gerais, o que se deve observar nessas hipóteses de abandono arbitrário das negociações preliminares é se o comportamento externado pelo rompedor evidencia, de modo suficientemente claro, uma postura pautada em alto grau de descaso com os chamados deveres anexos do contrato, diretamente decorrentes da incidência do princípio da boa-fé, em especial os deveres de lealdade, respeito, informação, proteção, cuidado e, principalmente, confiança.

Em termos tópicos, apontam-se como elementos caracterizadores da responsabilidade civil pela ruptura das negociações preliminares:

- O consentimento das partes no que diz respeito a entrarem em negociação.

Estado de São Paulo: "APELAÇÕES CÍVEIS – Interposições contra sentença que julgou procedente ação declaratória c.c. condenação de obrigação de fazer c.c. indenização por danos morais e perdas e danos. Contrato de locação frustrado. Responsabilidade civil pré-contratual caracterizada. Liquidação de sentença por cálculo aritmético. Dano moral efetivo e indenização majorada. Sentença parcialmente reformada. / (...) / A farta documentação acostada na inicial demonstra que houve entre as partes longa tratativa para que o autor locasse uma das lojas de um shopping, a cargo do réu, para instalação de uma livraria. Foi providenciada documentação, bem como preparativos para formação do necessário para o início das atividades. Dentre essa documentação acostada à inicial, importante relevar que a locação era tida como certa, tanto que houve a emissão de uma nota promissória referente ao primeiro valor locatício (fls. 70) (...) / (...) / Toda essa prova testemunhal, também confirma a expectativa de locação e as providências por parte do autor em firmá-la. Não se questiona a liberdade de contratar das pessoas, físicas ou jurídicas, entretanto, a responsabilidade civil não ocorre apenas nos contratos já estabelecidos, figurando-se também, modernamente, nas questões pré-contratuais. / A responsabilidade pré-contratual tem como mesmo alicerce os princípios da lealdade contratual e da boa-fé. Esses princípios impedem que o réu efetue uma tratativa de longa realização, com troca de documentos, avaliação de perfil da empresa e, de forma desleal, venha negar sua assinatura ao contrato (...). / (...) / Dessa forma, ao contrário do que alega o réu em sua apelação, todos os requisitos relativos a (sic) responsabilidade estão presentes: agiu de forma ilícita, há culpa de sua parte uma vez que sua ação causou dano a outra, há nexo de causalidade entre a ação e o dano e este está caracterizado, uma vez que foi frustrada a expectativa (...). / (...) / A respeito do dano moral, ele está mais do que comprovado, quebrou-se uma regra de lealdade contratual, a expectativa e a frustração do autor foram redundantes, cuja insegurança gerada pela conduta do réu extrapolou os limites de meros aborrecimentos. / (...)" (TJSP, Apelação n. 992.09.080714-5, São Paulo, Relator Desembargador Mario A. Silveira, vol.u., julgado em 14 de setembro de 2009).

CAPÍTULO 5 - A RESPONSABILIDADE CIVIL PELA RUPTURA...

- O desenvolvimento legítimo de um estado de confiança fundado no comportamento da contraparte no que se refere a buscar/querer a conclusão do negócio.
- Ruptura desqualificada, contrária à boa-fé objetiva, isto é, sem motivação justa e suficiente para gerar a impossibilidade de celebração do contrato –, em que está inserido o elemento *culpa*.
- Dano, de qualquer natureza, resultante da ruptura a que se alude.

Uma vez caracterizada a responsabilização pelo rompimento das negociações preliminares, importa averiguar quais seriam os *efeitos* dela decorrentes, ou seja, quais seriam o alcance e a extensão da reparação pelos danos ocasionados, *dano* aqui compreendido em seu sentido amplo que, segundo a lição de Agostinho Alvim[608], compreenderia a lesão de qualquer bem jurídico.

Seja qual for a conclusão obtida pelo intérprete a esse respeito, não pode escapar da avaliação de dois aspectos fundamentais: em primeiro lugar, a necessidade de relacionar, em alguma medida, o dever de indenizar com a respectiva *apuração do dano*, já que este figura como fato constitutivo e determinante daquela[609]; e, em segundo lugar, a necessidade de se respeitarem, para o alcance da indenização, os critérios de razoabilidade e de equidade.

5.3 O RESSARCIMENTO DO DANO NA RESPONSABILIDADE PELA RUPTURA INJUSTIFICADA DE NEGOCIAÇÕES

A lesão antijurídica faz nascer a responsabilidade civil, a qual gera uma relação obrigacional entre um credor (pessoa que sofre a violação de um bem jurídico tutelado pelo direito), e um devedor (sujeito responsável pela violação desse bem jurídico).

---

[608] *Da inexecução das Obrigações e suas conseqüências*. 4ª ed. São Paulo: Saraiva, 1972, p. 171.
[609] Conforme FISCHER, citado por ALVIM, Agostinho. *Da inexecução das obrigações e suas conseqüências*. 4ª ed. São Paulo: Saraiva, 1972, p. 172.

Em face dessa violação, surge, ao credor, um interesse. Esse interesse pode ter como *causa* o negócio jurídico e, nessa hipótese, a responsabilidade será *contratual*[610], ou um ato ilícito genericamente protegido pelo direito, e, então, a responsabilidade será *extracontratual*.[611]

Quer na responsabilidade civil contratual, quer na responsabilidade civil extracontratual, a obrigação de indenizar, em regra, leva em consideração a medida do *dano* causado à vítima.[612]

O dano é elemento essencial para que exista a obrigação de indenizar. Ao conceituar *dano*, João de Matos Antunes Varela afirma que se trata de "lesão causada no interesse juridicamente tutelado, que reveste as mais das vezes a forma de uma *destruição, subtracção ou deterioração* de certa coisa, material ou incorpórea".[613]

O conceito universal de dano indica ser este toda diminuição patrimonial. Essa conceituação, vinda do Direito Romano clássico, deve ser vista com ressalvas, já que hoje é clara a necessidade de reparação do dano não patrimonial. Daí o reposicionamento conceitual de dano para "a diminuição ou subtração de um bem jurídico".[614]

---

[610] Concorda-se com Fernando Noronha quando nomeia a responsabilidade a que se refere como *negocial* (NORONHA, Fernando. *Direito das obrigações*. 3ª ed. São Paulo: Saraiva, 2010, p. 41). De toda forma, como a expressão responsabilidade contratual é assente na doutrina, manteremos o uso dessa terminologia.

[611] Certos atos lícitos também podem resultar, de acordo com a disciplina legal, em responsabilidade civil extracontratual, desde que causem prejuízo a terceiros (ANTUNES VARELA, João de Matos. *Das obrigações em geral*. 10ª ed. vol. I. Coimbra: Almedina, 2011, p. 520).

[612] Assim estabelece o Código Civil: "Art. 944. A indenização mede-se pela extensão do dano. / Parágrafo único. Se houver excessiva desproporção entre a gravidade da culpa e o dano, poderá o juiz reduzir, equitativamente, a indenização. / Art. 945. Se a vítima tiver concorrido culposamente para o evento danoso, a sua indenização será fixada tendo-se em conta a gravidade de sua culpa em confronto com a do autor do dano".

[613] *Das obrigações em geral*. 10ª ed. vol. I. Coimbra: Almedina, 2011, p. 598.

[614] ALVIM, Agostinho. *Da inexecução das obrigações e suas conseqüências*. 4ª ed. São Paulo: Saraiva, 1972, p. 171. Para o autor, a ideia de dano como a lesão a qualquer bem jurídico teria cabimento para uma noção de dano em sentido amplo, já que, em sentido estrito, dano seria somente a lesão do patrimônio, entendido este como o conjunto das relações jurídicas de uma pessoa, apreciáveis em dinheiro.

CAPÍTULO 5 - A RESPONSABILIDADE CIVIL PELA RUPTURA...

O dano, para ser indenizável, deve ter a correlata violação de um dever jurídico. Há situações em que a pessoa poderá ter uma diminuição do seu ativo pela prática de um ato de terceiro que corresponda ao exercício regular de um direito. Nessas circunstâncias, não se poderá falar em indenização. Exemplo dessa situação seria a construção, em terreno próprio e de acordo com a legislação de postura municipal, de edificação que retire parte da vista que o terreno vizinho possuía do mar.

Os danos podem se referir a coisas ou pessoas – biológico ou corporal e anímico ou moral. Os danos podem, ainda, ser classificados como patrimoniais e extrapatrimoniais, conforme a presença do critério *econômico* na sua dimensão, ou seja, se o reflexo por ele causado resulta, ou não, em diferença na situação patrimonial da vítima.[615]

Os danos patrimoniais se dividem em danos emergentes e lucros cessantes. O dano emergente constitui toda diminuição do ativo do sujeito decorrente do ato praticado pelo causador do dano. Também será considerado dano emergente o aumento do passivo decorrente desse mesmo ato, ao passo que o lucro cessante representa todo o "ganho de que o devedor ficou privado".[616]

A questão envolvendo o lucro cessante é a de mais difícil verificação. O lucro cessante é tipificado pela lei como "tudo aquilo que [o credor da obrigação] razoavelmente deixou de lucrar".[617] A doutrina tem interpretado que a locução *razoavelmente deixou de lucrar* corresponde a uma espécie de presunção de que, caso as circunstâncias fáticas do ato ilícito não tivessem se concretizado, o credor provavelmente teria certo proveito mensurado em face daquilo que ordinariamente ele costuma ter.

A caracterização do lucro cessante depende de prova do credor. Trata-se não de demonstrar a certeza do lucro cessante, mas sim que é razoável a suposição do lucro, imaginando-se o curso natural dos

---

[615] NORONHA, Fernando. *Direito das obrigações*. 3ª ed. São Paulo: Saraiva, 2010, p. 581.
[616] ALVIM, Agostinho. *Da inexecução das obrigações e suas conseqüências*. 4ª ed. São Paulo: Saraiva, 1972, p. 173 ss.
[617] Art. 402 do Código Civil.

acontecimentos por força das circunstâncias. O advérbio *razoavelmente*, utilizado pelo Código Civil, está a indicar justamente essa ideia e não "que se pagará aquilo que for razoável (ideia quantitativa)". Deve-se interpretar o advérbio em questão como a necessidade de se pagar ao credor determinada quantia *se for razoável* admitir-se ter havido lucro cessante. Nesse sentido, "admitida a existência do prejuízo (lucro cessante), a indenização não se pautará pelo razoável e sim pelo provado".[618]

O dano moral, por sua vez, pode ser dividido em duas espécies, conforme estabelece Agostinho Alvim: objetivo e subjetivo. Será objetivo o dano moral que atinge os chamados direitos da personalidade, vistos *en passant* no Capítulo 1 deste trabalho. Por sua vez, será subjetivo o dano moral que atinge o sentimento, a dor íntima da vítima.[619]

Na identificação dos danos indenizáveis decorrentes da responsabilidade civil pré-contratual pela ruptura injustificada de negociações, interessa saber qual o interesse a ser protegido em prol do lesado. A doutrina, ao tratar dos danos indenizáveis oriundos de qualquer uma das fases de formação do contrato, sua conclusão, ou até mesmo a fase posterior à execução completa do contrato, identifica duas ordens de interesse: o interesse contratual positivo, consubstanciado no interesse do lesado no cumprimento; ou o interesse contratual negativo, consubstanciado no ressarcimento do prejuízo.[620]

O conteúdo da obrigação de indenizar na responsabilidade civil pela ruptura de tratativas não é conferir à vítima aquilo que ela obteria com o contrato concluído, caso em que se daria o atendimento ao interesse positivo, mas reparar a consequência da ruptura injustificada, isto é, as despesas havidas pelo lesado na confiança de que o negócio

---

[618] ALVIM, Agostinho. *Da inexecução das obrigações e suas conseqüências*. 4ª ed. São Paulo: Saraiva, 1972, p. 190.

[619] ALVIM, Agostinho. *Da inexecução das obrigações e suas conseqüências*. 4ª ed. São Paulo: Saraiva, 1972, p. 213 ss.

[620] CHAVES, Antônio. "Responsabilidade pré-contratual". *Revista dos Tribunais Online – Thomson Reuters*. DTR\2012\931, p. 1. Disponível em http://www.revistadostribunais.com.br. Acesso em 12 jul. 2012.

CAPÍTULO 5 - A RESPONSABILIDADE CIVIL PELA RUPTURA...

seria realizado, a indenização pela perda de oportunidade, eventual dano moral sofrido etc.[621]

Este estudo segue na esteira do posicionamento majoritário da doutrina a respeito do tema[622], segundo o qual o interesse a ser ressarcido pela parte que rompe injustificadamente as negociações preliminares seria o interesse contratual negativo. Nesse sentido, buscar-se-á reparar a perda patrimonial que a vítima teve de suportar e que não existiria se o contrato fosse concluído, bem como reparar os danos compreendidos na não obtenção de uma vantagem real que a vítima poderia alcançar com contratos não celebrados com terceiros, diante da expectativa legítima de que o contrato frustrado seria realizado.[623] A depender do conteúdo dessa vantagem real, ela poderá caracterizar-se como lucros cessantes ou, ainda, como perda de uma chance.

Apesar do posicionamento defendido neste trabalho – sobre a responsabilidade civil pré-contratual pela ruptura injustificada de

---

[621] PRATA, Ana. *Notas sobre responsabilidade pré-contratual*. Coimbra: Almedina, 2005, p. 182 ss.

[622] São defensores desse posicionamento, por exemplo, ANTUNES VARELA, João de Matos. *Das obrigações em geral*. 10ª ed. vol. I. Coimbra: Almedina, 2011, p. 271; ALPA, Guido. "Precontractual liability". *National Report*, Italie. In: XIII INTERNATIONAL CONGRESS OF COMPARATIVE LAW, Montreal, 1990, p. 10; COSTA, Mário Júlio de Almeida. *Responsabilidade civil pela ruptura das negociações preparatórias de um contrato*. Coimbra: Coimbra, 1984, p. 80 ss.; CHAVES, Antônio. "Responsabilidade pré-contratual". *Revista dos Tribunais Online – Thomson Reuters*. DTR\2012\931, p. 6. Disponível em http://www.revistadostribunais.com.br. Acesso em 12 jul. 2012; JHERING, Rudolf von. *Culpa in contrahendo ou indemnização em contratos nulos ou não chegados à perfeição*. Coimbra: Almedina, 2008, p. 12 ss.; e MARTINS, António Carvalho. *Responsabilidade pré-contratual*. Coimbra: Coimbra, 2002, p. 95. Em sentido contrário – pela possibilidade de execução específica, portanto –, fazendo menção expressa, contudo, a situações pré-contratuais que não evidenciam propriamente ruptura de negociações, PRATA, Ana. *Notas sobre responsabilidade pré-contratual*. Coimbra: Almedina, 2005, p. 190; e CORDEIRO, António Manuel da Rocha e Menezes. *Da boa fé no direito civil*. Coimbra: Almedina, 2007, p. 796. Pela possibilidade de execução específica na responsabilidade civil pré-negocial pelo rompimento de tratativas, POPP, Carlyle. *Responsabilidade civil pré-negocial*: o rompimento das tratativas. 6. reimpressão. Curitiba: Juruá, 2011, p. 287.

[623] ANTUNES VARELA, João de Matos. *Das obrigações em geral*. 10ª ed. vol. I. Coimbra: Almedina, 2011, p. 271.

negociações possuir natureza extracontratual –, a pertinência em se analisar o interesse positivo e o interesse negativo do contrato está no fato de o dano causado decorrer especificamente da não conclusão do negócio jurídico. Daí a necessidade de se avaliar, independentemente do posicionamento acerca da natureza jurídica da responsabilidade pré-contratual, se a obrigação de reparar pode alcançar o *cumprimento* de um contrato não celebrado ou se ela estará adstrita ao *ressarcimento* pecuniário, ou seja, à indenização pelo *equivalente*.

Inicialmente, o interesse negativo era tido como o dano decorrente da celebração, e o interesse positivo, por sua vez, como dano do não cumprimento do contrato.[624] Hoje, todavia, com o atual estágio de desenvolvimento do princípio da confiança, que deve reger o contato social, o interesse negativo tem assumido um conteúdo pautado não apenas pela celebração do contrato, mas também pela violação da confiança. O prejuízo que o interesse negativo procura alcançar não é somente aquele decorrente do contrato, mas também o dano *in contrahendo*, acobertando o prejuízo do lesado decorrente da crença deste, de que o causador do dano respeitaria, nas tratativas, os deveres anexos decorrentes da boa-fé objetiva. Já o interesse positivo alcança os danos advindos do não cumprimento do contrato ou, ainda, do seu cumprimento moroso.[625]

O interesse negativo abrange, tal como o interesse positivo, o dano emergente e os lucros cessantes. A finalidade da indenização em decorrência do interesse negativo continua sendo a de abranger todos os danos do lesado que tiverem como causa direta e imediata o fato que gerou, em face da contraparte, a responsabilidade.

O exemplo de Rudolf von Jhering ilustra bem essa diferença. Imagine-se uma relação de compra e venda, em que o vendedor entrega, por engano, ao comprador coisa diversa e mais valiosa, que é aceita por

---

[624] COSTA, Mário Júlio de Almeida. *Responsabilidade civil pela ruptura das negociações preparatórias de um contrato*. Coimbra: Coimbra, 1984, p. 73.
[625] MARTINS, António Carvalho. *Responsabilidade pré-contratual*. Coimbra: Coimbra, 2002, p. 96.

CAPÍTULO 5 - A RESPONSABILIDADE CIVIL PELA RUPTURA...

este. Em razão do erro substancial, o vendedor pede a devolução da coisa. O interesse positivo manifestar-se-ia na hipótese de manutenção do contrato querida pelas partes, com o pagamento suplementar do preço. O interesse negativo manifestar-se-ia com o desfazimento do negócio e o ressarcimento, por exemplo, dos custos havidos de transporte.[626]

Para serem considerados danos decorrentes da ruptura de negociações, eles deverão ocorrer *em razão* da confiança legítima alimentada pelo lesado. O dano deve ser aquele verificado, portanto, após "e por causa da própria confiança do lesado".[627]

O conteúdo da indenização deve ser, por assim dizer, o prejuízo das despesas suportadas com as tratativas e o eventual prejuízo decorrente das oportunidades perdidas e *não* a vantagem que o lesado tinha em mente obter com a celebração do contrato.

Questão interessante reside em saber se o interesse negativo poderia ser superior ao interesse positivo, ou seja, se a indenização pela ruptura das negociações poderia ser superior ao proveito que a parte lesada teria se o contrato fosse feito.

O assunto é tormentoso. De um lado, o Código Civil não impõe nenhuma limitação expressa nesse sentido. A doutrina também sempre sinalizou, conforme já mencionado, que a ideia da indenização é *reparar todos os danos* sofridos pelo lesado. De outro lado, há quem sustente que o dever de reparar existente na responsabilidade civil pré-contratual deve ser *inferior* ao dever de reparar da responsabilidade civil contratual, denotando clara limitação pautada pelo interesse positivo.[628]

Ao mesmo tempo em que se mostra razoável não colocar o lesado em situação mais vantajosa do que a que se encontraria se tivesse realizado

---

[626] *Culpa in contrahendo ou indemnização em contratos nulos ou não chegados à perfeição.* Coimbra: Almedina, 2008, p. 13.
[627] MARTINS, António Carvalho. *Responsabilidade pré-contratual.* Coimbra: Coimbra, 2002, p. 97.
[628] Assim sustenta, por exemplo, CHAVES, Antônio. Responsabilidade pré-contratual. *Revista dos Tribunais Online – Thomson Reuters.* DTR\2000\264, p. 6. Disponível em http://www.revistadostribunais.com.br. Acesso em 12 jul. 2012.

o contrato, também é verdade que não cabe analisar somente se o dano apurado ultrapassa, ou não, o interesse positivo, mas sim a extensão do prejuízo sofrido.[629] Sob o ponto de vista lógico, contudo, é difícil se imaginar que a parte sofra, com a ruptura das negociações – momento em que as despesas incorridas na esperança de conclusão do contrato naturalmente não ultrapassarão o próprio conteúdo econômico pretendido pelo negócio –, prejuízo maior do que se, tendo realizado o contrato, seu objeto, por alguma razão, não se realizar.

Entende-se, neste estudo, em suma, que não poderá haver uma pré-limitação; e o intérprete deve analisar a situação tomando por base o grau de culpa do agente, a natureza dos danos ocasionados e a dimensão dos direitos violados.

O objetivo básico da indenização, como se sabe, é colocar o prejudicado na situação em que estaria caso o acontecimento causador do dano não tivesse ocorrido. Na hipótese da responsabilidade civil pré-contratual pela ruptura de tratativas vislumbra-se um problema: ao contrário do contrato – ainda que preliminar –, as negociações preliminares, conforme já explicitado, não vinculam as partes no tocante a estas se obrigarem às circunstâncias do contrato que eventualmente irão celebrar. Nesse sentido, é difícil imaginar que a reparação pleiteada pelo prejudicado possa ser a execução *específica*, consistente na conclusão forçada do contrato.

De fato, "como essas negociações não vinculam as partes, o rompimento injustificado do debate preliminar não dá, ao prejudicado, o direito de exigir o cumprimento da futura convenção, mas tão-só o de exigir reparação do prejuízo experimentado".[630] Em outras palavras, em regra, a reparação dos danos na responsabilidade civil decorrente da ruptura das negociações deverá ser *in abstrato*, quantificando-se o prejuízo sofrido em uma avaliação de natureza estritamente pecuniária.[631]

---

[629] COSTA, Mário Júlio de Almeida. *Responsabilidade civil pela ruptura das negociações preparatórias de um contrato.* Coimbra: Coimbra, 1984, pp. 83-85.

[630] RODRIGUES, Silvio. *Direito civil:* dos contratos e das declarações unilaterais de vontade. 28ª ed. vol. 3. São Paulo: Saraiva, 2002, p. 68.

[631] COSTA, Mário Júlio de Almeida. *Responsabilidade civil pela ruptura das negociações preparatórias de um contrato.* Coimbra: Coimbra, 1984, p. 73.

CAPÍTULO 5 - A RESPONSABILIDADE CIVIL PELA RUPTURA...

Um dos grandes problemas que permeiam a responsabilidade civil pré-contratual pela ruptura injustificada das negociações, por exemplo, está na obrigatoriedade ou não de reparação dos gastos assumidos pelo sujeito na *expectativa* de que o contrato, ao final, seria concluído.[632]

Não obstante a posição defendida – de que a execução específica não é cabível –, não se desconhece a existência, conforme já mencionado, de quem entenda ser possível a execução específica. Assim se manifesta, por exemplo, Carlyle Popp, para quem a tutela específica seria "um instrumento de efetividade da boa-fé violada que pode ser aplicado em alguns casos específicos, dependendo da intensidade da confiança".[633]

Ousa-se, neste estudo, discordar dessa opinião. Admitir a tutela específica decorrente da ruptura das negociações preliminares seria conferir força contratual a atos que, como visto anteriormente, não possuem essa finalidade.[634] Eventualmente, a exemplo do que já apregoava

---

[632] AZEVEDO, Antonio Junqueira de. "Insuficiências, deficiências e desatualização do projeto de código civil na questão da boa-fé objetiva nos contratos". *Revista dos Tribunais Online – Thomson Reuters*. DTR\2000\264, p. 2. Disponível em http://www.revistadostribunais.com.br. Acesso em 10 jul. 2012.

[633] *Responsabilidade civil pré-negocial*: o rompimento das tratativas. 6. reimpressão. Curitiba: Juruá, 2011, p. 287.

[634] O escólio de Almeida Costa acerca da matéria, fazendo uma clara diferenciação, no plano da obrigação de indenizar, entre o interesse da *confiança* (*negativo*) e o interesse do *cumprimento* (*positivo*), fundamenta a sustentação neste estudo: "Quando se atende ao *interesse negativo*, é ressarcível o dano resultante de violação da confiança de uma das partes na probidade e lisura do procedimento da outra por ocasião dos preliminares e da formação do contrato. Quer dizer, encara-se o prejuízo que o lesado evitaria se não houvesse, sem culpa sua, confiado em que, durante as negociações, o responsável cumpriria os específicos deveres a elas inerentes e derivados do imperativo da boa fé, *máxime* convencendo-se que a manifestação de vontade deste entraria no mundo jurídico tal como esperava, ou que tinha entrado correcta e validamente. / O *interesse positivo*, pelo contrário, reconduz-se aos danos que decorrem do não cumprimento ou do seu cumprimento defeituoso ou tardio. Trata-se da violação das respectivas prestações típicas ou principais, que podem, aliás, ser acompanhadas de deveres secundários ou, inclusive, laterais. / Entendidos nestes moldes o dano de confiança (*in contrahendo*) e o dano de cumprimento (*in contractu*), inculca-se que a responsabilidade pré-contratual por ruptura das negociações preparatórias actua nos limites do interesse negativo, em vez de conexionar-se com o interesse positivo" (COSTA, Mário Júlio de Almeida. *Responsabilidade civil pela ruptura das negociações preparatórias de um contrato*. Coimbra: Coimbra, 1984, p. 74).

Antônio Chaves, é possível admitir-se a execução específica (natural), desde que o pré-contratante desistente, por vontade própria, proceda à execução do contrato.[635]

Outra questão que se levanta, ainda no que tange à reparação dos danos oriundos da ruptura ilegítima das negociações preliminares, é a de se saber se o ressarcimento do interesse negativo encontra alguma restrição. Em outros termos, se estariam incluídos, no dever de reparar, os danos emergentes, os lucros cessantes, a perda de uma chance e o dano moral. Na visão deste estudo, a resposta é positiva.

A posição assumida parte do próprio pressuposto inerente à noção de indenização: tornar a pessoa lesada indene. Em razão disso, nada mais natural que todos os prejuízos decorrentes do rompimento das negociações preliminares em franca atitude de quebra dos deveres anexos devam ser reparados pelo causador dos danos.

A necessidade de reparação dos danos morais decorre do próprio reconhecimento incondicional feito pela Constituição Federal, sendo absolutamente pertinente a sua observância.[636]

Dificuldade maior, contudo, está em apurar os danos emergentes e, sobretudo, os lucros cessantes de maneira correta. Nesse ponto, o aplicador do direito deverá fazer uso dos critérios de equidade e razoabilidade, a fim de evitar exageros e desequilíbrios na fixação do *quantum* indenizatório. A parte infratora deverá, por exemplo, ressarcir à contraparte o prejuízo de eventuais negócios perdidos – desde que devidamente comprovado – e o recebimento dos valores referentes às despesas suportadas.[637]

---

[635] Assim se posiciona o referido jurista ao acentuar que "não pode a lei obrigar o pré-contratante a realizar o acordo ainda não formalizado. Pode no entanto fazê-lo, *sponte sua*, o interessado, para livrar-se das perdas e danos. Teremos então em matéria pré-contratual a hipótese da reparação natural, que não há dispositivo de lei que proíba" (CHAVES, Antônio. *Responsabilidade pré-contratual*. 2ª ed. São Paulo: Lejus, 1997, p. 237).

[636] Art. 5º, inc. V, da Constituição Federal.

[637] Conforme julgado (Apelação de Catania – 25-I-1956) transcrito por CHAVES, Antônio. *Responsabilidade pré-contratual*. 2ª ed. São Paulo: Lejus, 1997, p. 79.

CAPÍTULO 5 - A RESPONSABILIDADE CIVIL PELA RUPTURA...

A "perda de uma chance" na responsabilidade pela ruptura de negociações tem cabimento pela própria forma de caracterização do instituto. A perda de uma chance decorre, tal como a responsabilidade pela ruptura de negociações, da *frustração* de uma chance real. A perda de uma chance caracteriza-se pela perda de oportunidade de se obter uma vantagem ou na perda de oportunidade de se evitar um dano.[638] A eliminação dessa oportunidade (chance) por um ato antijurídico gera a responsabilidade civil. Na responsabilidade pela ruptura de negociações ela se materializa pela subtração da oportunidade de o lesado não concluir determinado processo negocial favorável. Essa perda de oportunidade, muito embora não se confunda, em regra, com os lucros cessantes, pode, no caso da ruptura de negociações, guardar certa relação com eles (lucros cessantes), a depender do caso concreto.

A diferença essencial entre a perda de uma chance e os lucros cessantes está no fato de o dano, naquela, ser a própria chance perdida. A apuração do dano, na perda de uma chance, é o cálculo do grau de probabilidade de a vantagem ser alcançada, ou o prejuízo evitado.[639] Na perda de uma chance, portanto, não é possível afirmar que o resultado, uma vez frustrada a expectativa, seria alcançado. Já nos lucros cessantes o intérprete conclui que o resultado *teria acontecido* caso o ato antijurídico não fosse praticado.

Claro está, portanto, que, caso se trate de perda de uma chance a indenização será medida com base na apuração da "chance". Se for hipótese de lucros cessantes, por sua vez, apura-se o próprio proveito que o lesado não pode obter, tomando-se por base a ideia de que no curso normal dos acontecimentos *tal proveito seria efetivamente obtido*.[640]

Retome-se o ponto sobre a extensão dos prejuízos a serem reparados. A propósito, ressalte-se que, no parecer de Claudia Lima

---

[638] NORONHA, Fernando. "Responsabilidade por perda de chances". *Revista dos Tribunais Online – Thomson Reuters*. DTR\2005\465, p. 1. Disponível em http://www.revistadostribunais.com.br. Acesso em 10 jul. 2012.

[639] NORONHA, Fernando. *Direito das obrigações*. 3ª ed. São Paulo: Saraiva, 2010, p. 697.

[640] Sobre os lucros cessantes, veja-se ALVIM, Agostinho. *Da inexecução das obrigações e suas conseqüências*. 4ª ed. São Paulo: Saraiva, 1972, p. 187 ss.

Marques a que se fez referência linhas atrás, alusivo ao defeito/falha de informação decorrente da publicidade da indústria tabagista, a autora conclui que a violação à boa-fé objetiva – dever anexo de informação – deveria resultar na obrigação de indenização integral à vítima, consumidora. Essa indenização compreenderia os danos materiais e morais cujo *quantum* deveria representar, além de uma função reparatória, uma função punitiva para servir de desestímulo ao lesante.[641]

Antonio Junqueira de Azevedo[642], mesmo entendendo, conforme já mencionado no item 5.1 do Capítulo 5 deste trabalho, que a responsabilidade civil pré-contratual se submete ao regime da responsabilidade contratual, reconhece que o seu surgimento se dá com o ato ilícito. E mais: que essa responsabilidade surge especificamente pelo descumprimento dos deveres gerados pela boa-fé objetiva e não por uma obrigação principal relacionada ao contrato não celebrado. Nesse sentido, os lucros cessantes e os danos emergentes deverão ser, para o aludido autor, os do interesse negativo.

Antônio Chaves, por sua vez, assevera que o eventual dever de reparar existente na responsabilidade civil pré-contratual pela ruptura das negociações deve limitar-se a padrões mais módicos do que o dever de reparar decorrente da responsabilidade civil contratual, circunscrevendo-se às despesas inerentes às atividades desenvolvidas no período de negociações, à perda de tempo, aos trabalhos despendidos, enfim, aos prejuízos decorrentes da não realização do contrato.[643]

---

[641] "Violação do dever de boa-fé de informar corretamente, atos negociais omissivos afetando o direito/liberdade de escolha. Nexo causal entre a falha/defeito de informação e defeito de qualidade nos produtos de tabaco e o dano final morte. Responsabilidade do fabricante do produto, direito a ressarcimento dos danos materiais e morais, sejam preventivos, reparatórios ou satisfatórios". *Revista dos Tribunais Online – Thomson Reuters.* DTR\2005\808, p. 29. Disponível em http://www.revistadostribunais.com.br. Acesso em 11 jul. 2012.

[642] "Responsabilidade pré-contratual no código de defesa do consumidor: estudo comparativo com a responsabilidade pré-contratual no direito comum". *Revista dos Tribunais Online – Thomson Reuters.* DTR\1996\162, p. 2. Disponível em http://www. revistadostribunais.com.br. Acesso em 10 jul. 2012.

[643] "Responsabilidade pré-contratual". *Revista dos Tribunais Online – Thomson Reuters.*

CAPÍTULO 5 - A RESPONSABILIDADE CIVIL PELA RUPTURA...

Na responsabilidade civil pré-contratual pela ruptura injustificada das tratativas, conforme assenta Mário Júlio de Almeida Costa, os danos emergentes serão as "despesas necessárias, normais e razoáveis, isto é, adequadamente efectuadas por causa das negociações". Assim, não estariam incluídas, por exemplo, as despesas anormais ou inúteis para o andamento das negociações. Por fim, o autor diz que os lucros cessantes, por sua vez, envolverão as "possíveis hipóteses negociais que o sujeito em face de quem se operou a ruptura ilegítima teria aproveitado se não estivesse envolvido naquelas que foram interrompidas, assim como das vantagens que daí lhe adviriam". Para que haja a caracterização dos lucros cessantes, entretanto, não basta a mera alegação, devendo o prejudicado comprovar a existência das outras oportunidades negociais. Nessa hipótese, a apuração do *quantum* deverá levar em consideração tanto os aspectos objetivos quanto os subjetivos atinentes à figura do lesado – competência no mundo empresarial, viabilidade do negócio a ser desenvolvido etc.[644]

DTR\2012\931, p. 6. Disponível em http://www.revistadostribunais.com.br. Acesso em 12 jul. 2012.
[644] *Responsabilidade civil pela ruptura das negociações preparatórias de um contrato*. Coimbra: Coimbra, 1984, p. 80.

CAPÍTULO 6

CASUÍSTICA A RESPEITO DA NECESSIDADE DE OBSERVÂNCIA DOS DEVERES DE CONDUTA NA RELAÇÃO OBRIGACIONAL E, EM ESPECIAL, NAS NEGOCIAÇÕES PRELIMINARES

Como observado em capítulo anterior, estando os deveres de conduta diretamente relacionados com a cláusula geral da boa-fé, a análise casuística do tema em estudo permite dar contornos mais concretos ao que se entende por observância desses deveres na relação obrigacional, especialmente no campo das negociações preliminares.

Apesar de o objeto de análise se referir, de modo especial, às negociações preliminares, tendo em vista o largo alcance da boa-fé objetiva no campo contratual, a análise abrangerá, também, situações concretas envolvendo contratos já celebrados, sem prejuízo do exame de casos em que o desrespeito aos deveres anexos tenha tido lugar na fase pré-contratual.

A circunstância fática que envolve o primeiro caso objeto de análise diz respeito à relação contratual consubstanciada em contrato de locação em que o fiador, garantidor da locatária, mesmo casado sob o regime da comunhão universal de bens, obrigou-se como tal sem a devida anuência do cônjuge.[645] Eis o teor da ementa[646]:

> AGRAVO INTERNO. EMBARGOS DE TERCEIRO. CONTRATO DE LOCAÇÃO. FIANÇA CONCEDIDA SEM OUTORGA UXÓRIA. DECLARAÇÃO FALSA DO CÔNJUGE VARÃO ACERCA DO SEU ESTADO CIVIL. VIOLAÇÃO DO PRINCÍPIO DA BOA-FÉ OBJETIVA. 1) Ao declarar estado civil diverso daquele que verdadeiramente ostenta, o fiador (cônjuge varão) violou os princípios da boa-fé objetiva e da lealdade contratual, por isso que não pode se aproveitar da própria torpeza a fim de se eximir da responsabilidade que assumira, em prejuízo dos locadores, que, no caso, são considerados terceiros de boa-fé. 2) Contudo, a embargante não pode sofrer as consequências negativas decorrentes do procedimento indigno do cônjuge varão. Assim, emerge como correta a solução aplicada pelo sentenciante de piso no sentido de entender por eficaz a fiança prestada, ressalvando, contudo, de seus efeitos a meação da ora recorrente (embargante), vez que esta não participou do negócio jurídico em questão. 3) Recurso ao qual se nega provimento.

Apesar do disposto no art. 1.647, inc. III, do Código Civil[647], bem como da orientação dada pela Súmula n. 332 do Superior Tribunal de Justiça, segundo a qual "A fiança prestada sem autorização de um dos cônjuges implica a ineficácia total da garantia", a decisão objeto de exame entendeu eficaz a fiança prestada, ressalvando, contudo, a meação do cônjuge que deixou de dar anuência, tudo isso porque o comportamento do fiador atentaria contra o princípio da boa-fé objetiva e da lealdade contratual.

---

[645] Agravo interno na Apelação Cível n. 2009.001.08581, da 2ª Câmara Cível do Tribunal de Justiça do Estado do Rio de Janeiro.
[646] Disponível em http://www.tjrj.jus.br/. Acesso em 23 nov. 2013.
[647] Veja-se: "Art. 1.647. Ressalvado o disposto no art. 1.648, nenhum dos cônjuges pode, sem autorização do outro, exceto no regime da separação absoluta: / (...) / III – prestar fiança ou aval; (...)".

CAPÍTULO 6 - CASUÍSTICA A RESPEITO DA NECESSIDADE...

Na hipótese examinada, conforme salientado, o fiador, apesar de casado sob o regime da comunhão universal de bens, obrigou-se como tal sem a devida anuência do cônjuge, ostentando, no campo reservado à qualificação do fiador, o estado civil de divorciado.

Já se pontuou, linhas atrás, que a boa-fé objetiva, levantada no acórdão selecionado, reporta-se ao plano da conduta das partes envolvidas na relação contratual, impondo a elas a obrigação de observar os deveres laterais, anexos ou secundários dos contratos – dever de informar, de lealdade, de respeito, de cuidado, de cooperação e equidade, de razoabilidade etc. O Superior Tribunal de Justiça[648], em julgado datado de 3 de setembro de 2009, assim delineou a boa-fé objetiva:

> A boa-fé objetiva, verdadeira regra de conduta, estabelecida no art. 422 do CC/02, reveste-se da função criadora de deveres laterais ou acessórios, como o de informar e o de cooperar, para que a relação não seja fonte de prejuízo ou decepção para uma das partes, e, por conseguinte, integra o contrato naquilo em que for omisso, em decorrência de um imperativo de eticidade, no sentido de evitar o uso de subterfúgios ou intenções diversas daquelas expressas no instrumento formalizado (...).

Também de acordo com o que se defendeu linhas atrás, tem-se entendido atualmente que o aludido princípio possui três funções basilares, quais sejam: (i) de *interpretação*, em outras palavras, os negócios jurídicos bilaterais devem ser interpretados de maneira mais favorável àquele que está de boa-fé; (ii) de *controle*, evitando-se, por exemplo, o abuso de direito; e (iii) de *integração* entre as diversas fases contratuais. Nesse sentido, os Enunciados n. 24, 25 e 26 da I Jornada de Direito Civil do Superior Tribunal de Justiça[649] são bastante esclarecedores:

> Enunciado 24 – "Art. 422: em virtude do princípio da boa-fé, positivado no art. 422 do novo Código Civil, a violação dos

---

[648] STJ, 3ª Turma, RESP 830.526, Relatora Ministra Nancy Andrighi, j. 3.9.2009, DJ 29.10.09.

[649] Disponível em http://www.tjrj.jus.br/institucional/cedes/codigo_civil.jsp. Acesso em 20 out. 2012.

deveres anexos constitui espécie de inadimplemento, independentemente de culpa".

Enunciado 25 – "Art. 422: o art. 422 do Código Civil não inviabiliza a aplicação pelo julgador do princípio da boa-fé nas fases pré-contratual e pós-contratual".

Enunciado 26 – "Art. 422: a cláusula geral contida no art. 422 do novo Código Civil impõe ao juiz *interpretar* e, quando necessário, suprir e *corrigir* o contrato segundo a boa-fé objetiva, entendida como a exigência de *comportamento leal* dos contratantes".

De fato, o Código Civil atual dispõe, no art. 422 precitado, que "Os contratantes são obrigados a guardar, assim na conclusão do contrato, como em sua execução, os princípios de probidade e boa-fé". Retome-se o caso em debate para ressaltar que, segundo consta do acórdão, o fiador, apesar de casado sob o regime da comunhão universal de bens, obrigou-se sem a devida anuência do cônjuge, ostentando, no campo reservado à qualificação do fiador, o estado civil de *divorciado*. Nesse contexto fático, o relator ponderou ser difícil acreditar que essa informação constasse no contrato por mero descuido, e que seria igualmente difícil o fiador ter assinado o contrato sem ao menos confirmar seus dados pessoais.

Fernando Noronha aduz que, da boa-fé objetiva decorre o "dever de agir de acordo com determinados padrões, socialmente recomendados, de correção, lisura, honestidade, para (...) não frustrar a confiança legítima da outra parte".[650] A propósito, merece destaque a informação contida no acórdão de que constava, no instrumento celebrado, a qualificação do estado civil do fiador como *divorciado*. Ora, as circunstâncias fáticas denotam a inobservância de alguns dos deveres acessórios, como o de informação e lealdade entre as partes contratantes. A informação prestada pelo fiador conduziu ao equívoco do locador no que diz respeito a não buscar a anuência do cônjuge. Situação distinta poderia ser cogitada, por

---

[650] "O direito dos contratos e seus princípios fundamentais (autonomia privada, boa fé, justiça contratual)". *In*: GODOY, Claudio Luiz Bueno de. *Função social do contrato*. 3ª ed. São Paulo: Saraiva, 2009, p. 136.

CAPÍTULO 6 - CASUÍSTICA A RESPEITO DA NECESSIDADE...

exemplo, se o instrumento fosse omisso com relação ao estado civil do fiador ou, ainda, informasse sua condição de casado e, mesmo assim, a anuência não fosse solicitada. Na hipótese dos autos, contudo, constava expressamente a condição de *divorciado*.

Permitir que o fiador se beneficie dessa circunstância – a qual, repise-se, decorre não somente de uma omissão de sua parte, mas de uma *declaração* falsa – seria bulir com o comando da eticidade, autorizando o uso dos institutos jurídicos com a intenção de prejudicar a outra parte. Ao obstar esse uso, impera a boa-fé objetiva, princípio que objetiva tutelar "a confiança de quem acreditou que a outra parte procederia de acordo com os padrões de conduta comumente aceitos pela sociedade".[651] No caso examinado, esse padrão de conduta pressupunha a correta declaração do estado civil do garantidor do contrato, precisamente porque a informação aludida era capaz de alterar a validade do pacto acessório.

Ao dar-se continuidade à análise do plano da conduta do fiador – o que, afinal, serve de base argumentativa para a conclusão a que chega o julgado –, é importante a consideração feita no acórdão de que, conforme "as regras de experiência comum, a qualificação de determinada pessoa constante em documento deste jaez é pela própria fornecida". Em face disso, a conclusão alcançada pelo julgador é a de que se essas informações não respeitam a realidade, "é porque assim o quis o declarante". Esse viés analítico reportado ao plano da conduta não pode ser confundido com a boa-fé subjetiva condizente com o estado de consciência do contratante, mas a uma concepção "desvinculada das intenções íntimas do sujeito", que observa "*comportamentos* objetivamente adequados aos parâmetros de lealdade, honestidade e colaboração no alcance dos fins perseguidos em cada relação obrigacional" [652] (sem grifo no original).

---

[651] BERLAND, Carla Turczyn. *A intervenção do juiz nos contratos*. São Paulo: Quartier Latin, 2009, p. 88.

[652] TEPEDINO, Gustavo; SCHREIBER, Anderson. "A boa-fé objetiva no código de defesa do consumidor e no novo código civil (arts. 113, 187 e 422)". *In:* TEPEDINO, Gustavo (coord.). *Obrigações*: estudos na perspectiva civil-constitucional. Rio de Janeiro: Renovar, 2005, p. 32.

De fato, vige aqui a regra de que a ninguém é lícito *venire contra factum proprium*, ou seja, não pode a parte – no caso, o garantidor do contrato – beneficiar-se do *comportamento* contraditório consistente na declaração incorreta de seu estado civil no instrumento contratual.

É evidente que em uma relação contratual, pela própria finalidade econômica do contrato, no sentido de instrumento de circulação de riquezas, as partes envolvidas querem fazer um bom negócio para si próprias. Essa circunstância, todavia, não credencia a conduta desleal, contrária àquilo que se espera dos sujeitos envolvidos; por conseguinte, o comportamento esperado daquele que se coloca como garantidor do negócio é que ele assuma conduta capaz de validar sua posição no contrato como tal.

Não se poderia permitir, assim, que a eventual nulidade da garantia prestada, por falta de anuência do cônjuge – ausência, repita-se, amparada por declaração incorreta sobre o estado civil do fiador – resultasse em benefício daquele que adotou comportamento avesso à lealdade contratual. Com isso, busca-se a efetivação da *justiça contratual*. A cláusula geral da boa-fé objetiva impõe às partes envolvidas em uma relação contratual o dever de agir com boa-fé, "sem o intuito de prejudicar ou de obter vantagens indevidas". Dada a finalidade do instituto, entende-se, com arrimo na exposição feita por Álvaro Villaça Azevedo, que a boa-fé, em certas circunstâncias, como a que aqui se apresenta, pode superar o princípio da nulidade dos atos jurídicos, a fim de não premiar o contratante que age sem espírito de lealdade, deixando de esclarecer os fatos e circunstâncias relevantes na negociação com o *intuito de prejudicar* a(s) outra(s) envolvida(s)[653]:

> A boa-fé é um estado de espírito que leva o sujeito a praticar um negócio em clima de aparente segurança.

---

[653] "O novo código civil brasileiro: tramitação; função social do contrato; boa-fé objetiva; teoria da imprevisão e, em especial, onerosidade excessiva (laesio enormis)". *In*: TEPEDINO, Gustavo; FACHIN, Luiz Edson (coord.). *O direito e o tempo*: embates jurídicos e utopias contemporâneas – estudos em homenagem ao professor Ricardo Pereira Lira. Rio de Janeiro: Renovar, 2008 p. 17.

CAPÍTULO 6 - CASUÍSTICA A RESPEITO DA NECESSIDADE...

Daí por que todos os Códigos e todos os sistemas jurídicos são escudados no princípio da boa-fé, que supera, até, o princípio da nulidade dos atos jurídicos, pois os atos nulos, em certos casos, produzem efeitos, e até os atos inexistentes, para premiar a atuação de boa-fé, como é o caso da validade do pagamento ao credor putativo, da transmissão da herança ao herdeiro aparente, dos efeitos em favor do cônjuge de boa-fé no casamento putativo. Nesses casos, não vigora o princípio, segundo o qual o que é nulo não produz efeito (*quod nullum est nullum effectum producit*).

A propósito, caminhou bem o Tribunal de Justiça do Estado do Rio de Janeiro ao buscar solução no sentido de que o locador não pode sofrer as consequências negativas decorrentes do procedimento do cônjuge varão, entendendo por "eficaz a fiança, ressalvando, contudo, de seus efeitos a meação" do cônjuge, alheia ao negócio jurídico realizado.

Raciocínio semelhante adotou a 4ª Turma do Superior Tribunal de Justiça em um segundo caso que se coloca para fins de ilustração.[654] Eis a ementa[655]:

CIVIL E PROCESSUAL CIVIL. EMBARGOS À EXECUÇÃO. CONTRATO DE COMPRA E VENDA DOS DIREITOS FEDERATIVOS DE ATLETA PROFISSIONAL DE FUTEBOL. VÍCIO NA CONSTITUIÇÃO DO TÍTULO EXEQUENDO. AUSÊNCIA DE ASSINATURA DO VICE-PRESIDENTE FINANCEIRO DO CLUBE. IMPOSIÇÃO DO ESTATUTO. FORÇA EXECUTIVA RECONHECIDA. TEORIA DA APARÊNCIA. BOA-FÉ OBJETIVA. RECURSO ESPECIAL IMPROVIDO.

1. Incensurável o tratamento dado ao caso pela Corte de origem, não só pela distinção feita entre a natureza do contrato exequendo (art. 585, II, do CPC), face aos títulos executivos extrajudiciais

---

[654] RESP n. 681.856-RS (2004/0114359-3), Ministro Relator Hélio Quaglia Barbosa, j. 12.06.2007.

[655] Disponível em http://www.stj.jus.br. Acesso em 25 ago. 2014.

relacionados na regra estatutária, cujo cumprimento teria o condão de inviabilizar o processo executivo, mas, principalmente, pela repulsa à invocação de suposto vício na constituição do pacto, levado a efeito pelo próprio executado, uma vez havendo o recorrido agido de boa-fé e alicerçado na teoria da aparência, que legitimava a representação social por quem se apresentava como habilitado à negociação empreendida.

2. Denota-se, assim, que a almejada declaração de nulidade do título exequendo está nitidamente em descompasso com o proceder anterior do recorrente (a ninguém é lícito *venire contra factum proprium*).

3. Interpretação que conferisse o desate pretendido pelo recorrente, no sentido de que se declare a inexequibilidade do contrato entabulado entre as partes, em razão de vício formal, afrontaria o princípio da razoabilidade, assim como o da própria boa-fé objetiva, que deve nortear tanto o ajuste, como o cumprimento dos negócios jurídicos em geral.

4. Recurso especial não conhecido.

Como se verifica, o caso envolvia dívida decorrente de venda e compra de direitos federativos de atleta profissional de futebol. Na hipótese, a discussão relacionava-se à ineficácia do título que embasava a execução, consistente em contrato subscrito apenas pelo então presidente do clube, quando, de acordo com previsão expressa do estatuto, o instrumento deveria ter sido assinado também pelo seu vice-presidente de finanças. De acordo com o Superior Tribunal de Justiça, tendo a contraparte agido de boa-fé – amparada, inclusive, pela teoria da aparência –, não poderia ser prejudicada sob a justificativa de vício no instrumento firmado. Ainda de acordo com o julgado, se reconhecida a nulidade do contrato em razão do vício levantado estar-se-ia legitimando o *venire contra factum proprium*, "que se traduz como exercício de uma posição jurídica em contradição com o comportamento assumido anteriormente" [656], circunstância essa completamente em desacordo com o direito moderno.

---

[656] CORDEIRO, António Manuel da Rocha e Menezes. *Da boa-fé no direito civil*. Coimbra: Almedina, 2007, p. 742, citado pelo Ministro Ruy Rosado de Aguiar no RESP 95.539/SP, 4ª Turma, DJ 14.10.1996.

CAPÍTULO 6 - CASUÍSTICA A RESPEITO DA NECESSIDADE...

O comportamento do devedor, na relação obrigacional formada, não respeita padrões mínimos de lealdade e honestidade; antes, ao contrário, denota uma atuação que afasta por completo esses valores. A situação que se apresenta deve ser observada rigorosamente sob os mesmos critérios do julgado anteriormente analisado. Verifica-se, tanto neste como no primeiro julgado, a presença de dois fatos separados no tempo que, identificados de modo isolado, constituem situações lícitas – momento 1: assinatura do documento; momento 2: verificação da ausência de cumprimento de requisito formal em documento apresentado –, mas que, analisados em conjunto, conduzem o intérprete à conclusão de que o primeiro fato é contrariado pelo segundo, em evidente prejuízo ao credor da obrigação. Hipóteses como essa agridem, conforme assinalado linhas atrás, os deveres de conduta da relação obrigacional que se pretendeu criar, deveres estes que se apresentam como um dos elementos essenciais da obrigação.

Como a abrangência da violação de uma cláusula geral – no caso, a boa-fé objetiva – decorre diretamente da análise de casos, o exame do comportamento jurisprudencial é de extrema relevância não somente para conferir contornos práticos ao instituto como, também, contornos teóricos.

Na *culpa in contrahendo* pela ruptura injustificada de negociações preliminares não é diferente. António Manuel da Rocha e Menezes Cordeiro identifica alguns julgados alemães considerados emblemáticos para construção da eficácia jurídica das tratativas.[657] O destaque de alguns deles tomará por base a divisão dos deveres anexos feita no item 3.3 do Capítulo 3 deste trabalho.

O primeiro deles, datado de 1911, ficou conhecido como o "caso dos tapetes de linóleo". Uma pessoa entrou em uma loja de tecidos e, após adquirir alguns produtos, foi levada pelo vendedor da loja para a seção onde estavam os tapetes de linóleo. Por negligência do vendedor, essa pessoa foi atingida por dois rolos sofrendo danos físicos na perna.

---

[657] *Da boa fé no direito civil*. Coimbra: Almedina, 2007, pp. 546-555.

O Tribunal alemão entendeu, na ocasião, ter havido violação dos deveres de proteção *in contrahendo*, pois, ainda que a negociação não tivesse formalmente se iniciado, já havia uma proximidade negocial suficiente para o surgimento do dever de proteção.[658]

A controvérsia doutrinária surgida em decorrência do estudo do "caso dos tapetes de linóleo" foi justamente a de se estabelecer, com clareza, o momento em que os referidos deveres de proteção são considerados existentes para fins de responsabilização pela *culpa in contrahendo*.

Em Portugal, uma parcela significativa da doutrina[659] chegou à conclusão de que, "se o dano se produz num estabelecimento comercial em que o lesado entrou e antes que ele se tivesse dirigido sequer a qualquer pessoa manifestando uma intenção negocial, não pode dizer-se que está já iniciado o processo negociatório".[660] Em um contexto como esse, portanto, não se poderia sustentar a existência de deveres de proteção *in contrahendo*.

No Brasil, por existir disposições gerais sobre a responsabilidade civil que compreendem a *culpa* pelo ato ilícito, sem o viés contratual, a solução do caso em comento não teria como fundamento a *culpa in contrahendo*, pois, na visão do presente trabalho, para se falar da violação dos deveres de proteção *in contrahendo*, deve haver a possibilidade de ligar a conduta danosa diretamente ao contrato a celebrar.

Ao tratar dos deveres de esclarecimento na *culpa in contrahendo*, António Manuel da Rocha e Menezes Cordeiro aponta interessante caso alemão, com julgamento datado de 7 de fevereiro de 1964, em que uma

---

[658] CORDEIRO, António Manuel da Rocha e Menezes. *Da boa fé no direito civil*. Coimbra: Almedina, 2007, p. 547.

[659] A propósito: PRATA, Ana. *Notas sobre responsabilidade pré-contratual*. Coimbra: Almedina, 2005, p. 83; e MOTA PINTO, Carlos Alberto da. "A responsabilidade pré-negocial pela não conclusão dos contratos". *In*: PRATA, Ana. *Notas sobre responsabilidade pré-contratual*. Coimbra: Almedina, 2005 p. 83.

[660] PRATA, Ana. *Notas sobre responsabilidade pré-contratual*. Coimbra: Almedina, 2005 p. 79.

CAPÍTULO 6 - CASUÍSTICA A RESPEITO DA NECESSIDADE...

candidata a determinada vaga de emprego suprimiu, durante todo o processo seletivo realizado pela empresa, informação sobre doença que impossibilitaria a sua ocupação no cargo e consequente preenchimento da vaga. A empresa somente veio saber da impossibilidade da candidata após sucessivas tentativas de sua convocação para início das atividades como empregada. Frustrou-se, pela falha informacional, não só a conclusão do contrato como também todo o processo seletivo feito pela empregadora.[661]

A violação em exame afeta os deveres anexos de esclarecimento, informação, comunicação e, por via reflexa, de lealdade.

Os deveres de esclarecimento, informação e comunicação operam em dois sentidos: de um lado, na necessidade de que as informações sejam esclarecedoras para as partes no sentido de examinar a concreta "viabilidade da celebração do contrato"; e, de outro, na importância das informações e dos esclarecimentos acerca do que se espera do próprio conteúdo e da viabilidade do negócio jurídico a ser celebrado.[662]

Significa dizer, portanto, que, em face dos deveres de esclarecimento, informação e comunicação, as partes têm de ter condições de analisar não somente se há chances de o contrato ser celebrado, como também se esse contrato representaria um negócio jurídica e economicamente viável. No caso em comento, as informações transmitidas pela pretensa empregada não respeitaram os deveres de esclarecimento, em consonância com essa primeira perspectiva.

Por derradeiro, dos casos alemães anotados por António Manuel da Rocha e Menezes Cordeiro com violação dos deveres anexos de lealdade, seleciona-se, aqui, hipótese tratada em julgamento datado de 1960 e que envolve o comportamento desleal da Administração Pública contra o administrado. Foram estabelecidas negociações preliminares entre um interessado pela locação de um prédio pertencente a uma

---

[661] *Da boa fé no direito civil*. Coimbra: Almedina, 2007, p. 550.
[662] PRATA, Ana. *Notas sobre responsabilidade pré-contratual*. Coimbra: Almedina, 2005. p. 79.

entidade pública. Durante as negociações, essa entidade deu claros indicativos de que a contratação seguiria um formato específico, que atenderia aos interesses do pretenso locatário, porém, em momento subsequente, ela resolveu alterar o modelo de contratação, quebrando a confiança gerada legitimamente pela contraparte e ocasionando o rompimento das negociações.[663]

A violação do dever de lealdade, em casos como esse, é bastante clara. A hipótese mais frequente de rompimento de negociações decorre da afronta ao dever de lealdade. A fase das tratativas é fundamental tanto para o amadurecimento da vontade das partes de celebrar o contrato quanto para a verificação do interesse das partes a respeito do conteúdo do contrato a ser celebrado. Assim, inicialmente, ao primeiro aproximar, o grau de liberdade das partes é o bastante para garantir o amplo direito de se desligarem das negociações sem qualquer ônus. De modo progressivo, contudo, à medida que as negociações se desenvolvem, as partes vão gerando, entre si, uma situação de confiança que deve ser protegida pela ordem jurídica. Conforme afirma Ana Prata[664]:

> Variando a medida da vinculação das partes na razão da confiança produzida pelo processo preliminar, pode chegar-se a um momento em que tenha de considerar-se ilícito o inesperado rompimento das negociações ou, mesmo mais, ilegítima a recusa de conclusão do contrato, isto é, em que da boa fé haja de considerar-se emergente o dever pré-contratual do prosseguimento das negociações ou da própria celebração do negócio.

No caso trazido a exame, a continuidade das negociações por quem sabia ser remota a possibilidade de conclusão do contrato importa em clara violação do dever de lealdade.

Na responsabilidade pela ruptura de tratativas, talvez o caso de maior repercussão a respeito do tema, no Brasil, tenha sido o que envolveu a Companhia Industrial de Conservas Alimentícias Cica e os

---

[663] *Da boa fé no direito civil.* Coimbra: Almedina, 2007, p. 552.
[664] *Notas sobre responsabilidade pré-contratual.* Coimbra: Almedina, 2005 p. 74.

CAPÍTULO 6 - CASUÍSTICA A RESPEITO DA NECESSIDADE...

plantadores de tomates, no Rio Grande do Sul.[665] Foram diversas ações ajuizadas pelos agricultores em face da Companhia que, ao distribuir sementes de tomates para o plantio, teria gerado expectativas aos agricultores de que seria o adquirente da safra desses agricultores, no momento da colheita. Na ementa de acórdão já mencionado na nota anterior, da relatoria de Ruy Rosado de Aguiar Júnior, constou[666]:

> CONTRATO. TRATATIVAS. "CULPA IN CONTRAHENDO". RESPONSABILIDADE CIVIL. RESPONSABILIDADE DA EMPRESA ALIMENTÍCIA, INDUSTRIALIZADORA DE TOMATES, QUE DISTRIBUI SEMENTES, NO TEMPO DO PLANTIO, E ENTÃO MANIFESTA A INTENÇÃO DE ADQUIRIR O PRODUTO, MAS DEPOIS RESOLVE, POR SUA CONVENIÊNCIA, NÃO MAIS INDUSTRIALIZÁ-LO, NAQUELE ANO, ASSIM CAUSANDO PREJUÍZO AO AGRICULTOR, QUE SOFRE A FRUSTRAÇÃO DA EXPECTATIVA DE VENDA DA SAFRA, UMA VEZ QUE O PRODUTO FICOU SEM POSSIBILIDADE DE COLOCAÇÃO. PROVIMENTO EM PARTE DO APELO, PARA REDUZIR A INDENIZAÇÃO À METADE DA PRODUÇÃO, POIS UMA PARTE DA COLHEITA FOI ABSORVIDA POR EMPRESA CONGÊNERE, ÀS INSTÂNCIAS DA RÉ. VOTO VENCIDO, JULGANDO IMPROCEDENTE A AÇÃO.

Neste julgado evidencia-se a dinâmica a que se fez alusão no item 3.3 do Capítulo 3 deste estudo, ao tratar dos deveres anexos decorrentes da boa-fé objetiva. Com a frustração da confiança gerada, diversos deveres acabaram por ser igualmente atingidos, entre eles os deveres de esclarecimento e informação, comunicação, respeito e lealdade.

---

[665] O reconhecimento da responsabilidade civil pelo rompimento de expectativas legítimas deu-se em mais de um acórdão do Tribunal de Justiça do Rio Grande do Sul (Apelações n. 591027818, 591028725, 591028741 e 591028790). Dentre eles, destaca-se o de n. 591028725, da relatoria do então Desembargador Ruy Rosado de Aguiar Júnior, julgado em 6 de junho de 1991.

[666] Apelação Cível n. 591028725, 5ª Câmara Cível, Tribunal de Justiça do Rio Grande do Sul, Relator: Ruy Rosado de Aguiar Júnior, julgado em 6 de junho de 1991.

A Companhia tinha o costume de doar aos agricultores da região as sementes de tomates para, no momento oportuno, adquirir a safra. A prática era usual e reiterada. Esse dado foi fundamental no julgado para se chegar à conclusão de que, muito embora houvesse o reconhecimento da inexistência de qualquer contrato que obrigasse a Companhia a adquirir as safras, houve, no entanto, a frustração de uma expectativa legítima dos agricultores, criada pela Companhia. A frustração deu-se em clara afronta ao dever de lealdade e proteção pela Companhia que, com o comportamento assumido, acabou por incutir nos agricultores a clara convicção de que o contrato seria oportunamente celebrado.

A violação da boa-fé *in contrahendo* é possível de se verificar tendo-se por base três elementos: (i) criação de uma confiança razoável na conclusão do contrato; (ii) caráter injustificado da ruptura das negociações; e (iii) produção de *dano* ao patrimônio de uma das partes.[667] Todos esses requisitos foram identificados no caso em exame.

No relatório do acórdão, o então Desembargador Ruy Rosado Aguiar Júnior enumerou uma série de fatos que possibilitam chegar à conclusão enunciada nas linhas anteriores[668]:

> (...) a) a companhia alimentícia, por intermediários que eram os transportadores, entrava em contato com os produtores, distribuía as sementes na época do plantio e recolhia o produto quando da colheita; b) na safra da reclamação, a companhia doou as sementes, havendo uma intenção de compra de toda a produção, de acordo com as conveniências da adquirente; c) a empresa ré também forneceu as caixas para recolhimento do produto; d) na safra em questão, as cargas iniciais seguiram diretamente ao seu estabelecimento, onde foram pesadas; e) a Cica resolveu, no ano em referência, cessar a industrialização de tomates na região,

---

[667] AGUADO, Josep Llobet. *El deber de información en la formación de los contratos*. Madrid: Marcial Pons, Ediciones Jurídicas Y Sociales, 1996, p. 20.

[668] A relação sintética dos fatos transcrita é da lavra de OLIVEIRA, Ubirajara Mach de. "Princípios informadores do sistema de direito privado: a autonomia da vontade e a boa-fé objetiva". *Revista dos Tribunais Online – Thomson Reuters*. DTR\1997\621, p. 21. Disponível em http://www.revistadostribunais.com.br. Acesso em jul. 2012.

CAPÍTULO 6 - CASUÍSTICA A RESPEITO DA NECESSIDADE...

transferindo a oportunidade de aquisições para a Agapê, a qual, porém, não pôde absorver senão parte da safra.

Judith H. Martins-Costa analisa também outro caso bastante interessante sobre a *culpa in contrahendo* pela ruptura injustificada das negociações preliminares, a que a autora denomina "caso do posto de gasolina".[669]

Trata-se de acórdão do Tribunal de Justiça do Rio Grande do Sul, também da relatoria do então Desembargador Ruy Rosado de Aguiar Júnior[670], cuja ementa restou assim gravada:

> Responsabilidade pré-contratual. *Culpa in contrahendo.* Alienação de quotas sociais. É possível o reconhecimento da responsabilidade pré-contratual, fundada na boa-fé, para indenização das despesas feitas na preparação de negócio que não chegou a se perfectibilizar por desistência de uma das partes. No caso, porém, o desistente agiu justificadamente. Cessão da totalidade das ações por quem apenas detinha parte do capital.

Ao contrário das demais hipóteses relacionadas linhas atrás, o caso ora em comento não resultou na condenação da parte desistente das negociações preliminares. Tudo isso porque o abandono das tratativas teria ocorrido em face de justo motivo.

Os fatos que circundavam a ação eram os seguintes. As partes iniciaram negociações tendo por objeto a venda de uma operação de posto de gasolina. O pretenso vendedor, em determinado momento, contratou advogado para fazer a minuta do instrumento contratual do negócio que estava se desenhando entre as partes. Antes que houvesse a conclusão do contrato, todavia, o pretenso adquirente desistiu do negócio. Indignado, o pretenso vendedor ajuizou ação pleiteando a

---

[669] *A boa-fé no direito privado*: sistema e tópica no processo obrigacional. São Paulo: Revista dos Tribunais, 1999, pp. 477-480.
[670] Apelação Cível n. 591017058, 5ª Câmara Cível, Tribunal de Justiça do Rio Grande do Sul, Relator: Ruy Rosado de Aguiar Júnior, julgado em 25/04/1991.

reparação dos danos, consubstanciados nos honorários gastos com o advogado contratado para a elaboração do instrumento. Em matéria de defesa, o pretenso adquirente alegou que a causa da desistência do negócio teria sido o fato de que em nenhum momento foi-lhe comunicado pelo pretenso vendedor que não era o único proprietário do posto, havendo outros sócios no negócio. Nos autos, foi comprovado que, desde o início das negociações, o pretenso vendedor se apresentava como o único proprietário do posto.[671]

A dificuldade no exame do caso está na verificação da existência, ou não, do justo motivo para o abandono das negociações. Essa verificação deve levar em conta dois aspectos: o grau de avanço das negociações e a gravidade da causa encontrada para o rompimento. Na hipótese versada, o pretenso adquirente, apesar do avanço das negociações, viu-se impossibilitado de continuar com as tratativas ao tomar conhecimento de que a contraparte negociava direito alheio, sem poderes, a princípio, para tanto e documentou situação fora da realidade jurídica, a saber, a venda da integralidade do negócio por quem somente possuía parte dele.

Aqui, o descumprimento de deveres anexos acaba por servir de causa para o rompimento das negociações preliminares. Em circunstâncias como essa, não há que se imputar ao desistente o dever de indenizar, uma vez que o descumprimento decorreu de falha de conduta atribuída à contraparte.

Os casos práticos trazidos à baila permitem verificar a enorme dimensão e importância da boa-fé objetiva na ruptura de negociações, uma vez que ela poderá servir, a depender do caso concreto, como fundamento da responsabilidade civil, nas situações que envolvam ruptura injustificada, ou, ainda, como fundamento para a recusa, nas circunstâncias em que a desistência da parte decorre de violação do dever de conduta que deveria ter sido assumido pela contraparte.

---

[671] MARTINS-COSTA, Judith H. *A boa-fé no direito privado*: sistema e tópica no processo obrigacional. São Paulo: Revista dos Tribunais, 1999, p. 478.

CONCLUSÕES

Este trabalho teve como propósito analisar o papel assumido pela responsabilidade civil no cenário atual de mudanças velozes na vida das pessoas. Para tanto, verificou-se como a Ciência do Direito e, em especial, o estudo do Direito Civil, têm se comportado diante das preocupações da sociedade pós-moderna nas circunstâncias em que a relação entre sujeitos, apesar de não ser ainda "contratual", já se encontra além do mero ato ilícito extracontratual clássico, e como encarar essas circunstâncias na apuração dos danos e da respectiva necessidade de reparação.

Em face de todo o exposto ao longo da pesquisa, destacam-se as seguintes conclusões alcançadas:

1. O Código Civil de 1916, seguindo os passos do movimento de codificação ocorrido no decorrer do século XIX, consagrou a igualdade formal entre os sujeitos de direito, a livre iniciativa e o amplo reconhecimento do princípio da autonomia privada. O atendimento a esses interesses fez dessa codificação civil um instrumento permeado de comandos legais de tipos fechados, bem delimitados, e o ato de interpretação e integração desses comandos legais se dava basicamente por meio do processo de subsunção.

2. Durante o século XX, com as diversas transformações sofridas pela sociedade, alterou-se, paulatinamente, a dinâmica e a compreensão das relações jurídicas de natureza obrigacional. O arquétipo

jurídico típico do liberalismo já não atendia de maneira satisfatória a essa nova realidade social. O sistema jurídico passou a reconhecer comandos legais mais abertos e se atribuiu ao intérprete uma função criadora do Direito. Reconheceu-se, também, com isso, a importância do processo de interpretação e integração da norma jurídica por meio da concreção.

3. Essas mudanças encontram-se no contexto da sociedade pós-moderna, marcada pela ascensão dos direitos das classes menos favorecidas, como a classe operária industrial, pelo reconhecimento dos direitos das minorias, pelo forte desenvolvimento da tecnologia e dos meios de comunicação, pela consagração da produção e do consumo em massa, pela flexibilização das relações sociais e pelo encurtamento das distâncias.

4. A sociedade pós-moderna reclama uma mudança na maneira de se enxergar o Direito, a qual teve início no transcorrer do século XX e que ainda está em curso neste início de século XXI. Seriam elementos indicativos dessa mudança: (i) a multiplicidade das fontes do Direito, movimento, de certa forma, em sentido oposto ao movimento de codificação do século XIX; (ii) a positivação constante de princípios; (iii) a inclusão de cláusulas gerais e termos jurídicos indeterminados; (iv) as alterações no pensamento sistemático e o reposicionamento do processo jurídico decisório tomando-se como paradigma a análise do caso concreto.

5. Ainda de acordo com esse reposicionamento da Ciência do Direito na pós-modernidade, os princípios jurídicos passaram a servir de fundamento decisório ao aplicador do direito. O centro de afluência do Direito Privado que, antes, era o patrimônio, agora são a vida e a dignidade da pessoa humana.

6. O Código Civil de 2002 atende a essa realidade pós-moderna em diversas passagens. Na Parte Geral, por exemplo, com a positivação dos direitos da personalidade; na Parte Especial, com a dinâmica da relação obrigacional, com a evolução da teoria contratual e com o reposicionamento conceitual e valorativo da função social

CONCLUSÕES

dos contratos. O Direito Civil Constitucional, de igual modo, é decorrência direta dos valores surgidos com a pós-modernidade.

7. Sobre o Direito das Obrigações, antes de assumirem a estrutura atual, as obrigações sofreram profundas modificações na história da humanidade. Inicialmente, as obrigações eram coletivas, entre grupos sociais representados por uma figura central, porém, com a alteração das estruturas sociais, aumentou a necessidade de se reconhecer um maior grau de liberdade individual dos sujeitos. A pessoa do indivíduo passou a figurar como *garantia* do débito. Nessa época, as agressões corporais, a escravidão e até mesmo a morte eram consequências decorrentes do descumprimento das obrigações.

8. O desenvolvimento das formas contratuais propiciou a criação das balizas adotadas pelo Direito Romano para a definição da relação obrigacional como um *vínculo jurídico*. Hoje, considera-se mais adequado o uso da expressão *relação jurídica*, pelo fato de essa expressão remeter, com mais clareza, a uma situação de interdependência de dois ou mais sujeitos. Essa interdependência representa uma situação jurídica de equilíbrio, de cooperação entre sujeitos de direito.

9. A obrigação é relação jurídica de conteúdo econômico existente entre pessoas determinadas ou determináveis em que uma ou mais pessoas são credoras e outra(s) é (são) devedora(s). O conceito de obrigação, nesse sentido, difere do conceito de dever jurídico e de ônus jurídico. O Direito Obrigacional também não se confunde com o Direito Real, já que este último tem como objeto a coisa, e o Direito Obrigacional, por sua vez, a prestação. A prestação, portanto, é elemento da relação obrigacional, não devendo confundir-se o conteúdo da obrigação com o conteúdo da prestação.

10. São consideradas fontes de obrigações (i) o contrato; (ii) a vontade unilateral; (iii); o ato ilícito; e (iv) as hipóteses legais de dano independente de culpa.

11. Nos dias de hoje, além da prestação, são considerados elementos essenciais da relação obrigacional os deveres de conduta, que têm como pressupostos os princípios da boa-fé objetiva e da confiança. A relação obrigacional estabelecida entre credor e devedor deve ser, acima de tudo, equilibrada e pautada por um comportamento de lealdade entre os sujeitos de direito. Diverso do que ocorre com os deveres de prestação, cuja sujeição passiva será, sempre, do devedor, os deveres anexos recaem tanto sobre o devedor quanto sobre o credor da relação obrigacional. Esses deveres anexos são originados pela necessidade de observância da boa-fé objetiva.

12. Além dos princípios da confiança e da boa-fé objetiva, o processo obrigacional deve respeitar também o princípio da autonomia privada, sobretudo nas hipóteses de surgimento de obrigações em razão do contrato.

13. É diretriz básica da disciplina dos contratos, a regra segundo a qual todos são livres para contratar. Nesse sentido, em geral, o sujeito será livre, também, para não contratar. A compreensão da extensão desse direito é fundamental para se verificar a existência ou não da responsabilidade civil pré-contratual em face da ruptura injustificada das negociações preliminares. A demonstração da vontade de se estabelecer um contato social mais próximo com um sujeito de direito, com o objetivo de inaugurar tratativas para se aventar a possibilidade de celebração de um contrato, não pode resultar na obrigação de contratar; contudo, a depender do comportamento assumido pela parte, a intenção de contratar e a eventual confiança legítima despertada na contraparte de que o contrato será concluído podem acarretar consequências jurídicas.

14. Os atos praticados antes da formação dos contratos podem assumir naturezas jurídicas diversas. Os sujeitos estarão em negociações preliminares sempre que se relacionarem entre si com o objetivo de examinarem a possibilidade de realizar determinado negócio jurídico. Trata-se, portanto, de circunstância anterior à formação dos negócios jurídicos marcada pela bilateralidade. Nesse momento, nasce uma relação de confiança entre os sujeitos

CONCLUSÕES

envolvidos. Essa confiança cresce na medida em que as negociações evoluem e, com ela, surge, por força da boa-fé objetiva que deve imperar no ambiente negocial, uma série de deveres que precisam ser respeitados pelos envolvidos.

15. Para que haja a formação do contrato as partes normalmente passam por um processo de tratativas e discussões – com variáveis graus de elaboração e complexidade – suficiente para identificar o que cada parte espera com dada relação contratual. A esse processo, dá-se o nome de negociações preliminares.

16. Durante as negociações preliminares, as partes, em regra, não se vinculam. Nesse momento há, somente, intenção de tratar com vistas à *eventual* celebração futura de um contrato.

17. As negociações preliminares poderão resultar na conclusão do contrato, na desistência de uma ou de ambas as partes em celebrar o contrato ou, ainda, em atos intermediários como os acordos preliminares, a proposta e o contrato preliminar.

18. A doutrina diverge sobre a inclusão ou não das negociações preliminares no processo de formação dos contratos. Na visão deste trabalho, as negociações preliminares devem compreender uma faceta do processo de formação dos contratos. Essa afirmação decorre da própria dinâmica das contratações que guardam algum grau de complexidade. É possível que existam tratativas após a realização da proposta ou da contraproposta, sendo referidos instrumentos bastante comuns no ambiente de negociações preliminares, apesar de com elas não se confundirem. Se, após a proposta, não houver aceitação, nada impede que as partes retomem as negociações preliminares, aguardando-se por nova proposta, a qual poderá resultar na conclusão do contrato.

19. A proposta e a oferta não se confundem com as negociações preliminares. Aquelas constituem elemento de formação do contrato no sentido de que a existência do contrato depende, de um lado, da proposta ou oferta e, de outro, da aceitação. O encontro dessas vontades gera o contrato. Trata-se de negócio

jurídico unilateral receptício. As negociações preliminares, por seu turno, têm como característica a bilateralidade.

20. As negociações preliminares também se diferenciam conceitualmente do contrato preliminar, pois, se houver contrato preliminar já existirá negócio jurídico bilateral perfeito e acabado.

21. Durante as negociações preliminares, pode surgir uma série de acordos preliminares que têm o condão de identificar certos avanços ocorridos entre as partes. São exemplos desses documentos as minutas, as cartas de intenções, os pactos de exclusividade e confidencialidade etc.

22. Os acordos preliminares não se confundem com os contratos preliminares. Os acordos preliminares não estabelecem a obrigação de celebrar outro contrato; eles têm como finalidade ressaltar alguns pontos que as partes considerem importantes para a continuidade das negociações que podem, ou não, terminar com a celebração do contrato. Pelo teor dos acordos preliminares é possível apurar-se o grau de evolução existente nas tratativas.

23. Nas negociações preliminares ainda não há obrigação entre as partes. Não obstante esse fato, durante o período de tratativas já surgem, para as partes, certos deveres a serem observados indistintamente pelos envolvidos nas negociações.

24. A autonomia privada, enquanto princípio jurídico do Direito Privado que reconhece, ao sujeito de direitos, poderes de autodeterminação, exerce um papel importante no campo da liberdade de contratar e da liberdade contratual.

25. A autonomia privada não é princípio absoluto. Se é verdade que pelo princípio da autonomia privada é possível chegar-se à conclusão de que ninguém é obrigado a contratar, também é verdadeiro que o aludido princípio não autoriza o agente a praticar indiscriminadamente atos que firam a confiança legítima da contraparte em razão do avanço das tratativas negociais, violando, por assim dizer, a boa-fé objetiva.

CONCLUSÕES

26. O direito de se recusar a contratar, decorrente da autonomia privada, não pode ser exercido em desacordo com os princípios morais que a sociedade busca proteger, sob pena de se evidenciar o abuso do direito.

27. A boa-fé objetiva, embora já tratada antes do Código Civil em vigor como princípio jurídico, foi consagrada nesse diploma legal pela cláusula geral contida no art. 422.

28. As cláusulas gerais diferem dos princípios e dos conceitos indeterminados. As cláusulas gerais são textos legais com conteúdo intencionalmente vago que permitem ao intérprete uma aplicação do direito mais conforme aos valores ético-sociais e, com isso, uma justiça social mais eficaz. Como instrumento de técnica legislativa, as cláusulas gerais aparecerão sempre na forma de texto positivado. Os princípios jurídicos, enquanto mandamentos e valores que dão unidade e fundamento ao sistema jurídico, podem ser expressos ou implícitos. Já os conceitos indeterminados, muito embora também sejam dotados de vagueza semântica, tal como as cláusulas gerais, diferenciam-se destas precisamente porque os conceitos indeterminados integram a própria descrição do fato.

29. O fundamento da responsabilidade civil pré-contratual pela ruptura injustificada de negociações preliminares é a violação da boa-fé contida no art. 422 do Código Civil de 2002.

30. A boa-fé referida no mencionado art. 422 é a objetiva. A boa-fé objetiva tem natureza ético-social; ela repugna a conduta do agente independentemente da intenção deste na prática de determinado ato, bastando apenas que essa conduta seja objetivamente reprovável diante dos valores sustentados pela sociedade. Na boa-fé subjetiva, por seu turno, o estado psicológico do agente mostra-se relevante para o exame das consequências jurídicas decorrentes de seu ato. Essa distinção é importante para o estudo da responsabilidade civil pela ruptura injustificada das tratativas, pois, aqui, o que se examina é o comportamento *esperado* do agente e não seu estado psicológico no momento da prática de determinado ato.

31. A boa-fé objetiva condiz com um comportamento ético das partes em negociações, isto é, condiz com o comportamento leal esperado das partes. Pela boa-fé objetiva, o aplicador do direito consegue vislumbrar a conduta que se espera das partes em dada relação.

32. A função interpretativa da boa-fé objetiva impõe ao aplicador do direito a necessidade de *interpretar* os negócios jurídicos *segundo* a boa-fé; além disso, a boa-fé objetiva tem função de controle, isto é, pela boa-fé objetiva busca-se evitar a manutenção de situações obrigacionais consideradas lesivas ao sujeito, tal como ocorre no abuso do direito. Somem-se a essas duas funções a função de integração da boa-fé, pela qual se reconhece recair sobre as partes, envolvidas em uma relação jurídica, uma série de deveres de conduta.

33. O princípio da confiança, além da boa-fé objetiva, também figura como fundamento da lealdade contratual. Nesse sentido, boa-fé objetiva e confiança caminham juntas nos negócios jurídicos. O comportamento que se baseia na boa-fé é aquele pautado por uma conduta honesta, proba, leal, enfim, é o comportamento que se espera do sujeito no trato relacional.

34. A relação entre a confiança e a boa-fé objetiva é relevante para o estudo de certas situações jurídicas decorrentes do abuso do direito, quais sejam, a *exceptio doli*, o *venire contra factum proprium*, o *tu quoque*, a *suppressio* e a *surrectio*.

35. Ainda na análise da relação entre a proteção da confiança e a boa-fé objetiva, o Direito Civil atual consagrou a existência de diversos deveres anexos – decorrentes da boa-fé objetiva – que devem ser observados pelos sujeitos de direito desde o momento das tratativas até a fase pós-contratual. Os deveres em referência existem por força da confiança gerada entre as partes em face da relação estabelecida entre elas. Dentre esses deveres, ganham destaque (i) os deveres de proteção, custódia, assistência, cuidado e conservação; (ii) os deveres de esclarecimento, conhecimento,

informação, indicação e comunicação; e (iii) os deveres de lealdade, colaboração, cooperação, sigilo e segredo.

36. A sociedade pós-moderna tem acompanhado o desenvolvimento multifacetário da responsabilidade civil. As razões para esse desenvolvimento se verificam a partir das mudanças observadas na própria sociedade, com o crescimento substancial da produção e da sociedade de consumo, o desenvolvimento de novas tecnologias e novas formas de comunicação e o incremento de velocidade e complexidade nas relações jurídicas, inclusive a contratual – daí afirmar-se que a sociedade pós-moderna é uma sociedade do risco. Para adequar o Direito a essa nova realidade, a ordem jurídica moderna tem dado importância capital para valores como a socialidade, a eticidade e a humanização, conferindo especial papel a princípios como o da dignidade da pessoa humana.

37. Essa realidade social hodierna induziu ao deslocamento do centro de convergência da responsabilidade civil da *culpa* para o *dano*. A alteração dessa perspectiva traz reflexos diretos para o tráfego jurídico e para a economia dos contratos. A diversidade de situações jurídicas que podem resultar no dever de indenizar, a socialização dos riscos e a objetivação da responsabilidade civil obrigam os contratantes a se adaptarem a essa nova realidade.

38. Na responsabilidade civil pré-contratual, expectativas legítimas e confiança caminham juntas; nem toda e qualquer confiança é protegida pelo Direito Obrigacional. A confiança deverá ser *justificada*, isto é, fundada em uma base racional concreta.

39. A responsabilidade civil pré-contratual, em regra, pressupõe a existência do elemento *culpa* para sua caracterização.

40. Há grande divergência doutrinária sobre a natureza jurídica da responsabilidade pré-contratual. Na visão do presente estudo, a responsabilidade civil pré-contratual possui natureza jurídica de responsabilidade extracontratual, uma vez que a violação dos deveres anexos, na hipótese da responsabilidade *in contrahendo*, dá-se antes do nascimento da obrigação contratual, devendo situar-se,

portanto, em nível extracontratual. Nas negociações preliminares os sujeitos ainda não alcançaram o contato social máximo que vem a ser o contrato. A boa-fé e a confiança gerada às partes faz surgir uma série de deveres que não se reportam, necessariamente, ao contrato. A violação desses deveres durante as tratativas não configuram inadimplemento contratual.

41. O princípio da confiança é elemento fundamental para verificação do dever de reparar em razão da ruptura de negociações preliminares. Por ter sido gerada, em função da confiança, uma expectativa legítima à parte negociante, a ruptura somente poderá existir se for *justificada*. A ruptura será injustificada – e, portanto, ilegítima – se a causa da interrupção das tratativas estiver dissociada das posições negociais assumidas pela parte ou se for possível se provar que o rompimento ocorreu quando ainda havia a possibilidade de consenso ou evolução acerca dos pontos indicados como divergentes. A ruptura será *justificada*, por seu turno, sempre que houver um *motivo justo*. Motivo justo seria um conceito jurídico indeterminado que transmite a ideia de antecedente psíquico capaz de dar azo ao abandono legítimo das negociações.

42. São elementos para caracterização da responsabilidade civil pela ruptura das negociações preliminares: (i) o consentimento das partes no tocante a entrarem em negociação; (ii) o desenvolvimento legítimo de um estado de confiança fundado no comportamento da outra parte no que diz respeito a buscar a conclusão do negócio; (iii) a ruptura desqualificada, contrária à boa-fé objetiva, na qual estará inserido o elemento *culpa*; e (iv) o dano, de qualquer natureza, resultante de maneira direta e imediata da aludida ruptura.

43. A obrigação de indenizar na responsabilidade civil pré-contratual pela ruptura de tratativas consiste em reparar as consequências da ruptura injustificada – interesse negativo – e não em conferir à vítima aquilo que ela obteria com o contrato concluído – interesse positivo. Estariam incluídos entre esses danos reparáveis, (i) as despesas havidas pelo lesado – dano emergente –; (ii) os lucros cessantes; (iii) a eventual perda de uma chance; e (iv) os danos

CONCLUSÕES

morais também eventualmente sofridos em decorrência do rompimento desqualificado.

44. O interesse a ser ressarcido por quem rompe injustificadamente as negociações preliminares é, portanto, o interesse contratual negativo, procurando-se reparar, assim, a perda patrimonial que o lesado teve de suportar e que não existiria se o contrato fosse celebrado.

Saliente-se, por derradeiro, que as conclusões assentadas neste trabalho têm o propósito de contribuir para a discussão e o aprofundamento do debate de tema atual e relevante na seara da responsabilidade civil e, portanto, não esgotam o assunto.

REFERÊNCIAS BIBLIOGRÁFICAS

ABREU, Jorge de; CUNHA, Tiago Pitta e. *Responsabilidade civil pré-contratual*: um caso de ruptura de negociações preliminares e a confiança do lesado. Lisboa: Abreu & Marques, 1999.

AGUADO, Josep Llobet. *El deber de información en la formación de los contratos*. Madrid: Marcial Pons, Ediciones Jurídicas Y Sociales, 1996.

AGUIAR DIAS, José de. *Da responsabilidade civil*. 10ª ed. vol. 1 e vol. 2. Rio de Janeiro: Forense, 1995.

AGUIAR Jr., Ruy Rosado de. "Projeto do código civil: as obrigações e os contratos". *Revista dos Tribunais*, São Paulo, vol. 89, n. 775, pp. 18-31, maio 2000.

_____. "Cláusulas abusivas no Código do Consumidor". *In:* MARQUES, Cláudia Lima (coord.). *Estudos sobre a proteção do consumidor no Brasil e no Mercosul*. Porto Alegre: Livraria do Advogado Editora, 1994.

ALEM, Fabio Pedro. *Contrato preliminar*: eficácia nos negócios jurídicos complexos. (2009) 197 p. Dissertação (Mestrado) – Faculdade de Direito da Pontifícia Universidade Católica de São Paulo, 2009.

ALEXY, Robert. *Teoria dos direitos fundamentais*. 2ª ed. 2. tiragem. Tradução de Virgílio Afonso da Silva. São Paulo: Malheiros, 2012.

ALPA, Guido. "Precontractual liability". *National Report*, Italie. *In:* XIII INTERNATIONAL CONGRESS OF COMPARATIVE LAW, Montreal, 1990.

ALVIM, Agostinho. *Da inexecução das obrigações e suas conseqüências*. 4ª ed. São Paulo: Saraiva, 1972.

AMARAL, Francisco. *Direito civil*: introdução. 3ª ed. Rio de Janeiro: Renovar, 2000.

_____. "O dano à pessoa no direito civil brasileiro". *Revista Brasileira de Direito Comparado*, Rio de Janeiro, n. 1, pp. 13-46, jul. 1982.

ANDERSON, Perry. *As origens da pós-modernidade*. Tradução de Marcus Penchel. Rio de Janeiro: Jorge Zahar, 1999.

ANDRADE, Gustavo Fernandes de. "A interferência ilícita do terceiro na relação contratual: a tutela externa do crédito e a oponibilidade dos contratos". *Revista Forense*, Rio de Janeiro, vol. 391, pp. 89-110, maio.-jun. 2007.

ANTUNES VARELA, João de Matos. *Das obrigações em geral*. 10ª ed. 8. reimpressão. vol. I e II. Coimbra: Almedina, 2011.

_____. *Direito das obrigações*. Rio de Janeiro: Forense, 1978.

ARNAOUTOGLOU, Ilias. *Leis da Grécia antiga*. Tradução de Odep Trindade Serra e Roisiléa Pizarro Carnelós. São Paulo: Odysseus, 2003.

ARRUDA ALVIM, José Manoel de. "A função social dos contratos no novo código civil". *Revista dos Tribunais*, São Paulo, vol. 92, n. 815, pp. 11-31, set. 2003.

ASSIS, Araken de. "Liquidação do Dano". *Revista dos Tribunais*, São Paulo, ano 88, vol. 759, pp. 11-23, jan. 1999.

ÁVILA, Humberto. *Teoria dos princípios*: da definição à aplicação dos princípios jurídicos. 11ª ed. São Paulo: Malheiros, 2010.

AZEVEDO, Álvaro Villaça. "O novo código civil brasileiro: tramitação; função social do contrato; boa-fé objetiva; teoria da imprevisão e, em especial, onerosidade excessiva (laesio enormis)". *In:* TEPEDINO, Gustavo; FACHIN, Luiz Edson (coord.). *O direito e o tempo*: embates jurídicos e utopias contemporâneas − estudos em homenagem ao professor Ricardo Pereira Lira. Rio de Janeiro: Renovar, 2008.

_____. "Contrato: função, boa-fé, imprevisão, onerosidade". *In:* ALVIM; Arruda; CÉSAR, Joaquim Portes de Cerqueira; ROSAS, Roberto (coord.).

REFERÊNCIAS BIBLIOGRÁFICAS

Aspectos controvertidos do novo código civil. São Paulo: Revista dos Tribunais, 2003.

AZEVEDO, Antonio Junqueira de. (Parecer) "Contrato preliminar. Distinção entre eficácia forte e fraca para fins de execução específica da obrigação de celebrar o contrato definitivo. Estipulação de multa penitencial que confirma a impossibilidade de execução específica". In: _____. *Novos estudos e pareceres de direito privado*. 2ª tiragem. São Paulo: Saraiva, 2010.

_____. *Negócio jurídico*: existência, validade e eficácia. 4ª ed. atualizada de acordo com o novo código civil (Lei n. 10.406, de 10-1-2002). 7ª tiragem. São Paulo: Saraiva, 2010.

_____. *Novos estudos e pareceres de direito privado*. 2ª tiragem. São Paulo: Saraiva, 2010.

AZEVEDO, Antonio Junqueira de. "Caracterização jurídica da dignidade da pessoa humana". *Revista dos Tribunais*, São Paulo, vol. 91, n. 797, pp. 11-26, mar. 2002.

_____. "O direito pós-moderno e a codificação". *Revista de Direito do Consumidor*, São Paulo, n. 33, pp. 123-129, jan.-mar., 2000.

_____. "Insuficiências, deficiências e desatualização do projeto de código civil na questão da boa-fé objetiva nos contratos". *Revista dos Tribunais Online – Thomson Reuters*. DTR\2000\264. Disponível em http://www.revistadostribunais.com.br. Acesso em 10 jul. 2012.

_____. "Responsabilidade pré-contratual no código de defesa do consumidor: estudo comparativo com a responsabilidade pré-contratual no direito comum". *Revista dos Tribunais Online* – Thomson Reuters. DTR\1996\162. Disponível em http://www.revistadostribunais.com.br. Acesso em 10 jul. 2012.

_____. *Negócio jurídico*: existência, validade e eficácia. São Paulo: Saraiva, 1974.

BALBINO, Renata Domingues Barbosa. "O princípio da boa-fé objetiva no novo código" civil. *Revista dos Tribunais Online – Thomson Reuters*. DTR\2003\641. Disponível em http://www.revistadostribunais.com.br. Acesso em 11 jul. 2012.

BANDEIRA DE MELLO, Celso Antônio. *Curso de direito administrativo*. 15ª ed. São Paulo: Malheiros, 2003.

BASSO, Maristela. "As cartas de intenção ou contratos de negociação". *Revista dos Tribunais Online – Thomson Reuters*. DTR\1999\525. Disponível em http://www.revistadostribunais.com.br. Acesso em 12 jul. 2012.

_____. *Contratos internacionais do comércio*: negociação, conclusão, prática. 2ª ed. Porto Alegre: Livraria do Advogado Editora, 1998.

BECKER, Anelise. "Elementos para uma teoria unitária da responsabilidade civil". *Revista dos Tribunais Online – Thomson Reuters*. DTR\1995\17. Disponível em http://www.revistadostribunais.com.br. Acesso em 13 jul. 2012.

BENATTI, Francesco. *A responsabilidade pré-contratual*. Tradução de Adriano Vera Jardim e Miguel Caeiro. Coimbra: Almedina, 1970.

BERLAND, Carla Turczyn. *A intervenção do juiz nos contratos*. São Paulo: Quartier Latin, 2009.

BESSONE, Darcy. *Do contrato:* teoria geral. 4ª ed. São Paulo: Saraiva, 1997.

BETTI, Emilio. *Teoria generale dele obbligazioni*. Milano: Dott. A. Giuffrè, 1953.

BEVILAQUA, Clóvis. *Código civil dos Estados Unidos do Brasil*. 5ª ed. vol. I. Rio de Janeiro: Francisco Alves. 1936.

_____. *Direito das obrigações*. Rio de Janeiro: Officina Dois Mundos, 1896.

BIANCA, C. Massimo. *Diritto civile:* il contratto. Milano: Dott. A. Giuffrè, 1987.

BIANCHI, Leonardo. "Da cláusula de estoppel e sua dinâmica na esfera dos negócios jurídicos privados". *Revista dos Tribunais Online – Thomson Reuters*. DTR\2005\679. Disponível em http://www.revistadostribunais.com.br. Acesso em 12 jul. 2012.

BITELLI, Marcos Alberto Sant'Anna. "O acordo de não divulgação (NDA) e a questão do rompimento das negociações". *Revista dos Tribunais Online – Thomson Reuters*. DTR\2012\450521. Disponível em http://www.revistadostribunais.com.br. Acesso em 12 jul. 2012.

REFERÊNCIAS BIBLIOGRÁFICAS

BITTAR FILHO, Carlos Alberto. "Contratos: perfil jurisprudencial no direito brasileiro vigente". *Revista dos Tribunais*, São Paulo, vol. 801, pp. 115-123, jul. 2002.

BITTAR, Carlos Alberto; BITTAR FILHO, Carlos Alberto. *Direito civil constitucional*. 3ª ed. São Paulo: Revista dos Tribunais, 2003.

BITTAR, Eduardo C. B. "A dignidade da pessoa humana: uma questão central para o momento pós-moderno". *Revista do Tribunal Regional Federal da 3ª Região*, n. 77, pp. 9-20, maio/jun. 2006.

BLANCHET, Jeanne. "O novo código civil e a função social". *In:* NALIN, Paulo (coord.). *Contrato & sociedade*: princípios de direito contratual. Curitiba: Juruá, 2004.

BOULOS, Daniel Martins. "Autonomia privada – função social do contrato". *In:* ALVIM; Arruda; CÉSAR, Joaquim Portes de Cerqueira; ROSAS, Roberto (coord.). *Aspectos controvertidos do novo código civil*. São Paulo: Revista dos Tribunais, 2003.

BRAGA, Rodrigo Bernardes. "Noções gerais sobre as cartas ou protocolos de intenção. *Revista dos Tribunais Online – Thomson Reuters*. DTR\2006\458. Disponível em http://www.revistadostribunais.com.br. Acesso em 12 jul. 2012.

BRANCO, Gerson Luiz Carlos. *Função social dos contratos*: interpretação à luz do código civil. São Paulo: Saraiva, 2009.

_____. "Limites da atuação judicial na aplicação da função social dos contratos". *Revista da AJURIS*, Porto Alegre, vol. 34, n. 105, pp. 219-236, mar. 2007.

BRANCO, Gerson Luiz Carlos. "A proteção das expectativas legítimas derivadas das situações de confiança: elementos formadores do princípio da confiança e seus efeitos". *Revista de Direito Privado*, São Paulo, vol. 3, n. 12, pp. 169-225, out.-dez. 2002.

BRITO, Alexis Augusto Couto de. "Princípios e topoi: a abordagem do sistema e da tópica na ciência do direito". *In:* LOTUFO, Renan (coord.). *Sistema e tópica na interpretação do ordenamento*. Barueri: Manole, 2006.

BUENO, Sérgio de Godoy. "Contrato preliminar". *Revista dos Tribunais Online – Thomson Reuters*. DTR\2012\2520. Disponível em http://www.revistadostribunais.com.br. Acesso em jul. 2012.

BULGARELLI, Waldírio. "Obrigação de contratar por decisão judicial. Pode alguém ser obrigado a contratar contra a sua vontade por decisão do Poder Judiciário? – Análise do princípio da autonomia da vontade nos contratos e dos planos da existência, validade e eficácia – A possibilidade de prova exclusivamente testemunhal em negócios". *Revista dos Tribunais Online – Thomson Reuters.* DTR\2012\1343. Disponível em http://www.revistadostribunais.com.br. Acesso em 13 jul. 2012.

CALIXTO, Marcelo Junqueira. "Reflexões em torno do conceito de obrigação, seus elementos e suas fontes". *In:* TEPEDINO, Gustavo (coord.). *Obrigações*: estudos na perspectiva civil-constitucional. Rio de Janeiro: Renovar, 2005.

CARVALHO, Paulo de Barros. *Direito tributário, linguagem e método.* 2ª ed. São Paulo: Noeses, 2008.

CHAVES, Antônio. "Responsabilidade pré-contratual". *Revista dos Tribunais Online.* Thomson Reuters. DTR\2012\931. Disponível em http://www.revistadostribunais.com.br. Acesso em 12 jul. 2012.

_____. *Responsabilidade pré-contratual.* 2ª ed. São Paulo: Lejus, 1997.

COMPARATO, Fábio Konder. *A afirmação histórica dos direitos humanos.* São Paulo: Saraiva, 1999.

CORDEIRO, António Manuel da Rocha e Menezes. *Tratado de direito civil:* parte geral. Negócio jurídico. 4ª ed. vol. 2. Coimbra: Almedina, 2014.

_____. *Da boa fé no direito civil.* Coimbra: Almedina, 2007.

COSTA, Mário Júlio de Almeida. *Responsabilidade civil pela ruptura das negociações preparatórias de um contrato.* Coimbra: Coimbra, 1984.

DELGADO, José. "O contrato no código civil e sua função social". *Revista Jurídica*, Porto Alegre, vol. 52, n. 322, pp. 7-28, ago. 2004.

DELGADO, José. "Cláusulas gerais e conceitos indeterminados – CC e CF". *In:* ALVIM, Arruda; CÉSAR, Joaquim Portes de Cerqueira; ROSAS, Roberto (coord.). *Aspectos controvertidos do novo código civil.* São Paulo: Revista dos Tribunais, 2003.

DEPERON, Mariana Pazianotto. *Responsabilidade civil pela ruptura ilegítima das tratativas.* Curitiba: Juruá, 2009.

REFERÊNCIAS BIBLIOGRÁFICAS

DINIZ, Maria Helena. *Curso de direito civil brasileiro*: responsabilidade civil. 25ª ed. vol. 7. São Paulo: Saraiva, 2011.

_____. *Curso de direito civil brasileiro*: teoria das obrigações contratuais e extracontratuais. 27ª ed. vol. 3. São Paulo: Saraiva, 2011.

_____. *Curso de direito civil brasileiro*: teoria geral das obrigações. 26ª ed. vol. 2. São Paulo: Saraiva, 2011.

_____. *Tratado teórico e prático dos contratos*. 6ª ed. vol. 1. São Paulo: Saraiva, 2006.

_____. *Código civil anotado*. 11ª ed. São Paulo: Saraiva, 2005.

DONNINI, Rogério. "Prevenção de danos e a extensão do princípio neminem laedere". *In:* NERY, Rosa Maria de Andrade Nery; DONNINI, Rogério (coord.). *Responsabilidade civil*: estudos em homenagem ao professor Rui Geraldo Camargo Vianna. São Paulo: Revista dos Tribunais, 2009.

_____. *Responsabilidade civil pós-contratual*: no direito civil, no direito do consumidor, no direito do trabalho e no direito ambiental. 2ª ed. São Paulo: Saraiva, 2007.

_____. "A Constituição Federal e a concepção social do contrato". *In:* VIANNA, Rui Geraldo Camargo; NERY, Rosa Maria de Andrade (coord.). *Temas atuais de direito civil na Constituição Federal*. São Paulo: Revista dos Tribunais, 2000.

FABIAN, Christoph. *O dever de informar no direito civil*. São Paulo: Revista dos Tribunais, 2002.

FACCHINI NETO, Eugênio. "A função social do direito privado". *Revista Jurídica*, Porto Alegre, vol. 54, n. 349, pp. 53-92, nov. 2006.

FERREIRA FILHO, Manoel Gonçalves. "O papel político do Judiciário na ordem constitucional vigente". *Revista do Advogado*, São Paulo, n. 99, pp. 86-91, set. 2008.

FLÓREZ-VALDÉS, Joaquín Arce y. *Los principios generales del derecho y su formulación constitucional*. Madrid: Cuadernos Civita, 1990.

FRITZ, Karina Nunes. "A responsabilidade pré-contratual por ruptura injustificada das negociações". *Revista dos Tribunais Online* – Thomson

Reuters. DTR\2009\330. Disponível em http://www.revistadostribunais.com.br. Acesso em 10 jul. 2012.

_____. "A boa-fé objetiva e sua incidência na fase negocial: um estudo comparado com base na doutrina alemã". *Revista dos Tribunais Online – Thomson Reuters*. DTR\2007\813. Disponível em http://www.revistadostribunais.com.br. Acesso em 10 jul. 2012.

GAIUS. *Institutas do jurisconsulto Gaio*. Tradução de J. Cretella Jr. e Agnes Cretella. São Paulo: Revista dos Tribunais, 2004.

GAUDEMET, Jean. "Naissance d'une notion juridique – Les débuts de l' 'obligation' dans le droit de la Rome Antique". *L'obligation*. tomo 44. Archives de philosophie du droit. Paris: Dalloz, 2000. pp. 19-32.

GIORGI, Giorgio. *Teoría de las obligaciones*: libro primero. Madrid: Reus, 1928.

GODOY, Claudio Luiz Bueno de. *Função social do contrato*. 3ª ed. São Paulo: Saraiva, 2009.

GOGLIANO, Daisy. "A função social do contrato (causa ou motivo)". *Revista Jurídica*, Porto Alegre, vol. 53, n. 334, pp. 9-42, ago. 2005.

GOMES, Orlando. *Obrigações*. Atualizador: Edvaldo Brito. 17ª ed. Rio de Janeiro: Forense, 2008.

_____. *Contratos*. 25ª ed. Rio de Janeiro: Forense, 2002.

_____. *Obrigações*. 8ª ed. Rio de Janeiro: Forense, 1988.

_____. "Tendências modernas na teoria da responsabilidade civil". *In*: DI FRANCESCO, José Roberto Pacheco (coord.). *Estudos em homenagem ao professor Silvio Rodrigues*. São Paulo: Saraiva, 1980.

_____. *Transformações gerais do direito das obrigações*. 2ª ed. São Paulo: Revista dos Tribunais, 1980.

GONÇALVES, Carlos Roberto. *Responsabilidade civil*. 5ª ed. São Paulo: Saraiva, 1994.

GROTIUS, Hugo. "O direito da guerra e da paz (1625)". *In*: ISHAY, Micheline R. (coord.). *Direitos humanos: uma antologia*. São Paulo: Edusp,

REFERÊNCIAS BIBLIOGRÁFICAS

2006. Disponível em humanos.usp.br/index.php/Documentos-anteriores-à-criação-da-Sociedade-das-Nações-até-1919/hugo-grotius-o-direito-da-guerra-e-da-paz-1625.html. Acesso em 23 nov. 2014.

GUERREIRO, José Alexandre Tavares. "A boa-fé nas negociações preliminares". *Revista dos Tribunais Online – Thomson Reuters*, pp. 1-2. Disponível em http://www.revistadostribunais.com.br. Acesso em 12 jul. 2012.

HAICAL, Gustavo Luís da Cruz. "O inadimplemento pelo descumprimento exclusivo de dever lateral advindo da boa-fé objetiva". *Revista dos Tribunais Online – Thomson Reuters*. DTR\2010\853. Disponível em http://www.revistadostribunais.com.br. Acesso em 11 jul. 2012.

HENTZ, André Soares. *Ética nas relações contratuais à luz do código civil de 2002*. São Paulo: Juarez de Oliveira, 2007.

_____. "A vontade na formação dos contratos e nas manifestações unilaterais". *Revista dos Tribunais Online – Thomson Reuters*. DTR\1994\247. Disponível em http://www.revistadostribunais.com.br. Acesso em 13 jul. 2012.

HIRONAKA, Giselda Maria Fernandes Novaes. *Responsabilidade pressuposta*. Belo Horizonte: Del Rey, 2005.

_____. "A função social do contrato". *Revista de Direito Civil, Imobiliário, Agrário e Empresarial*, São Paulo, vol. 12, n. 45, pp. 141-152, jul.-set. 1988.

HORA NETO, João. "O princípio da função social do contrato no código civil de 2002". *Revista de Direito Privado*, São Paulo, vol. 4, n. 14, pp. 38-48, abr.-jun. 2003.

HOUAISS, Antonio. *Dicionário eletrônico Houaiss da língua portuguesa (1.0)*. Atualizado para as versões 2000, 2003, XP e Vista do Windows. 1 CD-ROM.

JHERING, Rudolf von. *Culpa in contrahendo ou indemnização em contratos nulos ou não chegados à perfeição*. Coimbra: Almedina, 2008.

JORGE JUNIOR, Alberto Gosson. *Subsídios para uma interpretação das "cláusulas gerais" no novo código civil*. (2003) 206 p. Dissertação (Mestrado em Direito Civil) – Pontifícia Universidade Católica de São Paulo, São Paulo, 2003.

KELSEN, Hans. *Teoria pura do direito*. 6ª ed. 5ª tiragem. São Paulo: Martins Fontes, 2003.

LARENZ, Karl. *Metodologia da ciência do direito*. 5ª ed. Tradução de José Lamego. Lisboa: Fundação Calouste Gulbenkian, 2009.

_____. "Culpa in contrahendo, dever de segurança no tráfico e 'contato social'". *Revista dos Tribunais Online – Thomson Reuters*. DTR\2008\256. Disponível em http://www.revistadostribunais.com.br. Acesso em 13 jul. 2012.

_____. *El derecho justo*: fundamentos de ética jurídica. Madrid: Civitas, 1990.

LARENZ, Karl. *Derecho de obligaciones*. Tradução de Jaime Santos Briz. Madrid: Editorial Revista de Derecho Privado, 1958.

LAUTENSCHLÄGER, Milton Flávio de Almeida Camargo. *Abuso do direito*. São Paulo: Atlas, 2007.

LEITE, Camila Bornia Busko. *Princípio da função social do contrato*. (2006) 245 p. Dissertação (Mestrado em Direito Civil Comparado) – Pontifícia Universidade Católica de São Paulo, São Paulo, 2006.

LEONARDO, Rodrigo Xavier. "A teoria das redes contratuais e a função social dos contratos: reflexões a partir de uma recente decisão do Superior Tribunal de Justiça". *Revista dos Tribunais*, São Paulo, vol. 832, pp. 100-111, fev. 2005.

LOBO, Carlos Augusto da Silveira. "Contrato preliminar". *In*: TEPEDINO, Gustavo; FACHIN, Luiz Edson. *O direito e o tempo*: embates jurídicos e utopias contemporâneas – estudos em homenagem ao professor Ricardo Pereira Lira. Rio de Janeiro: Renovar, 2008.

LOTUFO, Renan. "Evolução histórica do direito das obrigações". *In*: LOTUFO, Renan; NANNI, Giovanni Ettore (coord.). *Obrigações*. São Paulo: Atlas, 2011.

_____. *Código civil comentado*: obrigações-parte geral (arts. 233 a 420). vol. 2. São Paulo: Saraiva, 2003.

_____ (coord.). *Sistema e tópica na interpretação do ordenamento*. Barueri: Manole, 2006.

LUKACS, John. *O fim de uma era*. Tradução de Vera Ribeiro. Rio de Janeiro: Jorge Zahar, 2005.

REFERÊNCIAS BIBLIOGRÁFICAS

LYOTARD, Jean-François. *A condição pós-moderna.* Tradução de Ricardo Corrêa Barbosa. Rio de Janeiro: José Olympio, 2009.

MACKAAY, Ejan; ROUSSEAU, Stéphane. *Analyse économique du droit.* 2ª éd. Paris/Montréal: Dalloz; Les Éditions Thémis, 2008.

MANCEBO, Rafael Chagas. *A função social do contrato.* São Paulo: Quartier Latin, 2005.

MARQUES, Claudia Lima. "Violação do dever de boa-fé de informar corretamente, atos negociais omissivos afetando o direito/liberdade de escolha. Nexo causal entre a falha/defeito de informação e defeito de qualidade nos produtos de tabaco e o dano final morte. Responsabilidade do fabricante do produto, direito a ressarcimento dos danos materiais e morais, sejam preventivos, reparatórios ou satisfatórios". *Revista dos Tribunais Online – Thomson Reuters.* DTR\2005\808. Disponível em http://www.revistadostribunais.com.br. Acesso em 11 jul. 2012.

MARQUES, Claudia Lima. "Boa-fé nos serviços bancários, financeiros, de crédito e securitários e o código de defesa do consumidor: informação, cooperação e renegociação?". *Revista dos Tribunais Online – Thomson Reuteurs.* DTR\2002\817. Disponível em http://www.revistadostribunais.com.br. Acesso em 11 jul. 2012.

_____. "Expectativas legítimas dos consumidores nos planos e seguros privados de saúde e os atuais projetos de lei". *Revista dos Tribunais Online – Thomson Reuters.* DTR\1996\566. Disponível em http://www.revistadostribunais.com.br. Acesso em 11 jul. 2012.

_____. "Vinculação própria através da publicidade? A nova visão do código de defesa do consumidor". *Revista dos Tribunais Online – Thomson Reuters.* DTR\1994\511. Disponível em http://www.revistadostribunais.com.br. Acesso em 11 jul. 2012.

MARTINS, António Carvalho. *Responsabilidade pré-contratual.* Coimbra: Coimbra, 2002.

MARTINS, Fernando Rodrigues. *Princípio da justiça contratual.* São Paulo: Saraiva, 2009.

MARTINS, Guilherme Magalhães. "Contratos eletrônicos via internet: problemas relativos à sua formação e execução". *Revista dos Tribunais Online*

– *Thomson Reuters*. DTR\2000\304. Disponível em http://www.revistadostribunais.com.br. Acesso em 10 jul. 2012.

MARTINS-COSTA, Judith H. "Os regimes do dolo civil no direito brasileiro: dolo antecedente, vício informativo por omissão e por comissão, dolo acidental e dever de indenizar". *Revista dos Tribunais Online – Thomson Reuters*. DTR\2012\450670. Disponível em http://www.revistadostribunais.com.br. Acesso em 10 jul. 2012.

_____. "Um aspecto da obrigação de indenizar: notas para uma sistematização dos deveres pré-negociais de proteção no direito civil brasileiro". *Revista dos Tribunais Online – Thomson Reuters*. DTR\2008\738. Disponível em http://www.revistadostribunais.com.br. Acesso em 10 jul. 2012.

_____. *A boa-fé no direito privado*: sistema e tópica no processo obrigacional. São Paulo: Revista dos Tribunais, 1999.

_____. "O direito privado como um 'sistema em construção' – as cláusulas gerais no projeto do código civil brasileiro". *Revista dos Tribunais Online – Thomson Reuters*. DTR\1998\572. Disponível em http://www.revistadostribunais.com.br. Acesso em 10 jul. 2012.

MARTINS-COSTA, Judith H. "As cartas de intenção no processo formativo da contratação internacional: os graus de eficácia dos contratos". *Revista da Faculdade de Direito da Universidade Federal do Rio Grande do Sul*, Porto Alegre, n. 10, pp. 39-55, jul. 1994.

MATTIETTO, Leonardo. "Ensaio sobre o princípio do equilíbrio contratual". *Revista IOB de Direito Civil e Processual Civil*, Porto Alegre, vol. 8, n. 48, pp. 128-135, jul.-ago. 2007.

_____. "Função social e relatividade do contrato". *Revista Jurídica*, Porto Alegre, vol. 54, n. 342, pp. 29-40, abr. 2006.

_____. "O direito civil constitucional e a nova teoria dos contratos". *In:* TEPEDINO, Gustavo (coord.). *Problemas de direito civil-constitucional*. Rio de Janeiro: Renovar, 2000.

MELLO, Adriana Mandim Theodoro de. "A função social do contrato e o princípio da boa-fé no novo código civil brasileiro". *Revista Forense*, Rio de Janeiro, vol. 98, n. 364, pp. 83-102, nov.-dez. 2002.

REFERÊNCIAS BIBLIOGRÁFICAS

MENKE, Fabiano. "A interpretação das cláusulas gerais: a subsunção e a concreção dos conceitos". *Revista da AJURIS*, Porto Alegre, vol. 33, n. 103, pp. 69-74, set. 2006.

MESQUITA, Denise Novaes. *Autonomia privada e a função social do contrato.* (2004) 232 p. Dissertação (Mestrado em Direito Civil) – Pontifícia Universidade Católica de São Paulo, São Paulo, 2004.

MESSINEO, Francesco. *Doctrina general del contrato.* vol. I. Buenos Aires: Ejea, 1986.

MIRAGEM, Bruno. "Diretrizes interpretativas da função social do contrato". *Revista de Direito do Consumidor*, São Paulo, vol. 14, n. 56, pp. 22-45, out.-dez. 2005.

MONTEIRO, Antonio Pinto (coord.). *Contratos*: atualidade e evolução. Porto: Universidade Católica Portuguesa, 1977.

MOREIRA ALVES, José Carlos. *Direito romano.* 6ª ed. Rio de Janeiro: Forense, 1997.

MOTA PINTO, Carlos Alberto da. "A responsabilidade pré-negocial pela não conclusão dos contratos". *In:* PRATA, Ana. *Notas sobre responsabilidade pré-contratual.* Coimbra: Almedina, 2005.

MOURA, Mario Aguiar. "Função social do contrato". *Revista dos Tribunais*, São Paulo, vol. 77, n. 630, pp. 247-249, abr. 1988.

NADER, Paulo. *Curso de direito civil*: contratos. vol. 3. Rio de Janeiro: Forense, 2005.

NALIN, Paulo. "Apontamentos críticos sobre o dano moral contratual: enfoque a partir da jurisprudência predominante do Superior Tribunal de Justiça". *In:* TEPEDINO, Gustavo; FACHIN, Luiz Edson (coord.). *O direito e o tempo*: embates jurídicos e utopias contemporâneas – estudos em homenagem ao professor Ricardo Pereira Lira. Rio de Janeiro: Renovar, 2008.

_____. *Do contrato:* conceito pós-moderno. 2ª ed. Curitiba: Juruá, 2006.

NEGRÃO, Theotonio. *Código civil e legislação civil em vigor.* 29ª ed. São Paulo: Saraiva, 2010.

NERILO, Lucíola Fabrete Lopes. "A responsabilidade civil pelo descumprimento da cláusula geral de boa-fé nos contratos". *Revista dos Tribunais Online* –

Thomson Reuters. DTR\2007\779. Disponível em http://www.revistadostribunais.com.br. Acesso em 13 jul. 2012.

NERY JUNIOR, Nelson. "Oferta contratual mediante anúncios publicitários". *Revista dos Tribunais Online – Thomson Reuters*. DTR\2012\531. Disponível em http://www.revistadostribunais.com.br. Acesso em 10 jul. 2012.

NERY JUNIOR, Nelson; NERY, Rosa Maria Andrade. *Código civil anotado e legislação extravagante*. 3ª ed. São Paulo: Revista dos Tribunais, 2005.

NERY, Rosa Maria de Andrade. *Introdução ao pensamento jurídico e à teoria geral do direito privado*. São Paulo: Revista dos Tribunais, 2008.

NORONHA, Fernando. *Direito das obrigações*. 3ª ed. São Paulo: Saraiva, 2010.

_____. "Responsabilidade por perda de chances". *Revista dos Tribunais Online – Thomson Reuters*. DTR\2005\465. Disponível em http://www.revistadostribunais.com.br. Acesso em 10 jul. 2012.

_____. "Desenvolvimentos contemporâneos da responsabilidade civil". *Revista dos Tribunais Online – Thomson Reuters*. DTR\1999\145. Disponível em http://www.revistadostribunais.com.br. Acesso em 10 jul. 2012.

_____. *O direito dos contratos e seus princípios fundamentais (autonomia privada, boa-fé e justiça contratual)*. São Paulo: Saraiva, 1994.

OLIVEIRA, Dulce Donaire de Mello e. *Função social do contrato*: enfoque à luz dos princípios contratuais no contexto social. (2007) 144 p. Dissertação (Mestrado em Direito Civil Comparado) – Pontifícia Universidade Católica de São Paulo, São Paulo, 2007.

OLIVEIRA, Marcelo Leal de Lima. "A aurora na formação dos contratos: a oferta e a aceitação do clássico ao pós-moderno". *Revista dos Tribunais Online – Thomson Reuters*. DTR\2003\380. Disponível em http://www.revistadostribunais.com.br. Acesso em 10 jul. 2012.

OLIVEIRA, Ubirajara Mach de. "Princípios informadores do sistema de direito privado: a autonomia da vontade e a boa-fé objetiva". *Revista dos Tribunais Online – Thomson Reuters*. DTR\1997\621. Disponível em http://www.revistadostribunais.com.br. Acesso em 10 jul. 2012.

PENTEADO JUNIOR, Cassio Martins C. "O relativismo da autonomia da vontade e a intervenção estatal nos contratos". *Revista de Direito Privado*, São Paulo, vol. 4, n. 14, pp. 148-161, abr.-jun., 2003.

REFERÊNCIAS BIBLIOGRÁFICAS

PEREIRA, Caio Mário da Silva. *Instituições de direito civil*: introdução ao direito civil: teoria geral de direito civil. 22ª ed. vol. I. Rio de Janeiro: Forense, 2008.

_____. *Instituições de direito civil*: contratos. 12ª ed. vol. III. Rio de Janeiro: Forense, 2007.

_____. *Instituições de direito civil*: teoria geral das obrigações. 21ª ed. vol. II. Rio de Janeiro: Forense, 2007.

_____. *Responsabilidade civil*. 6ª ed. Rio de Janeiro: Forense, 1995.

PEREIRA, Regis Fichtner. *A responsabilidade civil pré-contratual*. Rio de Janeiro: Renovar, 2001.

PERLINGIERI, Pietro. *O direito civil na legalidade constitucional*. Tradução de Maria Cristina De Cicco. Rio de Janeiro: Renovar, 2008.

_____. *Il diritto civile nella legalità constituzionale*. Nápoles: Scientifiche Italiane, 1984.

PONTES DE MIRANDA, Francisco Cavalcanti. *Tratado de direito privado*: parte especial. tomo XXXVIII. Rio de Janeiro: Borsoi, 1962.

POPP, Carlyle. *Responsabilidade civil pré-negocial*: o rompimento das tratativas. 6. reimpressão. Curitiba: Juruá, 2011.

PRATA, Ana. *Notas sobre responsabilidade pré-contratual*. Coimbra: Almedina, 2005.

_____. *A tutela constitucional da autonomia privada*. Coimbra: Livraria Almedina, 1982.

PUIG, Pascal. *Contrats spéciaux*. Paris: Dalloz, 2005.

RAMOS, Elival da Silva. *Ativismo judicial:* parâmetros dogmáticos. São Paulo: Saraiva, 2010.

REALE, Miguel. *Diretrizes gerais sobre o projeto de código civil*: estudos de filosofia e ciência do direito. São Paulo: Saraiva, 1978.

RICHTER, Giorgio Stella. *La responsabilità precontrattuale*. Torino: UTET, 1996.

RIPERT, George. *A regra moral nas obrigações civis*. Tradução da 3ª ed. francesa por Osório de Oliveira. 2ª ed. Campinas: Bookseller, 2002.

RIZZARDO, Arnaldo. *Leasing:* arrendamento mercantil no direito brasileiro. 2ª ed. São Paulo: Revista dos Tribunais, 1996.

ROCHA, Sílvio Luís Ferreira da. *Direito civil:* obrigações. São Paulo: Revista dos Tribunais, 2010.

RODRIGUES, Silvio. *Direito civil*: parte geral. 34ª ed. vol. 1. São Paulo: Saraiva, 2003.

_____. *Direito civil:* dos contratos e das declarações unilaterais de vontade. 28ª ed. vol. 3. São Paulo: Saraiva, 2002.

_____. *Direito civil*: responsabilidade civil. 19ª ed. vol. 4. São Paulo: Saraiva, 2002.

ROPPO, Enzo. *L'informazione precontrattuale*. Il diritto europeu dei contratti d'impresa. Autonomia negoziale dei privati e regolazione del mercato. Milano: Giuffrè, 2006.

_____. *O contrato*. Tradução de Ana Coimbra e M. Januário C. Gomes. Coimbra: Almedina, 2009.

ROSENVALD, Nelson. "Noções gerais: conceito, estrutura, importância, função e elementos da relação obrigacional". *In:* LOTUFO, Renan; NANNI, Giovanni Ettore. *Obrigações*. São Paulo: Atlas, 2011.

SÁ, Almeno de. *Cláusulas contratuais gerais e directiva sobre cláusulas abusivas*. 2ª ed. Coimbra: Almedina, 2005.

SACCO, Rodolfo. "À la recherche de l'origine de l'obligation". *L'obligation*. tomo 44. Archives de philosophie du droit. Paris: Dalloz, 2000. pp. 39-41.

SALOMÃO FILHO, Calixto. "Função social do contrato: primeiras anotações". *Revista dos Tribunais*, São Paulo, vol. 93, n. 823, pp. 67-86, maio 2004.

SANTIAGO, Mariana Ribeiro. *O princípio da função social do contrato*. (2004) 264 p. Dissertação (Mestrado em Direito Civil) – Pontifícia Universidade Católica de São Paulo, São Paulo, 2004.

SANTOS, Eduardo Sens dos. "A função social do contrato: elementos para uma conceituação". *Revista de Direito Privado*, São Paulo, vol. 4, n. 13, pp. 99-111, jan.-mar. 2003.

REFERÊNCIAS BIBLIOGRÁFICAS

_____. "O novo código civil e as cláusulas gerais: exame da função social do contrato". *Revista Forense*, Rio de Janeiro, vol. 364, pp. 83-102, nov.-dez. 2002.

SANTOS, J. M. de Carvalho. *Código civil brasileiro interpretado*. 9ª ed. vol. XI. Rio de Janeiro: Freitas Bastos, 1964.

SCHREIBER, Anderson. *Novos paradigmas da responsabilidade civil*: da erosão dos filtros da reparação à diluição dos danos. 2ª ed. São Paulo: Atlas, 2009.

SILVA, Clóvis do Couto e. *A obrigação como processo*. 5. reimpressão. Rio de Janeiro: Editora FGV, 2011.

SILVA, De Plácido e. *Vocabulário jurídico*. Atualizado por Nagib Slaibi Filho e Gláucia Carvalho. 27ª ed. Rio de Janeiro: Forense, 2008.

SILVA, José Afonso da. *Comentário contextual à Constituição*. 6ª ed. São Paulo: Malheiros, 2009.

SILVA, Roberta Mauro e. "Relações reais e relações obrigacionais: propostas para uma nova delimitação de suas fronteiras". *In:* TEPEDINO, Gustavo (coord.). *Obrigações*: estudos na perspectiva civil-constitucional. Rio de Janeiro: Renovar, 2005.

SOMBRA, Thiago Luís Santos. "A tutela da confiança em face dos comportamentos contraditórios". *Revista dos Tribunais Online – Thomson Reuters*. DTR\2008\79. Disponível em http://www.revistadostribunais.com.br. Acesso em 12 jul. 2012.

STIGLITZ, Rubén S. "Aspectos modernos do contrato e da responsabilidade civil". *Revista dos Tribunais Online – Thomson Reuters*. DTR\1995\13. Disponível em http://www.revistadostribunais.com.br. Acesso em 10 jul. 2012.

STOCO, Rui. *Tratado de responsabilidade civil*: doutrina e jurisprudência. 7ª ed. São Paulo: Revista dos Tribunais, 2007.

SZANIAWSKI, Elimar. *Direitos de personalidade e sua tutela*. 2ª ed. São Paulo: Revista dos Tribunais, 2005.

TEPEDINO, Gustavo. "Novos princípios contratuais e teoria da confiança: a exegese da cláusula to the best knowledge of the sellers". *Revista dos Tribunais*

Online – *Thomson Reuters*. DTR\2012\442. Disponível em http://www.revistadostribunais.com.br. Acesso em 13 jul. 2012.

_____. *Temas de direito civil*. tomo III. Rio de Janeiro: Renovar, 2009.

_____ (coord.). *Obrigações*: estudos na perspectiva civil-constitucional. Rio de Janeiro: Renovar, 2005.

_____ (coord.). *Problemas de direito civil-constitucional*. Rio de Janeiro: Renovar, 2000.

TEPEDINO, Gustavo; FACHIN, Luiz Edson (coord.). *O direito e o tempo*: embates jurídicos e utopias contemporâneas. Estudos em homenagem ao professor Ricardo Pereira Lira. Rio de Janeiro: Renovar, 2008.

TEPEDINO, Gustavo; SCHREIBER, Anderson. "A boa-fé objetiva no código de defesa do consumidor e no novo código civil". *In:* TEPEDINO, Gustavo (coord.). *Obrigações*: estudos na perspectiva civil-constitucional. Rio de Janeiro: Renovar, 2005.

THEODORO JÚNIOR, Humberto. *O contrato e sua função social*. Rio de Janeiro: Forense, 2003.

_____. "Alguns impactos da nova ordem constitucional sobre o direito civil". *Revista dos Tribunais*, São Paulo, vol. 79, n. 662, pp. 7-17, dez. 1990.

TIMM, Luciano Benetti. "Função social do direito contratual no código civil brasileiro: justiça distributiva *vs.* eficiência econômica". *Revista dos Tribunais*, São Paulo, pp. 11-43, vol. 876, out. 2008.

_____. "As origens do contrato no novo código civil: uma introdução à função social, ao welfarismo e ao solidarismo contratual". *Revista dos Tribunais*, São Paulo, vol. 844, pp. 85-95, fev. 2006.

TIMM, Luciano Benetti; MACHADO, Rafael Bicca. "Direito, mercado e função social". *Revista da AJURIS*, Porto Alegre, vol. 33, n. 103, pp. 197-209, set. 2006.

TOMASETTI JR., Alcides. *Execução do contrato preliminar*. (1982) 311 f. Tese (Doutorado em Direito Civil) – Faculdade de Direito da Universidade de São Paulo, 1982.

TREVISAN, Marco Antonio. "Responsabilidade pós-contratual". *Revista dos Tribunais Online – Thomson Reuters*. DTR\2003\545. Disponível em http://www.revistadostribunais.com.br. Acesso em 11 jul. 2012.

REFERÊNCIAS BIBLIOGRÁFICAS

USTÁRROZ, Daniel. "Sobre a responsabilidade pré-negocial no direito brasileiro". *Revista Jurídica*, Porto Alegre, vol. 55, n. 357, pp. 91-104, jul. 2007.

VAZ, Caroline. *Funções da responsabilidade civil:* da reparação à punição e dissuasão. Os punitive damages no direito comparado e brasileiro. Porto Alegre: Livraria do Advogado Editora, 2009.

VELTEN, Paulo. "Função social do contrato: cláusula limitadora da liberdade contratual". *In:* NERY, Rosa Maria de Andrade (coord.). *Função do direito privado no atual momento histórico.* São Paulo: Revista dos Tribunais, 2006.

VENOSA, Sílvio de Salvo. *Direito civil:* teoria geral das obrigações e teoria geral dos contratos. 14ª ed. São Paulo: Atlas, 2014.

_____. *Direito civil: responsabilidade civil.* 5ª ed. vol. IV. São Paulo: Atlas, 2005.

_____. *Direito civil:* contratos em espécie e responsabilidade civil. vol. III. São Paulo: Atlas, 2001.

VIANNA, Rui Geraldo Camargo; NERY, Rosa Maria de Andrade (coord.). *Temas atuais de direito civil na Constituição Federal.* São Paulo: Revista dos Tribunais, 2000.

VIEIRA, Iacyr de Aguilar. "A autonomia da vontade no código civil brasileiro e no código de defesa do consumidor". *Revista dos Tribunais Online – Thomson Reuters.* DTR\2001\378. Disponível em http://www.revistadostribunais.com.br. Acesso em: 13 jul. 2012.

_____. "Deveres de proteção e contrato". *Revista dos Tribunais Online – Thomson Reuters.* DTR\1999\665. Disponível em http://www.revistadostribunais.com.br. Acesso em 13 jul. 2012.

VIEIRA, Leonardo Monçores. "O princípio da boa-fé objetiva: diretrizes teóricas e aplicabilidade". *Revista de Direito do Tribunal de Justiça do Estado do Rio de Janeiro*, Rio de Janeiro, n. 63, pp. 29-40, abr./jun. 2005.

VILLELA, João Baptista. "Apontamentos sobre a cláusula '... ou devia saber'". *Revista Trimestral de Direito Civil*, Rio de Janeiro, vol. 8, n. 32, pp. 161-178, out.-dez., 2007.

WALD, Arnoldo. "O interesse social no direito privado". *Revista Jurídica*, Porto Alegre, vol. 53, n. 338, pp. 9-21, dez. 2005.

_____. "A função social e ética do contrato como instrumento jurídico de parcerias e o novo código civil de 2002". *Revista Forense*, Rio de Janeiro, vol. 364, pp. 21-30, nov.-dez., 2002, pp. 21/22.

WAMBIER, Teresa Arruda Alvim. "Uma reflexão sobre as 'cláusulas gerais' do código civil de 2002: a função social do contrato". *Revista dos Tribunais*, São Paulo, vol. 94, n. 831, pp. 59-60, jan. 2005.

WIEACKER, Franz. *El principio general de la buena fe*. Tradução de José Luis Carro. Madrid: Civitas, 1977.

ZANCHET, Marília. "A nova força obrigatória dos contratos e o princípio da confiança no ordenamento jurídico brasileiro: análise comparada entre o CDC e o CC/2002". *Revista dos Tribunais Online – Thomson Reuters*. DTR\2006\255. Disponível em http://www.revistadostribunais.com.br. Acesso em 10 jul. 2012.

ZANETTI, Cristiano de Sousa. *Responsabilidade pela ruptura das negociações*. São Paulo: Juarez de Oliveira, 2005.

ZANINI, Leonardo Estevam de Assis. *Direitos da personalidade*: aspectos essenciais. São Paulo: Saraiva, 2011.

SITES

http://daleth.cjf.jus.br/revista/enunciados/IJornada.pdf

http://www.revistadostribunais.com.br

http://www.stj.jus.br

http://www.tjrj.jus.br/institucional/cedes/codigo_civil.jsp

NOTAS

NOTAS

NOTAS

A Editora Contracorrente se preocupa com todos os detalhes de suas obras! Aos curiosos, informamos que esse livro foi impresso pela Gráfica R.R. Donnelley em papel Polén Soft em Agosto de 2017.